◇ 现代经济与管理类系列教材

普通高等教育"十三五"系列教材

投资理财概论

（第2版修订本）

主　编　刘永刚

副主编　李　明　汤　洋

清 华 大 学 出 版 社

北京交通大学出版社

·北京·

内 容 简 介

本书是根据本科院校培养应用型人才的任务要求来编写的。全书共十七章，第 1 章至第 3 章为投资理财概述、投资理财的理论基础与个人财务分析，阐述投资理财的基本理论、基本概念，基本程序，为以后各章学习奠定基础。第 4 章至第 16 章为各类投资理财产品的介绍，主要包括各领域的基础知识、产品种类与投资技巧，使学生对投资理财产品有更深入的了解。最后一章为综合投资理财的设计与规划，从全面综合的视角让学生学习如何为客户制订综合投资理财规划。

本教材可作为金融专业、投资理财专业、保险专业、证券专业以及其他相关专业本科教材，同时适用于高职高专院校相关专业的需要，也可作为投资理财人员的业务用书或供自学使用。

本书封面贴有清华大学出版社防伪标签，无标签者不得销售。

版权所有，侵权必究。侵权举报电话：010-62782989　13501256678　13801310933

图书在版编目（CIP）数据

投资理财概论 / 刘永刚主编. —2 版. —北京：北京交通大学出版社：清华大学出版社，2018.8（2022.7 重印）

（现代经济与管理类系列教材）

ISBN 978-7-5121-3677-9

Ⅰ.① 投… Ⅱ.① 刘… Ⅲ.① 投资-高等学校-教材 Ⅳ.① F830.59

中国版本图书馆 CIP 数据核字（2018）第 180166 号

投资理财概论

TOUZI LICAI GAILUN

策划编辑：吴嫦娥　　责任编辑：田秀青

出版发行：清 华 大 学 出 版 社　　邮编：100084　　电话：010-62776969　　http://www.tup.com.cn
　　　　　北京交通大学出版社　　邮编：100044　　电话：010-51686414　　http://www.bjtup.com.cn

印 刷 者：北京时代华都印刷有限公司

经　　销：全国新华书店

开　　本：185 mm×260 mm　　印张：20.25　　字数：505 千字

版 印 次：2020 年 1 月第 2 版第 1 次修订　　2022 年 7 月第 4 次印刷

印　　数：10 501～12 500 册　　定价：49.00 元

本书如有质量问题，请向北京交通大学出版社质监组反映。对您的意见和批评，我们表示欢迎和感谢。

投诉电话：010-51686043，51686008；传真：010-62225406；E-mail：press@bjtu.edu.cn。

第 2 版前言

本书自第 1 版出版以来，得到了许多高校教师与业内人士的青睐，多所高校选用本教材作为教学用书，多家金融机构选其作为培训教材。随着中国特色社会主义新时代的到来，我国的投资理财市场发生了巨大的变化，国内外相关理论与实践亦不断出现新的变化与发展。正是基于这种变化，现将本书修订出版，以及时反映时代的发展，适应新时期高校相关专业的教学要求。

本次修订主要做了以下几项工作。

一是内容的修改。本版根据近两年来相关法律法规、资本市场、金融监管和理论研究等方面的新发展和新变化，调整了各个章节的相关内容，比如：更新了证券投资基金的大部分内容，针对市场热点增加了外汇投资、衍生金融工具投资、收藏品投资及互联网金融投资等新的投资理财工具，使整个体系更加完整，也使本书与时代的发展接近同步。

二是形式上的完善。通过部分陈旧案例的更新、讨论题目的增加、小资料的补充、实训项目的完善等，一定程度上丰富了全书的表达形式，增强了教材的可读性，力争对开拓读者视野有所帮助。

本次修订由刘永刚统筹安排并担任主编，李明、汤洋担任副主编。各章修订具体分工如下：第 1 章、第 2 章（2.1、2.2 节）、第 7 章、第 9 章（9.1、9.2 节）、第 17 章由刘永刚负责修订；第 3 章、第 8 章（期货部分）由秦玲玲负责修订；第 4 章、第 5 章、第 6 章、第 16 章由李明负责修订；第 10 章、第 12 章、第 15 章由赵世秀负责修订；第 8 章（期货以外部分）、第 11 章（黄金以外部分）、第 13、第 14 章由汤洋负责修订（以上编者均为哈尔滨金融学院教师）；第 2 章（2.3、2.4 节）由山东大学吴孟泽负责修订；第 11 章（黄金部分）由高殿伟负责修订；第 9 章（9.3 节）由吴凤飞负责修订。

本书在修订过程中参阅了大量国内外有关论著，在此一并表示诚挚的感谢。本书的修订也得到北京交通大学出版社吴嫦娥编辑和田秀青编辑的大力支持与帮助，在此一并表示感谢！

尽管我们对本书进行了全面修订，但由于编者水平有限，书中不足之处在所难免，恳请广大读者批评指正。

编　者
2018 年 5 月

第1版前言

当前，随着我国经济的飞速发展，个人和家庭在方方面面都发生了巨大的变化。个人收入不断增长，财富不断积累，消费观念和消费结构也出现了重大转变，人们的生活水平得到了极大的提高。但家庭结构的小型化与人口的老龄化趋势日益明显，医疗费用不断上涨，社会保障制度也已发生了重大变革，越来越多的新问题困扰着人们。另外，面对投资工具的日益丰富，对人们的投资理财能力也提出了新的迫切要求。可以说，我国已进入投资理财时代，居民的投资理财热潮持续高涨。但人才的缺乏是制约国内投资理财行业发展的巨大瓶颈，人们需要投资理财服务，金融机构也需要拓宽金融服务的空间。由于投资理财人才的缺乏，迫切需要提高投资理财人员的综合素质和业务水平。而教育和培训是提高投资理财人员素质，培养理财人才和满足大众投资理财学习的主要渠道。

从目前的高等教育来看，为适应投资理财业务的发展需要，许多高校都开设了投资理财课程。但有关投资理财的教材十分稀缺，真正适合应用型人才培养的教材更是凤毛麟角。经调查研究发现，设置金融、投资理财、保险、证券等专业的学校，包括本科、专科和职业技术学院，虽设置有《投资理财基础》课程，但其或属于纯粹本科层次，偏重于理论而轻操作，不能很好地与实际工作接轨；或者更侧重于实务教学，缺少扎实理论的指导。目前，许多本科院校开始以培养应用型人才为目标，按照"理论扎实同时注重应用能力培养"的要求，编写一本贴近实际、实用性和可操作性较强的《投资理财概论》优质教材显得非常必要与迫切。本书正是在这种需求背景下进行编写的。

本书的编写思路是：首先，阐述投资理财的基础知识，包括基本理论、基本概念等；其次，按照投资理财的基本种类编写，内容包括各投资理财品种的基本原理、使用工具、操作流程、策略与技巧、相关风险分析、法律规范等部分；最后，制定综合投资理财规划。

本书具有以下特点。

（1）体现强烈的时代感。本书是后金融危机时代的研究成果，具有强烈的时代感，向读者阐述投资理财规划的重要现实意义。

（2）体现理论够用、注重投资理财基本理论与实务能力培养相结合的特色。在体系设计上，以理论需要与实践需要并重，理论阐释与知识应用、职业操作能力培养并重为原则，利用富有特色的案例分析，使全书具有极强的实用性和可操作性，对投资理财专业人员的考试与实际工作都有重要的指导意义。

（3）体现本土特色，贴近中国国情。国外的理论或书籍虽对我国具有借鉴意义，但由于国内外环境的巨大差异，许多投资理财理念未必适合中国的国情。因此，本书力求从中国的经济环境和人们的思维习惯出发，有针对性地介绍具有中国特色、符合中国国情的投资理财知识。

本书由刘永刚担任主编，李明、郭士富担任副主编。各章节的编写人员为：刘永刚编写第1章（部分）、第2章、第7章、第9章、第15章（部分）；秦玲玲编写第3章、第8章；李明编写第4章、第5章、第6章、第14章；赵世秀编写第10章、第12章、第13章；郭士富编写第11章；高殿伟编写第1章（部分）、第15章（部分）。

本书在编写过程中得到北京交通大学出版社吴嫦娥编辑的大力支持与帮助，并参考了相关专家与学者的著作和多项成果，在此一并表示感谢！

由于编者水平有限，书中不当之处，恳请各位专家、学者批评指正。

编　者

2012 年 8 月

目　　录

第 1 章

投资理财概述

学习目标与要求

1. 了解投资理财的含义与意义。
2. 学习投资理财的分类和原则。
3. 熟悉投资理财的主要工具。
4. 学习投资理财的主要内容。

案 例引入

致富的关键

一个人用 100 元买了 50 双拖鞋，拿到地摊上每双卖 3 元，一共得到了 150 元。另一个人很穷，每个月领取 100 元生活补贴，全部用来买大米和油盐。同样是 100 元，前一个 100 元通过经营增值了，成为资本。后一个 100 元在价值上没有任何改变，只不过是一笔生活费用。贫穷者的可悲就在于，他的钱很难由生活费用变成资本，更没有资本意识和经营资本的经验与技巧，所以，贫穷者就只能一直穷下去。

渴望是人生最大的动力，只有对财富充满渴望，而且在投资过程中享受到赚钱乐趣的人，才有可能将生活费用变成"第一资本"，同时，积累资本意识与经营资本的经验与技巧，获得最后的成功。其实，贫穷者要变成富人，最大的困难是最初几年。想要更早实现财富目标，你需要先完成一定的财富基础。财富定律告诉我们：对于白手起家的人来说，如果第一个 100 万元花费了 10 年时间，那么，从 100 万元到 1 000 万元，也许只需 5 年，再从 1 000 万元到 1 亿元，只需要 3 年就足够了。

如此，那些令人困扰的贫富问题就有了"基本标准"的答案：一个人一生能积累多少财富，不取决于赚了多少，也非一味开源节流，而是取决于如何理财。这便是致富的关键。

资料来源：http://money.sohu.com/20160222/n438058778.shtml.

1.1 关于投资理财

1.1.1 投资理财的含义

1. 投资的含义

投资是指货币转化为资本的过程。投资可分为实物投资、资本投资和证券投资。实物投资是以货币投入企业，通过生产经营活动取得一定的利润；资本投资和证券投资是以货币购买企业发行的股票和公司债券，间接参与企业的利润分配。

2. 理财的含义

理财即对于财产（包含有形财产和无形财产）的经营。理财多用于个人对于个人财产或家庭财产的经营，是指个人或机构根据其当前的实际经济状况，设定想要达成的经济目标，在限定的时限内采用一类或多类金融投资工具，通过一种或多种途径达成其经济目标的计划、规划或解决方案。

3. 投资理财的含义

投资理财一词不是一个新的名词，最早可以追溯到春秋战国时期，在西汉时期逐步得到了完善。

现代投资理财一般认为起源于 20 世纪美国的保险业。1969 年，在美国芝加哥的酒店里，一小群各金融行业的投资理财专业人士在讨论他们看到的一个不足：每个专业领域都有各自的投资理财顾问，但缺少对各个金融领域全面熟悉的投资理财顾问为客户服务，由此投资理财服务便应运而生了。

投资理财可以说已经超出了投资和保险的范畴，它是根据生命周期理论，根据个人和家庭的财务状况和非财务状况，运用科学的方法和程序制定切合实际的、可以操作的投资理财规划，最终实现个人和家庭的财务安全与财务自由。

通俗地说，投资理财就是合理的利用投资理财工具和投资理财知识进行不同的投资理财规划，完成既定的投资理财目标，实现最终的人生幸福。

 **课堂小讨论**

分组讨论一下，投资与理财有何相同与不同之处。

1.1.2 投资理财的意义

1. 使人生实现收支平衡和财务安全

在人的一生中，随时随地都在发生着收入与支出，而收支不平衡是常态。既可能发生收入大于支出，或者收入小于支出；也可能发生收入的实现早于或迟于支出的时间，进而产生流动性问题。图 1-1 显示了一个人一生的收入与支出曲线。

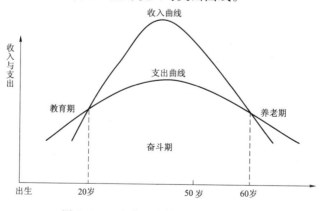

图 1-1 一个人一生的收入与支出曲线

从图 1-1 中可以看出，在人的生命周期中，大致 20 岁前为受教育阶段，60 岁以后为退休养老阶段，通常在这两个生命阶段的收入小于支出，为净支出。在 20～60 岁为职业生涯阶段，收入大于支出。从相对静态的一个人的生命周期来看，需要靠职业阶段的奋斗来准备好自己的养老支出。从相对动态的代际传递的角度看，一个人职业生涯阶段的收入还要养育下一代、赡养老一代，才能实现家庭的传承与人类的繁衍。因此，要解决人生收支的不平衡与时间不匹配问题，需要通过投资理财活动来实现。

通过个人能动的投资理财行为，或者接受专业化的投资理财服务，实现个人及家庭资产的积累、保值、增值，达到一生或一家的收支平衡并有盈余。投资理财的意义是帮助人们实现收支平衡、实现收入和财富的最大化、保证有效消费、满足对生活的各种期望、确保个人及家庭财务安全、为退休积累财富并帮助财产有序传承的实现。

2. 可以实现人生的财务自由

所谓财务自由，是指个人或家庭的收入主要来源于主动投资而不是被动工作。财务自由主要体现在投资收入可以完全覆盖个人或家庭发生的各项支出，个人从被迫工作的压力中解放出来，已有财富成为创造更多财富的工具。这时，个人或家庭的生活目标相比财务安全层次下有了更强大的经济保障。投资理财规划是一个一生的财务计划，它是一种良好的理财习惯。投资理财又是动态的，不是一成不变的，通过不断调整计划来实现人生财务目标的过程，也就是追求财务自由的过程。

为了进一步理解财务安全、财务自由的意义，可以将收入划分为投资收入、工薪类收入，将个人（家庭）发生的各项支出统一称为"支出"。在实际生活中，伴随着子女的出生、成长、独立生活，个人（家庭）支出趋势应该是随时间先增长再下降的，投资收入、工薪类收入也不会是简单增长或一成不变的。但是，为了把问题简单化，假定在图 1-2 中所代表的时间内：① 工薪类收入与个人（家庭）支出是固定不变的；② 工薪类收入不能满足支出总额；③ 投资收入随时间增长。这样，可以用图 1-2 来表示三者之间的关系。其中：L 代表工薪类收入线；C 代表支出线；I 代表投资类收入线；T 代表总收入线，是投资收入与工薪类收入的总和。

从图 1-2 中可以看出，在 A 点以前，支出已经超出总收入，个人可能要靠借债度日，这时还谈不上财务安全，更不用说财务自由了；当支出在总收入以下但在投资收入以上（A 点和 B 点之间）时，总收入完全能够弥补支出，这时达到了财务安全但没有达到财务自由；只有当投资收入涵盖了全部支出（从 B 点以后），这时才达到了财务自由。当达到财务自由时，个人不再为赚取生活费用而工作，投资收入将成为个人或家庭收入的主要来源。

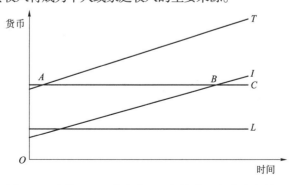

图 1-2　总收入、工薪类收入、投资收入与支出的关系

1.1.3　投资理财的分类

投资理财可以按照不同的标准进行分类。

1. 按照投资理财主体或范围分类

按照投资理财主体或投资理财范围的不同，投资理财可以分为个人或家庭理财、机构投资者理财、企业理财。

（1）个人或家庭理财。个人或家庭理财是指根据财务状况，建立合理的个人财务规划，并适当参与投资活动。

（2）机构理财。机构理财是指专门的投资机构，运用科学的方法，利用专业的投资团队进行的投资活动。

（3）企业理财。企业理财又称公司理财，从广义的角度，企业理财就是对企业的资产进行配置的过程；从狭义的角度，企业理财是要最大效能地利用闲置资金，提升资金的总体收益率。

本书所说的"投资理财"，主要是针对个人或家庭理财。

2. 按照投资理财工具分类

按照投资理财工具的不同，投资理财可以分为金融理财和非金融理财。

（1）金融理财。金融理财主要包括储蓄、债券、股票、基金、保险、外汇、期货、期权和信托等方面的投资理财。

（2）非金融理财。非金融理财主要包括黄金、房产、收藏、典当、自主创业、税务筹划等方面的投资理财。

1.1.4　投资理财的原则

在投资理财过程中，要注意遵循一定的原则。概括起来，主要有以下几个方面。

1. 整体规划原则

由于影响客户财务状况的各个方面密切相关，一个方面出现了变化，必然会对其相关部分产生影响。在投资理财过程中不仅要综合考虑财务状况，而且要关注非财务状况及其变化，进而提出符合实际和目标预期的财务规划，这是投资理财的基本原则之一。投资理财方案通常不会是一个单一性规划，而是一个综合性规划。每个单项规划可以针对某一方面的具体问题提供解决方案，但仅仅依靠单项规划并不能全面实现投资理财目标，因此，必须是一个全面综合的整体性解决方案。

2. 提早规划原则

由于货币具有时间价值的特性，所以投资理财应尽早开始。一方面，可以尽量利用复利的"钱生钱"功效；另一方面，由于准备期长，可以减轻各期的经济压力。事实上，能否通过投资理财达到预期的财务目标，与金钱多少的关联度并没有通常人们想象的那么大，却与时间长短有很直接的关系，因此应了解早作规划的好处。

3. 现金保障优先原则

建立一个能够帮助个人或家庭在出现失业、大病、灾难等意外事件的情况下也能安然度过危机的现金保障系统十分关键，也是进行任何投资理财规划前应首先考虑和重点安排的，只有建立了完备的现金保障，才能考虑将其他资产进行专项安排。一般来说，家庭建立现金储备应包括日常生活覆盖储备和意外现金储备。

4. 风险管理优于追求收益原则

首先应该考虑的因素是风险，而非收益。通过财务安排和合理运作来实现个人、家庭或企业财富的保值、增值，最终使生活更加舒适、快乐。保值是增值的前提，必须评估可能出现的各种风险，合理利用理财规划工具规避风险，并采取措施应对这些风险。追求收益最大化应基于风险管理基础之上，因此，应根据不同家庭的不同生命周期阶段及风险承受能力制订不同的投资理财方案。

5. 消费、投资与收入相匹配原则

在收入一定的前提下，消费与投资支出往往此消彼长。应该正确处理消费、资本投入与收入之间的矛盾，形成资产的动态平衡，确保在投资达到预期目的的同时保证生活质量的提高。在现实中，应特别注意使消费、投资规模与收入相匹配，将风险控制在自己的承受能力之内。此外，还应注意投资和消费支出安排要与现金流状况相匹配。

6. 家庭类型与投资理财策略相匹配原则

基本的家庭模型有青年家庭、中年家庭和老年家庭 3 种。不同的家庭形态，财务收支状况、风险承受能力各不相同。根据不同家庭形态的特点，要分别制定不同的投资理财规划策略。一般来说，青年家庭的风险承受能力较高，核心策略为进攻型；中年家庭的风险承受能力中等，核心策略为攻守兼备型；老年家庭的风险承受能力比较低，因此核心策略为防守型。

1.2　投资理财的主要工具

投资理财的主要工具有储蓄、债券、保险、股票、基金、外汇、黄金、收藏品和信托等。

1.2.1　储蓄

储蓄是城乡居民将暂时不用或结余的货币收入存入银行或其他金融机构的一种存款活动。

储蓄的种类主要有活期存款、定期存款、整存整取、零存整取、整存零取、定活两便、通知存款、教育储蓄等。

1.2.2　债券

债券是政府、金融机构、工商企业等直接向社会借债筹措资金时，向投资者发行并且承诺按规定利率支付利息，以及按约定条件偿还本金的债权债务凭证。按期限长短分类，债券可分为短期债券、中期债券和长期债券。

1.2.3　保险

保险是以合同形式确立双方经济关系，以缴纳保险费建立的保险基金，对保险合同规定范围内的灾害事故所造成的损失，进行经济补偿或给付的一种经济形式。按照保障范围保险分为人身保险、财产保险、责任保险、信用保证保险等。

1.2.4 股票

股票是一种有价证券，是股份公司在筹集资本时向出资人公开或私下发行的、用以证明出资人的股本身份和权利，并根据持有人所持有的股份数享有权益和承担义务的凭证。

按照现在比较流行的分类方法，股票的种类主要包括 A 股、B 股、H 股、S 股、N 股等。

1.2.5 基金

基金是通过汇集众多投资者的资金，交给银行保管，由专业的基金管理公司负责投资于股票和债券等证券，以实现保值增值目的的一种投资工具。

根据基金单位是否可以增加或赎回，基金可以分为开放式基金和封闭式基金。

1.2.6 外汇

外汇是指以外币表示的、国际公认的可用于国际清偿债权债务关系的支付手段和工具。外汇主要有外币现钞、外币支付凭证、外币有价证券和其他外汇资产等。

1.2.7 黄金

黄金作为一种贵金属，有良好的物理特性。黄金按性质可分为生金和熟金两大类。黄金作为一种全球性的资产，能够较好地抵御通货膨胀和政治经济动荡的影响，是一种具有较强保值能力的投资理财产品。

1.2.8 收藏品

收藏品市场从 20 世纪六七十年代兴起，至今方兴未艾。通过对古董、字画的投资与收藏，可获得一定的收益。

1.2.9 信托

信托是指委托人基于受托人的信任，将其财产权委托给受托人，由受托人按委托人的意愿以自己的名义，为受益人的利益或特定目的进行管理或处分的行为。按照委托对象的不同，可以分为资金信托和财产信托等。

 小资料 ·····

为什么要进行艺术品投资？

中国是一个拥有悠久文化和几千年文明历史的古老国家。自从改革开放以来，我国的经济发展已经得到了长足的进步，但是，文化方面的发展却稍显迟缓，这是一个亟须解决的问题，并且已经得到了政府的关注。文化强国的理念已经得到各方面的重视，并且已经成为我国在发展过程中的一个首要战略目标，同时，我国已经将金融资本市场的文化产业作为一个首要的发展目标，这样一来，我国的艺术品投资行业就拥有了巨大的发展空间。

从全球眼光来看，在过去的 10 年内，西方艺术品均价的增幅高达 144%。相比国际艺术品市场每幅几千万美金的西画来说，中国当代书画价位实际上可以说是严重偏低，这也为中国艺术品收藏投资产业提供了一个相对活跃的增值空间，它预示着中国艺术品收藏投资市场的前景无限。

近些年来，对中国当代书画艺术的收藏，自然也成为人们经济、文化生活中的一个持续热点。目前我国艺术品收藏爱好者和投资者达 7 000 万人，占到了全国总人口的 6%，并且参与人员和成交额每年以 10%～20% 的速度递增。在大家纷纷将目光转向收藏与投资艺术品的时候，人们要清楚，艺术品收藏投资实际上是一项对投资人的文化素养、艺术修养、审美意识、学识胆略、潜在值把握、投资技巧等各方面都要求非常高的特殊投资方式，它是一门经济学中比其他投资要求更严的投资学问，艺术品收藏投资的真正投资价值在于其长线的投资效应，也只有这样，其价值增长空间才能远高于其他产业投资回报。

资料来源：http://www.sohu.com/a/149982460_449823.

1.3 投资理财的主要内容

1.3.1 投资理财的主要准备

1. 观念的准备

观念是行动的先导，思路决定出路。但是真正谈到投资理财，一般想到的不是投资，而是赚钱。实际上理财的范围很广，理财是理一生的财，即个人一生的现金流量与风险管理。

2. 知识的准备

投资理财要具有一定的专业技术，需要了解和掌握一些投资理财的相关知识。因此，真正的投资理财也是一门高深的艺术。

目前，投资理财所需要的基本知识主要包括财务会计知识、金融知识、税收知识、管理学知识和某些专门知识，如房地产、彩票、古玩字画等知识。此外，国际与国内相关经济政策与宏观经济趋势的知识也必不可少。

3. 心理的准备

投资理财的心理准备主要是了解一个人的风险承受能力和理财产品取向，以便选择合适的投资理财工具。一般来说，按照对风险的承受能力不同，可以把人的个性分为保守型、谨慎型、平衡型、进取型和投机型，每一种类型的人其投资理财方式都会有所区别。

4. 操作的准备

进入投资理财的实战阶段之前，还要做好操作前的具体准备工作。

（1）要摸清家底，在保证个人和家庭正常开支、安全运转的前提下，确定可用于投资理财的额度。

（2）确定投资理财目标，结合自己的个性类型，选择合适的投资理财工具，以及具体的投资理财产品。

（3）审时度势，结合自己的经济分析，确定最佳的投资理财时机。

（4）所有的准备工作都离不开具体的金融或非金融机构，因此，投资者必须对各类著名的证券、期货、银行，以及相关专业理财机构有所了解。

1.3.2 投资理财规划

作为一个完备的投资理财人生规划，应对以下几个方面进行规划。

1. 事业规划

事业是人的价值体现。个人对自己的事业要有一个规划，而个人自主创业是实现个人事业规划的最有魅力的方式。

2. 投资规划

这里的"投资规划"主要是指金融投资，而不是对于个人或家庭的自用资产（如住宅和汽车）的投资，它在个人或家庭总投资中所占比例在自用资产投资结束以后会逐步提高。即对于个人或家庭所拥有的资金，要考虑先还贷（房贷和车贷），如果还有余额，就可以用于金融投资。但是，为了谨慎起见，在进行金融投资前，应该预留一部分资金作为紧急备用金。

3. 居住规划

"衣食住行"是人生最基本的四大需要，其中"住"又是四大需要中期限最长、所需资金数额最大的一项。在投资理财规划中，与"住"相对应的是居住规划。大部分消费者购买住房都是自用，而事实上住宅也可作为一种长期的高价值投资，不仅可以用于个人消费，还有显著的投资价值。因此，消费者购买住宅可以从 3 个方面来考虑：自己居住、对外出租获取租金收益、投机获取资本利得。国外大部分国家的税法规定，购买房地产的支出可以在一定程度上作为应税所得额抵扣的一部分。因此，国外消费者购买住宅主要考虑如何合理避税。显然，不同的购买目的有不同的规划方案。

4. 教育投资规划

教育投资是一种人力资本投资，从内容上看，教育投资可分为两类：客户自身的教育投资和对子女的教育投资。自身的教育投资非常重要，它不仅可以提高个人的文化水平与生活品位，更重要的是，它可以使受教育者在现代社会激烈的竞争中占据有利的位置。对子女的教育投资又可分为基础教育投资和高等教育投资。大多数国家的高等教育不属于义务教育的范畴，因而，对子女的教育投资通常是所有教育投资项目中花费最高的一项。

✎ 课堂小讨论

请同学们讨论一下，从你上学以来，家里一共花了多少费用？这部分费用占家庭支出的多大比例？

5. 个人风险管理和保险规划

人的一生很可能会面对一些不期而至的风险。为了规避、管理这些风险，人们可以通过购买保险来满足自身的安全需要。除了专业的保险公司按照市场规则提供的商业保险之外，由政府的社会保障部门提供的包括社会养老保险、医疗保险、失业保险、工伤保险、生育保险在内的社会保险，以及雇主提供的团体保险也都是个人或家庭管理风险的工具。随着保险市场竞争的加剧，保险产品除了基本的转移风险、减小损失的功能之外，还具有融资、投资功能。个人风险管理和保险规划的目的是通过对客户的经济状况与保险需求的深入分析，帮助客户选择合适的保险产品并确定合理的期限和金额。

6. 个人税务筹划

依法纳税是每个公民应尽的义务，而纳税人出于自身的考虑，往往希望将自己的税负合理地减到最小。因此，如何在合法的前提下尽量减少税负，就成为每一个纳税人十分关注的问题。

7. 养老规划

在人口老龄化日趋严重的大前提下，没有一个国家的政府可以完全、无限度地支持退休民众的生活，也没有一家企业可以向员工提供终身确定给付的员工福利。中国尽管有养儿防老的传统观念，但随着社会的进步，随着计划生育政策的实施和子女负担的不断加重，这种养老模式也逐渐难以延续。因此，现代社会退休金的筹措主要还是靠自己。退休计划是一个长期的过程，不是简单地通过在退休之前存一笔钱就能解决，因为通货膨胀会不断地侵蚀个人的积累。个人在退休前的几十年就要开始确定目标，进行详细的规划，否则不可避免地要面对退休后生活水平急剧下降所导致的困境。

8. 遗产规划

遗产规划是将个人财产从这一代转移给下一代，从而尽可能地实现个人为其家庭所确定的目标而进行的一种合理的安排。

遗产规划的主要目标是高效率地管理遗产，并将遗产顺利地转移到受益人的手中。一方面，投资理财规划是在最短的时间内完成遗产规划；另一方面，最大化减少遗产处理过程中的各种费用，如遗产税（中国关于遗产税的立法目前正在讨论中）。另外，为了保证遗产规划顺利进行，还应当订立一份合法有效的遗嘱。

 **小资料**

生涯规划与投资理财活动

生涯规划就好像人生的行程图，个人方面的重要决策是学业和事业规划，以及何时退休的计划。就家庭而言，包括何时结婚、何时生子的家庭计划，以及配合家庭成员的居住计划。家庭、居住、事业、退休等生涯规划预期在人生的不同阶段实现，具有明显的时间性，为此，根据年龄将生涯规划分为 6 个时期，见表 1-1。

表 1-1　生涯规划与投资理财活动

阶　段	学业/事业	家庭形态	理财活动	投资工具
探索期 （15～24 岁）	升学或就业 进行从业/转业选择	以父母的家庭 为生活重心	求学深造 提高收入	活期存款、 定期存款、 基金定投
建立期 （25～34 岁）	在职进修 确定职业方向	择偶结婚 有学前子女	量入节出 攒首付款	活期存款、 股票投资、 基金定投

续表

阶 段	学业/事业	家庭形态	理财活动	投资工具
稳定期 （35～44岁）	提升管理技能 进行创业评估	子女上小学/ 中学	偿还房贷 筹教育金	自用房产投资、 股票基金
维持期 （45～54岁）	晋升为中层管理者 着重建立专业声誉	子女上大学/ 出国深造	收入增加 筹退休金	建立多元 投资组合
高原期 （55～60岁）	晋升为高层管理者 事业以指导组织为主	子女已独立 就业	负担减轻 准备退休	降低投资 组合风险
退休期 （60岁以后）	担任名誉顾问 经验传承	子女成家 含饴弄孙	享受生活 规划遗产	固定收益、 投资为主

资料来源：中国就业培训技术指导中心．理财规划师专业能力．3版．北京：中国财政经济出版社，2007．

1. 探索期——就业前的准备（15～24岁）

（1）学业。生涯规划应及早从客户念大学时选择科系开始。个人的兴趣和专长学科及社会的需求方向都要加以考虑。大学毕业后是否继续深造，在国内念研究生还是出国留学，所需费用及学成后的效益，可与父母商量后作决定。若父母的财力能够负担，毕业后继续深造，则求学过程能够连续；如果选择工作几年自筹出国费用，对想深造的方向会有较为明确的认识。

（2）家庭。此时的客户大多未婚，与父母同住或住在学校宿舍，是家庭形成期前的阶段，仍以父母的家庭为生活重心。

（3）投资理财活动。重点在提升专业知识，取得可提升未来工作收入的证照。此时可理的财相当有限，可能是零用钱、打工或家教所得。在银行开一个活期储蓄账户，可申请一张信用卡来延迟给付，但切忌超额消费。

2. 建立期——从职场新人到独立贡献者（25～34岁）

（1）事业。客户此时踏入社会，第一份工作的选择相当重要，最好能学有所用。但若未如所愿，在工作的前10年可再留意是否有更合志趣，较能发挥抱负，同时待遇也较高的其他工作机会。客户应尽可能充实自己，让自己成为可承担工作任务的独立贡献者，此时基期较低，收入成长率可以每年10%为目标。

（2）家庭。这段时间也是一般人择偶、结婚、养育婴幼儿子女的时期，和家庭形成期阶段相当。

（3）居住。婚前和父母同住，若夫妻商量后决定拥有自己的房子，就要开始制订储备购房首付款的计划。

（4）投资理财活动。该阶段可投资的钱不多，但因为还年轻能承担较高的风险。可以将相当于3～6个月支出的金额作为存款，当作紧急备用金，多余的钱尝试投资一些股票，或者以定期定额的方式投资国内股票型基金。

3. 稳定期——确定生涯方向（35～44岁）

（1）事业。客户经过建立期的职场历练，对于未来的生涯发展应该有明确的方向。是否转向管理岗位，是否专注于个人业绩或专业发展，是否要自行创业当老板，在该阶段都应该定案。

（2）家庭。此阶段是家庭成长期的前段。此时客户的子女应该到了上小学和中学的阶段，应该趁子女上中小学，学费负担较轻时开始为他们准备高等教育金。

（3）居住。对购置自用住宅的家庭而言，此时最大的负担应是房贷本息摊还额。

（4）理财活动。此时的投资除了自用住宅以外，若每月储蓄扣除房贷和教育金准备还有余额的话，可以用于退休准备金。以实现目标的年限在 20 年以上来说，当作退休准备的资金可多用于股票等获利性为主的投资上。

4. 维持期——最具有投资力的年龄层（45～54 岁）

（1）事业。此时客户若在企业循序发展中很可能做到中层管理者，若走专业路线，累积 20 年的职场经验应该可以建立专业声誉。

（2）家庭。客户的子女多处于念大学或深造阶段，属于家庭成长期的后半段，子女教育费用是最大支出。

（3）居住。由于房贷多已在前阶段 10 年内提前还清，但稍具经济能力的家庭在子女长大时会考虑换房，因此仍然要准备由小换大的房价差额及装修费用。

（4）投资理财活动。最重要的理财目标是为自己及配偶准备退休金。因为收入增加而负担减轻，离退休至少还有 10 年，此时投资能力最强，同时还能负担中等程度的风险，因此除了前阶段定期定额投资股票型基金外，对于已累积的资产，应该构建一个多元化的投资组合，包括存款、货币市场基金、债券基金、股票型基金、投资用房地产、艺术品投资等，以分散风险。

5. 高原期——退休前的准备（55～60 岁）

（1）事业。在中国，一般人的退休年龄为 55～60 岁。此时还在企业发展者，有望成为高层管理者。专业工作者也到了经验最丰富的时候，可传承经验培养接班人。

（2）此时客户的子女应已就业，可能自己租房或仍和父母同住。若子女已成家也到了"离巢"的时刻，和家庭成熟期的阶段相当。

（3）居住。多半维持原有住所到退休，届时再考虑是否换购可满足"银发需求"的住宅。

（4）投资理财活动。应开始规划退休后的"银发生涯"如何开展，把退休当作圆梦的开始而非人生的终点。在投资上应在该阶段逐步降低投资组合的风险，增加债券基金及存款的比重。

6. 退休期——退休后享受生活（60 岁以后）

（1）事业。此时客户已从职场退休，若体力、智慧尚可，还可以做个名誉顾问，传承经验以保持成就感。

（2）家庭。此时客户的子女已成家，可去探望他们，含饴弄孙，相当于家庭衰老期阶段。在夫妻中一方身故后，剩下的一方可能和子女同住。

（3）居住。考虑是否从大换小，变现差额来补充退休养老金。

（4）投资理财活动。若前述的安排妥当，即使没有企业退休金，若已经积累了 100 万元以上的自储退休金，应足以过个有尊严的晚年生活。因为已经没有工作收入开始吃老本，此时的投资组合应以固定收益工具为主，但无论如何报酬率还是要高于通货膨胀率。

思考与练习

1. 名词解释

投资理财　保险　股票　债券　基金　外汇　信托

2. 单选题

（1）存款人同银行约定存款期限，到期支取本金和利息的储蓄形式是（　　）。

A. 活期存款　　　　B. 定期存款　　　　C. 整存整取　　　　D. 零存整取

（2）为鼓励城乡居民以储蓄方式，为其子女接受非义务教育积蓄资金，促进教育事业发展而开办的储蓄是（　　）。

A. 活期存款　　　　B. 定期存款　　　　C. 通知存款　　　　D. 教育储蓄

（3）有一种有价证券是股份公司在筹集资本时，向出资人公开或私下发行的、用以证明出资人的股本身份和权利，并根据持有人所持有的股份数享有权益和承担义务的凭证是（　　）。

A. 保险　　　　　　B. 基金　　　　　　C. 股票　　　　　　D. 债券

（4）有固定的存续期，期间基金规模固定，一般在证券交易场所上市交易，投资者通过二级市场买卖基金单位的是（　　）。

A. 开放式基金　　　B. 封闭式基金　　　C. 股票　　　　　　D. 债券

（5）（　　）的正式名称是人民币特种股票，是指那些在中国大陆注册、在中国大陆上市的特种股票。它以人民币标明面值，只能以外币认购和交易。

A. A 股　　　　　　B. B 股　　　　　　C. S 股　　　　　　D. N 股

3. 多选题

（1）投资理财的意义主要包括（　　）。

A. 实现财务安全　　B. 尽可能多赚钱　　C. 实现财务自由　　D. 保本为益

（2）投资理财的目标主要包括（　　）。

A. 保证必要的资产流动性　　　　　　B. 保证合理的消费支出

C. 保证教育期望的实现　　　　　　　D. 建立完备的风险保障

（3）投资理财的基本原则有（　　）。

A. 整体规划　　　　　　　　　　　　B. 提早规划

C. 现金保障优先　　　　　　　　　　D. 追求收益优于风险管理

（4）投资理财的主要工具有（　　）。

A. 储蓄　　　　　　B. 基金　　　　　　C. 黄金　　　　　　D. 保险

（5）保险的主要种类包括（　　）。

A. 财产保险　　　　B. 人身保险　　　　C. 责任保险　　　　D. 信用保证保险

4. 简答题

（1）简述投资理财的意义。

（2）投资理财的目标包括哪些内容？

（3）简述投资理财的基本原则。

（4）投资理财的主要工具有哪些？

（5）投资理财要做好哪些准备工作？

5. 案例分析题

王先生今年32岁，大学毕业后在家乡一家国有企业上班，每月收入1 200元，虽不高，但非常稳定。后来，他放弃了"铁饭碗"来到上海，在一家贸易公司做业务。由于工作关系，他第一次接触到了期货投资。在父母资助了5万元本金后，王先生短短半年内就靠炒期货赚了60万元。这一期间，他娶妻生子，孩子出生后，资产达到80万元。他对自己越来越有信心，打算做到200万元歇手，投资实业。

但事与愿违，一次行情暴跌，王先生的资产在2个月内损失了60万元，3个月后，本金更是全部亏损，还欠下10多万元的债务。王先生只得收手，咬牙攒钱还债。刚刚还清债务，经济负担又加重了。妻子考上了研究生，一年学费2万元左右，孩子已上小学，一年费用上万元左右。

现在王先生到上海求职，月收入8 000元。妻子除了学校每月的300元津贴以外，平时做一些兼职，月收入有1 500～2 000元。他们现在没有存款，每月房租1 200元，吃饭、交通及购物等消费大约1 500元。王先生的户口还在老家，只参加了基本的社保。

资料来源：www. sina. com. cn.

要求：利用所掌握的专业知识分析，王先生的投资理财理念是否科学，存在哪些问题。

第2章

投资理财的理论基础

学习目标与要求

1. 学习并掌握生命周期理论的主要内容及其在个人理财中的运用。
2. 了解持久收入消费理论的主要内容及其在个人理财中的运用。
3. 熟悉货币时间价值的相关计算。
4. 了解风险的含义、分类，以及投资理财的风险管理。
5. 学习风险计量的主要方法。

案例引入

在人们的日常生活中经常会遇到这样的问题，是花 50 万元买一幢现房，还是花 45 万元买 1 年后才能入住的期房？若想买 1 辆汽车，是花 20 万元现金一次性购买，还是每月支付 6 000 元，共付 4 年更合算呢？所有这些问题都反映出一个道理，那就是货币的时间价值，今天的 1 元钱比明天的 1 元钱值钱。这究竟是为什么？所有这些问题都与本章将要学习的投资理财的财务基础有关。

资料来源：中国就业培训技术指导中心．理财规划师基础知识．4 版．北京：中国财政经济出版社，2011.

2.1 生命周期理论

1985 年诺贝尔经济学奖获得者 F. 莫迪利安尼很独特地从个人的生命周期消费计划出发，建立了消费和储蓄的宏观经济理论。该理论对消费者的消费行为提出了全新的解释，是指导个人投资理财的核心理论之一。

2.1.1 生命周期理论的主要内容

生命周期理论认为，个人是在更长的时间范围内计划其消费和储蓄行为，以在整个生命周期内实现消费的最佳配置。人们通常在工作期间储蓄，然后将这些储蓄用于他们退休期间的支出。人口的年龄结构是决定消费和储蓄的重要因素。其主要观点可以归纳如下。

（1）消费在消费者的一生中保持不变。

（2）消费支出是由终身收入+初始财富来融资的。

（3）每年财富的 $1/L$ 部分将被消费掉，其中 L 为个人预期寿命。

（4）当前消费取决于当前财富和终身收入。无论是劳动收入还是财富增加，都将提高消费支出；延长相对于退休时间的工作时间从而增加终身收入并且缩短负储蓄的时间长度，也会提高消费。

（5）生命周期理论用公式表示为：

$$C = a \times WR + c \times Y_1$$

其中，C 是消费支出；WR 是实际财富；Y_1 是劳动收入（指持久收入或长期收入）；a 为财富的边际消费倾向；c 为劳动收入的边际消费倾向。

2.1.2　生命周期理论在个人理财中的运用

个人的生命周期可以分为成长期、青年期、成年期、成熟期、老年期 5 个阶段。每个人在人生的各个阶段具有不同的理财需求，每个阶段中所具有的特征也不尽相同。

根据人生不同阶段的特点，金融机构推出的投资理财产品，以及个人的理财策略是不同的。在成长期（主要是指 20 岁以下的学生），一般仍靠父母供养，可支配收入不多，投入大于积蓄，此时个人理财的原则是不乱花钱、不制造负债，并把握时间学会投资理财知识。在青年期（参加工作至结婚），收入较低而消费支出较大，资产较少甚至可能净资产为负，此时投资理财的重点是提高自身获得未来收益的能力，具有风险偏好的人可承担一定的风险，其投资理财组合中除了储蓄还会有债券类、股票型基金等产品。在成年期（小孩出生直到上大学），家庭有稳定收入，最大开支是保健医疗费、教育及智力开发费用。此时，精力充沛，又积累了一定的工作经验和投资经验，风险承受能力增强，可以考虑建立不同风险收益的投资组合。在成熟期（子女参加工作到家长退休），工作能力、工作经验、经济状况都达到高峰状态，子女已完全自立，债务已逐渐减轻。此时主要考虑为退休做准备，应扩大投资并追求稳健理财，建立国债、货币市场基金等低风险产品的投资组合。老年期的理财一般以保守防御为原则，目标是保证有充裕的资金安度晚年。

但是，个人从来不可能准确知道终身劳动收入将会是多少。因此，生命周期消费计划的制订只能建立在对未来劳动收入的预测基础上。

2.2　持久收入消费理论

M. 弗里德曼的理论认为，消费不是与当前收入而是与长期估算收入（持久收入）相联系。

2.2.1　持久收入消费理论的基本内容

持久收入消费理论是由美国著名经济学家 M. 弗里德曼提出来的。弗里德曼将个人收入分为持久性收入和暂时性收入。所谓持久性收入，是在财富的当前水平，以及现在和未来赚取的收入给定的前提下，一个人能够在其余生维持的稳定消费比率。持久性收入是稳定的、正常的收入，暂时性收入则是不稳定的、意外的收入。

M. 弗里德曼认为，决定人们消费支出的是他们持久的、长期的收入，而不是短期的可支配收入。因为，短期可支配收入会受到许多偶然因素的影响经常变动，人们的消费支出与短期经常变动的收入之间没有稳定函数关系。为了实现效用最大化，人们实际上是根据他们长期能保持的收入水平来进行消费的。在通常情况下，一个人是无法确定收入变化到底是持久性的还是暂时性的。如果收入变化实际上总是持久的或长期的，则消费者在收入发生变化时将相信这种变化大多数是持久的，这样的消费者因而具有较高的 g 值，边际消费倾向较高；那些收入在平时非常易变的消费者在估计持久性收入时，将不会过多地考虑收入的当前变化，相应地，他们具有较低的 g 值，边际消费倾向较低。

2.2.2 持久收入消费理论在个人理财上的运用

根据持久收入消费理论，可以对我国个人（家庭）当前投资理财组合中储蓄比例居高不下作出一个解释，那就是消费者对未来收入的预期很不确定。中国居民消费中存在较强的预防性储蓄动机，这一方面固然是因为经济增长使居民消费结构升级，会对储蓄进一步积累有推动；但在另一方面更是因为居民在未来收入不确定性增加的背景下，更看重未来消费可能而牺牲当前必要消费支出，预防性储蓄成为个人及家庭理财行为的一种理性选择。

 小资料

人均存款超四万元，高储蓄也有弊端你知道吗？

近日，国家副主席李源潮在世界经济论坛上表示，2015 年一年，中国居民新增储蓄存款就超过了 4 万亿元人民币，2008 年以来，中国的居民储蓄累计增加了 35 万亿元。我国居民储蓄率为何居高不下？高储蓄率背后的弊端是什么？

你知道中国居民存款达到多少了吗？截至 2007 年年底我国居民存款余额为 17.2 万亿元，而 2015 年这一数字已经飙升至 55.2 万亿元，短短 8 年时间，增加了 38 万亿元，这 8 年时间里居民存款迎来了爆发式增长，按照统计局最新公布的全国总人口 13.7 亿人计算，我国居民人均存款已经达到 40 291 元人民币，首次突破 4 万元大关。

根据此前《城市竞争力蓝皮书》公布的榜单显示，2014 年北京以人均存款 112 292.43 元排名第一。而上海以人均存款 87 720.02 元屈居第二，3 至 10 名为：浙江 53 402.11 元、天津 52 273.79 元、广东 47 574.78 元、辽宁 45 234.62 元、江苏 42 915.6 元、山西 36 873.28 元、陕西 32 686.72 元、重庆 32 486.20 元。

我国居民储蓄率长期雄踞全球首位，这究竟有何原因呢？

分析指出，这一方面是由于我国投资渠道狭窄、投资方式单一、投资品种少、投资风险较大。中国大妈买黄金巨亏，反映出投资渠道过窄。同时，金价涨涨浮浮，投资不稳定。中国股市自去年后半年开始也较为低迷，大起大落让股民摸不到头脑。各种互联网理财平台时不时传出跑路的问题，让很多人望而却步。

另一方面，高储蓄率的现实，与民众对现实生活的担忧有关。有市民感叹，"老年人给子女买房要存钱，年轻人给孩子上学要存钱，中年人为养老要存钱"。这种声音代表了多数人的心声。现阶段居民储蓄的主要动机不再是盈利，而主要体现在三个方面：教育——应付本人及子女的各种教育经费；消费——购买住房、汽车等耐用消费品的积蓄；预防——医

疗、养老、失业等的保险基金。此外其还受到社会保障制度不够完善的的影响，居民对未来支出预期不乐观。

申万投资顾问认为个人存款只是居民个人资产的一部分，现在普通人的个人资产还会投向股票、基金、信托等投资渠道，但总体而言中国百姓的大部分资产还是存银行。长期以来受我国居民的消费习惯和勤俭节约的消费心理的影响，多位分析人士表示，居民存款从储蓄动机来看很大比例将用于养老。

如同人的优点和缺点并存一样，高储蓄也有其利弊之处。储蓄率曾支撑了中国独特的经济增长模式——高投资、高进出口规模，为中国经济发展作出了应有贡献。但在加大消费比重，调整投资和出口为导向的经济结构的今天，高储蓄率的弊端愈来愈明显。高储蓄率致使经济结构失衡。总储蓄大于总投资，多的部分只能靠出口消化，导致了出口导向型的经济模式；同时，高储蓄也抑制了消费，不利于扩大内需。

专家指出，就现阶段而言，解决国民储蓄率高的问题，主要有以下几种方式：

首先应该拓宽投资渠道、完善股票和债券市场。人们在实际利率很低甚至为负的情况下，仍然选择进行储蓄，其中最主要的原因就是金融市场的不规范，加大了人们的投资风险。

其次加大对居民的社保、医疗卫生和教育领域的投入。大多数居民对未来预期不稳定，即使收入增加，他们还是为可能出现的失业、医疗支出等把钱都储蓄起来。

另外，家庭支出的不确定性加大，如子女教育支出增加，也会导致居民过多的储蓄。

同时，更重要的是提高居民收入。其中，扩大国企对全民的分红比例，能起到降低储蓄率和调整经济结构的双重作用。现在，要调整经济结构，提高消费比重，就要提高百姓收入，提高百姓收入就要降低国企储蓄率，把更多的钱从银行拿出来给大家分红。

资料来源：http://history.people.com.cn/peoplevision/n1/2016/0125/c371452-28082430.html。

随着中国改革的不断深入，特别是医疗、教育、住房等领域改革的逐步到位，个人及家庭对未来的收支预期将逐步稳定。而金融体系改革的深化与国际金融市场趋同的大势，将推动个人及家庭理财组合中金融产品趋于多样化，储蓄的比重会不断降低，包括债券、基金、外汇、股票、保险、信托、房地产、黄金、收藏品等在内的各类理财产品将逐步融入每一个家庭的理财组合。

2.3　货币的时间价值

货币的时间价值无论是在经济学中，还是在实际生活中，都是一个不容忽视的问题，下面具体阐述货币的时间价值。

2.3.1　货币的时间价值的概念

"今天的 1 元钱比将来的 1 元钱有价值"揭示了等量资金在不同时点上的价值量不相等的道理，即货币的时间价值。因此，货币的时间价值是指货币经历一段时间的投资和再投资所增加的价值，也称为资金的时间价值。本杰明·弗兰克说：钱生钱，并且所生之钱会生出更多的钱。这就是货币的时间价值的本质。

掌握货币的时间价值的概念要明确 3 点：① 货币的时间价值反映了一定量资金在不同时点上的价值量差额，其实质是资金周转使用后的增值额；② 货币的时间价值增值是在其被当作投资资本的运用过程中实现的，是资金在周转过程中由于时间因素形成的差额价值；③ 货币的时间价值与时间的长短同方向变动，因此，投资时间越长，循环周转的次数越多，价值增值越多，货币的时间价值也就越多。

2.3.2 货币的时间价值的产生

货币的时间价值产生的最直接原因是通货膨胀。其实，当货币的贴现率跟不上通货价格的增长时，就出现了通货膨胀；当货币的贴现率超过通货价格的增长时，就出现了通货紧缩。从经济学的角度看，只有货币的贴现率与通货价格的增长同步时才是最理想的状态，但实际上这种理想状态根本不存在，因为只要存在货币，通货膨胀就会发生，只要通货膨胀发生，货币就必然存在时间价值。

2.3.3 货币的时间价值的计算

1. 单利

单利是利率的计算方式之一，它是仅在原有本金上计算利息，对本金所产生的利息不再计算利息。单利的计算公式为：

$$利息 = 本金 \times 利率 \times 期限$$

【例 2-1】 某客户将 100 000 元投资于 3 年期的凭证式国债，年利率为 3%，其到期连本带息可收回：

$$100\ 000 + 100\ 000 \times 3\% \times 3 = 109\ 000（元）$$

2. 复利

复利的计算是对本金及其产生的利息一并计算，即把上期末的本利和作为下一期的本金一并计算，在计算时每一期本金的数额是不同的，俗称"利滚利"。复利被称为"世界第八大奇观"，因为它揭示了财富快速增长的秘密。以一年 12 个月计，每月盈利 1%，可累计盈利 12.68%；每月盈利 5%，可累计盈利 79.59%；每月盈利 10%，可累计盈利 213.84%。由于复利机制在不断起作用，很低的月均盈利水平也可以创造出可观的累计盈利。如果累计的周期增加，或者每个周期缩短，其复利效应将更加明显。善于运用复利机制可以创造投资奇迹。在前例中，如该客户将 100 000 元投资于年复利企业债券，预期年收益率为 3%，3 年后该客户连本带息可收回：

$$100\ 000 \times (1 + 3\%)^3 = 109\ 272.70（元）$$

3. 名义利率与实际利率

简单地说，实际利率是表面的利率减去通货膨胀率，即实际利率 = 名义利率 - 通货膨胀率（可用 CPI 增长率来代替）。

一般银行存款及债券等固定收益产品的利率都是按名义利率支付利息，但如果在通货膨胀环境下，储户或投资者收到的利息回报就会被通货膨胀侵蚀。实际利率与名义利率存在以下关系。

（1）当计息周期为一年时，名义利率和实际利率相等；计息周期短于一年时，实际利率大于名义利率。

（2）名义利率不能完全反映资金的时间价值，实际利率才真实地反映资金的时间价值。

（3）以 r 表示实际利率，i 表示名义利率，p 表示价格指数，则当通货膨胀率较低时，名义利率与实际利率之间的关系可以简化为：

$$r=i-p$$

4. 复利终值与现值的计算

由于不同时间单位货币的经济价值不同，所以不同时间单位的货币收入只有换算到相同时间单位时才具有可比性。货币在未来特定时点的价值被称为终值（future value）。它通常是把现在或未来某些时点之前多次支付（收入）的现金额，按照某种统一利率或称贴现率（discounting rate）计算出的在未来某一时点的值。未来的货币收入在当前时点上的价值就是现值（present value）。将终值转换为现值的过程称为折现（discounting）。

复利终值的计算是指一定量的本金按复利计算若干期后的本利和。其计算公式为：

$$终值 = 本金 \times (1+利率)^{期限}$$

即

$$F = P \cdot (1+i)^n$$

其中，$(1+i)^n$ 称为复利终值系数，可表示为 $(F/P, i, n)$。因此，以上公式也可表示为：

$$F = P(F/P, i, n)$$

该系数可通过查询"1 元复利终值系数表"获得。

【例 2-2】 在年收益率为 5% 的情况下，目前投资 10 000 元，30 年后将增至多少元？

$$F = P \cdot (1+i)^n = P(F/P, i, n) = 10\ 000 \times 4.321\ 9 = 43\ 219（元）$$

复利现值是指为取得将来一定本利和（终值），按复利计算现在所需要的本金。其计算公式为：

$$现值 = 终值 \times (1+利率)^{-期限}$$

$$P = F \cdot (1+i)^{-n}$$

其中，$(1+i)^{-n}$ 称为复利现值系数，可表示为 $(P/F, i, n)$。因此，以上公式也可表示为：

$$P = F(P/F, i, n)$$

该系数可通过查询"1 元复利现值系数表"获得。

【例 2-3】 如果年收益率为 5%，某客户想在 10 年后获得 500 000 元，其现在要投资多少元？

$$P = F \cdot (1+i)^{-n} = F(P/F, i, n)$$
$$= 500\ 000 \times (1+5\%)^{-10}$$
$$= 500\ 000 \times 0.613\ 9 = 306\ 950（元）$$

5. 年金

年金（annuity）是指每年都发生的等额现金流量形式。在投资理财领域中，年金主要的表现形式有零存整取、住房按揭的分期还款、养老保险等。年金的特征是在一定时期内，每次收付款的时间间隔相同，收付的金额相等。年金按其每次收付发生的时点不同，可分为普通年金、预付年金、递延年金、永续年金等。

（1）普通年金（ordinary annuity）。普通年金又称后付年金，是指一定时期内每期期末等额收付的系列款项。例如，每期期末从银行贷款 100 万元，用于某项目的投资；某人为了还清 4 年后的债务 1 000 万元，每年年末存入相同的金额，可称为偿债基金。

（2）预付年金（annuity due）。预付年金是指一定时期内每期期初等额收付的系列款项，亦称即付年金或先付年金。

（3）递延年金（deferred annuity）。递延年金是指在最初若干期没有收付款项的情况下，后面若干期等额的系列收付款项，是普通年金的特殊形式。凡不是从第一期开始的普通年金都是递延年金。某人购置房产，前3年不用付款，从第4年末分4年等额还本付息100万元。

（4）永续年金（perpetual annuity）。永续年金是指无限期等额收付的特种年金，可视为普通年金的特殊形式，即期限趋于无穷的普通年金，又称"终身年金"。例如，存本取息、公司股票中不能赎回的优先股红利支付、养老保险金的支付等。

2.4 风险的计量与管理

2.4.1 风险的含义

风险是指某种事件发生的不确定性。在人们从事某种活动或对某件事情作出决策时，未来的结果都可能是不确定的，从而导致某种事件的发生或不发生。具体来说，主要表现在3个方面：① 发生与否的不确定；② 发生时间的不确定；③ 发生时导致的结果不确定。既然风险与收益是成正比的，那么投资理财过程中面临各种风险几乎是必然的。

2.4.2 风险的分类

划分风险的种类，有助于人们更好地识别风险和管理风险。风险的分类的方法通常包括以下几种。

1. 按照风险产生的原因分类

按照风险产生的原因可以分为自然风险、社会风险、政治风险、经济风险和技术风险。

（1）自然风险。自然风险是指自然力的不规则变化使社会性生产和生活等受到威胁的风险。例如，地震、水灾、风灾、雹灾等自然现象是经常和大量发生的。在各类风险中，自然风险是保险承保最多的风险。

（2）社会风险。社会风险是指由于个人或团体的行为或不行为使社会生产及人们的生活受到损失的风险。例如，人的过失行为、不当行为及故意行为等都可能对他人的财产或身体造成损失或伤害。

（3）政治风险。政治风险又称为国家风险，是指在对外投资和贸易过程中，因政治原因或订约双方所不能控制的原因，债权人可能遭受损失的风险。例如，因进口国发生战争、内乱而中止货物进口而造成的损失；因进口国实施进口或外汇管制，对输入货物加以限制或禁止输入而造成的损失等，都属于政治风险。

（4）经济风险。经济风险是指在生产和销售等经营活动中，由于受各种市场供求关系、经济贸易条件等因素变化的影响或经营者决策失误，对前景预期出现偏差等导致经营失败的风险。例如，企业生产规模的增减、价格的涨落和经营的盈亏等。

（5）技术风险。技术风险是指伴随着科学技术的发展、生产方式的改变而产生的威胁人们生产与生活的风险。例如，核辐射、空气污染和噪声等。

2. 按照风险的性质分类。

按照风险的性质可以分为纯粹风险和投机风险。

（1）纯粹风险。纯粹风险是指只有损失机会而无获利可能的风险。其所致的结果有两种：损失和无损失。自然灾害和意外事故的发生，人的生老病死等现象的发生，都属于纯粹风险。

（2）投机风险。投机风险是指既可能产生收益也可能造成损失的不确定状态，其可能产生的结果有 3 种：损失、无损失和盈利。例如，赌博、股票的买卖等都属于典型的投机风险。

2.4.3　风险的计量

1. 中心趋势计量

中心趋势计量是确定风险概率分布中心的重要方法。在各种不同的计量方法中，主要有以下几种方法。

1）算术平均数

算术平均数是指用平均数表示的统计指标，分为总体的一般平均指标和序时平均指标。一般平均指标是指同质总体内某个数量标志（在一定时间内）的平均值；序时平均指标是某一个统计指标在不同时间的数量平均值。假设 X_1，X_2，$\cdots$，X_n 是变量 X 的 n 个观测值，则平均指标为：

$$\overline{X}=\frac{X_1+X_2+\cdots+X_n}{n}$$

在平均指标的计算中，给予每一次观察值的权数相等。例如，5 个数字 0、1、2、3 和 4 的平均数字等于 2。每个测量结果只记一次，而且权数相等。

2）加权平均数

加权平均数（期望值）是用每一项目或事件的概率加权平均计算出来的。假设变量 X_1，X_2，$\cdots$，X_n 是变量 X 的观测值，V_1，V_2，$\cdots$，V_n 是变量出现的次数，则其加权平均数（期望值）为：

$$\overline{X}=\frac{X_1V_1+X_2V_2+\cdots+X_nV_n}{V_1+V_2+\cdots+V_n}$$

3）中位数

衡量损失、预测损失的另一种方法是计算中位数。中位数也称中值，位于数据的中心位置。确切地说，将任意一组数据 X_1，X_2，$\cdots$，X_n，由小到大顺序排列，得到数列 $X_1 \leq X_2 \leq \cdots \leq X_n$，若 $n=2m+1$（$m \in \mathbf{N}$），则 X_{m+1} 就是中位数；若 $n=2m$，则处于中心位置的两个数为 X_m 和 X_{m+1}，这时称它们的算术平均数为中位数，记作 $\mathrm{Me}\, X$，即

当 $n=2m+1$ 时，有 $\mathrm{Me}\, X=X_{m+1}$

当 $n=2m$ 时，有 $\mathrm{Me}\, X=(X_m+X_{m+1})/2$

2. 变动程度计量

衡量风险大小取决于不确定性的大小，取决于实际损失偏离预期损失的程度，而不确定性大小可以通过对发生损失距离期望的偏差来确定，即风险度。风险度是衡量风险大小的一个数值，这个数值是根据风险所致损失的概率和一定规则的计算得到的。风险度越大，就

意味着对将来越没有把握，风险就越大；反之，风险就越小。

1）方差和标准差

对于随机变量 X，如果 X_1，X_2，$\cdots$，X_n 是随机变量 n 的观测值，$\overline{X}$ 是随机变量的算术平均数，称 $(X_i-\overline{X})^2$（$i=1$，2，$\cdots$，n）为观测值 X_i 的平方偏差，称 $(X_1-\overline{X})^2$，$(X_2-\overline{X})^2$，$\cdots$，$(X_n-\overline{X})^2$ 的算术平均数为这组数据的平均平方偏差，简称方差（或均方差）。方差的算术平方根是标准差或根方差。标准差的公式为：

$$\sigma = \sqrt{\frac{1}{n}\sum_{i=1}^{n}(X_i - \overline{X})^2}$$

标准差是衡量测量值与平均值离散程度的尺度，标准差越大，数据就越分散，损失波动的幅度就越大，较大损失出现的可能性就越大。

2）变异系数

风险的稳定性可以通过变异系数反映出来。变异系数越大，风险的稳定性就越弱，风险也就越大；反之，风险的稳定性就越强，损失的风险也就越小。变异系数是标准差与均值或期望值的比例，也称标准差系数或平均偏差系数。即

$$CV = \frac{\sigma}{\overline{X}}$$

相关案例

小刘除了做电风扇生意，还做冷饮生意，而无论是电风扇生意，还是冷饮生意都与天气状况有关。从过去的经验中，小刘发现，如果某一年夏天的天气非常热，可以从冷饮生意中获得35%的收益；如果天气正常，可以获得10%的收益；如果天气凉快，可以获得5%的收益。如果假定气候炎热、正常、凉快的可能性分别为25%、50%和25%。那么，做冷饮生意可以得到的预期收益率为：

冷饮生意的预期收益率 = 35%×25% + 10%×50% + 5%×25% = 15%

小刘的电风扇生意，在天气非常热的情况下，可以获得40%的收益；在天气凉快的情况下，1分钱也不赚。天气正常的情况下，可以获得10%的收益。那么，可以得到做电风扇生意的预期收益率是：

电风扇生意的预期收益率 = (40%×25% + 10%×50% + 0%×25%)/1 = 15%

但是，电风扇生意的不确定性大于冷饮生意的不确定性。在最坏的情况下，做冷饮生意也可以赚点儿，而做电风扇生意一分不赚。对此，引入方差和标准差的概念对风险变动程度进行分析。

再根据相关的计算进一步得到标准差，其中：

电风扇生意收益率的标准差 = 0.15

冷饮生意收益率的标准差 = 0.117

由此可见，小刘做冷饮生意要比做电风扇生意的风险小。

资料来源：刘钧. 风险管理概论. 北京：清华大学出版社，2013.

2.4.4　投资理财的风险管理

1. 投资理财可能面临的风险

1) 系统性风险

系统性风险是指在投资理财过程中，由于共同因素引起个人资产和负债变化，从而带来损失的可能性。其主要包括以下风险。

(1) 通货膨胀风险。通货膨胀风险也称购买力风险，它是指因物价普遍上升，货币贬值而使所有个人投资理财产品都要承担的系统性风险。例如，在利率增长超不过通货膨胀的增长速度时，进行储蓄的家庭资产价值在无形之中不仅不能增值，而且还会使原有货币的实际购买力被通货膨胀蚕食掉一部分。因此，个人投资理财不能只看投资回报率，还必须要看同时期的通货膨胀率。

要避免通货膨胀风险发生，必须要在投资理财产品的组合中选择一部分在通货膨胀时期反而会升值的投资产品，如股票基金、股票及房地产和黄金等，减少现金储蓄和债券等由于追不上市场物价指数上涨速度而贬值的产品。因此，投资理财的资金若能够根据市场的需要搞好优化组合，不仅能把风险分担和化解，尽量减少个人投资理财的资金损失，甚至还可能在一定条件下把它转化成为市场机会。

(2) 利率风险。利率风险是指由于利率变化给投资理财带来损失的可能性。利率风险主要起因于市场利率的波动，市场利率的变化将引起金融资产价格的变化。例如，当市场利率上升时，证券价格就会下跌，造成证券资产贬值的损失；市场利率上升使贷款利息增加，加重了各种贷款利息的负担，会影响贷款者收入的稳定；市场利率下降时，储蓄存款利息减少，会使存款者收益下降。

利率风险的大小与利率的期限、不确定性和变化频率有密切关系。一般而言，期限越长，利率风险越大；未来市场利率越不确定，金融资产遭受贬值的可能性就越大，利率风险也就越大；利率变化频率越大，利率风险也就越大。

购买人民币或外汇理财产品也受到利率风险的影响。除影响其产品收益率的高低外，若遇人民币储蓄存款利率大幅度提高时，储蓄存款客户可立即取款进行转存，而理财产品的客户则不能取款，自然也就得不到利率提高的机会收益。另外，由于原中国银行业监督管理委员会已出台了关于人民币理财产品不得允诺固定收益的相关规定，所以即使银行方面为了维持信誉，很可能用自己贴钱的方法也要将客户的预期收益率满足，但是随着市场的不断发展和成熟，人民币理财产品市场早晚也将走向风险与收益并存的道路。

所以，在个人投资理财中，必须密切注意市场利率的变化，做好利率的预测，规避利率风险。

(3) 流动性风险。流动性风险是指个人投资理财过程中，在情况需要时能否迅速地和低成本地将流动资产变为现金资产。如果资金的变现能力较差，投资无法在需要（急需使用和风险来临）的情况下适时变换为现金，风险就会降临。一般银行存款、债券和多数股票都可以很快变现，所以流动性风险较低，但是保险、信托和房地产就不易变现，所以它们的流动性风险就较高。

(4) 汇率风险。汇率风险是指一个经济实体或个人，在一定时期内以外币计价的资产与负债，因外汇汇率变化而引起其价值上涨或下跌的可能性。1998 年的东南亚金融危机带来的巨大汇率变动给众多企业和投资者，乃至很多一般公众都造成了很大的经济损失和灾难。

（5）政治风险。政治风险是指由于政治因素引起的一种投资系统性风险。例如，所有制改革风险、战争风险、政变等政治因素引起的风险等。

（6）市场风险。市场风险是指由于一些非企业自身能力可以控制的市场因素的变化，进而影响所有企业而产生的投资结果的不确定性或变异性造成的风险。市场的这种波动往往会使受这种风险影响很大的股票、公司债券、期货、房地产和其他投资性较高的投资产品的价格随之起伏，给持有人造成损失。

经济盛衰循环不息，市场大势变化不止。经济景气的时候，股票、房地产和部分期货都会升值；经济不景气的时候，拿着现钱和债券更为有利，而股票和房地产都会跌价。为此，一个包括不同投资项目的完善的投资理财组合，应该能够分散和减轻市场的这种经济循环风险。

（7）信用风险。信用风险是指当金融产品到期时，金融机构如果不能将约定的投资者所期望的投资收益，如金融机构的储蓄和债券的利息及本金等支付给投资者的话，就将使金融产品的购买者（债权人）出现风险，并在经济上遭受损失。理财类产品的投资者是因为信任金融机构才把自己的资产委托给金融机构管理的，投资者对金融机构的信任，应该成为金融机构理财产品发展的一个有利条件，但是如果金融机构滥用这种信任而漠视信息披露的必要性和投资者期望收益的合理性的话，最终将给金融机构自身酿成苦果。

（8）法律风险。受我国金融法律制度和管理体制的制约，投资理财业务的法律风险十分突出。如果不能准确界定理财产品的性质，就有可能使理财业务与信托业务、储蓄存款业务的界限不清，一旦出现法律纠纷，就面临诉讼威胁，并且还可能受到有关监管部门的处罚。因此，在开展理财业务时，应当准确界定理财业务所包含的各种法律关系，进行严格的法律、法规性审查，明确可能会碰到的法律和政策问题，研究制订相应的解决办法，从而使委托和受托双方都能切实防范法律风险可能造成的麻烦和损失。

（9）行业风险。行业风险是指各个行业在经济发展中都有自身特定的规律，同时也有高潮和低潮，还有产业的朝阳期（进入期）和夕阳期（衰退期）。对行业的发展期间和前景的判断需要具备一定的经济与专业知识，并且还要经过反复的研讨，进行必要的预测和反复的实践。只有这样，才能正确判断。在实际投资理财活动中，既要运用一定的技巧防止自己判断失误，努力寻找有好的发展前景的行业、企业和项目，又要预防风险可能带来的灾难性后果。

2）非系统性风险

非系统性风险是指由非共同因素引起的投资未来结果的不确定性。

（1）经营风险。经营风险是指由与投资项目有关的经营因素所引起的投资风险。这种风险又分为内部经营风险和外部经营风险。内部经营风险是指投资项目自身的经营因素所引起的投资风险，外部经营风险是指投资项目某些外在的经营因素所引起的投资风险。

（2）财务风险。财务风险是指投资者投资股票或债券，企业因为经营不善或使用负债融资，引起企业资金利率与负债利率差额上的不确定性和企业的资本结构的不合理性，使企业盈余发生变动，结果使债券持有人无法收回本金和利息，或者使股票价格下跌或无法分配股利。总之，就是投资者无法得到预期的收益。

（3）管理风险。管理风险是指需要花费时间和精力进行个人投资理财的管理活动的不确定性。例如，对投资理财行业、企业、项目和品种如何进行选择、组合和管理等，就会涉及管理风险，因为选择可能得不到回报，甚至还可能带来损失。投资者还可能受到政府不良政策和管理不善的公司的影响，甚至遭到公司恶意欺骗的暗算。

（4）委托理财的风险。当人们对投资理财感到难以把握时，很多人就把个人投资理财委托给专业公司或专家。但根据目前委托理财的现状，在委托理财的过程中同样存在很多风险。① 政策法律风险。由于各种原因，国家政策和法律在委托人委托期内可能发生重大变化，因此产生重大风险。② 决策风险。面对市场风险，受托人的投资决策会面临较大的考验，其决策未必每次都是正确或完善的。③ 信用风险。受托企业自身的信用状况也影响委托人对委托资金及其收益的顺利回收。④ 经营风险。有些公司将大额的募集资金不用于公司的投资项目及核心业务的发展，却本末倒置地将其用于高风险投资，结果往往造成大量委托理财资金被套，引发了公司的经营风险。原指望能为公司财务报表增色的投资收益却变成了投资损失，公司不得不计提大量投资减值准备金，这又会导致公司的业绩风险，并最终演变成投资者的投资风险。⑤ 道德风险。企业帮助委托人委托理财，不仅存在违规操作、理财信息披露不充分和不及时的现象，有时还会出现对经营亏损和不利信息瞒而不报的欺骗投资者的事情，更有甚者还会在金融投资中进行诈骗。

（5）家庭人际关系风险。在个人投资理财的关键时刻，一旦有家庭人际关系的阻碍后果可能十分严重，因为经济活动的时机是不等人的。

2. 投资理财过程的风险管理

只有学会识别、规避和控制风险，才能用积极科学的管理方式与方法来规避和减轻风险损失。

1）学会识别风险

从严格意义上说，要理财就不可能不冒风险，要完全地规避风险就难以获得风险报酬。为了实现尽量低风险和相对高报酬的理财目标，首先，学会识别风险就成为一件重要的事情。人们应该尽量多了解一些与理财相关的背景知识，如社会宏观经济环境和公司微观环境，以及银行储蓄、债券、基金、股票、保险等投资理财工具的基本特点、类别和功能。同时也要掌握一些风险决策中定量与定性分析的方法，并在此基础上学会分析风险存在的原因，进行风险预测和评估，掌握识别风险的一些方法和技巧。事情总是有预兆的，谁能够比别人提前一步意识到风险即将来临，谁就掌握了规避风险的最有利的时机和条件。

2）学会规避风险

当预感风险有可能发生时，通过事先采取措施避开风险，将损失或伤害的形成因素加以消除，使损害不致发生是最好的办法。规避风险一般有以下两种方法。

① 对明显存在高风险的产品和操作方案在理财决策时就要直接给予否定。例如，信用条件不好的企业债券坚决不去购买；对于偿还能力低下和筹款用途不正当的经营集资坚决不参与；购买股票时，没有基本把握的股票宁可闲置资金也坚决不购买。对于个人和家庭各种存单、债券、金融卡及密码做好防盗和防火工作，妥善保管。

② 对于已经进入实施阶段的投资理财方案，一旦发现不利情况可能导致全盘出问题的要及时中止，学会放弃，对部分出问题的要马上调整方案以避免可能造成的损失。

3）学会控制风险

如果风险确实无法避免或在理财中为获取较高收益不愿采用完全避免风险的方法，也可以采取控制风险的方法。控制风险的方法简单地说就是将风险可能形成的损害用某些措施和手段限制在自身可以承受的范围内。

（1）降低风险。对于风险能够造成的损失或伤害的程度、频率和范围，使其在可以承受之内得到事先控制和全过程控制。对理财项目和品种、投资金额、交易价格、成本费用都提前设定界限，不许突破。对于投资、贷款、合理的民间借款等都要签订严格合法的书面协议，一旦发生违约现象，要及时处理，如发生纠纷，要避免私了，及时向法院提起诉讼。另外，不要轻易为他人贷款和借款提供担保或抵押等。

（2）分散风险。分散风险除了前面所说的要在项目和产品上搞好投资理财的组合以外，负债资金的总量和结构也一定要使之与未来现金流入总量和结构相适应。要坚持短期融资短期使用、中长期融资中长期使用的原则，从而使偿债风险能分散到理财的各个不同时期，避免还债期过于集中和还债高峰出现过早，以给个人和家庭创造一个较为宽松的理财环境。其中，对借入款项，特别是住房和购车的按揭贷款一定要进行合理规划。

（3）转嫁风险。转嫁风险是指把风险转让给他人，如将风险转让给专门承担风险的机构，即在保险公司购买保险；或者将债券、股票和外汇转让给其他人，以避免利率、价格、汇率的变动给个人和家庭造成损失。在转嫁风险时，为实现风险转让有可能要付出一定的代价，如支付保险费或降低交易价格；并且转嫁风险的作用是不可预见的，因此一定要搞好成本和收益的控制与核算，要保证付出的代价或在风险一旦发生时获得的赔偿都能保证不干扰正常的家庭生活。当然，转嫁风险一定要通过正当合法的交易手段和途径。

（4）接受风险。实际上，投资理财风险是不能完全准确地加以预测的，因此在躲避不及时的情况下，接受风险也就成为必然的选择。但是，人们在接受风险时必须做好以下准备：① 不能让个人和家庭在面临风险时完全处在一种盲目的状态中；② 这种风险造成的损失或伤害必须是个人和家庭自身能够承受的；③ 个人和家庭面临风险时有来自个人和家庭外部的保障；④ 如果防范风险所需要的防范成本高于风险所带来的损失时，接受风险是一种必然的选择。

4）规避委托理财风险，学会防范信用风险

对于不能深懂投资理财内容和操作的一般个人和家庭来说，委托理财确实有其存在的价值。但是，在中国这个投资理财刚刚起步的市场上，由于委托理财的法律、法规还很不完善，应该说在委托理财的路上还有很多风险。尽管如此，委托理财仍然是投资理财的一项重要内容。因此，在进行投资理财时，应该对委托理财中风险的内容及其规避的方法有一个了解。

（1）委托理财规避风险的关键是慎选受托方。在现实的委托理财活动中，最大的风险是受托的公司进行严重的违法、违规操作而被停业整顿，甚至被撤销机构，委托方会因此遭受严重损失。因此，在个人和家庭投资理财过程中，增强金融风险的意识，慎选受托方，学会识别和防范种种信用陷阱，是保证家庭金融资产安全的重要环节。① 个人和家庭不要为了小利随意出钱参与民间借贷活动和将有价证券借给别人抵押使用。② 不要把个人和家庭的信用随意委托给别人使用。③ 个人和家庭不要参与社会上的非法集资活动，也不要把钱存入非法的金融机构。④ 不要委托他人办理个人和家庭投资理财的各种业务手续。

（2）选好受托方后的法律程序要严格规范。个人和家庭投资理财慎选受托方固然重要，但选好受托方后进行的法律程序也必须要严格规范。双方在签订委托协议时，应充分考虑法律程序，除了必须遵守国家在《中华人民共和国民法通则》《中华人民共和国合同法》《中华人民共和国证券法》《中华人民共和国公司法》《中华人民共和国信托法》等相关法律中的相关规定外，在协议中还必须能充分反映委托方的真实意图和相关权利，同时还必须尽量约定一些委托方可以控制协议运作的条款。在我国现有法律规定中，委托方在选好受托方后，作为受托方的金融机构从事的个人和家庭委托理财业务只能代理，不能承担保底收益，也不可能进行风险共担。因此，在目前的这一法律框架下，受托人所作出的投资决策只有经过委托人的确认才是有效的，受托人只负责向委托人提供投资参考，并获取一定的佣金收入，而并不承担投资失误的风险。个人和家庭从事委托理财应该说是一种有限委托，千万不能协议一签了之，从此不闻不问，等形成资金损失后才恍然大悟、后悔莫及。所以，委托方对受托方所接受的委托资金的使用状况不仅应有知情权、确认决定权、定期监督权，而且应在感到资金安全受到威胁时能够依据协议规定终止委托协议，以维护个人和家庭的资金安全。作为受托方的金融机构应该把委托方的这些至高无上的权利精心加以尊重和维护，而不要越俎代庖，甚至自作聪明反客为主地进行一些违背委托方意志或强加给委托方的一些操作。这些操作即使有时能给委托方带来一时的利益，也是不能允许的。

课堂小讨论

讨论一下，你的家庭投资理财风险有哪些？能够做到真正的规避吗？

思考与练习

1. 名词解释

生命周期理论　持久收入消费理论　货币时间价值　风险　风险管理

2. 单选题

（1）1985 年诺贝尔经济学奖获得者 F. 莫迪利安尼很独特地从个人的消费计划出发，建立了消费和储蓄的宏观经济理论。该理论对消费者的消费行为提出了全新的解释，是指导个人理财的核心理论之一。该理论是（　　）。

A. 生命周期理论　　　　　　　　　　B. 持久收入消费理论

C. 需求层次理论　　　　　　　　　　D. 均值—方差理论

（2）M. 弗里德曼提出的是（　　）。

A. 生命周期理论　　　　　　　　　　B. 持久收入消费理论

C. 需求层次理论　　　　　　　　　　D. 均值—方差理论

（3）被称为"世界第八大奇观"的是（　　）。

A. 单利　　　　　　B. 复利　　　　　　C. 名义利率　　　　　　D. 实际利率

（4）公式 $F = P \cdot (1+i)^n$ 计算的是（　　）。

A. 现值　　　　　　B. 终值　　　　　　C. 单利　　　　　　D. 复利

（5）一定时期内每期期末等额收付的系列款项是指（　　　）。

A. 永续年金 　　　　B. 普通年金 　　　　C. 预付年金 　　　　D. 递延年金

（6）风险是指某种事件发生的（　　　）。

A. 确定性 　　　　B. 不确定性 　　　　C. 必然性 　　　　D. 以上都不是

（7）损失的变异性即损失的波动程度，通常这种变异程度通过损失变量的（　　　）来度量。

A. 中位数 　　　　B. 算术平均数 　　　　C. 众数 　　　　D. 标准差

3. 多选题

（1）与人们投资理财相关的理论主要有（　　　）。

A. 生命周期理论 　　　　　　　　　　B. 持久收入消费理论

C. 需求层次理论 　　　　　　　　　　D. 均值-方差理论

（2）按照风险的性质分类，风险可以分为（　　　）。

A. 经济风险 　　　　B. 政治风险 　　　　C. 纯粹风险 　　　　D. 投机风险

（3）变动程度测定的指标主要包括（　　　）。

A. 中位数 　　　　B. 众数 　　　　C. 方差 　　　　D. 标准差

（4）中心趋势测量的指标包括（　　　）。

A. 中位数 　　　　B. 众数 　　　　C. 方差 　　　　D. 标准差

4. 简答题

（1）简述生命周期理论的主要内容。

（2）风险的种类有哪些？

（3）投资理财过程中的风险有哪些？

（4）投资理财过程中的风险管理措施包括哪些？

5. 计算及案例分析题

（1）某客户将 100 000 元投资于 3 年期的凭证式国债，年利率为 4%，其到期连本带息可收回多少元？

（2）如果年收益率为 5%，某客户想在 10 年后获得 500 000 元，现在需要投资多少元？

（3）小王除了做电风扇生意，还做冷饮生意，而无论是电风扇生意，还是冷饮生意都与天气状况有关。从过去的经验中，小王发现，如果某一年夏天的天气非常热，可以从冷饮生意中获得 35% 的收益；如果天气正常，可以获得 10% 的收益；如果天气凉快，可以获得 5% 的收益。小王做电风扇生意时，最好的情况下可以获得 40% 的收益；最坏的情况下 1 分钱也不赚；气候正常的情况下，可以获得 10% 的收益。如果假定气候炎热、正常、凉快的可能性分别是 30%、50% 和 20%。那么，小王选择哪种经营方式的风险会更小？

第 3 章

个人财务分析

学习目标与要求

1. 了解财务分析的概念及流程。
2. 重点掌握并学会编制家庭（个人）资产负债表，并掌握其分析指标。
3. 重点掌握并学会编制家庭（个人）现金流量表，并掌握其分析指标。

案例引入

　　王先生今年 30 岁，税后月收入 6 000 元，王太太今年 27 岁，税后月收入 4 000 元，目前还没有孩子。两人 2015 年结婚，同年购买了一套价值 50 万元的住房，为此他们向银行办理了一笔 10 年期的贷款，每月还款额为 2 300 元，下月还款后尚余 176 400 元，目前估计房价市值为 70 万元。其他资产包括现金 2 000 元，活期储蓄 10 000 元，定期储蓄 30 000 元，公积金账户 7 000 元，还有一些股票，目前市场价值为 30 000 元。王先生拥有基本养老保险金，价值 4 万元，王太太的基本养老金价值 3 万元。他们估计衣物价值 7 000 元，其他家庭用品价值 10 000 元。王太太还有一些珠宝首饰，价值 20 000 元，王先生使用消费贷款购买了一辆车，目前价值 50 000 元，月需还贷 2 000 元，目前尚欠银行 55 400 元。王太太的交通工具是一辆摩托车，购买时价值 3 万元，如果卖掉可得 2 万元，本月信用卡的欠款是 3 500 元。今天是 2018 年 3 月 31 日。

　　根据上述情况，如果王先生夫妇想在 2018 年要孩子，并且将来送孩子出国学习；同时王先生夫妇想在 65 岁退休，并且退休后保持现在的生活水平不变。你认为王先生夫妇现在的财务状况是否能达到上述目标？为什么？

　　资料来源：http://wenku.baidu.com/view.

3.1　财务分析概述

3.1.1　财务分析的概念

　　财务分析是以会计核算和报表资料及其他相关资料为依据，采用一系列专门的分析技术和方法，对企业或家庭等经济单位过去与现在有关筹资活动、投资活动、经营活动、分配活动的盈利能力、营运能力、偿债能力和增长能力状况等，进行分析与评价的经济管理活动，它是为企业的投资者、债权人、经营者及其他关心企业的组织或个人了解企业或家庭现状、预测企业或家庭未来作出正确决策提供准确的信息或依据的经济应用学科。财务分析按照分析主体的不同进行划分，可以分为家庭（个人）财务分析和企业财务分析，本章主要讲解家庭（个人）财务分析。

 小资料

家庭（个人）财务分析与企业财务分析的区别

1. 家庭（个人）财务报表的隐私性和企业财务报表的公开性

企业财务报表的编制除了要满足企业内部经营管理者的需求之外，还要满足债权人、股东、政府管理部门等相关主体的财务信息需求。对于一些上市公司而言，为了改善市场的信息状况，各国都对企业的信息披露——尤其是财务信息的披露，作出了严格的规定。但是，对于家庭（个人）财务报表信息来说，它属于居民个人的隐私。除了应对一些必要的情况，如金融机构授信的信用评估、财务规划师的信息需求、个人纳税规定之外，不需要向社会进行公示。此外，家庭（个人）财务报表的编制也不用受到严格的会计准则或国家会计、财务制度的约束。

2. 家庭（个人）财务报表与企业财务报表在记账方式上的差异

家庭（个人）财务报表与企业财务报表在记账方式上的差异主要体现在减值准备和折旧计提两个科目上。在企业的会计和财务管理中，为了审慎地计量企业的资产，会计的谨慎原则要求对各个资产项目计提减值准备，如短期投资跌价准备、应收账款坏账计提、存货跌价准备、长期投资减值准备等。这些减值或跌价准备作为对相应资产项目的备抵科目，必须列在资产负债表中，作为相应资产的减项。而对于家庭（个人）资产负债表就没有这么严格的要求。此外，在折旧方面，尽管家庭的自用住宅、汽车等资产也有折旧问题，但是很多时候，也不一定把折旧列入家庭（个人）的资产负债表。

3. 家庭（个人）财务管理更注重现金管理

家庭（个人）财务管理几乎不进行收入或费用的资本化。如个人投资于某学历或职业培训会有助于增加他的人力资本，从而增加其未来收入。企业可以将这项支出资本化，从而递延到未来分期摊销，而家庭（个人）的财务管理一般就只把它视为一项生活开支，而不是投资性支出。

资料来源：刘伟. 个人理财. 上海：上海财经大学出版社, 2005.

3.1.2 财务分析的流程

1. 客户财务信息的收集与整理

财务信息是指客户目前的收支情况、资产负债状况和其他财务安排，以及这些信息的未来变化状况。理清家庭资产负债的过程，对有些家庭来说可能极其简单，特别是单身家庭，可能所有资产一目了然；但对有些家庭来说，可能是一件繁杂无比的事情，需翻箱倒柜，东找西找。不管是简单还是繁杂，都必须认真仔细地完成此项任务。这项工作是投资理财活动中必不可少的过程。只有完成了此项过程，针对客户的个人理财活动才做到了知己知彼，有的放矢，否则就是漫无目的，不知所终。实际上也可以把投资理财活动认为是一场长久的事

业，必须充分运用手中的资源，才能在金融投资市场上赢得胜利，获得财富。所以，随时了解自己家庭的可用资源，是理财的基础之一。

2. 客户非财务信息的收集和整理

非财务信息是指除财务信息以外与理财规划有关的信息，包括客户的社会地位、年龄、投资偏好、健康状况、风险承受能力和价值观等。非财务信息能够帮助理财规划师进一步了解客户，直接影响理财计划的制订。如果客户从事的是高危险工作，则理财规划师在理财规划中就应当建议客户增加保险的购买；如果客户的工作状况不稳定，则理财规划师在制订理财方案时，应着重考虑客户现金准备的数量。所以，在收集客户信息时，理财规划师应提醒客户认真填写非财务信息的内容，非财务信息和财务信息对于理财方案的制订同等重要，切不可认为非财务信息不如财务信息重要而忽视或不认真填写。

在对客户进行非财务分析中，理财规划师需要做的一项重要工作是对客户的风险承受能力进行分析。客户的风险特征是由许多因素决定的，如年龄、经验、财力、价值取向等，因此客户的风险特征是因人而异的。根据客户承受风险能力的不同，可以将客户分为以下5类。

（1）保守型投资者。保护本金不受损失和保持资产的流动性是保守型投资者的首要目标。这类投资者的基本特征是希望投资收益极度稳定，不愿用高风险换取可能的高收益，通常不太在意资金是否有较大增值；在个性上，保守型投资者本能地抗拒冒险，不报碰运气的侥幸心理，通常不愿意承受投资波动对心理的煎熬，追求稳定；在消费方面比较谨慎但并不保守，对高品质的生活比较向往但不过分追求；对股市、债券市场等不太敏感。

（2）轻度保守型投资者。轻度保守型投资者首要考虑的因素是稳定，希望投资在保证本金安全的基础上能有一些增值收入。希望投资一定的收益，但常常因回避风险而最终不会采取任何行动。在个性上，轻度保守型投资者不会很明显地害怕冒险，但承受风险的能力有限。他们在价值取向上，不太认同金钱是衡量人成功的主要标准，在消费习惯方面较谨慎。

（3）均衡型投资者。这类投资者渴望有较高的投资收益，但又不愿意承受较大的风险；他们可以承受一定的投资波动，但是希望自己的投资风险小于市场的整体风险，因此希望投资收益长期、稳定地增长。在个性上，他们有较高的追求目标，而且对风险有清醒的认识，但通常不会采取激进的方法去达到目标，而总是在事情的两极之间寻找相对妥协、均衡的方法，因而这类投资者的资产通常能缓慢而稳定地增长。

（4）轻度进取型投资者。此类投资者专注于投资的长期增值，而较少考虑取得现金收入的需求。常常会为提高投资收益而采取一些行动，并愿意为此承受较大的风险。在个性上，通常很有信心，具有很强的商业创造技能，知道自己要什么并甘于冒险去追求，但是通常也不会忘记给自己留条后路。这类投资者自认为喜欢尝试新鲜事物，但是在消费方面比较谨慎，而且不会轻易接受新产品，但容易接受新的保险险种，他们对高品质的生活有强烈的向往。他们的收入和家庭资产都较高，但是家庭收入并不高，他们多处在事业上升期。

（5）进取型投资者。此类投资者高度追求资金的增值，愿意接受可能出现的大幅波动，以换取资金高成长的可能性。为了最大限度获得资金增值，常常将大部分资金投入风险较高的品种。他们在个性上非常自信，极度追求成功，常常不留后路以激励自己向前，不惜冒失败的风险。

材料解析

客户风险特征评估量问卷表

尊敬的客户：

为了更好地了解您的风险偏好与风险承受力，我们设计了以下问题，请您在作出任何投资决定前，认真填写此问卷。

1. 您现在的年龄

A. 29 岁以下 ——5 分

B. 30～39 岁 ——4 分

C. 40～49 岁 ——3 分

D. 50～59 岁 ——2 分

E. 60 岁以上 ——1 分

2. 您计划从何时开始领取您投资的部分资金？

A. 至少 20 年以上 ——5 分

B. 11～20 年 ——4 分

C. 6～10 年 ——3 分

D. 2～5 年 ——2 分

E. 2 年以内（不含 2 年） ——1 分

3. 您的理财目标是以下的哪一项？

A. 资产迅速成长 ——5 分

B. 资产稳健成长 ——3 分

C. 避免财产损失 ——1 分

4. 以下哪一项描述比较接近您对投资的态度

A. 寻求长期投资报酬最大化，可以承担因市场价格波动所造成的较大投资风险。

——5 分

B. 比较注重投资报酬率的增加，可以承担一些因市场价格波动所造成的短期风险投资。

——4 分

C. 市场价格波动与投资报酬率对我来说同样重要。 ——3 分

D. 比较希望市场价格的波动小，投资报酬率低一些没关系。 ——2 分

E. 避开市场价格波动，愿意接受低的投资报酬率，而不愿意承受资产亏损的风险。

——1 分

5. 通货膨胀会侵蚀您的投资获利。请从以下描述中选择一项最适合说明您对通货膨胀与投资的态度。

A. 让投资报酬率明显超出通货膨胀率，并愿意为此承担较大的投资风险 ——5 分

B. 让投资报酬率稍高于通货膨胀率，多承担一些投资的风险是可以的 ——3 分

C. 让投资报酬率等于通货膨胀率，但要尽量减低投资组合价值变动的幅度

——1 分

6. 假设您有一笔庞大的金额投资在有价证券中，并且该投资呈现三级跳的涨幅，例如，一个月增值了 30%，您可能采取什么行动？

A. 投入更多资金在该证券上 ——5 分

B. 继续持有该证券 ——4 分

C. 卖掉少于一半的部分，实现部分获利 ——3 分

D. 卖掉大于一半的部分，实现大部分投资获利 ——2 分

E. 卖掉所有该证券，获利了结 ——1 分

7. 假设您有一笔庞大的金额投资在股票中，并且在过去的一年中该笔投资价值持续下滑。如果您的资产在这段时期中下跌了 30%。您可能会采取什么行动？

A. 没有任何压力，且增加投资金额 ——5 分

B. 没有任何压力，继续持有该股票 ——4 分

C. 感到轻微压力，卖掉少于一半的仓位 ——3 分

D. 感觉压力较大，需卖掉大于一半的仓位 ——2 分

E. 感觉压力非常大，卖掉全部仓位 ——1 分

您的风险类型为：

☐ 1. 保守型　　　　　　7～10 分

☐ 2. 轻度保守型　　　　11～15 分

☐ 3. 均衡型　　　　　　16～22 分

☐ 4. 轻度进取型　　　　23～30 分

☐ 5. 进取型　　　　　　31～35 分

资料来源：根据有关公司风险评估调查问卷整理汇总而成.

3. 财务分析和财务方案评价

审视财务状况就是整理客户的所有资产与负债，统计家庭的所有收入与支出，最后生成家庭资产负债表和现金流量表（该部分内容将在本章 3.2 节和 3.3 节中介绍）。

4. 确定客户的理财目标

确定好了目标，行动就成功了一半。家庭理财成功的关键之一，就是设置一个周密细致的目标。如何设置合理的理财目标，在开始前，需要区别目标与愿望的差别。在日常生活中，人们有许多这样的愿望：我想退休之后过舒适的生活，我想孩子到国外去读书，我想换一所大房子……这些只是生活的愿望，不是理财目标。理财目标必须具备两个具体特征：① 目标结果可以用货币精确计算；② 有实现目标的最后期限。简单地说，就是理财目标需具有可度量性和时间性。以下例子就是具体的理财目标：我想 20 年后成为百万富翁；我想每月为孩子存 500 元的学费等。

5. 制订和执行客户财务规划书

在了解客户的基本信息和理财目标之后，就进入了家庭（个人）财务规划的核心环节——资产的配置。财务规划书是以书面的形式将规划师的方案记录下来，参照基本的格式和内容，在与客户多次沟通和交流的基础上，制订的一份理财方案。通过书面形式确定财务规划书，可以有助于客户针对规划书的建议进行慎重的思考和选择，并使双方以合同文本的方式确定相互的委托代理关系，使双方的权益受到合同法的保护。对于客户而言，它可以根

据规划实行前后的财务状况对比，衡量规划师的能力和水平；对于规划师而言，也有助于针对不同的客户实行不同的理财方案，方便后期的跟踪服务和规划调整。

理财规划师在进行资产配置之前，需要了解客户的风险特征，根据不同的风险特征设计不同的资产组合。

美国理财规划师标准委员会对个人财务规划的流程划分

在个人财务规划师执业的过程中，为了保证服务的专业水准和执业道德要求，客观上需要一个标准程序对个人财务规划工作进行规范。这个标准流程由美国理财规划师标准委员会最先倡导，在理财规划师资格认证制度国际化的过程中，国际理财规划师理事会准备将其注册成为一个国际 ISO 9000 规划师质量管理体系，以强调理财规划师职业者提供的个人财务规划服务的质量和专业性。为此，国际理财规划师理事会制定了一个规范理财规划师从业者服务的"职业标准流程"，要求所有获得理财规划师、国际金融理财师或理财规划师证书的从业者严格遵守。

按照该标准，个人财务规划的标准流程可以分为 6 个步骤：① 建立和界定与客户的关系；② 收集客户数据并分析其理财目标或期望；③ 分析客户当前的财务状况；④ 整合个人财务规划策略，并提出综合个人财务规划；⑤ 执行综合个人财务规划；⑥ 监控综合个人财务计划的实施。

资料来源：http://www.inte.org.cn.

3.2 家庭（个人）资产负债表的编制与分析

3.2.1 家庭（个人）资产负债表的编制

对任何单位来说，都可以用资产负债表来反映其在一定时点上资产负债的情况。一个单位的资产负债表的平衡关系是：总资产=总负债+净资产（所有者权益）。

1. 家庭（个人）资产

家庭（个人）资产是指家庭（个人）所拥有的能以货币计量的财产、债权和其他权利。其中，财产主要是指各种实物、金融产品等最明显的东西；债权是指除家庭成员外其他人或机构所欠的金钱或财务，即家庭借出去可到期收回的钱物；其他权利主要是无形资产，如各种知识产权、股份等。能以货币计量的含义是各种资产都是有价的，可估算出其价值或价格。不能估值的东西一般不算资产，如名誉、知识等无形的东西，虽然也是财富的一种，但很难客观地评估其价格，所以在理财活动中，其不归属资产的范畴。另外，还有家庭资产的合法性，即家庭资产是通过合法的手段或渠道取得，并从法律上拥有完全的所有权。

家庭（个人）资产可以根据不同的标准进行分类。

1）根据资产能否产生收入及产生收入的大小分类

根据资产能否产生收入及产生收入的大小，家庭（个人）资产可分为个人使用资产、投资性资产、流动性资产 3 类。

（1）个人使用资产。个人使用资产是每天生活要使用的资产，包括家具用品、衣服和食品等。个人使用资产不会产生收入，但是可以供个人消费，而且会因为损耗而不定时地被更换。个人理财的目标之一就是积累适度的个人使用资产。

（2）投资性资产。投资性资产是指那些能够带来收益或准备将来使用的资产，一般这部分资产的收益较高，但风险也较大，如股票、国库券、基金、期货，以及艺术品等。对这部分资产的管理将直接决定个人理财目标能否实现和实现的时间。值得注意的是，以保值、增值投资为目的的房产和收藏品应属于投资性产品。

（3）流动性资产。流动性资产是指可以适时应付紧急支付或投资机会，或者简单地说，就是可以适时变现的资产，如现金、活期储蓄等能及时流通使用、兑现的货币或票据。流动性资产与个人使用资产的差异是显而易见的，其与投资性资产的区别是投资性资产的收益较高，而流动性资产几乎不产生收益或收益很小。

2）按照资产的流动性分类

按照资产的流动性分类，家庭（个人）资产可分为固定资产和流动资产。

固定资产是指住房、汽车、物品等实物类资产；流动资产是指现金、存款、证券、基金，以及投资收益形成的利润等。其中，固定资产可以分为投资类固定资产、消费类固定资产。投资类固定资产是如房地产投资、黄金珠宝等可产生收益的实物；消费类固定资产是家庭生活所必需的生活用品，其主要目标是供您家庭成员使用，一般不会产生收益（而且只能折旧贬值），如汽车、服装、计算机等。

家庭（个人）资产可以根据历史成本、折旧成本等 5 种不同的成本或价值进行评估。

历史成本是指资产最初购买的价格。计划长期持有没有使用寿命的家庭（个人）使用资产按照历史成本计算。

折旧成本是指历史成本减去因为磨损和减值产生的折扣后的价格。计划长期持有而且有使用寿命的家庭（个人）使用资产按照折旧后成本计算。

清算价值是指市场价格扣除卖出这一资产需要支付的交易费用和税费后的价格。计划变卖并将全部或部分款项用于购买其他物品的家庭（个人）使用资产、计划变卖而不打算重新购置的资产等采用此计算方法，如将住房抵押投资于一项生意。

市场价值是指公平交易中他人愿意为这项资产支付的价格。汽车、住房等金额较大的个人使用资产、投资性资产采用此计算方法。

重置成本是指新的条件下重新购买这一资产的价格。计划更换的家庭（个人）使用资产按此方法定价。

课堂小讨论

你能对自己个人或家庭拥有的房屋、汽车、电视机、家庭日用品、衣服、首饰等财产根据上述对家庭（个人）资产的划分依据，进行准确的分类吗？你知道对这些资产运用何种方法对其价值进行准确评估吗？

2. 家庭（个人）负债

家庭（个人）负债是指家庭（个人）的借贷资金，包括所有家庭成员的欠费、家庭成员的所有债务。家庭（个人）负债根据到期时间长度分为短期负债（流动负债）和长期负债。区分标准到底是多长，一般各有各的分法。一种是把一个月内到期的负债认为是短期负债，一个月以上或很多年内每个月要支付的负债认为是长期负债，如按揭贷款的每月还贷就是长期负债；另一种是以一年为限，一年内到期的负债为短期负债，一年以上的负债为长期负债。实际上，具体区分短期负债和长期负债可以根据自己的财务周期（付款周期）自行确定，如可以用周、月、每两月、季、年等不同周期来区分。

3. 家庭（个人）资产负债表

家庭（个人）资产负债表反映的是客户个人资产和负债在某一时点上的基本情况。在理财规划活动中，由于客户情况千差万别，需要关注的重点也各不相同，所以一般不对家庭（个人）资产负债表的格式作具体规定，理财规划师可根据客户的家庭情况和工作习惯进行具体的格式设计。在实际工作中，理财规划师依据客户数据调查表中与此相关的资料，加以必要的分析鉴别，便可编制出该客户的家庭（个人）资产负债表。从家庭（个人）资产负债表中，可得到家庭（个人）资金来源的构成、家庭（个人）的财务实力、短期偿还债务的能力、资产结构的变化情况和财务状况的发展趋向、家庭（个人）资产评估的主要资料、家庭（个人）资产净值等信息。依据本章案例引入中的案例，编制了一份资产负债表，见表3-1。

表 3-1 家庭（个人）资产负债表

日期：2018 年 3 月 31 日　　　　　　　姓名：王先生夫妇　　　　　　　单位：人民币元

资产项目	金　额	负债项目	金　额
个人使用资产		流动性负债	
衣物	7 000	信用卡	3 500
家庭用品	10 000	汽车贷款月供	2 000
珠宝首饰	20 000	住房贷款月供	2 300
汽车	50 000	流动负债合计	7 800
摩托车	20 000		
住房	700 000		
家庭（个人）使用资产合计	807 000	长期负债	
流动性资产		汽车贷款	55 400
现金	2 000	住房贷款	176 400
活期存款	10 000	长期负债合计	231 800
流动资产合计	12 000		
投资性资产		总负债	239 600
定期	30 000	净资产	716 400
股票	30 000		
公积金	7 000		
养老保险金	70 000		
投资性资产合计	137 000		
总资产	956 000	负债与净资产合计	956 000

3.2.2 家庭（个人）资产负债表分析

通过对家庭（个人）资产负债表的分析，理财规划师可以全面了解客户的资产负债状况，而且能够掌握客户实际拥有的财富量。此外，通过对客户历年家庭（个人）资产负债表的时间序列分析，可以找出客户资产负债情况的发展趋势和特点。因此，对客户家庭（个人）资产负债表进行全面深入的分析，是制订理财方案的必要基础。

1. 资产情况分析

资产是指客户拥有所有权的各类财富。客户资产分为 3 类：家庭（个人）使用资产、流动性资产和投资性资产。

家庭（个人）使用资产包括客户拥有的自用住宅、汽车、家具、家居用品等实物资产。这类资产一般不会有投资收益，但在客户的资产中常常占有较高的比例。家庭（个人）使用资产也可以分为两类：一类是升值性资产，如房地产和收藏品等；另一类是折旧性资产，如汽车和家具等。客户平时应注意控制对后一类资产的支出。而对升值性资产的持有比例则不能一概而论，因为在客户出现财务危机时，可以通过出售这类资产来增加现金收入，退休时如果没有足够的现金维持当前的消费水平，也可以出售自用住宅换购小一点的房子来获取所需的现金。但由于这类资产的价格受市场影响而波动较大，有时较难变现，容易出现客户为了解决资金周转不灵而被迫出售这些资产的情况。

流动性资产风险很低，几乎不会产生什么损失。客户的日常开支一般都由这类资产来满足。通常情况下，其数额应该可以满足 3 个月的开支较为适宜。

投资性资产是客户为了获得投资收益而购买的资产，其多数以无形资产的形式存在，如股票。这类资产存在一定的风险，但也能为客户带来较高的收益。在经济繁荣时，客户可以持有较高比例的此类资产；在经济萧条时，客户则应减少这些资产的投资比例，以降低风险。

2. 负债情况分析

负债是指由客户过去的经济活动而产生的现有责任，这种责任的结算将会引起客户经济资源的流出。负债可以分为短期负债、长期负债等。长期负债反映客户总体财富的要求，通常情况下，客户的总资产要大于其负债。如果客户的总资产小于总负债，则证明该客户的现实财务状况相当糟糕，理财规划师应该建议客户立即采取措施（如增加收入和减少支出）来改善现状，否则该客户将面临被债权人清算的风险。而短期债务则反映对客户的流动性要求，因为这些债务都需要在一年之内偿还，一旦客户资金的流动性不足，则可能引起暂时性的财务危机。因此，正如对公司的负债状况要分别进行短期偿债分析和长期偿债分析一样，个人也要对这两个项目分别分析。对负债项目的分析主要有以下几个公式。

1）家庭（个人）使用资产贷款比率

家庭（个人）使用资产贷款比率＝家庭（个人）使用资产贷款额/家庭（个人）使用资产市值

该指标会随着家庭（个人）使用资产未还款余额、资产市场价值的变化而变动。指标的降低说明客户在家庭（个人）使用资产上债务负担的减轻。

2）投资活动融资比率

$$投资活动融资比率＝投资负债/金融资产市值$$

无论是来源于股票融资融券，还是证券抵押贷款，只要是用来投资都应计入投资负债。

投资负债通常不会太长，负债额相对固定，个人主要通过利用财务杠杆加速资产的增长。

3）消费负债与资产比率

消费负债与资产比率＝消费负债额/总资产

在理财上应该尽量避免消费负债，在没有个人资产负债和投资负债的前提下，消费负债比率等于总负债比率，此时消费负债的合理额度不宜超过总资产的一半。

3. 净资产分析

净资产是客户总资产减去负债总额后的余额，是客户真正拥有的财富价值。尽可能地积聚财富是人们的普遍心理，所以净资产一般为正值。如果客户的净资产为负值，而且流动性很弱，那这个人实际上已经破产了。

净资产越大，说明客户拥有的财富越多，所以，如何提高净资产规模通常是客户关注的重点问题。一般扩大净资产规模的途径主要有工资薪金增加或取得投资收益、接受馈赠或继承遗产、由于减税等原因使得部分债务得以免除等。

除了关注净资产规模外，理财规划师还应进行必要的结构比例分析，净资产数量大并不意味着客户的资产结构完全合理。如果某客户的净资产占其总资产比例过大，则说明客户还没有充分利用财务杠杆去支配更多的资产，其财务结构仍有进一步优化的空间。而对于净资产占总资产比例较低的客户来说，理财规划师应当建议他们采取扩大储蓄投资的方式提高净资产比例；对于那些净资产接近负值的客户，如何尽快提高资产流动性并偿还债务才是当务之急；而对于那些比例适当的客户，说明他们的财务结构较好，应帮助客户继续保持。当然，由于客户的自然情况各不相同，客户净资产规模合理与否的判定应具体分析。

4. 财务比率分析

财务比率分析是通过对客户的资产负债表和现金流量表中若干项目的数值之比进行分析，找出改善客户财务状况的方法和措施，实现客户的财务目标。

1）清偿比率

清偿比率是客户净资产与总资产的比值，这一比率反映客户的综合偿债能力。其计算公式为：

清偿比率＝净资产/总资产

显然，清偿比率的数值变化范围为 0～1。一般来说，客户的清偿比率应该高于 0.5，保持在 0.6～0.7 较为适宜。如果客户的清偿比率太低，说明对外债务是其拥有资产的主题，甚至其日常开支也依靠借债来解决。就该客户而言，一旦出现债务到期或收入水平下降的情况，就很容易面临损失资产甚至资不抵债的困境，严重时便会迅速破产。但是，清偿比率也不宜过高，过高的清偿比率意味着客户负债很少或几乎没有负债，这说明客户没有合理利用其应债能力提高个人的资产规模，其财务结构需要进一步优化。由于我国居民大多仍不习惯负债消费或理财，因此，国内客户的清偿比率一般较高（但在部分发达城市，居民清偿比率已呈现逐步降低趋势）。如果某客户的净资产为 750 000 元，总资产为 1 000 000 元，可知其清偿比率为 750 000/1 000 000＝0.75。这说明该客户总资产中净资产所占比例较高，即使面临较大的还债压力，该客户也有足够的能力通过变现资产来偿还债务。

2）负债比率

负债比率是客户负债总额与总资产的比值，显然这一比率与清偿比率密切相关，同样可以用于衡量客户的综合偿债能力。其计算公式为：

$$负债比率 = 负债总额 / 总资产$$

由于负债总额与净资产之和同总资产相等，所以负债比率与清偿比率为互补关系，其和为 1。负债比率的数值变化范围同样也为 0～1，由清偿比率相关分析可推知，理财规划师应该建议客户将负债比率控制在 0.5 以下，但也不应低至接近 0 的程度。仍以上述客户为例，其负债比率 = (1 000 000 - 750 000) / 1 000 000 = 0.25

3）负债收入比率

负债收入比率亦称为债务偿还收入比率，是到期需支付的债务本息与同期收入的比值。它是反映客户在一定时期（如一年）财务状况良好程度的指标。在西方发达国家，债务偿还通常是在纳税之前进行的，所以，在计算该比率时，其收入数值采用的是税前收入额。而在我国，目前尚无个人税前还债的相关规定，因此，在计算这一比率时，应采用税后收入额。其计算公式为：

$$负债收入比率 = 负债 / 税后收入$$

对于负债收入比率来说，选定测算周期是一个重要步骤，这需要根据客户的具体情况进行判断。对于收入和债务支出都相对稳定的客户，选用一年作为测算周期更有助于反映其财务状况；而对于收入与债务数额变动较大的客户，选用较短的测算周期（如月、季）则更能准确反映其财务状况。

至于负债收入比率处于什么水平较为适宜，这需要理财规划师根据客户的资产结构、信誉水平等因素进行具体判定。有专家认为，0.4 是负债收入比率的临界点，过高则容易发生财务危机。

4）流动性比率

流动性比率是流动资产与月支出的比值，它反映客户支出能力的强弱。资产流动性是指资产在保持价值不受损失的前提下变现的能力。流动性强的资产能够迅速变现而价值不受减损，现金及现金等价物是流动性最强的资产；流动性弱的资产不易变现或在变现过程中不可避免地要损失一部分价值，日常用品类资产的流动性显然较弱。其计算公式为：

$$流动性比率 = 流动资产 / 月支出$$

其中，流动资产通常为资产负债表中"现金及现金等价物"项目。

资产的流动性与收益性通常成反比，即流动性较强的资产收益性较低，而收益性较高的资产其流动性则往往欠佳。因此，应根据客户的具体情况，兼顾考虑资产流动性与收益性两个方面，进而提出有价值的理财建议。对于工作稳定、收入有保障的客户，资产的流动性并非首先要考虑的因素，因此，可以保持较低的资产流动性比率，而将更多的流动性资产用于扩大投资，从而取得更高的收益。而对于那些工作缺乏稳定性、收入无保障的客户，资产收益性的重要性在其次，因此，理财规划师应建议此类客户保持较高的资产流动性比率。通常情况下，流动性比率应保持在 3 左右。

5）投资与净资产比率

投资与净资产比率是投资资产与净资产的比值，它反映客户通过投资提高净资产规模的能力。其计算公式为：

$$投资与净资产比率 = 投资资产 / 净资产$$

客户的投资资产包括资产负债表中"其他金融资产"的全部项目和"实物资产"中的房地产方面的投资，以及客户以投资为目的储存的黄金和其他收藏品等。

除收支结余外，投资收益是提高净资产水平的另一条重要途径，甚至是主要途径。然而，投资必然伴随着风险，投资规模越大，面临的资产损失风险就会越高，因此，投资与净资产比率必须保持在一个合理的水平，既不能过高也不能偏低。有研究认为，投资与净资产比率保持在 0.5 或稍高是较为适宜的水平，既可以保持合适的增长率，又不至于面临过多的风险。就年轻客户而言，其投资规模受制于自身较低的投资能力，因此，其投资与净资产比率也相对较低，一般在 0.2 左右就属正常。

如某客户的投资资产数额为 480 000 元，其净资产为 960 000 元，则其投资与净资产比率为 480 000/960 000＝0.5，这表明该客户的净资产中有一半是由投资组成，且投资比率适宜。

6）即付比率

即付比率反映客户利用可随时变现资产偿还债务的能力。一般这一指标应保持在 0.7 左右。其计算公式为：

即付比率＝（现金+现金等价物）/（流动负债-预收款-预提费用-6 个月以上的短期借款）

即付比率偏低，意味着当经济形式出现较大的不利变化时，客户无法迅速减轻负债以规避风险，偏高则是过于注重流动资产，综合收益率低，财务结构不合理。

✎ **课堂小讨论**

你能详细列举出家庭（个人）资产负债表中的各种分析指标吗？能否灵活运用这些指标分析一下自己的家庭（个人）资产负债状况？

3.3 家庭（个人）现金流量表的编制与分析

3.3.1 家庭（个人）现金流量表编制

家庭（个人）现金流量表是以现金为基础编制的反映家庭（个人）财务状况变动的报表，它反映出家庭（个人）一定期间内有关现金及现金等价物的流出和流入的信息。现金流量表反映家庭（个人）一定期间内现金的流入和流出，表明家庭（个人）获得现金及现金等价物的能力。在家庭（个人）现金流量表中注重家庭（个人）收入和支出的汇总。

1. 家庭（个人）收入

家庭（个人）收入是指单个家庭（个人）剔除所有税款和费用后的可自由支配的纯所得。对普通家庭来说，家庭（个人）收入一般包括以下项目。

（1）工资性收入。即通过劳力、智力、智慧的投入而获得的收入，如工资、奖金、津贴、稿费等。

（2）财产性经营收入。即通过资金的投入而获得的收入，如投资房地产的租金收入，投资股票的股息和红利收入，以及生产经营收入等。

（3）不固定的收入。这是指临时性的收入，包括劳动收入和信息咨询收入等。

（4）债权收益。这是指凭借对某项资金的权益而获得的收入，包括银行存款利息、国债利息、向其他人放贷利息等。

（5）其他收入。这是指保险金或偶然所得，如退休金、中奖、接受遗产和馈赠等。

针对不同的家庭，其收入项目可能不同，清理家庭收入的所有项目并编制适合自己家庭的收入类目，是家庭记账的基础。

2. 家庭（个人）支出

家庭（个人）支出是指家庭（个人）所有的现金支付。家庭（个人）支出相对家庭（个人）收入来说，要繁杂得多。如果家庭（个人）没有详细的记账记录，可能大部分家庭（个人）都不一定能完全了解自己的支出情况。要罗列所有家庭（个人）的开支项目确实比较困难，但针对普通家庭（个人）来说，按照支出的用途，可以归类为以下几种。

（1）日常消费支出。即每天、每周或每月生活中重复的必须开支。一般包括饮食、服饰、房租、水电、交通、通信、赡养、纳税、维修等。

（2）投资支出。即为了资产增值目的所投入的各种资金支出。例如，储蓄、保险、债券、股票、基金等各种投资项目的投入。

（3）偿债支出。其主要包括短期贷款的偿付、房屋贷款和汽车贷款的利息支付等。

（4）其他支出。其主要包括纳税、公益性支出等。

3. 家庭（个人）现金流量表的编制

家庭（个人）现金流量表对于帮助理财规划师了解客户的收入和支出信息很有意义。通过家庭（个人）现金流量表的编制，理财规划师可以对客户在某一时期的收入和支出进行归纳汇总，为进一步的财务状况分析与理财目标设计提供基础资料。

家庭（个人）现金流量表的编制要符合的原则有：真实可靠原则、反映充分原则、明晰性原则、及时性原则、本币反映原则、充分揭示原则。家庭（个人）现金流量表主要包括年度、计量单位、现金流入流出情况 3 个部分内容。

3.3.2　家庭（个人）现金流量表分析

家庭（个人）现金流量表全面分析客户一定时期的收入与支出情况，客户资产负债情况的变化首先表现在现金流量的变化上。

1. 对客户的家庭（个人）现金流量表进行分析的作用

（1）家庭（个人）现金流量表能够说明客户现金流入和流出的原因。例如，是因偿还债务还是购买物品导致现金流出，是因工资发放还是投资分红导致现金流入。

（2）家庭（个人）现金流量表可以深入反映客户的偿债能力。净资产占总资产比例高只是在理论上反映客户的偿债能力，但其并不代表客户拥有实际的现金支付能力。只有对客户收入进行深入分析，才能真实掌握客户的现金支付能力，从而了解其实际偿债能力。

（3）家庭（个人）现金流量表能够反映理财活动对财务状况的影响。家庭（个人）资产负债表只能反映静态的财务状况，只有通过对现金流量的分析才能了解各类理财活动引发的现金变动情况，并把握客户财务状况的变化趋势。

2. 对客户的家庭（个人）现金流量表进行分析应注意的问题

1）各收入支出项目的数额及其在总额中所占的比例

理财规划师首先应该具体分析各收入支出项目的数额及其在总额中所占的比例。通过分项分析，理财规划师可以区分不同类型收支项目对客户财务状况的影响程度，由此充分了解客户现金流量的整体结构。此外，理财规划师还可以根据一般性数据对客户的收入和支出项目是否异常作出经验判断并提出改进建议。如果某客户现金流入水平仅为中等，家庭成员数较少，但日常费用却较高，说明该客户的日常消费高于正常水平，存在改进空间，理财规划师应建议其对日常开支进行适当控制。

2）重点关注影响较大的经常性项目

对客户财务状况影响较大的经常性项目应重点关注，这些项目可以通过对客户历年收入和支出表的时间序列分析来发掘。如果分析表明金融投资对某客户影响较大，则理财规划师应根据宏观经济走势向客户作出针对性提示，经济不景气时应建议客户抛出金融投资工具，经济繁荣时则应当适度扩大投资。而对于非经常性项目，尽管有时可能数额较大，但由于未来发生的可能性很低，理财规划师应注意将其影响剔除。

3）任何客户都应该努力保持正的净现金流量

如果客户的净现金流量为负值，则说明客户的财务状况欠佳，需要变现资产或举借债务才能维持其正常的开支，如果这种情况持续的话，该客户的净资产规模将日益缩减直至破产。因此，理财规划师应特别注意帮助客户保持正的净现金流量。改善收支状况无非是通过增收与节支两种基本方法，理财规划师应根据客户的具体情况制订重在增收、偏向节支或两者并重的理财方案。

3. 客户财务状况比率分析

客户的家庭（个人）资产负债表和家庭（个人）现金流量表为理财规划师提供了丰富的数据，以这些数据为基础，理财规划师可以根据需要计算出很多不同意义的财务比率，并据此对客户的家庭（个人）资产负债表和家庭（个人）现金流量情况进行深入分析，从而找出优化客户财务状况的措施，并最终实现客户的预期财务目标。

在实际工作中，理财规划师往往发现可以用不同的方法对客户的财务状况进行优化，但是，要判断各种方法的可行性并作出最优选择，因此需要理财规划师通过计算各种财务比率，对客户的现金流量表进行进一步分析。常见的有以下几种分析方法。

1）收入的稳定性分析和变动趋势分析

收入的稳定性分析和变动趋势分析见表3-2。

表3-2　收入的稳定性分析和变动趋势分析

收入类型	稳定性	变动趋势
工资收入	收入来源稳定，有劳动基本法的保障	成长性不高，每年的调薪有限，奖金比重不高
经营收入	视行业而定，收入来源较不稳定	受限于地区环境，创新能力较强时收入增长较快
投资收入	收入以财产所得为主，波动较大	经济景气时、选对时机或标的物时收入趋向于增加
偶然收入	不稳定，具有随机性	没有趋势性

2）支出的变动分析和大额支出的预期及其安排

个人支出中的消费支出和其他支出是个人比较容易控制的部分，每月的变动性较大；投资性支出和偿债支出是不可变动的。

个人的可能大额支出包括结婚、生育、健康、求学、出国，以及购买其他大额消费品时的花费和应付突发事件的支出。因此，个人的大额支出分为可预期的支出和不可预期的支出。对于可预期的大额支出，个人应该在当期估计自己会在什么时间将会花费多少金额，并编制一张大额支出的预算表。然后，有针对性地对当期储蓄进行谨慎投资，如金额在5 000元以上的支出，要提前3个月进行打算，并在此期间用每月的结余进行积累，而不是直接动用备用金购买。对于不可预期的，如重大疾病或意外的财产损失大额支出，家庭（个人）应购买适当的商业保险，以备急时所需。为了满足将来要支付的可预期大额支出，如子女的教育支出，粗略估算每个月应预留资产数额的公式为：

$$教育基金储蓄 = （未成年子女数×预期支付的人均教育费用总额）/$$
$$（离子女上大学的年数×12）$$

其他的可预期大额支出也可采取与之类同的公式估算当期个人应预留金额，将所有预留项加总就得到家庭（个人）的预留总额。

3）财务比率分析

（1）结余比率。结余比率是客户一定时期内（通常为一年）结余和收入的比值，它主要反映客户提高其净资产水平的能力。就客户个人而言，只有税后收入才是真正可支配的收入，所以，在测算结余比率时，应采用客户税后收入作为计算标准。其计算公式为：

$$结余比率 = 结余/税后收入$$

如某客户上年共取得税后收入 500 000 元，年终结余 200 000 元，则其结余比率为 200 000/500 000 = 0.4。这意味着该客户在支出之余留存了 40% 的税后收入，这一部分可被用于投资或储蓄，均可增加该客户的净资产规模。我国具有偏重储蓄的传统，国内客户的结余比率一般会比国外客户高。

与此相关的一个比率是月结余比率，即每月收支结余与月收入的比率，这一比率是通过衡量每月现金流状况而细致地反映客户的财务状况。月结余比率的参考数值一般是 0.3 左右。由于不同客户的家庭财务状况不同，结余比率在不同城市和家庭中分化比较明显，但一般认为保持在 0.3 较为适宜。其计算公式为：

$$月结余比率 = （月收入－月支出）/月收入$$

（2）收支平衡点。收支平衡点是指个人工作收入净结余水平等于固定支出时的收入水平。其计算公式为：

$$收支平衡点的收入 = 固定支出负担/工作收入净结余比率$$

其中，固定支出负担包括每月固定生活费用支出、房贷本息支出等近期内每月固定的支出；工作收入净结余比率是指工作收入减去所得税扣缴额、四金扣缴额，以及为了工作所必需支付的费用后的余额。分析收支平衡点的主要目的是根据客户的收支状况，通过调整其支出水平，实现量入为出，改善其财务状况。

（3）理财成就率。理财成就率是综合性个人财务比率指标，其标准值等于 1。应该说，这个比率越大表示过去的个人理财成绩越好。其计算公式为：

$$理财成就率 = 目前的净资产/（目前的年储蓄×已工作年数）$$

（4）资产成长率。资产成长率指标是综合性个人财务比率分析指标。储蓄额加上投资利得等于资产变动额，而资产成长率顾名思义就是资产变动额与其支出总资产的比率，表示个人或家庭财富增加的速度。其计算公式为：

$$资产成长率 = 资产变动额/期初总资产$$

4）现金流量的结构分析

现金流量的结构分析是同一时期现金流量表中不同项目间的比较和分析，以解释各项数据在现金流入中的相互关系。现金流量的结构分析包括流入结构分析、流出结构分析、现金余额结构分析和流入流出比例分析。

某项现金流入结构＝（该项现金收入／全部现金收入）×100%

其中，现金收入结构分析反映个人营运活动现金收入、投资活动现金收入和融资活动现金收入在全部现金收入中的百分比，以及各项活动现金收入中具体项目的构成情况，明确个人的现金究竟来自何方，要增加现金收入主要依靠什么途径。

某项现金支出结构＝（该项现金支出／全部现金支出）×100%

现金支出结构是指个人的各项现金支出占个人当期全部现金支出的百分比情况，它具体反映个人的现金用在哪些方面。

现金的净（余）额结构＝（该项现金净（余）额／全部现金净（余）额）×100%

其中，现金净（余）额是指个人在各项活动（经营活动、投资活动、融资活动）中，其现金收支净额占个人当期全部现金余额的百分比，它能够真实地反映个人的现金余额是怎样形成的。

某项现金流入流出比例分析＝（某项现金流入／某项现金流出）×100%

现金流入流出比例分析是指个人的某项现金流入占该项现金支出的百分比，具体地反映个人某项活动现金流入与现金流出的对比关系。

📣 课堂小讨论

你能详细列举家庭（个人）现金流量表中的各种分析指标吗？根据所学知识，对你自己或家庭的现金流量表进行整理汇总，编制家庭（个人）现金流量表。

📝 思考与练习

1. 名词解释

财务分析　资产　负债　净资产　家庭（个人）资产负债表　家庭（个人）现金流量表

2. 单选题

（1）（　　）是指客户目前的收支情况、资产负债状况和其他财务安排，以及这些信息的未来变化状况。

A. 财务信息　　　　　　　　　　　　B. 非财务信息

C. 家庭（个人）资产负债表　　　　　D. 家庭（个人）现金流量表

（2）家庭（个人）财务规划的核心环节是（　　）。

A. 资产的配置　　　B. 财务信息收集　　　C. 非财务信息收集　　D. 制订理财目标

（3）人们每天生活要使用的资产，如家具用品、衣服和食品等，理财规划师一般划分为（　　）。

A. 个人使用资产　　B. 投资性资产　　　C. 流动性资产　　　D. 固定资产

（4）投资那些能够带来收益或准备将来使用的资产，一般这部分资产的收益较高，但风险也较大。例如，股票、国库券、基金、期货，以及艺术品等，属于（　　）。

A. 个人使用资产　　　B. 投资性资产　　　C. 流动性资产　　　D. 固定资产

（5）可以适时应付紧急支付或投资机会，或者简单地说，就是可以适时变现的资产，如现金、活期储蓄等能及时流通使用、兑现的货币或票据等，属于（　　）。

A. 个人使用资产　　　　B. 投资性资产　　　　C. 流动性资产　　　　D. 固定资产

（6）汽车、住房等金额较大的个人使用资产、投资性资产在进行家庭理财时，亦采用（　　）计算方法。

A. 历史成本　　　　B. 折旧成本　　　　C. 清算价值　　　　D. 市场价值

（7）反映客户综合偿债能力高低的指标是（　　）。

A. 清偿比率　　　　B. 负债比率　　　　C. 负债收入比率　　　　D. 流动性比率

（8）通过资金的投入而获得的收入，如投资房地产的租金收入，投资股票的股息和红利收入，以及生产经营收入等属于（　　）。

A. 工资性收入　　　　B. 财产性经营收入　　　C. 不固定的收入　　　D. 债权收益

（9）进取型投资者将资金重点投资于下列哪项资产（　　）。

A. 现金投资　　　　B. 房地产　　　　C. 股票　　　　D. 固定收益投资

（10）资产的重置成本是指（　　）。

A. 市场价格扣除卖出这一资产所需要支付的交易费用和税费后的价格

B. 资产最初购买的价格

C. 重新购买这一资产的价格

D. 公平交易中他人愿意为这项资产支付的价格

3. 多选题

（1）根据客户的风险承受能力不同，可以将客户分为（　　）等。

A. 保守型投资者　　　　　　　　　　B. 轻度保守型投资者

C. 均衡型投资者　　　　　　　　　　D. 轻度进取型投资者

（2）理财目标必须具备的具体特征是（　　）。

A. 目标结果可以用货币精确计算　　　　B. 有实现目标的最后期限

C. 可实现性　　　　　　　　　　　　D. 可操作性

（3）在进行资产组合选择时，（　　）投资者会首选固定收益类的投资。

A. 保守型　　　　B. 轻度保守型　　　　C. 均衡型　　　　D. 轻度进取型

（4）根据资产能否产生收入及产生收入的大小，个人资产可分为（　　）等。

A. 个人使用资产　　　　B. 投资性资产　　　　C. 流动性资产　　　　D. 固定资产

（5）个人资产可以根据（　　）等不同的成本或价值进行评估。

A. 历史成本　　　　B. 折旧成本　　　　C. 清算价值　　　　D. 市场价值

（6）（　　）是对负债项目进行的分析。

A. 使用资产贷款比率　　　　　　　　B. 投资活动融资比率

C. 消费负债与资产比率　　　　　　　D. 负债比率

（7）保守型投资者具有的特点包括（　　）。

A. 对风险抱有乐观的态度

B. 保护本金不受损失和保持资产的流动性

C. 投资于股市的资金比例很高

D. 常常将大部分资金投入风险较低的品种

（8）个人流动资产通常包括（　　）。

A. 现金　　　　B. 住房　　　　C. 汽车　　　　D. 银行存款

（9）编制家庭（个人）现金流量表时，需要注意的问题有（　　）。

A. 已实现的资本利得或损失时现金流入或流出科目

B. 未实现的资本利得为期末资产与净资产增加的调整科目，不会显示在现金流量表中

C. 保险费支出的处理均为现金流出科目

D. 期房的预付款是资产科目，不是现金流出科目

（10）下列属于综合性财务分析指标的有（　　）。

A. 理财成就率　　　　B. 资产成长率　　　　C. 收支平衡点　　　　D. 结余比率

4. 简答题

（1）简述家庭（个人）财务分析与企业财务分析的区别。

（2）简述财务分析的流程。

（3）简述家庭（个人）资产的种类。

（4）简述家庭（个人）资产负债表的财务比率分析指标。

（5）简述家庭（个人）现金流量表的财务比率分析指标。

（6）请说明在编制家庭（个人）现金流量表时需要注意的事项。

5. 案例分析题

张先生一家住在广州。张先生今年45岁，在某公司做销售员，年薪税后近5万元，年终奖金约1万元；张太太44岁，在商场做业务员，年薪税后4万元，有基本社保及养老保险，而张先生没有购买任何保险；他们的孩子刚好16岁，读高一。其家庭现有存款20万元，基金市值2万元（被套）。全家住在一套现价40万元的60平方米的旧房中。

张先生打算55岁退休，而他太太打算50岁退休。夫妻主要有3个愿望：① 希望能供孩子上大学，不知道如何积累资金才能游刃有余地面对；② 将来能换大一点的房子居住，（目前广州房价约12 000元/m²，房价预计增长率为3%），预计要积累100万元的流动资产才可以；③ 张先生希望在他退休之后能有一定的养老金，保证今后的生活。

要求：请你根据张先生一家的情况制订理财方案，方案内容包括家庭财务状况分析，理财目标分析和家庭理财建议。

第 4 章

现金规划与银行理财

🔍 **学习目标与要求**

1. 了解现金规划的概念。
2. 掌握现金规划需要考虑的因素。
3. 掌握现金规划的工具。
4. 了解银行储蓄产品和银行融资工具。

案例引入

据中原商报报道，小李参加工作 5 年，月薪 3 000 元，月生活费 800 元，有小型家庭用车一部，每月费用支出 600 元，无住房，房租月支出 400 元，除去每月的生活费、汽车及租房费用外，小李每月的收入大多用于娱乐及购买日新月异的电子产品，不仅没有结余，有时甚至入不敷出，一般先用信用卡透支，等下月发工资后还款。

理财师建议小李制订长期人生目标规划，减少不必要开支，控制当前消费，并建议其强制储蓄。

1. 目标分析

通过对小李整体财务状况的了解与分析，小李偏爱当前享受，属于目前较为常见的工资月光一族，有时甚至跻身"未发先花族"。殊不知，作为青年人，总有一天要承担起赡养老人、抚养子女的职责，要挑起家庭的重担。所以，在肩上的责任与日俱增之时，建议小李制订长期人生目标规划，减少不必要开支，控制当前消费。

2. 理财建议

对于没有多少金融知识，也不了解国内外经济形势的小李来说，不主张其涉足股市。专家代为理财的基金对小李来说是个不错的选择。建议小李强制储蓄，每月强迫自己储蓄 800 元，其中 300 元办理零存整取储蓄存款，作为日常生活的紧急备用金，500 元用于定期定额股票型基金的投资。由银行定期自动扣款的基金定投计划，对缺乏自律的月光族来说形成了有效的理财约束，还可以将基金的分红方式设置为"红利再投资"，利用复利的效应达到资产的快速增值。

尽管近期市场大幅调整，但资金分批进场的基金定投计划分散了股市震荡风险，烫平了基金净值的短期波动。采取中长线投资，并以平和的心态去看待，保持知足常乐的心态，不为涨喜不为跌悲。长期坚持下来，可分享中国经济快速发展所带来的成果。另外，关键是要培养良好的理财习惯，刚开始一段时间小李可能会出现在控制消费方面执行不力的情况，可以通过做月度收支表的形式，按月分析每笔支出的合理性，逐步培养理财理念。

资料来源：http://www.caixun.com.

4.1　现　金　规　划

在个人或家庭的理财规划中，现金规划既能够使所拥有的资产保持一定的流动性，满足个人或家庭支付日常家庭费用的需要，又能够使流动性较强的资产保持一定的收益，甚至能明确地体现家庭收入和支出情况，同时达到合理规划家庭支出与收入之间的平衡。

4.1.1　现金规划的概念

现金，是指随时可作为流通与支付手段的票证，不论其是法定货币或信用票据，只要具有购买或支付能力，均可视为现金。现金是流动性最大的一种货币资金，它可以随时用来购买所需物资、支付日常零星开支、偿还债务等。

现金规划是为满足个人或家庭短期需求而进行的管理日常现金及现金等价物和短期融资的活动。现金规划中所指的现金及现金等价物，是指流动性比较强的活期储蓄、各类银行存款和货币市场基金等金融资产。

在个人或家庭的理财规划中，现金规划既能够使所拥有的资产保持一定的流动性，满足个人或家庭支付日常生活费用的需要，又能够使流动性较强的资产保持一定的收益。一般来说，在现金规划中有这样一个原则，即短期需求可以用手头的现金来满足，而预期的或将来的需求则可以通过各种类型的储蓄或短期投、融资工具来满足。

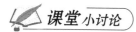

现金在日常生活中的作用有哪些？

4.1.2　现金规划需要考虑的因素

1. 对金融资产流动性的要求

一般个人或家庭之所以进行现金规划是出于以下动机。

（1）交易动机。个人或家庭通过现金及现金等价物进行正常的交易活动，由于收入和支出在时间上常常无法同步，因而个人或家庭必须有足够的现金及现金等价物来维持日常的生活开支需要。个人或家庭出于交易动机所拥有的货币量取决于收入水平、生活习惯等因素。一般个人或家庭的收入水平越高，交易数量越大，其为保证日常开支所需要的货币量就越大。

（2）谨慎动机（预防动机）。这是指为了预防意外支出而持有一部分现金及现金等价物的动机，如个人为应对可能发生的事故、失业、疾病等意外事件而需要提前预留一定数量的现金及现金等价物。谨慎动机归因于未来收入和支出的不确定性。一般来说，个人或家庭对现金及现金等价物的预防需求量主要取决于个人或家庭对意外事件的看法，而且，预防需求量和收入也有很大的关系。

2. 持有现金及现金等价物的机会成本

金融资产的流动性与收益率呈反方向变化，高流动性意味着收益率较低。现金及现金等价物的流动性较强，其收益率也相对较低。持有收益率较低的现金及现金等价物也就意味着丧失持有收益率较高的投资品种的机会，因此，持有现金及现金等价物存在机会成本。

3. 紧急备用金

（1）每个人都会碰到意外收入突然减少，甚至中断，若没有一笔紧急备用金可以动用，则会陷入财务困境。例如，因为失业或失能（因为意外身心遭受伤害，导致无法工作，在保险术语上称之为失能）导致收入中断。则会面临生活费用、买车或买房的月供款、房租等债务压力。或者因为紧急医疗或意外灾害而导致的超支费用，这时也需要一笔紧急预备金来应付这些突发状况。

（2）假如有突发事件发生，需要大量资金，如果把资金都投入收益较高的投资上，而没有建立紧急准备金，就会导致人们不得不将投资变现，而将高收益投资变现则会付出巨大的成本，并且大多还会损失掉大量的投资收益。因此，紧急备用金能够很好地防止这类损失的出现，保证人们在投资规划上的正常运作。

4.1.3　流动性比率

流动性比率是流动资产与月支出的比值，反映客户支出能力的强弱。资产流动性是指资产在保持价值不受损失的前提下变现的能力。流动性强的资产能够迅速变现而价值不受减损，现金及现金等价物是流动性最强的资产，流动性弱的资产不易变现或在变现过程中不可避免地要损失一部分价值，日常生活类资产的流动性显然较弱。流动性比率的计算公式为：

$$流动性比率＝流动性资产／每月支出$$

资产的流动性与收益性通常呈反比，即流动性较强的资产收益较低，而收益性较高的资产往往其流动性欠佳。因此，应根据客户的具体情况，兼顾资产流动性与收益性两个方面，进而提出有价值的理财建议。流动性比率应保持在 3 左右，即现金足够 3 个月生活支出。该额度确定在个人或家庭每月支出的 3～6 倍，通常情况下，对于工作稳定、收入有保障的人而言，紧急备用金的储备规模占到月支出的 3 倍即可；对于工作不稳定，收入没有保障的人而言，紧急备用金通常要占到月支出的 6 倍。

4.1.4　现金规划工具

现金规划的一般工具包括现金、储蓄和货币基金。但在某些时候，家庭有未预料的支出，而客户的现金及现金等价物额度不够时，需要利用其他融资工具，包括信用卡、国债或存单抵押贷款、保单抵押贷款、典当等。

在现金规划的一般工具中，现金流动性最强，收益率最低，在通货膨胀条件下，现金不仅没有收益，反而会贬值。国内储蓄机构的储蓄业务一般包括活期储蓄、定活两便、整存整取、零存整取、存本取息、个人通知存款、定额定期。储蓄流动性较强，但收益率较低，在一般情况下低于 CPI（居民消费物价指数）指数。货币基金是指投资于货币市场的基金，功能类似于银行活期存款，但收益高于银行存款，且风险低。货币基金为个人和企业提供了一种能够与银行中短期存款相替代，相对安全、收益稳定的投资方式，能够为投资者带来一定的收益，又有很好的流动性。

4.2 银行储蓄产品

储蓄业务的划分有多种方式。根据客户存入的币种不同，可以分为人民币储蓄和外币储蓄；根据储户与储蓄机构的契约关系不同，可以分为活期储蓄和定期储蓄；根据储蓄的期限不同，可以分为短期储蓄和中长期储蓄。我国人民币储蓄从期限和功能角度进行分类，主要有活期储蓄、定期储蓄、通知储蓄、教育储蓄等类型。下面对目前银行的几种储蓄产品进行介绍。

 小资料

利 息 税

我国现行所谓"利息税"，实际是指个人所得税的"利息、股息、红利所得"税目，主要是指对个人在中国境内储蓄人民币、外币而取得的利息所得征收的个人所得税。对储蓄存款利息所得征收、停征或减免个人所得税（利息税）对经济具有一定的调节功能。世界上许多国家普遍征收利息税。

中国的利息税始于 1950 年，当年颁布的《利息所得税暂行条例》规定，对存款利息征收 10%（后降为 5%）的所得税，1959 年利息税停征，1999 年根据第九届全国人民代表大会常务委员会第十一次会议《关于修改〈中华人民共和国个人所得税法〉的决定》再次恢复征收，税率为 20%，2007 年 8 月税率由 20% 降至 5%，2008 年 10 月 9 日起暂免征收利息税。

资料来源：http://baike.baidu.com/view/166967.htm.

4.2.1 活期储蓄

活期储蓄是指不受金额和存期的限制，储户可以随时存取而又不定期限的一种储蓄存款。这种储蓄适合于个人生活待用和暂时不用款的存储。它的资金来源有个人生活待用款项和手头零星备用款、个体经营户的日常开支款项、个人证券投资的闲置款项和其他暂时不用款。

目前，银行一般约定活期储蓄一元起存，多存不限，由银行发给存折，存折记名，凭折支取，可以预留密码，存折可以挂失，可在计算机联网的储蓄所通存通兑。个人活期存款按季结息，按结息日挂牌活期利率计息。不到结息日清户时，按清户日挂牌公告的活期利率计算到清户前一日止。

活期存款用于日常开支，灵活方便，适应性强。一般将月固定收入存入活期存折作为日常待用款项，供日常支取开支，如将水电、电话等费用从活期账户中代扣代缴支付最为方便。

活期储蓄的利率最低，目前只有 0.35% 左右，所以不适合作为大笔资金的长期投资。建议客户将每月固定收入（如工资）存入活期存折，并可以以代扣代缴的形式缴纳水电费、

电话费等零碎费用。并且应当定时核查，一旦发现活期账户结余有大笔的存款，则应随时支取转为定期存款。

4.2.2 定期储蓄

定期储蓄是储户在存款开户时约定存期，一次或按期分次（在约定存期内）存入本金，整笔或分期、分次支取本金或利息的一种储蓄方式。个人定期储蓄可分为以下几种类型：整存整取、零存整取、整存零取、存本取息、定活两便。其存取方式因类型不同而有所区别。在定期储蓄中，只有整存整取可办理一次部分提前支取，其他储种只能办理全部提前支取。

1. 整存整取定期储蓄

整存整取定期储蓄是指储户约定存期，整笔存入，到期一次整笔支取本金和利息的定期储蓄。

整存整取定期储蓄以 50 元起存，多存不限，其存期分为 3 个月、半年、1 年、2 年、3 年、5 年。本金一次存入，银行发给存单，凭存单支取本金和利息。在开户或到期之前可以向银行申请办理自动转入或约定转存业务。全部或部分提前支取的，支取部分按支取日挂牌公告的活期储蓄存款利率计息，未提前支取部分仍按原存单利率计息。逾期支取的，超过存单约定存期部分，除约定自动转存外，按支取日挂牌公告的活期储蓄存款利率计息。

2. 零存整取定期储蓄

零存整取定期储蓄是指储户分期存入，到期一次提取本金和利息的定期储蓄存款。

零存整取定期储蓄以人民币 5 元起存，多存不限。零存整取的存款存期分为 1 年、3 年、5 年。存款金额由客户、储户自定，每月存入一次，中途如有漏存，应在次月补齐。未补齐者视同违约，到期支取时对违约之前的本金部分按实存金额和实际存期计算利息；违约之后存入的本金部分，按实际存期和活期利率计算利息。

3. 整存零取定期储蓄

整存零取定期储蓄是指储户在存款时约定存期及支取方式，一次存入本金，分次支取本金和利息的定期储蓄。

整存零取定期储蓄的起存金额为 1 000 元，存期为 1 年、3 年和 5 年，支取期分为 1 个月一次、3 个月一次、半年一次。

4. 存本取息定期储蓄

存本取息定期储蓄是指储户约定存期及取息期，存款本金一次存入，存款到期一次性支取本金，分期支取利息的定期储蓄。

存本取息定期储蓄以 5 000 元起存，存期分为 1 年、3 年、5 年。存本取息定期储蓄取息日由储户开户时约定，可以 1 个月或几个月取息一次；取息日未到不得提前支取利息；取息日未取息，以后可随时取息，但不计复息。

5. 定活两便定期储蓄

定活两便储蓄存款是指储户存款时不确定存期，一次存入本金随时可以支取的定期储蓄。

定活两便储蓄存款以 50 元起存，可以随时支取。储户开户时必须约定存期，银行根据存款的实际存期按规定计算。存期不满 3 个月的，按天数计付活期利息；存期 3 个月以上（含 3 个月），不满半年的，整个存期按支取日定期整存整取 3 个月存款利率的六折计息；

存期半年以上（含半年），不满 1 年的，整个存期按支取日定期整存整取半年期存款利率的六折计息；存期在 1 年以上（含 1 年），无论存期多长，整个存期一律按支取日定期整存整取一年期存款利率的六折计息。打折后的存款利率低于活期存款利率时，按活期存款利率计息。

4.2.3　通知储蓄

通知储蓄是指储户存入款项时不约定存期，但约定支取存款的通知期限，支取时按约定期限提前通知银行，约定支取存款的日期和金额，凭存款凭证支取本金和利息的存款业务。

通知储蓄最低存款金额为 5 万元，本金一次存入，但可一次或分次支取，通知储蓄存款按提前通知的期限，分为 1 天通知和 7 天通知两个品种。支取之前必须向银行预先约定支取的时间和金额。

4.2.4　教育储蓄

教育储蓄是居民为其子女接受非义务教育（指九年义务教育之外的全日制高中、大中专学校、硕士和博士研究生教育）积蓄资金而每月固定存款，到期支取本息的一种零存整取储蓄存款。

教育储蓄以 50 元起存，每户本金最高限额为 2 万元，教育储蓄存期分为 1 年、3 年、6 年。6 年期按开户日 5 年期整存整取定期储蓄存款利率计息。

教育储蓄的特点如下。

（1）税收优惠。按照国家相关政策规定，教育储蓄的利息收入可凭有关证明享受免税待遇。

（2）积少成多。为子女积累学费，培养理财习惯。

居民有在校小学四年级（含四年级）以上学生，即可办理教育储蓄。销户时如能提供正接受非义务教育的学生身份证证明，则能享受利率优惠和免利息税的优惠，否则按零存整取储种计息。

4.2.5　大额可转让定期存单储蓄

大额可转让定期存单储蓄是一种固定面额、固定期限、可以转让的大额存款定期储蓄。发行对象既可以是个人，也可以是企事业单位。大额可转让定期存单无论单位或个人购买均使用相同式样的存单，分为记名和不记名两种。两类存单的面额均有 100 元、500 元、1 000 元、5 000 元、10 000 元、50 000 元、100 000 元、500 000 元共 8 种版面，购买此项存单起点个人是 500 元，单位是 50 000 元。存单期限分为 3 个月、6 个月、9 个月、12 个月共 4 种期限。大额可转让存单储蓄利率按同期同档次定期存款利率上浮 5% 执行。该种存款逾期不计利息，也不得提前支取。

4.2.6　外币储蓄存款

外币储蓄存款包括外币活期储蓄存款和外币整存整取定期储蓄存款。

外币活期储蓄存款是指不规定存期，储户不需要预先通知银行，以各币种外币随时存取款，存取金额不限的一种储蓄业务。

外币整存整取定期储蓄存款是指储户事先约定存期，以外币一次存入，到期后一次性支取本息的定期储蓄存款方式。外币整存整取定期储蓄的存款期限有 1 个月、3 个月、6 个月、1 年、2 年。

目前，我国开办的外币储蓄品种有美元、欧元、港币、日元、英镑、加拿大元、瑞士法郎、澳大利亚元等。外币储蓄实行与人民币存款不同的利率。

4.3　银　行　卡

4.3.1　银行卡的含义及作用

1. 银行卡的含义

银行卡是商业银行向社会公开发行，具有消费信用、转账结算、存取现金等全部或部分功能，作为结算支付工具的各类卡的统称。银行卡包括信用卡、支票卡、自动出纳机卡、记账卡和灵光卡等。因为各种银行卡都是塑料制成的，又用于存取款和转账支付，所以又称之为"塑料货币"。

持卡人不但可以凭卡购买商品、在加油站加油、支付旅馆账单等，而且可以据此转账、存款、取款。高级的银行卡，除了用作信用凭证、综合实现各种银行卡功能外，还可以有个人身份证明卡、病历档案、地铁月票等各种用途。

2. 银行卡的作用

（1）银行卡在发卡银行所属网点通存通兑。

（2）银行卡可以在自动取款机即 ATM 上跨行取款。目前，可在全国县级以上城市的任何一台 ATM 上取款、查询余额。

（3）刷卡消费。即在商店、宾馆、娱乐场所等特约商店安装的刷卡机（POS）上购物消费，且不收持卡人任何手续费。

（4）代收代付。银行卡可以代客户支付电话费、房租费、水费、电费、个人住房和汽车等消费贷款的还款；可以代发工资及为客户办理证券和资金结算等业务。

（5）跨行转账。通过互联网、ATM 等自助终端，可以为持卡人提供不同银行间资金的自动划转业务。

（6）柜面通业务。客户通过银行柜面终端、自动存款机和柜面直联 POS，利用现有银联网络，实现银联各成员行的银行卡（折）在他行进行跨行查询、存款、取款、转账等业务。

（7）移动支付。基于移动支付通信网络和银联跨行网络优势，用户通过手机短信息拨号或编辑方式，实现虚拟银行卡交易的一种新型电子支付应用。

4.3.2　银行卡的种类

银行卡通过在世界范围内的普及与发展，已经成为一个家丁兴旺、成员众多的大家族。虽然银行卡品种繁多，人们仍然可以以银行卡的根本特征和基本功能作为衡量标准来加以区分，并按照不同的标准进行分类。

1. 按照发行机构分类

按发行机构分类，可以分为银行卡和非银行卡。

（1）银行卡。银行卡是由银行等金融机构发行的，方便客户取得融资途径，并且具有购物消费、转账结算等功能的各种支付卡。

（2）非银行卡。非银行主要包括商业机构发行的零售信用卡和旅游服务行业发行的旅游娱乐卡两种。

零售信用卡是由零售百货公司、石油公司、电信公司等企业发行，持卡人凭卡可以在指定的商店购物或在汽油站加油等，定期进行结算。这种信用卡流通范围受到很大限制，发展范围较窄。

旅游娱乐卡是由航空公司、旅游公司等发行，用于支付各种交通工具的费用，以及就餐、住宿、娱乐等费用，发行对象多为商旅人士。目前，美国运通卡和大莱卡即属于此类信用卡。

2. 按信息存储介质分类

按信息存储介质划分，可以分为磁条卡、芯片卡（IC 卡）、虚拟卡 3 种。

（1）磁条卡。即在塑料卡上粘贴一个磁条的银行卡。磁条内记录持卡人和开户的商业银行的名称、编码等信息，便于 ATM 机、POS 机、柜台等渠道的读卡器识别。

（2）芯片卡（IC 卡）。即在塑料卡片表面嵌入一个特殊的集成电路芯片的银行卡。芯片卡具有存储容量大、可脱机使用、自动计算、安全性较高等特点。根据是否同时带有磁条，芯片卡可分为纯 IC 卡和 IC 磁条复合卡两种。目前，国际上 IC 卡的应用已经进入高速发展时期。

IC 卡与磁条卡相比，其优点是信息容量大、安全性高；缺点是成本高。

（3）虚拟卡。即商业银行不再提供实物卡片，而是提供由数字或字母组成的能体现客户唯一身份的识别序列，客户凭此识别序列在现场或通过互联网、电话、手机等渠道办理支付结算业务。

3. 按性质不同分类

按性质不同分类，可以分为借记卡和信用卡，而信用卡又分为贷记卡和准贷记卡。

（1）借记卡。借记卡可以在网络或 POS 机上消费，或者通过 ATM 机转账和提款，不能透支，卡内的金额按活期存款计付利息。消费或提款时资金直接从储蓄账户划出。借记卡在使用时一般需要密码。借记卡按等级可以分为普通卡、金卡和白金卡；按使用范围可以分为国内卡和国际卡。

（2）贷记卡。贷记卡是指发卡银行给予持卡人一定的信用额度，持卡人可在信用额度内先消费、后还款的信用卡。它具有的特点是先消费、后还款，享有免息缴款期（最长可达 56 天），并设有最低还款额，客户出现透支可自主分期还款。客户需要向申请的银行交付一定数量的年费，各银行有所不同。

（3）准贷记卡。准贷记卡是一种存款有息、刷卡消费以人民币结算的单币种单账户信用卡，具有转账结算、存取现金、信用消费、网上银行交易等功能。当刷卡消费、取现账户存款余额不足支付时，持卡人可在规定的有限信用额度内透支消费、取现，并收取一定的利息，不存在免息还款期。

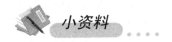

小资料

准 贷 记 卡

准贷记卡是一种具有中国特色的信用卡种类，国外并没有这种类型的信用卡。20 世纪 80 年代后期，中国银行业从国外引入信用卡产品。因为，当时中国个人信用体制并不是很完善，中国银行业对国外的信用卡产品进行了一定的更改，将国外传统的信用卡存款无利息、透支有免息期更改为存款有利息、透支不免息。准贷记卡兼具贷记卡和借记卡的部分功能，一般需要缴纳保证金或提供担保人，使用时先存款、后消费，存款计付利息。持卡人购物消费时可以在发卡行核定的额度内进行小额透支，但透支金额自透支之日起计息，欠款必须一次还清，没有免息还款期和最低还款额，其基本功能是转账结算和购物消费。

准贷记卡作为中国信用卡产业发展过程中的过渡产品正在逐步退出历史舞台，在人们现实生活中准贷记卡的使用量、使用意义都在逐步减小。

资料来源：http://baike.baidu.com/view/128721.htm.

4.4　银行融资产品

现实生活中，对于个人或家庭的现金规划，客户往往更重视已有现金及现金等价物的管理和使用，而忽略个人融资。在某些时候，客户可能会面临未预料到的支出或高额度的支出，而客户的现金及现金等价物的额度又不足以应付这些支出，临时变现其他流动性不强的金融产品会损失一部分资产。这时，利用一些银行的融资工具融得一些资金不失为一个处理突发紧急情况的好方法。随着银行业的发展及个人融资需求的日益增加，银行的个人融资产品也日趋多样。目前，适宜个人或家庭理财的银行融资产品主要有以下几种。

4.4.1　消费信贷

消费信贷是商业银行或其他金融机构对消费者个人提供的贷款，主要用于消费者购买耐用消费品、房屋和各种劳务。消费信贷以消费者未来的收入作为发放贷款的基础，通过信贷方式预支远期消费能力，来满足消费者当前的消费需求。

1. 个人小额短期信用贷款

个人小额短期信用贷款是指银行为解决借款人临时性的消费需要发放的期限在 1 年以内，金额在 2 万元以下，无须提供担保的人民币信用贷款。

（1）贷款对象。借款人是贷款银行所在地常住户口居民，并具有完全民事行为能力的中国公民。

（2）贷款条件。借款人有正当的职业和稳定的经济收入（月工资性收入需在 1 000 元以上），具有按期偿还贷款本息的能力；借款人所在单位必须是由贷款人认可的并与贷款人有良好合作关系的行政及企、事业单位且需由贷款人代发工资；遵纪守法，没有违法行为及不良信用记录。

（3）贷款金额。贷款金额起点为 2 000 元，不超过借款人月均工资性收入的 6 倍，且最高不超过 2 万元。

（4）贷款期限。小额短期信用贷款的贷款期限在 1 年（含 1 年）以下，该贷款一般不能展期。

（5）贷款利率。贷款利率按照中国人民银行规定的同期贷款利率计算。

2. 个人综合消费贷款

个人综合消费贷款是贷款人向借款人发放的不限定具体消费用途、以贷款人认可的有效权利质押担保或能以合法有效房产作抵押担保，借款金额在 2 000 元至 50 万元、期限在 6 个月至 3 年的人民币贷款。

（1）贷款对象。借款人在贷款银行所在地有固定住所、有常住户口或有效居住证明、年龄在 65 周岁（含 65 周岁）以下、具有完全民事行为能力的中国公民。

（2）贷款条件。借款人有正当职业和稳定的收入，具有按期偿还贷款本息的能力；具有良好的信用记录和还款意愿，无不良信用记录；能提供银行认可的合法、有效、可靠的担保；有明确的贷款用途，且贷款用途符合相关规定；符合银行规定的其他条件。

（3）贷款金额。由银行根据借款人的资信状况及所提供的担保情况确定具体贷款额度。以个人住房抵押的，贷款金额最高不超过抵押物价值的 70%；以个人商用房抵押的，贷款金额最高不超过抵押物价值的 60%。

（4）贷款期限。贷款期限最长不超过 5 年，贷款用途为医疗和留学的，期限最长可为 8 年（含 8 年），不展期。

（5）贷款利率。贷款利率按照中国人民银行规定的同期同档次期限利率执行。

（6）还款方式。贷款期限在 1 年（含 1 年）以内的，可采用按月还息，按月、按季、按半年或一次还本的还款方式；期限超过 1 年的，采用按月还本付息方式。

3. 国家助学贷款

国家助学贷款是由政府主导、财政贴息，银行、教育行政部门与高校共同操作的专门帮助高校贫困家庭学生的银行贷款。借款学生不需要办理贷款担保或抵押，但需要承诺按期还款，并承担相关法律责任。借款学生通过学校向银行申请贷款，用于弥补在校学习期间学费、住宿费和生活费的不足，毕业后分期偿还。

（1）贷款对象。借款人为中华人民共和国境内的（不含香港和澳门特别行政区、台湾地区）全日制普通本、专科生（含高职生），研究生和第二学士学位学生。

（2）贷款条件。借款人具有完全民事行为能力（未成年人申请国家助学贷款须由其法定监护人书面同意）；诚实守信，遵纪守法，无违法、违纪行为；学习努力，能够正常完成学业；因家庭经济困难，在校期间所能获得的收入不足以支付完成学业所需基本费用（包括学费、住宿费、基本生活费）。

（3）贷款金额。贷款金额按照每人每学年最高不超过 6 000 元的标准，总额度按正常完成学业所需年度乘以学年所需金额确定，具体额度由借款人所在学校按本校的总贷款额度、学费、住宿费和生活费标准，以及学生的困难程度确定。

（4）贷款期限。借款学生应在毕业后 6 年内还清贷款本息。国家鼓励毕业后收入较好的借款学生提前还清贷款本息。

（5）贷款利率。国家助学贷款利率按照中国人民银行公布的法定贷款利率执行。借款学生在校期间的国家助学贷款利息由国家财政全部补贴；借款学生毕业后的利息及罚息由学生本人全额支付。

（6）贷款发放。贷款分按年、按月两种方式发放。学费贷款按年发放，生活费贷款按月发放。

4. 个人汽车贷款

个人汽车贷款是商业银行向个人发放的用于购买汽车的人民币贷款，也称汽车按揭。

（1）贷款对象。借款人是贷款行所在地常住户口居民、具有完全民事行为能力的中国公民。

（2）贷款条件。借款人具有稳定的职业和偿还贷款本息的能力，信用良好，能够提供可被认可的资产作为抵押、质押，或者有足够代偿能力的第三方作为还贷款本息并承担连带责任的保证人。

（3）贷款金额。车辆为自用车的，贷款金额不超过所购汽车价格的 80%；车辆为商用车的，贷款金额不超过所购汽车价格的 70%。其中，商用载货车贷款金额不得超过所购汽车价格的 60%。

（4）贷款期限。车辆为自用车，最长贷款期限不超过 5 年；车辆为商用车，贷款期限不超过 3 年。

（5）贷款利率。贷款利率按照商业银行的贷款利率规定执行。

（6）还款方式。贷款期限在 1 年以内的，可以采取按月还息任意还本法、等额本息还款法、等额本金还款法、一次性还本付息还款法等方式；贷款期限在 1 年以上的，可采取等额本息、等额本金还款法。具体还款方式由经办行与借款人协商并在借款合同中约定。

5. 个人住房贷款

个人住房贷款是指银行向借款人发放的用于购买自用普通住房的贷款。借款人申请个人住房贷款时必须提供担保。目前，个人住房贷款主要有委托贷款、自营贷款和组合贷款3 种。

（1）贷款对象。借款人为具有完全民事行为能力的中国公民，在中国内地有居留权的具有完全民事行为能力的港、澳、台地区自然人，在中国内地有居留权的具有完全民事行为能力的外国人。

（2）贷款条件。借款人有合法的身份；有稳定的经济收入，信用良好，有偿还贷款本息的能力；有合法有效的购买、建造、大修住房的合同与协议，以及贷款行要求提供的其他证明文件；有所购住房全部价款 30% 以上的自筹资金（对购买自住住房且套型建筑面积在90 平方米以下的，自筹资金比例为 20%），并保证用于支付所购住房的首付款；有贷款行认可的资产进行抵押或质押，或者（和）有足够代偿能力的法人、其他经济组织或自然人作为保证人。

（3）贷款额度。贷款额度最高为所购（建造、大修）住房全部价款或评估价值（以低者为准）的 80%。

（4）贷款期限。贷款期限一般最长不超过 30 年。

（5）贷款利率。贷款利率按照中国人民银行等机构制定的相关利率政策执行。

6. 个人旅游贷款

个人旅游贷款是指贷款人向借款人发放的，用于本人或家庭共有成员支付特约旅游单位旅游费用的人民币贷款。

（1）贷款对象。借款人为在中国境内有固定住所、具有完全民事行为能力的中国公民。

（2）贷款条件。借款人具有完全民事行为能力；有当地常住户口或有效居住证明，有固定的住所；有正当职业和稳定的收入来源，具备按期偿还贷款本息的能力；提供贷款人认可的财产抵押、质押或具有代偿能力的第三方连带责任的保证；在贷款人处开立专用存款账户和银行卡账户，并存有不低于旅游费用总额20%的首期付款额。

（3）贷款额度。个人旅游贷款额度最高不得超过旅游费用总额的80%。

（4）贷款期限。个人旅游贷款期限最长不超过2年。

（5）贷款利率。个人旅游贷款利率按照中国人民银行规定的同期贷款利率执行。

7. 凭证式国债质押贷款

凭证式国债质押贷款是指借款人以未到期的凭证式国债作质押，从商业银行取得人民币贷款，到期归还贷款本息的一种贷款业务。这里所说的凭证式国债，是指1999年以后（含1999年）财政部发行，由各承销银行以"中华人民共和国凭证式国债收款凭证"方式销售的国债，不包括1999年以前发行的凭证式国债。

目前，凭证式国债质押贷款额度起点一般为5 000元，每笔贷款不超过质押品面额的90%。凭证式国债质押贷款的贷款期限原则上不超过1年，并且贷款期限不得超过质押国债的到期日；若用不同期限的多张凭证式国债作质押，以距离到期日最近者确定贷款期限。

凭证式国债质押贷款利率按照同期同档次法定贷款利率（含浮动）和有关规定执行。贷款期限不足6个月的，按6个月的法定贷款利率确定，期限在6个月以上1年以内的，按1年的法定贷款利率确定。另外，银行也会根据客户的不同情况对贷款利率有所调整，贷款利率的下限是基准利率的0.9倍，上限不设。借款人提前还贷，贷款利息按合同利率和实际借款天数计算，并按合同规定收取补偿金。凭证式国债质押贷款实行利随本清。凭证式国债质押贷款逾期1个月以内的（含1个月），自逾期之日起，按法定罚息率向借款人计收罚息。

8. 存单质押贷款

存单质押贷款是指借款人以贷款银行签发的未到期的个人本外币定期储蓄存单（也有银行办理与本行签订有保证承诺协议的其他金融机构开具的存单的抵押贷款）作为质押，从贷款银行取得一定金额贷款，并按期归还贷款本息的一种信用业务。

存单质押贷款的贷款期限最长不超过1年或存单的到期日，存单质押贷款额度起点一般为5 000元，每笔贷款不超过存单质押价值的90%，最高可达质押价值的95%。

贷款利率按照中国人民银行规定的同期同档次贷款利率执行，可视借款人情况最多下浮10%，贷款期限不足6个月的，按6个月的法定贷款利率确定；期限在6个月以上1年以内的，按1年的法定贷款利率确定，优质客户可以下浮10%。如借款人提前还贷，贷款利率按合同利率和实际借款天数计算。

目前，各家商业银行都推出了存单质押贷款业务，且手续简便。借款人只需向开户行提交本人名下的定期存款（存单、银行卡账户均可）及身份证，就可提出贷款申请。经银行审查后，双方签订"定期存单抵押贷款合同"，借款人将存单交银行保管或由银行冻结相关存款账户，便可获得贷款。银行借款人如果手续齐备，当天就可以签订合同拿到贷款，不需要任何手续费。存单质押贷款一般适合于短期、临时的资金需求。

贷款到期后，可用现金或在银行的存款偿还贷款本息。经银行同意，借款人可提前归还贷款本息，提前还款按原借贷双方签订的质押贷款合同约定利率和实际借款天数计息。个人存单质押贷款一般不得展期。因不可抗力或意外事故而影响如期还贷的可给予展期。每笔贷款只限展期一次，且不得超过存单到期日。

目前，商业银行提供的贷款种类各异，除了上述列举的几种外，还有很多种类，这里不再详述。

4.4.2　保单质押贷款

所谓保单质押贷款，是保单所有者以保单作为质押物，按照保单现金价值的一定比例获得短期资金的一种融资方式。质押期间，保单将继续维持保险合同的效力，按其合同约定不损害保险人保障权益。我国的保单质押贷款主要有以下两种模式。

（1）投保人把保单直接抵押给保险公司，直接从保险公司取得贷款。如果借款人到期不能履行债务，当贷款本息达到退保金额时，保险公司终止其保险合同效力。

（2）投保人将保单抵押给银行，由银行支付贷款给借款人，当借款人不能到期履行债务时，银行可依据合同保单由保险公司偿还贷款本息。

通常情况下，保险公司提供的贷款额度有限，贷款期限较短，手续便捷；银行贷款，贷款额度略高，贷款期限长，但手续烦琐。目前，国内保险公司保单质押贷款的期限较短，一般最多不超过 6 个月，最高贷款余额也不超过保单现金价值的 70%～80%，与向保险公司申请保单借款相比，银行的保单质押贷款，在额度、期限和贷款利率方面都比前者更为优惠。银行贷款投保人最高可以获得质押保单现金价值90%的贷款额度，期限最长可达 5 年，贷款利率则按人民银行规定的相对应贷款期限的基准利率确定；而且可享受贷款额度授信的便利，在授信额度内循环使用贷款。但银行一般要求作为质押的保单须是该银行代理的险种。

需要注意，不是所有的保单都能办理质押贷款。从目前的情况看，可以用于贷款的是具有储蓄功能、投资分红型保险和年金保险等合同生效 2 年以上的人寿保险；医疗费用保险和意外伤害保险，以及财产保险不能质押。

另外，已经发生保费豁免的保单不能办理质押贷款。保费豁免是指在保险合同规定的某些特定情况下导致完全丧失工作能力时，由保险公司获准，同意投保人可以不再缴纳后续保费，保险合同仍然有效。

4.4.3　信用卡融资

信用卡是商业银行面向个人和单位发行的，凭此向特约单位购物、消费和向银行存取现金的信用凭证。

信用卡是具有消费信用的特制载体卡片，其形式是一张正面印有发卡银行名称、有效期、号码、持卡人姓名等内容，背面有磁条、签名条的卡片。

信用卡按是否向发卡银行交存备用金分为贷记卡、准贷记卡两类。其中，贷记卡是指发卡银行给予持卡人一定的信用额度，持卡人可在信用额度内先消费、后还款的信用卡；准贷记卡是指持卡人须先按发卡银行要求交存一定金额的备用金，当备用金账户余额不足支付时，可在发卡银行规定的信用额度内透支的信用卡。

1）信用卡的信用融资功能

信用卡的主要功能包括支付结算和信用融资。信用卡支付结算功能与普通银行卡一致。信用卡的信用融资功能表现为发卡机构向持卡人核定一个信用额度，在额度内持卡人无须任何存款即可购物消费或提取现金（一般贷记卡取现额度为信用额度的50%）。具体来说，信用卡的信用融资功能表现在以下几个方面。

（1）信用额度。信用额度是指银行根据信用卡申请人的信用记录、财务能力等资料，为申请人事先设定的最高信用支付和消费额度。发卡机构将根据持卡人信用状况的变化定期调整信用额度。

（2）免费融资。贷记卡持卡人用贷记卡进行支付，可享受免息还款期待遇。即持卡人用贷记卡消费后，从银行记账日至发卡银行规定的到期还款日之间为免息还款期。如果持卡人在发卡机构规定的还款日之前偿还所有消费融资，则享受免息还款期的优惠。一般情况下免息还款期最长为50余天，最短为20余天。

如果贷记卡持卡人在规定的还款日只偿还了最低还款额或未能支付上月所有信用卡消费，或者超过发卡银行批准的信用额度用卡时，则不再享受免息还款期待遇，即从银行记账日起，所有消费金额均要支付利息。另外，贷记卡持卡人支取现金、准贷记卡透支，均不享受免息还款期和最低还款额待遇，应当支付现金交易额或透支额自银行记账日起的透支利息。发卡银行对贷记卡持卡人未偿还最低还款额和超信用额度用卡的行为，分别按最低还款额未还部分、超过信用额度部分的5%收取滞纳金和超限费。

（3）循环信用功能。循环信用功能只适用于贷记卡，是指持卡人在免息期内只需还一个最低还款额，便可重新恢复部分信用额度，在有效期内继续用卡。

2）信用卡融资需要注意的关键词

信用卡先消费、后付款的性质实际上是为持卡人提供了信用融资服务，从某种意义上，它相当于个人向银行的"借款"。如果某人只用现金支付，则当其发现钱包里的现金越来越少时，会有意识地控制支出，但当其使用信用卡付款时，这种"自我约束机制"则相对较弱，比较容易超出计划或超出预算消费。因此，使用信用卡进行购物等消费支出时，一定要谨慎使用信用卡的融资功能。超计划消费很容易造成信用卡拖欠，给自己的信用记录造成不良影响。在使用信用卡融资时需要注意以下几个关键词。

（1）可用额度。可用额度是指持卡人可以使用的信用额度，即在两次付款期间内，持卡人可以用信用卡支付的最高消费限额，即持卡人所持的信用卡还没有被使用的信用额度。若要超出此额度消费，一方面要获得发卡机构的授权，另一方面发卡机构要收取更高利息。

（2）免息还款期。贷记卡非现金交易中，从银行记账日起至到期还款日之间的日期为免息还款期，一般情况下最长50余天，最短20余天。在此期间，持卡人只要全额还清当期对账单上的本期应还金额，便不用支付任何非现金交易中由银行代垫给特约商户资金的利息（预借现金则不享受免息优惠）。

（3）最低还款额。最低还款额是指使用循环信用时最低需要偿还的金额。最低还款额的计算公式为：

信用额度内消费款的10%+预借现金交易款的100%+前期最低还款额未还部分的100%+超过信用额度消费款的100%+费用和利息的100%

如果持卡人连续两次未能还清最低还款额，银行一般会将其记为不良记录。

（4）应付利息。如果贷记卡持卡人在免息还款期内未还清所有消费金额，发卡行要计收利息。贷记卡使用额度按月计收复利、准贷记卡透支按月计收单利，利率一般为日利率 0.5‰。对于贷记卡的信用消费，一般可以有最多 50 余天的免息期；但对于提取现金，从取现即日起按日利率 0.5‰收取利息，折合年利率为 18%，远高于银行的各种贷款利率。

如果使用循环信用功能，就会以每笔消费本金计算循环信用利息，一般是自交易记账日起至到期还款日为止计算计息天数。按照目前中国人民银行的规定，信用卡的循环年利率近 18%（一年短期贷款基准利率为 5.58%），是普通商业贷款利率的 3 倍多。因此，一旦动用循环信用，所付出的循环利息成本将十分巨大。

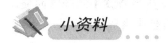 小资料

信用卡部分欠款竟全额罚息

2009 年 9 月份，银行给陈女士寄来了当月的账单，账单上显示：循环利息 94.34 元。她看后吓了一大跳。8 月份她的欠款是 5 769.40 元，在还款日 26 日前 6 天还了 5 400 元，余下的 369.4 元到了当月 31 日才还款。369.4 元的欠款在 6 天里能产生 94.34 元的利息？

她随即向该行信用卡客服中心工作人员咨询，被告知银行实行的是全额罚息，即只要持卡人没有在还款日还清欠款，应支付"透支款"自银行记账日起至还款到账日的透支利息。也就是说，陈女士虽然只有 369.4 元未还，不但这些欠款要算利息，之前还的 5 400 元也要计算相应的利息。

资料来源：张启通. 南方日报，2010-03-12.

4.4.4　典当融资

根据 2005 年 2 月 9 日颁布的《典当管理办法》，典当是指"当户将其动产、财产权利作为当物质押或者将其房地产作为当物抵押给典当行，交付一定比例费用，取得当金，并在约定期限内支付当金利息、偿还当金、赎回当物的行为"。

办理出当与赎当，当户均应出具本人的有效身份证件。当户为单位的，经办人员应出具单位证明和经办人的有效身份证件；委托典当中，被委托人应出具典当委托书、本人和委托人的有效身份证件。出当时，当户应如实向典当行提供当物的来源及相关证明材料。赎当时，当户应出示当票。所谓当票，是指典当行与当户之间的借贷契约，是典当行向当户支付当金的付款凭证。

当物的估价金额及当金数额应当由双方协商确定。房地产的当金数额经协商不能达成一致的，双方可以委托有资质的房地产价格评估机构进行评估，估价金额可以作为确定当金数额的参考。典当期限由双方约定，最长不得超过 6 个月。

典当当金利率，按中国人民银行公布的银行机构 6 个月期法定贷款利率及典当期限折算后执行。典当当金利息不得预扣。除此之外，典当过程中还需交纳各种综合费用，典当综合费用包括各种服务及管理费用。动产质押典当的月综合费率不得超过当金的 42‰。房地产抵押典当的月综合费率不得超过当金的 27‰。财产权利质押典当的月综合费率不得超过当金的 24‰。当期不足 5 日的，按 5 日收取有关费用。

典当期内或典当期限届满后 5 日内，经双方同意可以续当，续当一次的期限最长为 6 个月。续当期自典当期限或者前一次续当期限届满日起算。续当时，当户应当结清前期利息和当期费用。典当期限或者续当期限届满后，当户应当在 5 日内赎当或者续当。逾期不赎当也不续当的，为绝当。当户于典当期限或者续当期限届满至绝当前赎当的，除须偿还当金本息、综合费用外，还应当根据中国人民银行规定的银行等金融机构逾期贷款罚息水平、典当行制定的费用标准和逾期天数，补交当金利息和有关费用。

优缺点：与银行对借款人近乎苛刻的条件相比，典当行对客户的信用要求几乎为 0，而且一般商业银行只对不动产抵押，而典当行则可以动产和不动产抵押贷款；而且起点低，更注重对个人和中小企业服务；而银行贷款手续复杂，审批周期长，典当贷款手续非常简便，大多立等可取，即使是不动产抵押贷款，也要比银行快捷很多。但是典当贷款的利息、手续费比其他融资方式都要高，而且贷款规模小。

思考与练习

1. 单选题

（1）某客户家庭现有资金 5 000 元，活期存款 2 万元，定期存款 5 万元，货币市场基金 5 000 元，其他基金 3 万元。每月平均支出 3 000 元，则该客户的流动性比率为（　　）。

A. 26.67　　　　　　　B. 25.67　　　　　　　C. 23.67　　　　　　　D. 28.67

（2）某客户计划将一部分钱存为 7 天个人通知存款，则该客户存入的最低金额为（　　）万元。

A. 1　　　　　　　　　B. 2　　　　　　　　　C. 5　　　　　　　　　D. 10

（3）张先生既想保有定期存款的收益水平，又希望有活期的方便存取，则其可以采用（　　）。

A. 零存整取　　　　　B. 存本取息　　　　　C. 整存零取　　　　　D. 定活通

（4）作为理财的一般原则，理财规划师需要让客户明白，现金规划遵循的一个原则是：短期需求可以用手头的（　　）来满足，而预期的或将来的需求则可以通过各种类型的储蓄或（　　）来满足。

A. 活期存款；短期融资工具　　　　　　　B. 现金；短期融资工具

C. 活期存款；货币基金　　　　　　　　　D. 现金；货币基金

（5）通常金融资产的流动性与收益率呈反方向变化，高流动性意味着收益率较低。由于（　　）的存在，持有收益率（　　）的现金及现金等价物也就意味着丧失了持有收益率较高的投资品种的机会。

A. 流动性；较低　　　　　　　　　　　　B. 流动性；较高

C. 机会成本；较低　　　　　　　　　　　D. 机会成本；较高

（6）活期储蓄适用于所有客户，其资金运用灵活性较高，人民币（　　）元起存。

A. 5.　　　　　　　　　B. 1　　　　　　　　　C. 5　　　　　　　　　D. 1

（7）整存整取的利率较高，因此具有较高的稳定收入，利率大小与期限长短成正比。其中，外币存期最长为（　　）年。

A. 5　　　　　　　　　B. 3　　　　　　　　　C. 2　　　　　　　　　D. 1

（8）存本取息是一种一次存入本金，分次支取利息，到期支取本金的（　　）储蓄，它的起存金额较高，一般为人民币（　　）元。

　　A. 活期；5 000　　　　　B. 定期；5 000　　　　　C. 活期；10 000　　　　D. 定期；1 000

（9）根据《银行卡业务管理办法》及客户协议，信用卡持卡人超过发卡银行批准的信用额度用卡时，不享受免息期待遇，即从（　　）之日起支付利息。

　　A. 上期还款截止　　　　B. 本期实现透支　　　　C. 本期对账单发出　　　D. 本期首次刷卡

2. 多选题

（1）个人或家庭进行现金规划是出于（　　）等动机。

　　A. 交易　　　　　　　　B. 预防　　　　　　　　C. 谨慎　　　　　　　　D. 投机

（2）下列属于现金规划需要考虑的因素是（　　）。

　　A. 对金融资产流动性的要求　　　　　　　　B. 个人或家庭的投资偏好

　　C. 个人或家庭的风险偏好程度　　　　　　　D. 持有现金及现金等价物的机会成本

（3）理财规划师在为客户确定现金及现金等价物的额度时，应该（　　）。

　　A. 将该额度确定在个人或家庭每月支出的 3～6 倍

　　B. 只考虑持有现金及现金等价物的机会成本

　　C. 参考客户资金的流动性比率

　　D. 最终现金规划的具体额度一定要通过收入支出表中收入和支出构成的稳定性角度来确定

（4）个人通知存款按存款人提前通知的期限长短划分为（　　）两个品种。

　　A. 1 天通知存款　　　　B. 5 天通知存款　　　　C. 7 天通知存款　　　　D. 10 天通知存款

（5）个人通知存款的起存额度为（　　）。

　　A. 人民币通知存款开户起存金额为 1 万元

　　B. 人民币通知存款开户起存金额为 5 万元

　　C. 外币通知存款的最低存款金额各地区略有不同，约为等值人民币 1 万元（含 1 万元）

　　D. 外币通知存款的最低存款金额各地区略有不同，约为等值人民币 5 万元（含 5 万元）

（6）下列说法中正确的是（　　）。

　　A. 个人通知存款适合于有款项在一定时期内不需动用，只需要定期支取利息以作生活零用的客户

　　B. 整存零取适合那些有整笔较大款项收入且需要在一定时期内分期陆续支取使用的客户

　　C. 零存整取比较适合刚参加工作，需逐步积累每月结余的客户

　　D. 个人通知存款比较适合那些有较大额度的结余，但在不久的将来需随时全额支取使用的客户

（7）资产的流动性与收益性的关系是（　　）。

　　A. 流动性较强的资产其收益性较低

　　B. 流动性较强的资产其收益性较高

　　C. 收益性较高的资产其流动性较低

　　D. 资产的流动性与收益性呈反方向变化

（8）下列关于紧急备用金的说法中错误的是（　　）。

A. 紧急备用金可用来应付因失业与失能，而造成收入中断时的生活支出

B. 一般家庭应当以 3～6 个月的生活费为基准，准备紧急备用金

C. 紧急备用金可以投资于股票或房地产

D. 紧急备用金一般以活期或短期存款的形式储备

3. 简答题

（1）人们持有现金有哪些动机？

（2）为什么要进行现金规划？

（3）进行现金规划应考虑哪些因素？

（4）什么是紧急备用金？为什么要建立紧急备用金？

（5）我国目前的储蓄种类有哪些？如何利用好这些储种？

（6）适宜于现金规划的融资方式有哪些？

第 5 章

股 票 投 资

🔍 **学习目标与要求**

1. 掌握股票的概念和特点。
2. 掌握股票的种类。
3. 了解股票投资的风险。
4. 掌握股票投资收益计算方法。

案例引入

　　股份制企业是改革开放以后才在我国出现的一种企业所有制，也就是多个自然人或法人按出资额占有一定比例的股份。这种企业在世界上已经有将近400年的历史了，它是伴随着企业经营规模的不断扩大与资本不足而产生的。伴随着股份制的发展，股份交易转让的需求出现了，所以有了股票交易市场。股票的买卖，其实和大白菜的买卖有很多相同之处，只是大白菜值多少钱一眼就能看出来，而一家公司的股份值多少钱可不是那么容易发现的，所以就出现了那么多专门靠发现股票价值来吃饭的人。

　　在股票市场上有这样一群神秘的自然人，他们不是机构，却资金雄厚；他们眼光独特，因为手中的股票常常是翻 N 倍上涨，他们就是不为人们所知的超级散户！套牢千万散户的资本市场为何会对他们网开一面？下面来看超级散户刘元生的生财之道。

　　从 1991 年 1 月 29 日万科 A 股正式登陆深交所算起，刘元生扎根万科已经将近 28 年。这二十多年，A 股市场经历过数次牛熊交替，但刘元生就如同一颗螺丝钉，永远钉在万科身上。二十多年来刘元生从来没有卖过万科的股票，相反，其持有的万科 A 股逐年增加：1993 年为 504.39 万股，1995 年为 767 万股，2006 年为 5 844.63 万股，2007 年为 8 252.97 万股。如今，刘元生仍然是中国最富有的超级散户，持股市值为 7.87 亿元，但与峰值24.92 亿元相比，身家已缩水 68.42%，被称为"最牛散户缩水第一人"。而刘元生的股票最初投入只有 400 万元，这样的收益率不得不令人叹为观止，超过了全球股神巴菲特，因为巴菲特最得意的一个业绩是投资《华盛顿邮报》，30 年翻了 128 倍。

　　"浮华过后，真金始现。"这句话用在刘元生投资万科上最为贴切。刘元生本是香港的一位商人，早在王石创建万科前，他们就已经是商业合作伙伴。王石做录像机生意时，刘元生的公司就为其提供日本货源，两人结下深厚的友谊。1988 年 12 月末，万科共发行 2800 万股，每股 1 元，当时万科净资产只有 1324 万元，为了推销股票王石亲自上阵，在深圳闹市区摆摊，还去过菜市场，跟卖白菜的大娘们一起叫卖。最后还是没有完全卖出，刘元生出于兄弟义气就买了 360 万股，在之后的又增持了一些。

1991 年，万科上市，成为深圳最早的"老八股"之一。以后这么多年的市场沉浮，股票市场的纷纭变幻都没有动摇刘元生的持股信心。如今经过无数次配股、送股，刘元生持有万科的股份已经达到 8 000 多万股，成为第三大流通股股东。如今刘元生已经成为中国市场上最富有的散户。

资料来源：https://baike.baidu.com/item/刘元生/7290784? fr=aladdin.

5.1 股票概述

目前，我国股份制公司不断增多，股票发行的规模发展比较快，预计今后几年内，股票将成为个人理财投资的一个重要方面。家庭进行股票投资的目的主要是作为一般的证券投资，获取股利收入及股票买卖差价。股票是常见的家庭投资组合中风险最大的项目，也是最灵活、盈亏幅度最大的一种选择。怎样在风云变幻的股市中完成自己的理财计划，是一个值得思考的问题。

5.1.1 股票的概念

股票是股份有限公司在筹集资本时向出资人发行的股份凭证，是由股份有限公司发行的，用以证明投资者的股东身份和权益，并据以获得股息、红利和其他投资者权益的可转让凭证。股票本身没有价值，是一种独立于实际资本之外的虚拟资本。

5.1.2 股票的特点

（1）不可偿还性。股票的不可偿还性是指股票投资资金的不可偿还性。股票是一种无偿还期限的有价证券，投资者认购了股票后，就不能再要求退股，只能到二级市场卖给第三者，不能够要求发行公司偿还股票的投资。

（2）参与性。股票投资者是公司的权益投资者，以及公司的股东。股东有权出席股东大会，选举公司董事会，参与公司重大决策。股票持有者的投资意志和享有的经济利益，通常是通过行使股东参与权来实现的。

（3）收益性。收益性是指股票投资者拥有对公司经营收益的分配权，可以根据公司章程从公司领取股息和红利，从而获得投资的经济利益。持有股票就有权享有公司收益，这既是股票持有者向公司投资的目的，也是公司发行股票的必备条件。股票的收益性还表现在股票投资者可以获得价差收入或实现资产保值增值。通过低价买入和高价卖出股票，投资者可以赚取价差利润。

（4）流通性。股票的流通性是指股票在不同投资者之间的可交易性。流通性通常以可流通的股票数量、股票成交量，以及股价对交易量的敏感程度来衡量。可流通股数越多，成交量越大，价格对成交量越不敏感（价格不会随着成交量一同变化），股票的流通性就越好；反之就越差。股票的流通使投资者可以在市场上卖出所持有的股票，取得现金。

（5）价格的波动性和风险性。股票在交易市场上作为交易对象，同商品一样，有自己的市场行情和市场价格。由于股票价格要受到诸如公司经营状况、供求关系、银行利率、大众心理等多种因素的影响，其波动有很大的不确定性。正是这种不确定性，有可能使股票投资者遭受损失。

（6）股份的可伸缩性。股份的可伸缩性是股票所代表的股份既可以拆分，又可以合并。股份的拆分是将原来的 1 股分为若干股。股份拆分并没有改变资本总额，只是增加了股份总量和股权总数。股份的合并是将若干股股票合并成较少的几股或 1 股。股份合并一般是在股票面值过低时采用的。

5.1.3　股票的种类

1. 按是否记名分类

按是否记名，股票可分为记名股票和无记名股票。这主要是根据股票是否记载股东姓名来划分的。

（1）记名股票，是指在股票票面和股份公司的股东名册上记载股东姓名的股票。

在很多国家的公司法中，对记名股票的有关事项作出了具体规定。一般来说，如果股票是归某人单独所有的，应记载持有人的姓名；如果股票持有者因故改换姓名或名称，就应到公司办理变更姓名或名称的手续。

（2）无记名股票也称不记名股票，是指在股票票面和股份公司股东名册上均不记载股东姓名的股票。它与记名股票相比，差别不是在股东权利等方面，而是在股票记载方式上。

2. 按票面是否标明金额分类

按票面是否标明金额，股票可分为有面额股票和无面额股票。

（1）有面额股票，是指在股票票面上记载一定金额的股票。这一记载的金额被称为股票票面金额、股票票面价值或股票面值。

（2）无面额股票，是指股票票面不记载金额的股票，只记载股数及占总股本的比例，又被称为比例股票或股份股票。

3. 根据股票代表的股东权利分类

根据股票代表的股东权利，股票可分为普通股、优先股和后配股。

（1）普通股。普通股是指在公司的经营管理和盈利及财产的分配上享有普通权利的股份，代表满足所有债权偿付要求，以及优先股东的收益权与求偿权要求后，对企业盈利和剩余财产的索取权。普通股构成公司资本的基础，是股票的一种基本形式。目前，在上海证券交易所和深圳证券交易所交易的股票都是普通股。

（2）优先股。优先股是相对于普通股而言，优先股在利润分红及剩余财产分配的权利方面优先于普通股。

（3）后配股。后配股是在利益或利息分红及剩余财产分配时比普通股处于劣势的股票，一般是在普通股分配之后，对剩余利益进行再分配。如果公司的盈利巨大，后配股的发行数量又很有限，则购买后配股的股东可以获得很高的收益。发行后配股，一般所筹措的资金不能立即产生收益，投资者的范围又受限制，因此利用率不高。

4. 根据上市地区分类

根据上市地区的不同，股票可分为 A 股、B 股、H 股、S 股和 N 股等区分。

（1）A 股。A 股的正式名称是人民币普通股票。它是由我国境内的公司发行，供境内机构、组织或个人（不含港、澳、台地区投资者）以人民币认购和交易的普通股股票。

（2）B股。B股也称为人民币特种股票，是指那些在中国内地注册、在中国内地上市的特种股票。以人民币标明面值，只能以外币认购和交易。

（3）H股。H股也称为国企股，是指国有企业在香港上市的股票。

（4）S股。S股是指那些主要生产或经营核心业务在中国内地，而企业的注册地在新加坡或其他国家和地区，但是在新加坡交易所上市挂牌的企业股票。

（5）N股。N股是指那些在中国内地注册、在纽约上市的外资股。

 小资料

零　股

不到一个成交单位（1手＝100股）的股票，如1股、10股，称为零股。在卖出股票时，可以用零股进行委托；但买进股票时不能以零股进行委托，最小单位是1手，即100股。

5. 按投资主体不同分类

我国上市公司的股份可以分为国有股、法人股和社会公众股。

国有股指有权代表国家投资的部门或机构以国有资产向公司投资形成的股份，包括以公司现有国有资产折算成的股份。由于我国大部分股份制企业都是由原国有大中型企业改制而来的，因此，国有股在公司股权中占有较大的比重。

法人股指企业法人或具有法人资格的事业单位和社会团体以其依法可经营的资产向公司非上市流通股权部分投资所形成的股份。目前，在我国上市公司的股权结构中，法人股平均占20%左右。根据法人股认购的对象，可将法人股进一步分为境内发起法人股、外资法人股和募集法人股三个部分。

社会公众股是指我国境内个人和机构，以其合法财产向公司可上市流通股权部分投资所形成的股份。我国国有股和法人股目前还不能上市交易。国家股东和法人股东要转让股权，可以在法律许可的范围内，经证券主管部门批准，与合格机构投资者签订转让协议，一次性完成大宗股权的转移。由于国家股和法人股占总股本的比重平均超过70%，在大多数情况下，要取得一家上市公司的控制股权，收购方需要从原国家股东和法人股东手中协议受让大宗股权。除少量公司职工股、内部职工股及转配股上市流通受一定限制外，绝大部分的社会公众股都可以上市流通交易。

需要特殊说明的是，从2005年我国启动股权分置改革工作，该项工作到2012年已经基本完成。目前，我国交易所股票市场上的股票主要划分为流通股和限售条件股两大类，不再划分为国有股、法人股和社会公众股。

5.1.4　股票的价值和价格

1. 股票的价值

1）股票的票面价值

股票的票面价值又称股票票值或票面价格，是股份公司在所发行的股票票面上标明的票面金额，它以"元/股"为单位，其作用是用来表明每一张股票所包含的资本数额。在我国上海证券交易所和深圳证券交易所流通的股票面值均为每股1元。

2）股票的账面价值

股票的账面价值又称股票净值或每股净资产，是每股股票所代表的实际资产的价值。每股账面价值是以公司净资产除以发行在外的普通股票的股数求得的。

3）股票的内在价值

股票的内在价值是指股票未来现金流入的现值。它是股票的真实价值，也称理论价值。股票的未来现金流入包括两部分：预期股利和出售时得到的收入。股票的内在价值的计算方法有现金流贴现、市盈率估价等。但在股票的实际交易中，未必都会反映出自己的内在价值，它还受到市场情绪等因素影响。

4）股票的清算价值

股票的清算价值是指股份公司破产或倒闭后，进行清算之时每股股票所代表的实际价值。从理论上讲，股票的每股清算价值应当与股票的账面价值相一致，但企业在破产清算时，其财产价值是以实际的销售价格来计算的，而在进行财产处置时，其售价都低于实际价值。所以，股票的清算价值就与股票的净值不相一致，一般都要小于净值。股票的清算价值只是在股份公司因破产或因其他原因丧失法人资格而进行清算时才被作为确定股票价格的根据，在股票发行和流通过程中没有具体意义。

2. 股票的价格

1）股票的发行价格

股票的发行价格是指股份有限公司出售新股票的价格。在确定股票发行价格时，可以按票面金额来确定，也可以超过票面金额来确定，但不得以低于票面金额的价格发行。股票发行一般是公开向社会募集股本，发行股份，这种价格的高低受市场机制的影响极大，取决于公司的投资价值和供求关系的变化。如果股份有限公司发行的股票，价格超过了票面金额，被称为溢价发行，至于高出票面金额多少，则由发行人与承销的证券公司协商确定，报国务院证券监督管理机构核准，这种决定股票发行价格的体制，就是发挥市场作用，由市场决定价格，但是受证券监管机构的监督。当股票发行公司计划发行股票时，需要根据不同情况，确定一个发行价格以推销股票。

 小资料

中兴通讯：2018 年度非公开发行 A 股发行价不低于 30 元/股

2 月 1 日消息，中兴通讯今日晚间发布公告，强调拟实施的 2018 年度非公开发行 A 股股票的发行价格将不低于 30 元人民币/股（含本数）。如公司在取得中国证券监督管理委员会批文后，无法在批文有效期内以高于或等于发行底价的发行价格与认购对象达成交易，公司将终止本次发行。

从论坛网友以及资本市场的评论来看，这一举措显示出中兴通讯对公司价值的自信，将坚定投资者的信心。近日股市大环境较差，中兴通讯股价也出现了较大波动。

前日晚间，中兴通讯推出"2018 年度非公开发行 A 股股票预案"，拟面向符合中国证券监督管理委员会规定的不超过十名特定投资者发行不超过 686 836 019 股股份，募集资金总额不超过 130 亿元（含 130 亿元）。本次非公开发行所得资金将主要用于 5G 项目研发，

以及补充流动资金。

议案说明，根据《上市公司非公开发行股票实施细则》（2017 年修订），本次非公开发行 A 股股票的定价基准日为发行期首日。本次非公开发行 A 股股票发行价格不低于定价基准日前 20 个交易日公司 A 股股票交易均价的 90%。最终发行价格将在公司取得中国证券监督管理委员会关于本次非公开发行 A 股股票的核准后，按照《上市公司非公开发行股票实施细则》（2017 年修订）的规定，根据竞价结果由公司董事会或其授权人士与保荐机构（主承销商）协商确定。

资料来源：http://www.c114.com.cn/news/127/a1042384.html.

2）股票的流通价格

股票的流通价格即股票在股票市场交易过程中交易双方达成的成交价，又称"股票行市"，有时也简称"股价"。对于投资者来说，股价是"生命线"，它可以使投资者破产，也可以使投资者发财。股价表示为开盘价、收盘价、最高价、最低价和市场价等形式，其中收盘价最重要，它是人们分析行情和制作股市行情表时采用的基本数据。

3）股票的除权价格

除权是由于公司股本增加，每股股票所代表的企业实际价值（每股净资产）有所减少，需要在发生该事实之后，从股票市场价格中剔除这部分因素而形成的剔除行为。除权价格是在公司除权后，股票的价格即反映为除权价格。

除权当天会出现除权报价，除权报价的计算会因分红或有偿配股而不同，其计算公式如下：

除权价＝股权登记日收盘价－每股所派现金

送股除权价计算办法为：送股除权价＝股权登记日收盘价／（1+送股比例）

配股除权价计算方法为：配股除权价＝（股权登记日收盘价+配股价×配股比例）／（1+配股比例）

有分红、派息、配股的除权价计算方法为：除权价＝（收盘价+配股比例×配股价－每股所派现金）／（1+送股比例+配股比例）

市盈率＝股价／每股收益（按年度计算）

除权日的开盘价不一定等于除权价，除权价仅是除权日开盘价的一个参考价格。当实际开盘价高于这一理论价格时，就称为填权，在册股东即可获利；反之，实际开盘价低于这一理论价格时，就称为贴权，填权和贴权是股票除权后的两种可能，它与整个市场的状况、上市公司的经营情况、送配股的比例等多种因素有关，并没有确定的规律可循。但一般来说，上市公司股票通过送配以后除权，其单位价格下降，流动性进一步加强，上升的空间也相对增加。

5.2　股票投资分析

股票投资是指投资者（法人或自然人）购买股票，以获取红利、利息及资本利得的投资行为和投资过程，是直接投资的重要形式。股票投资分析是指人们通过各种专业性分析方法，对影响股票价值或价格的各种信息进行综合分析，以判断股票价值或价格及其变动的行为，是股票投资过程中不可或缺的一个重要环节。

5.2.1 基本分析法

基本分析法又称基本面分析法，是指证券分析师根据经济学、金融学、财务管理学和投资学等基本原理，对决定证券价值及价格的基本要素，如宏观经济指标、经济政策走势、行业发展状况、产品市场状况、公司销售和财务状况等进行分析，评估证券的投资价值，判断证券的合理价位，提出相应的投资建议的一种分析方法，它包括宏观分析、行业分析和公司分析。

1. 宏观分析

宏观分析主要探讨各经济指标和经济政策对证券价格的影响。经济指标分为先行性指标、同步性指标和滞后性指标。经济政策则主要包括货币政策、财政政策、税收政策、利率与汇率政策、产业政策和收入分配政策等。具体来说，可以从经济周期、通货膨胀、市场利率、汇率波动、货币政策、财政政策、国际经济因素方面来进行分析。

1）经济周期分析

经济周期的循环、波动与股价之间存在紧密的联系。一般情况下，股价总是伴随着经济周期的变化而升降。经济周期包括复苏、繁荣、衰退和萧条4个阶段，这4个阶段对股票市场的影响也是不一样的。股票市场素有"经济晴雨表"之称。

2）通货膨胀分析

通货膨胀是影响股票市场及股票价格的一个重要的宏观经济因素。这一因素对股票市场的影响比较复杂。它既有刺激股票市场的作用，又有压抑股票市场的作用。通货膨胀主要是由于过多地增加货币供应量造成的。货币供应量与股票价格一般为正比关系，即货币供应量增大使股票价格上升；反之，货币供应量缩小则使股票价格下降。但在特殊情况时又有相反的作用。

3）市场利率分析

利率政策在各国存在差异，有的采用浮动利率制，此时利率作为一个货币政策的中介目标，直接对货币供应量做出反应；有的实行固定利率制，此时利率作为一个货币政策工具受政府（央行）直接控制。无论如何，利率对证券市场的影响是十分直接的。

4）汇率波动分析

汇率是两国货币的兑换比率或换算关系。在直接标价法中，汇率上升表示外币升值，本币贬值；汇率下降表示本币升值，外币贬值。一般一国的经济越开放，证券市场的国际化程度越高，证券市场受汇率的影响越大。

5）货币政策分析

货币政策是指政府为实现一定的宏观经济目标所制定的关于货币供应和货币流通组织管理的基本方针与基本准则。从总体上来说，宽松的货币政策将使证券市场价格上扬，紧缩的货币政策将使证券市场价格下跌。

6）财政政策分析

财政政策是政府依据客观经济规律制定的指导财政工作和处理财政关系的一系列方针、准则与措施的总称。各种财政政策都是为相应时期的宏观经济控制总目标和总政策服务的。

7）国际经济因素分析

国际经济因素的变化也会影响股票市场的稳定。市场经济的发展已经跨出一国的狭小范围，出现国际联动的效应，一国经济发生的问题会在国际上引起连锁反应。例如，1987 年纽约股票市场暴跌，很短时间内就殃及伦敦、法兰克福、东京等主要国际证券市场，酿成一场全球性的股灾。

2. 行业分析

行业分析是介于宏观分析与公司分析之间的中观层次的分析，主要分析行业所处的不同生命周期，以及行业的业绩对于证券价格的影响。

一般而言，每个行业都要经历一个由成长到衰退的发展演变过程，这个过程便称为行业的生命周期。行业的生命周期通常可以分为 4 个阶段，即初创阶段、成长阶段、成熟阶段和衰退阶段。

1）初创阶段

在初创阶段，由于新行业刚刚诞生或初建不久，只有为数不多的创业公司投资于这个新兴的产业，由于初创阶段行业的创立投资和产品的研究、开发费用较高，而产品市场需求狭小（因为大众对其尚缺乏了解），销售收入较低，因此这些创业公司财务上可能不但没有盈利，反而普遍亏损；同时，较高的产品成本和价格与较小的市场需求还使这些创业公司面临很大的投资风险。另外，在初创阶段，企业还可能因财务困难而引发破产的危险，因此，这类企业更适合投机者而非投资者。

2）成长阶段

在成长阶段，拥有一定市场营销和财务力量的企业逐渐主导市场，这些企业往往是较大的企业，其资本结构比较稳定，因而它们开始定期支付股利并扩大经营。在成长阶段，新行业的产品经过广泛宣传和消费者的试用，逐渐以其自身的特点赢得大众的欢迎或偏好，市场需求开始上升，新行业也随之繁荣起来。与市场需求变化相适应，供给方面相应地出现了一系列的变化。由于市场前景良好，投资于新行业的厂商大量增加，产品也逐步从单一、低质、高价向多样、优质和低价方向发展，因而新行业出现了生产厂商和产品相互竞争的局面。这种状况会持续数年或数十年。由于这一原因，这一阶段有时被称为投资机会时期。

3）成熟阶段

行业的成熟阶段是一个相对较长的时期。在这一时期，在竞争中生存下来的少数大厂商垄断了整个行业的市场，每个厂商都占有一定比例的市场份额。由于彼此势均力敌，市场份额比例发生变化的程度较小。厂商与产品之间的竞争手段逐渐从价格手段转向各种非价格手段，如提高质量、改善性能和加强售后维修服务等。行业的利润由于一定程度的垄断达到了很高的水平；风险却因市场占有率比较稳定，新企业难以打入成熟期市场而较低，其原因是市场已被原有大企业比例分割，产品的价格比较低。因而，新企业往往会由于创业投资无法很快得到补偿或产品的销路不畅，资金周转困难而倒闭或转产。

4）衰退阶段

这一时期出现在较长的稳定阶段后，由于新产品和大量替代品的出现，原行业的市场需求开始逐渐减少，产品的销售量也开始下降，某些厂商开始向其他更有利可图的行业转移资金。因而原行业出现了厂商数目减少，利润下降的萧条景象。至此，整个行业便进入了生命周期的最后阶段。在衰退阶段，厂商的数目逐步减少，市场逐渐萎缩，利润率停滞或不断下降。当正常利润无法维持或现有投资折旧完毕后，整个行业便逐渐解体了。

衰退阶段的行业发展前景黯淡，企业收益低、风险高，投资者不应选择处于该阶段的企业证券进行投资。

3. 公司分析

公司分析属于微观分析，侧重对公司的竞争能力、盈利能力、经营管理能力、发展潜力、财务状况、经营业绩和潜在风险等进行分析，借此评估和预测证券的投资价值、价格及其未来变化的趋势。

1）公司竞争地位分析

公司竞争地位的判断是投资者对公司基本素质分析的首要内容。公司无论是在技术更新方面的发展状况，还是在管理方面的优势，都能通过公司在同行业中的竞争地位得以综合体现。一般来说，一个极具竞争能力的上市公司，其在同行业中的竞争地位是通过规模优势、较高的产品质量、先进的技术、对市场情况的准确把握、及时更新的产品需求动态、高明的推销技术等条件的具备而获得的。

2）公司财务分析

上市公司必须遵守财务公开的原则，定期公开自己的财务状况，提供有关财务资料，便于投资者查询。上市公司公布的财务资料中，主要是一些财务报表。在这些财务报表中，最为重要的有资产负债表、利润表和现金流量表等。

3）公司经营管理能力分析

公司经营管理能力分析包括对公司管理人员的素质和能力、从事管理工作的愿望、专业技术能力、道德品质修养、沟通协调能力等多个方面的分析。

5.2.2　技术分析法

技术分析法是通过对市场行为本身的分析研究来预测市场价格的变动方向，即根据证券价格的历史数据，运用图表进行归纳分析和研究，以推测未来价格的趋势。技术分析理论的研究内容是市场行为，即市场价格、成交量和成交价的变化，以及完成这些变化所经历的时间等。与基本分析法相比，技术分析法具有使用简单方便、适用性强的特点，更适用于短期行情预测，是中短线证券投资者必须掌握的分析方法。

1. 技术分析法的三大假设

技术分析法的三大假设是技术分析理论的基础和前提，只有承认这三大假设，技术分析得出的结论才是有效的。

1）市场行为涵盖一切

这一假设是技术分析法的基础。技术分析法认为，一切能够影响价格的因素（经济的、政治的、心理的，以及其他方面的因素）都已经完全反映在证券价格表现之中，所以要作投资决策只需要研究证券价格就够了。这一假设的实质是价格变化必定反映供求关系。所有的技术分析实际上都是利用价格与供求之间的相互表现或影响的关系来进行下一步行情的分析和预测。

2）股价以趋势形式运动

这一假设是技术分析的核心因素。技术分析派认为，如果反向因素不出现，股价将延续原来的发展方向按既有趋势运动。必须接受这一前提，即市场确实有趋势可循，技术分析法也才能有用武之地。

3）历史往往重演

历史往往重演，说得具体点就是打开未来之门的钥匙隐藏在历史里，或者说将来是过去的翻版，过去导致股价涨或跌的因素在重复出现时仍然会带给人们酷似原来走势的趋势。技术分析法与市场行为学及人类心理学有着千丝万缕的联系。技术分析派认为，市场行为归根到底是买卖双方争斗的心理过程的外在表现，而人们对特定的行为往往会有同样的心理反应，所以，股市历史常常会有惊人的相似。

2. 技术分析法的要素

成交量、价格、时间和空间是进行技术分析的 4 个基本要素，简称为量、价、时、空。这几个要素的表现情况，以及相互间的关系所揭示出来的投资者心理、动向规律就是技术分析所要研究的，用来作为投资决策参考的重要依据。简单地说，这 4 个方面其实就是市场行为的整体表现，也就是技术分析派的研究对象。

3. 技术分析法的类型

1）道氏理论

趋势理论是技术分析法的精髓。技术分析法的三大假设中的第二条明确说明价格的变化是有趋势的，没有特别的理由，价格将沿着已形成的趋势继续运动。这是技术分析法中最朴素也是最基本的认识。根据趋势理论，只要投资者做到顺势而为，就能够在证券投资中战无不胜。

根据道氏理论，股票价格运动总共有 3 种趋势：主要趋势、次要趋势和短暂趋势。所谓的技术分析，就是要区分清楚当前的股价正处于哪一种趋势。

2）K 线分析

K 线也称蜡烛线、阴阳线，它起源于日本德川幕府时期，被当时日本米市的商人用来记录米市的行情与价格波动，后来被引入股票市场及期货市场，演变完善成今天的 K 线图，并成为股价技术分析的基础。

K 线图最大的优点是可以很直观地表达出证券每天、每周、每月的开盘、收盘、最高、最低等价的情况，充分反映出股价的变动历史和方向。

K 线根据计算单位的不同，一般分为日 K 线、周 K 线、月 K 线与分钟 K 线。它的形成取决于每一计算单位中的四个数据，即开盘价、最高价、最低价、收盘价。当开盘价低于收盘价时，K 线为阳线（一般用红色表示）；当开盘价高于收盘价时，K 线为阴线；当开盘价等于收盘价时，K 线称为十字星。当 K 线为阳线时，最高价与收盘价之间的细线部分称为上影线，最低价与开盘价之间的细线部分称为下影线，开盘价与收盘价之间的柱状部分称为实体。K 线基本图形如图 5-1 所示。

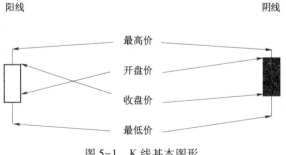

图 5-1　K 线基本图形

由于 K 线的画法包括了四个最基本的数据，所以可从 K 线的形态判断出交易时间内的多、空情况。当开盘价等于最低价，收盘价等于最高价时，K 线称为光头光脚的大阳线，表示股价涨势强烈（如图 5-2 所示）；当开盘价等于最高价，收盘价等于最低价时，K 线称为大阴线，表示股价大跌（如图 5-3 所示）；当开盘价等于收盘价，且上影线与下影线相当时，K 线称为大十字星（如图 5-4 所示），表示多空激烈交战，势均力敌，后市往往会有所变化，当十字星出现在 K 线图的相对高位时，该十字星称为暮星；当十字星出现在 K 线图的相对低位时，该十字星称为晨星。综合 K 线型态，其代表多空力量有大小之差别，以十字星为均衡点，阳线为多方占优势，大阳线为多方力量最强，阴线为空方占优势，大阴线为空方力量最强。应该注意的是，投资者在看 K 线时，单个 K 线的意义不大，而应与以前的 K 线作比较才有意义。

图 5-2   图 5-3   图 5-4

K 线的意义是可以记录行情的历史，是迄今为止人类发明的用来表现股价走势最精练的表达形式；提供了投资者辨别多空双方力量大小的工具；方便投资者和政策制定者据其判断行情未来涨跌，为决策提供参考。

3）缺口理论

一般而言，如果没有极特殊的情况，股指或股价的变动都应该是连续进行的。但在实际的操作过程中，投资者却经常遇到相邻的两根 K 线之间出现了没有交易的空白区，这就是人们常提到的跳空缺口。

缺口是指股价在连续的波动中有一段价格没有任何成交，在股价的走势图中留下空白区域，又称为跳空。在 K 线图中，缺口反映出某天股价最高价比前一天最低价还低，或者最低价比前一天最高价还高。

从技术分析的角度，跳空缺口一般是一种比较明显的趋势信号。股价向上跳空，则表示强烈的上涨趋势；若股价出现向下跳空，则表示强烈的下降趋势。抛开股票每年分红派息、配股或增发等导致的对股价重新计算而形成的除权缺口外，人们所遇到的跳空缺口一般可分为 4 种类型，即普通缺口、突破性缺口、持续缺口和衰竭性缺口。

4）波浪理论

波浪理论是技术分析大师艾略特发明的一种分析工具，它是投资分析中运用最多，而又最难于了解和精通的分析工具，主要用于分析指数。

艾略特认为，不管是股票还是商品价格的波动，都与大自然的潮汐、波浪一样，一浪跟着一浪，周而复始，具有一定的规律性，以一种"可识别的模式"前进和反转，这些模式在形态上不断重复（不一定在时间和幅度上重复）被称作"波浪"。其优势与其他追随趋势的技术方法不同，波浪理论可以在趋势确立之前预测趋势何时结束，是现存最好的一种预测工具。

5）切线理论

切线理论目前是一种较为常用的技术分析理论，它主要是按一定方法和原则在股票价格运行轨迹图中画出一些直线，利用这些直线来判断股价未来的趋势，支撑线与压力线是其主要应用之一。其由于得到普遍的运用而成为非常灵验的技术分析方法。

支撑线又称为抵抗线，是指股价下跌到某个价位时，会出现买方增加而卖方减少，从而使股价停止下跌，甚至有可能回升。这个起着阻止股价继续下跌的价格就是支撑线所在的位置，在这个价位做条水平线，就是一条支撑线。支撑线起阻止股价继续下跌的作用。压力线又称阻力线，是指当股价上升到某价位附近时，会出现卖方增加而买方减少的情况，股价会停止上涨，甚至回落。这个起着阻止或暂时阻止股价继续上升的价位就是压力线所在的位置，从这个价位做出的一条水平线，就是一条阻力线。

✏️ **课堂小讨论**

试讨论，支撑线与阻力线之间的关系。

6）形态分析

趋势的方向发生变化一般不是突然来到的，变化都有一个发展的过程。而 K 线理论的预测结果只适用于往后很短的时期，有时仅仅是一两天。为了弥补这种不足，人们将 K 线组合中所包含的 K 线根数增加，这样，众多的 K 线组成一定的曲线形状，这条曲线描述了股价在这段时间移动的轨迹，比少数几根 K 线包含的内容要全面得多。通过研究股价曲线的这些形状、察知股价走过的轨迹、分析和挖掘多空力量对比的结果，可以发现股价正在选择的行动方向。这就是形态理论的研究内容。

所谓形态，是指股价长期波动、涨跌过程中会在 K 线图上某个价位区停留一段时间，少则几根，多则几十根 K 线聚在一起，形成一定的图形，这些图形就被称为形态。

股价的移动是由多空双方力量大小决定的。股价移动的规律可以用持续整理→保持平衡→打破平衡→新的平衡→再打破平衡→再寻找新的平衡→……的方式发展。

根据股价移动的规律，可以把股价曲线的形态分成两大类型：持续整理形态和反转突破形态。前者保持股价的平衡，在一定时期内没能作出明显的趋势性选择，反映了多空双方力量比较均衡的状态；后者是打破股价平衡的情况，运行趋势发生了比较显著的转变，反映了多空双方力量优劣对比比较悬殊。

形态分析的目的是要在形态形成的过程中尽早地判断出当前属于哪种形态，以便预测下一步走势，进行先于市场反应的投资决策。

7）技术指标分析

技术指标是技术分析中极为重要的分支，技术指标的流行是在计算机被广泛使用之后，因为计算技术指标需要涉及巨大的计算量。在计算机使用不普遍的时候，用"手工"计算技术指标是不可想象的。大约在 20 世纪 70 年代之后，技术指标逐步得到流行。全世界各种各样的技术指标至少有 1 000 个，它们都有自己的拥护者，并在实际应用中取得了一定的效果。

（1）MACD 指标。MACD 指标是中长期趋势分析的主要技术工具。它主要是利用两条不同速度的线，即快速移动平均线与慢速移动平均线之间聚合与分离的征兆，来研判买进与卖出的时机和信号。MACD 由快速线与慢速线之差即正负差（DIF）和异同平均数（DEA）两部分组成，快速线采用的是短时间参数，慢速线采用的是长时间参数，以 DIF 值作为判断走势的基础。

（2）RSI 强弱指标。相对强弱指数（RSI）主要是通过比较一段时期内的平均收盘涨跌数来分析市场买卖双方的意向和实力，预测未来市场的走势。

根据 RSI 取值的大小判断行情：当 RSI>80，表示市场已经出现超买现象，价格随时会因买意减弱而回跌，此时应该卖出。当 RSI<20，表示市场已经出现超卖现象，价格距离底部已经不远，随时会因为买意的增强而使价格上升，此时应该买入。

（3）KD 指标。KD 指标全称为 KDJ 指标，在计算过程中主要研究高价位与收盘价之间的关系，度量股价脱离价格正常范围的变异程度。

随机指数作为短期技术分析工具，相当实用有效，最早也应用于期货市场。

在使用 KD 指标时，人们往往称 K 指标为快指标，D 指标为慢指标。K 指标反应敏捷，但较易出错；D 指标反应稍慢，但可靠。

5.3　股票投资的操作程序

证券的交易程序是指在证券交易市场买进或卖出证券的具体步骤。与证券的发行程序相比较，证券交易程序具有一定的复杂性。因为就证券交易市场而言，其包括场内交易市场和场外交易市场，不同的证券交易市场交易程序不尽相同。这里主要介绍我国的场内交易，即证券交易所的证券交易程序，在证券交易所条件下的证券交易，以 A 股为例。

1. 开户

开立证券交易账户是证券投资者在进行证券买卖前到证券公司开设证券账户和资金账户的行为。这是投资者进行证券交易的前提。投资者要在证券交易所进行证券投资，首先必须选定一家可靠的证券经纪商，并在该证券商处办理开户手续，开设证券交易账户。证券交易账户根据规定包括证券账户和资金账户。

2. 交易委托

交易委托是指投资者决定买卖证券时，通过委托单、电话等形式向证券商发出买卖指令的过程。由于投资者不能进入交易所直接交易，所有的买卖都是通过证券商来完成的。投资者进行证券交易委托前，必须与证券公司签订委托协议。委托协议是一种格式合同，由中国证券业协会规定，主要有风险提示书、证券交易委托代理协议、授权委托书、网上委托协议书等。投资者向证券商下达委托指令时，需凭交易密码或证券账户卡，有时还需要资金账户和有效身份证件等。证券商没有收到明确的委托指令，不得动用投资者的资金和账户进行证券交易。

投资者在交易委托指令中，应当详细说明买卖方向、证券名称、买卖数量、证券代码和买卖价格等因素。

委托买卖证券出价方式一般分为市价委托和限价委托两种。市价委托即委托人向证券商发出买卖某种证券的指令时，只指定交易数量而不给出具体的交易价格，但要求按该委托进入交易大厅或交易撮合系统时以市场上最好的价格进行交易。限价委托是指委托人向证券经纪商发出买卖某种股票的指令时，对买卖的价格作出限定，即在买入股票时，限定一个最高价，只允许证券经纪人按其规定的最高价或低于最高价的价格成交，在卖出股票时，则限定一个最低价。

 **小资料** ·····

我国证券交易的委托方式

目前，我国证券交易的委托方式主要有递单委托、电话委托、自助终端委托和网上委托。

递单委托又称柜台递单委托或"柜台委托"，是指投资者到证券部营业柜台填写书面买卖委托单，委托证券商代理买卖股票的方式。

电话委托是指投资者通过拨打证券商开设的专项委托电话而进行买卖申报的一种委托方式，无须到证券营业柜台填买卖委托单。

自助终端委托是指投资者通过证券商在其营业厅或专户室内设置的与证券商自动委托交易系统连接的计算机终端，按照系统发出的指示输入买入或卖出证券的委托指令，以完成证券买卖委托和有关信息查询的一种先进的委托方式。

目前，有很多客户通过与证券商柜台计算机系统联网的远程终端或互联网下达买进或卖出的指令，即人们常说的网上委托。

此外，还有可视电话、STK 手机等委托方式，这里不进行详细介绍。随着经济的发展和科学技术手段的不断提高，新的交易方式会不断出现。

3. 竞价成交

目前，我国证券交易所一般采用两种竞价方式，即在每日开盘时采用的集合竞价方式和在日常交易中采用的连续竞价方式。

所谓集合竞价，是指每个交易日 9:25，交易所计算机主机对 9:15—9:25 接受的全部有效委托进行一次集中撮合处理的过程，在这个过程中产生对证券交易影响比较大的开盘价。

所谓连续竞价，是指对申报的每一笔买卖委托，由计算机交易系统按照以下两种情况产生成交价：最高买进申报与最低卖出申报相同，则该价格即为成交价格；买入申报高于卖出申报时，或者卖出申报低于买入申报时，申报在先的价格即为成交价格。集合竞价结束、交易时间开始时（9:30—11:30，13:00—15:00），即进入连续竞价，直至收市。连续竞价有口头竞价、牌板竞价、专柜书面竞价、计算机终端申报竞价几种方式。竞价成交须遵循价格优先、时间优先的原则。

竞价的结果有 3 种可能：全部成交、部分成交、不成交。

4. 结算

证券结算业务主要是指在每一营业日中每个证券经营机构成交的证券数量与价款分别予以轧抵，对证券和资金的应收或应付净额进行计算的处理过程。证券买卖双方在证券交易所进行的证券买卖成交以后，通过证券交易所将各证券商买卖证券的数量和金额分别予以抵消，计算应收、应付证券和应收、应付股款的差额，包括证券清算和价款清算两个方面。

5. 交割

所谓交割，是指证券买卖双方交付实际成交的证券和资金的过程，是投资者与接受委托的证券商就已成交的买卖办理股款及证券数量清算的手续。在我国，由于上海证券交易所和深圳证券交易所都已实现了无纸化交易，证券交易已不再是一手交钱、一手交货的实物形式。证券和资金都记录在证券交易账户中，因此，投资者之间的交割是通过转账方式完成的。

6. 过户

过户是指投资者从证券市场上买入证券后，到该证券发行公司办理变更持有人姓名的活动，是证券所有权的转移。过户的目的是保护新投资者的权益，投资者如果买入股票，只有经过过户登记被记载在股东名册上，成为合法持有人才能享受领取股息和红利，获得参加公司股东大会的股东权利。

7. 股票交易的费用

投资者在委托买卖股票时，需支付多项费用和税收，如委托手续费、佣金、过户费、印花税等。

委托手续费是证券公司经有关部门批准，在投资者办理委托买卖时，向投资者收取的，主要用于通信、设备、单证制作等方面的费用。现在我国证券公司基本上不再收取此项费用。

佣金是投资者在委托买卖证券成交后按成交金额一定比例支付的费用，是证券公司为客户提供证券代理买卖服务收取的费用。

过户费是委托买卖股票后，买卖双方为变更证券登记所支付的费用。在上海证券交易所，A 股的过户费为成交面额的 0.75‰、起点为 1 元，B 股的过户费为成交金额的 0.5‰；在深圳证券交易所，免收 A 股的过户费，B 股的过户费为成交金额的 0.5‰，最高不超过 500 港元。

印花税是根据国家税法规定，在 A 股和 B 股成交后买卖双方投资者按照规定的税率分别征收的税金。按我国目前税收制度规定，股票成交后，国家税务机关应向卖出方收取印花税。我国证券交易的印花税率标准曾多次调整，现在执行的印花税税率标准为 1‰，且单边收取，只对卖出方征收印花税，对买入方不予征收。

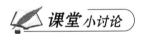 **课堂**小讨论

试考虑，我国为什么实行 $T+1$ 的股票交易制度？

5.4　股票投资风险与收益

5.4.1　股票投资风险

股票投资风险是指投资者预期股票投资收益的不确定性。从股票投资风险的定义来看，股票投资风险包括两种：一种是投资者的收益和本金的可能性损失；另一种是投资者的收益和本金的购买力的可能性损失。

在股票投资中投资者面临的风险可以分成系统性风险和非系统性风险两大类。

1. 系统性风险

系统性风险又称市场风险，也称不可分散风险，是指由于某种因素的影响和变化，导致

股票市场上绝大多数股票价格的下跌，从而给股票持有人带来损失的可能性。从风险的来源看，系统性风险主要有以下几种不同的形式。

（1）购买力风险。购买力风险又称通货膨胀风险，是指由于通货膨胀引起的投资者实际收益率的不确定。

（2）利率风险。这里所说的利率，是指银行信用活动中的存贷款利率。由于利率是经济运行过程中的一个重要经济杠杆，它经常发生变动，从而会给股票市场带来明显的影响。一般来说，银行利率上升，股票价格下跌，反之亦然。

（3）汇率风险。汇率与证券投资风险的关系主要体现在两方面，即本国货币升值有利于以进口原材料为主从事生产经营的企业，而不利于产品主要面向出口的企业。因此，投资者看好前者，看淡后者，这就会引发股票价格的涨落。

（4）宏观经济风险。宏观经济风险主要是由于宏观经济因素的变化、经济政策的变化、经济的周期性波动，以及国际经济因素的变化给股票投资者可能带来的意外收益或损失。

（5）社会、政治风险。稳定的社会、政治环境是经济正常发展的基本保证，对证券投资者来说也不例外。倘若一国政治局势出现大的变化，如政府更迭、国家首脑健康状况出现问题、国内出现动乱、对外政治关系发生危机时，都会在证券市场上产生反响。

2. 非系统性风险

非系统性风险是指由某种特殊因素导致的、只影响部分或个别股票投资损益的风险。非系统性风险只对个别公司或行业的股票发生影响，与股票市场总价格的变动不存在系统性、全局性的联系，为防范非系统性风险的发生，一般可采取股票组合投资的方法防范。因此，非系统性风险也称为可分散风险。非系统性风险的来源主要有以下几种。

（1）经营风险。这是指公司经营不善带来损失的风险。公司经营不善是对投资者的一种很大威胁。它不仅能使投资者无法获取投资收益，甚至有可能使本金遭受损失。

（2）财务风险。这是指公司的资金困难引起的风险。一个上市公司财务风险的大小，可以通过该公司资产负债率的多少来反映。企业资产负债率高，则风险大；反之，则风险小。

（3）信用风险。信用风险也称违约风险，是指不能按时向证券持有人支付本息而使投资者造成损失的可能性。这主要是针对债券投资品种，对于股票只有在公司破产的情况下才会出现。造成违约风险的直接原因是公司财务状况不好，最严重的是公司破产。

（4）道德风险。道德风险主要是指上市公司管理者的道德风险。上市公司的股东和管理者是一种委托 — 代理关系。由于管理者和股东追求的目标不同，尤其在双方信息不对称的情况下，管理者的行为可能会造成对股东利益的损害。

5.4.2 股票投资收益

股票投资收益是投资者参与股票投资的最主要的目的，其他的投资目的其实都是为这个目的服务的。

1. 股票投资收益的分类

一般情况下，按照股票投资收益的来源可以划分为两大类：一类是红利收益；另一类是资本收益。

1）红利收益

红利收益是投资者购买股票后在一定的时期内获得的按持股比例分配的收益。这是投资者购买股票后成为公司的股东，以股东的身份，按照持股的多少，从公司获得相应的股利，包括股息、现金红利和红股等。

2）资本收益

资本收益是因持有的股票价格上升所形成的资本增值，即投资者利用低价进高价出所赚取的差价利润，这正是目前我国绝大部分投资者投资股票的直接目的。在此研究股票投资收益时，主要以红利收益为主，暂不考虑资本收益。

2. 股票投资收益率

衡量一项股票投资收益的多少，一般用投资收益率来说明，即投资收益与最初投资额的百分比率。由于股票与其他证券的收益不完全一样，因此，其收益率的计算也有较大的差别。计算股票的收益通常有以下两种类型：股票收益率和持有期收益率。通过这些收益率的计算，能够充分地把握股票投资收益的具体情况。

1）股票收益率

股票收益率又称本期股利收益率，即股份公司以现金派发股利与本期股票价格的比率。用下列公式表示：

$$股票收益率 = (年现金股利/本期股票价格) \times 100\%$$

公式中，本期股票价格是指证券市场上该股票的当日收盘价，年现金股利是指上一年每一股股票获得的股利。股票收益率表明以现行价格购买股票的预期收益。

2）持有期收益率

持有期收益率是指投资者买入股票持有一定时期后又卖出该股票，在投资者持有该股票期间的收益率。用公式表示为：

$$持有期收益率 = [(出售价格 - 购买价格 + 现金股利)/购买价格] \times 100\%$$

投资者要提高股票投资的收益率，关键是选择购买何种股票，以及在何时买进或抛出股票。任何股票投资者都希望自己能买到盈利丰厚、风险小的股票，因此，在作出投资决策时，一般要考虑投资对象的企业属性和市场属性。

例 5-1 某投资者 2008 年 12 月 8 日以 11.5 元/股买进某股票 1 000 股，该股票于 2009 年 5 月 12 日派发现金股利 1.2 元/股，当日股票价格为 10 元/股。2009 年 9 月 21 日，该投资者将该股票以每股 12.5 元/股的价格出售。试计算该投资者本次投资的股票收益率和持有期收益率。

$$股票收益率 = (1.2/10) \times 100\% = 12\%$$
$$持有期收益率 = [(12.5 - 11.5 + 1.2)/11.5] \times 100\% = 19.13\%$$

思考与练习

1. 单选题

（1）股票最基本的特征是（　　）。

A. 流动性 　　　　 B. 收益性 　　　　 C. 参与性 　　　　 D. 风险性

（2）以下关于股票的说法不正确的是（　　）。

A. 股票是一种无期限的法律凭证

B. 股票独立于真实资本之外，在股票市场上进行着独立的价值运动

C. 股票属于物权证券

D. 股票属于证权证券

（3）记名股票的特点不包括（　　）。

A. 股东权利归属于记名股东　　　　　　　B. 转让相对复杂或受限制

C. 便于挂失，相对安全　　　　　　　　　D. 认购股票时要求一次缴纳出资

（4）股票投资者经常性收入的主要来源是（　　）。

A. 分红派息　　　　　B. 发放红股　　　　　C. 配股　　　　　　　D. 资本利得

（5）股票未来收益的现值是（　　）。

A. 股票的票面价值　　　　　　　　　　　B. 股票的账面价值

C. 股票的内在价值　　　　　　　　　　　D. 股票的清算价值

（6）引起股价变动的直接原因是（　　）。

A. 公司的经营情况　　　　　　　　　　　B. 宏观经济发展水平和状况

C. 证券市场运行状况　　　　　　　　　　D. 供求关系的变化

（7）考察影响股票价格的因素，下列推论正确的是（　　）。

A. 股价的变动与实际经济的繁荣或衰退是同步的，即在经济高涨时股价也随之上涨，
　　在经济萧条时股价也随之下跌

B. 利率下降，股票价格上升

C. 中央银行提高法定存款准备金率，股价上升

D. 扩大财政赤字、发行国债筹集资金、增加财政支出的财政政策，股价下降

2. 多选题

（1）股票的特征包括（　　）。

A. 风险性　　　　　　B. 收益性　　　　　　C. 永久性　　　　　　D. 流动性

（2）按照股东享有权利的不同，股票可以分为（　　）。

A. 记名股　　　　　　B. 无记名股　　　　　C. 普通股　　　　　　D. 优先股

（3）影响股票价格变动的基本因素包括（　　）。

A. 宏观经济状况　　　　　　　　　　　　B. 政治及其他不可抗力因素

C. 公司经营状况　　　　　　　　　　　　D. 证券市场运行状况

（4）境内居民个人可以用（　　）从事 B 股交易。

A. 外币现钞　　　　　　　　　　　　　　B. 现汇存款

C. 外币现钞存款　　　　　　　　　　　　D. 从境外汇入的外汇资金

（5）优先股票的具体优先条件由各公司的章程加以规定，一般包括（　　）。

A. 优先股票分配股息的顺序和定额

B. 优先股票分配公司剩余资产的顺序和定额

C. 优先股票股东的权利和义务

D. 优先股票股东转让股份的条件

（6）境外上市外资股包括（　　）。

A. H 股　　　　　　　B. N 股　　　　　　　C. S 股　　　　　　　D. B 股

（7）按投资主体的性质分类，股票可分为（　　　）。

A. 普通股　　　　　　B. 国家股　　　　　　C. 法人股　　　　　　D. 优先股

3. 计算题

（1）某投资者以 10 元/股买入大兴公司股票，持有 1 年分得现金股息 1.8 元后，以 11.5 元的市价出售，则持有期收益率为多少？

（2）某投资者于 2010 年 10 月 25 日以 14.6 元/股的价格购进某股票 1 000 股，该股票已公布的分配方案为每 10 股送 1 股派 2 元。该股票 2011 年 2 月 20 日除权，该投资者参加全部配股，并于 2011 年 4 月 18 日以 13 元/股的价格全部卖出股票。若不计交易成本，该投资者此次投资该股票的年收益率是多少？

第6章

债 券 投 资

🔍 **学习目标与要求**
1. 掌握债券的概念、特征。
2. 掌握债券的基本分类。
3. 掌握债券收益的计算方法。
4. 学会初步运用相关的债券投资策略。

案例引入

　　持续两年的存款"负利率"时代终结，银行理财产品收益率也纷纷"跳水"。最近，沪深股市又迭创新低，不少投资人看到债市理财产品的高收益，纷纷筹资或抽资购买债券类产品。

　　"股市又下跌了，幸亏前期我把部分股市的钱倒腾出来，购买了一款投资债券的理财产品，收益达到了5%，比眼下炒股的行情好多了，我准备还来买一些。"26日，马场角的股民李师傅在一家中行机构边浏览理财产品边说。

　　据中国银行江汉支行理财专家吴丹介绍，目前多家银行发行的理财产品都投资于国内银行间债券市场上流通的国债、央行票据、国开债、进出口行债券等金融产品，以及债券回购等金融衍生产品，收益较为稳定。

　　业内人士介绍，2月份国内消费者物价指数（CPI）的涨幅为3.2%，低于目前一年期定期存款利率3.5%的水平。持续两年的存款"负利率"时代终结，而股市又"跌跌不休"，投资"熟手"在投资理财时都作了相应的转变，基本上是走长期路线或增加债券理财产品配置。

　　一些不炒股的市民选择的是理财长期化路线，因为"正利率"时代，买理财产品是买长不买短。如果未来几年，利率进入下降通道的话，目前这个利率还是具有吸引力的。而经常在股市和理财市场"倒腾"的投资人，则将部分资金从股市"出逃"至债券类理财产品，追求收益稳健的持续性。

　　吴丹建议，进入"正利率"时代，定期存款的投资价值突出，投资者不妨存款期限长一些。如果投资者手中有长期不用的闲钱，可以存2～3年的定期存款，因为目前利率是高位。同时，存定期要考虑家庭资金的流动情况，并以此来选择定期存款的期限，提高资金的灵活性。例如，有5万元存款，其中1万元1年期、1万元2年期、3万元3年期，也可以直接投资国债。

截至目前，今年以来收益超过 4% 的债券型基金有 19 只，部分债券型基金净值增值率达到了 13.26%。

资料来源：http://bond.hexun.com.

6.1　债券的概念及种类

6.1.1　债券的概念及特征

1. 债券的概念

债券是政府、金融机构、工商企业等直接向社会借债筹措资金时，向投资者发行，承诺按一定利率支付利息并按约定条件偿还本金的债权与债务凭证。

债券的本质是债的证明书。债券购买者与发行者之间是一种债权与债务的关系，债券发行人即债务人，投资者（债券持有人）即债权人。债券是一种有价证券。由于债券的利息通常是事先确定的，所以债券是固定利息证券（定息证券）的一种。

在金融市场发达的国家和地区，债券可以上市流通。在中国，比较典型的政府债券是国库券。人们对债券不恰当的投机行为，如无货沽空，可导致金融市场的动荡。

2. 债券的基本要素

债券的基本要素主要有票面价值、偿还期限、票面利率和发行人名称。

1）债券的票面价值

债券的票面价值包括币种和票面金额两方面的内容。债券币种的选择主要依据债券发行的对象和需要来确定。若是在国内发行，债券的币种就是本币；如果在国际金融市场筹集资金，一般以债券发行地国家或国际通用货币如美元、欧元作为计量标准。

债券票面金额的大小对债券的发行成本、发行数量和持有者的分布会产生不同的影响。如果票面金额较小，小额投资者也能购买，持有者分布面广，但可能会增加债券的发行费用，加大发行的工作量；如果票面金额较大，则购买者为大额投资者，有利于降低发行工作量，但可能会减少债券的发行量。

2）债券的偿还期限

债券的偿还期限是指债券从发行之日起至偿清本息之日止的时间。发行人在确定债券偿还期限时，要根据不同的条件来确定。首先，发行人根据资金使用的目的和周期，安排发行不同偿还期限的债券来满足需要。其次，考虑市场利率的变化情况，选择发行不同偿还期限的债券，一般市场利率趋于下降时，应选择发行偿还期限较短的债券；反之，则选择发行偿还期限较长的债券，这样既可避免利率风险，又可减少因利率上升引起的发行成本增加。最后，要考虑债券的变现能力；如果流通市场发达，债券变现能力强，偿还期限长的债券较易销售；如果流通市场不发达，债券变现不易，偿还期限长的债券销售将受到影响。

3）债券的票面利率

债券的票面利率是债券利息和债券票面价值的比率，通常年利率用百分比表示。债券利息对于债务人来说是筹资成本，票面利率高则负担重，票面利率低则负担轻。反之，债券利息对于债权人来说是其投资收益，票面利率高则收益大，票面利率低则收益小。债券的票面利率高低受市场利率水平、筹资者的资信、债券期限和资本市场资金供求状况等影响。

4）债券的发行人名称

债券发行人是债券的债务主体，债券发行人必须具备公开发行债券的法定条件，并对债券到期还本付息承担法律责任。

 **小资料**

中金公司完成发行 25 亿元公司债券　最终票面利率为 5.45%

中金公司发布公告，经上海证券交易所上证函〔2017〕638 号文核准，中金公司作为发行人获准面向合格投资者非公开发行规模不超过人民币 120 亿元的公司债券，可分期挂牌转让。

根据《中国国际金融股份有限公司非公开发行 2017 年公司债券（第五期）募集说明书》，中金公司非公开发行 2017 年公司债券发行规模为 25 亿元，期限为 3 年期。发行价格 100 元／张，采取网下面向《公司债券发行与交易管理办法》规定的合格投资者询价配售的方式发行。

本期债券发行工作已于 2017 年 11 月 21 日结束，实际发行规模为 25 亿元，最终票面利率为 5.45%。

资料来源：http://hk.eastmoney.com/news/1535, 20171122804895550.html.

3. 债券的特征

债券作为金融工具，具有以下特征。

（1）收益性。收益性是指债券能为投资者带来一定的收益。债券的收益来自于两个方面，一个是投资者可以按约定的条件分期分次取得利息或到期一次取得利息；另一个是投资者可以通过二级市场买卖获得买卖差价。债券的市场价格随着市场利率变化而变化。当市场利率下跌时，债券的价格上涨；反之，当市场利率上升时，债券的价格下跌，两者呈反向变化关系。

（2）偿还性。偿还性是债务人必须按规定的期限向债权人支付利息和偿还本金。债券的偿还性使资金的筹措者不能无限期地占用债券购买者的资金，两者之间的借贷关系将随偿还期的到来和还本付息而不复存在。

（3）流动性。流动性是指债券持有人能在市场中转让自己的债券收回资金。流动性取决于市场的状况、发行人的资信和债券期限的长短。如果证券市场较为发达，债券发行人的资信较高，或者债券的偿还期限较短，投资者购买踊跃，则该种债券的流动性就强；反之，如果证券市场不发达，发行人资信较差，或者债券的偿还期限较长，投资者不愿购买，则该种债券流动性就弱。

（4）安全性。安全性是指债券的投资风险较小，还款有保障。债券的安全性主要是由于债券的发行要经过严格的审查，一般只有信誉较高的发行人才能发行债券，而且债券的票面利率固定，市场价格也较为稳定，可避免因价格波动而遭受严重损失。当企业破产时，债券的持有者享有优先于股票持有者对企业的剩余资产的索取权。

6.1.2　债券的种类

按照不同的标准分类，可以将债券分为不同的类型。

1. 按发行主体分类

按发行主体不同，债券可以分为政府债券、金融债券和公司债券。

（1）政府债券。政府债券的发行主体是政府，包括中央政府和地方政府，它以政府信誉作保证，因而不需要抵押担保，信用级别最高。因此，政府债券是一种流通性强、收益稳定的债券。投资者购买政府债券一般享受免税待遇。政府债券通常分为中央政府债券（又称国债）和地方政府债券。

（2）金融债券。金融债券的发行主体是银行或非银行金融机构。金融机构一般实力雄厚、信用较高，且本身是社会信用的中介。因此，金融债券往往有良好的信誉。在我国，金融债券目前主要由国家开发银行、进出口银行、农业发展银行等政策性银行发行。

（3）公司债券。公司债券的发行主体是股份公司，其发行的目的主要是经营需要而筹措资金。按照有关规定，公司发行债券必须参加信用评级，级别达到一定标准才能发行。因为公司的资信不如金融机构和政府，所以公司债券的风险相对较大，其收益也相对较高。

2. 按债券形态分类

按债券形态不同，债券可以分为实物债券、凭证式债券和记账式债券。

（1）实物债券。实物债券是一种具有标准化格式的实物券面。在债券券面上，标有债券的票面金额、票面利率、到期期限、利息支付方式等。实物债券一般不记名、不挂失，可以上市流通。现阶段，无记名国债就属于实物债券。

（2）凭证式债券。凭证式债券的形式是债权人认购债券的收款凭证，而不是债券发行人指定的标准化的债券。凭证式债券一般不印制票面金额，而是根据认购者的认购款填写实际的缴款金额。凭证式债券可记名、可挂失、可提前兑取，但不能上市流通。

（3）记账式债券。记账式债券是没有实物形态的债券，而是利用账户通过计算机系统完成债券发行、交易和兑付的全过程。债券购买者进行记账式债券买卖，必须在证券交易所开设账户。记账式债券的发行和交易均实行无纸化，因此发行时间短、效率高、成本低，交易安全。记账式债券可记名、可挂失、可上市流通，但不能提前兑付。

课堂小讨论

凭证式债券和记账式债券有哪些区别？

3. 按利息支付方式分类

按利息支付方式不同，债券可以分为附息债券、零息债券和息票累积债券。

（1）附息债券。附息债券是指债券的券面上附有息票的债券。息票上标有利息额、支付利息的期限和债券的号码等内容。息票一般以 6 个月为一期，息票到期时，持有人可从债券上剪下息票凭此领取本期利息。

（2）零息债券。零息债券也称"贴现债券"，是发行时按规定的折扣率，以低于债券面值的价格发行，到期时按债券的面值兑付而不另付利息，其发行价和面值的差额即为当付的利息，也是债券到期偿还时应得到的投资收益。

（3）息票累积债券。息票累积债券是指在存续期间内没有利息支付，但当债券合约到期时，债权人一次性获得利息和本金收入。

4. 按利率是否固定分类

按利率是否固定，债券可分为固定利率债券和浮动利率债券。

（1）固定利率债券。固定利率债券是指债券的票面利率在整个债券期限内保持不变。固定利率债券不考虑市场变化的因素，发行成本和投资收益可以事先预计，不确定性较少，但债券发行人和投资者仍必须承担市场利率的风险。

（2）浮动利率债券。浮动利率债券是指其票面利率随市场利率或通货膨胀率的变动而相应变动，即浮动利率债券的利率通常是根据市场基准利率加上一定的利率差（通货膨胀率）来确定的。由于债券利率随市场浮动，使发行人的成本和投资者的收益与市场变动趋势相一致。

5. 按有无担保分类

按有无担保，债券可分为信用债券和担保债券。

（1）信用债券。信用债券也称无担保债券，仅凭发行人的信用而发行，没有抵押物作为担保。一般国债、金融债券和信用良好的公司发行的公司债券大多为信用债券。

（2）担保债券。担保债券是指以抵押财产为担保而发行的债券。按担保品的不同，分为抵押债券、质押债券和保证债券。抵押债券以不动产作为担保，质押债券以动产或权利作为担保，保证债券以第三人作为担保。一般公司债券大多为担保债券。

6. 按偿还期限长短分类

按偿还期限的长短，债券可分为短期、中期和长期债券。

一般划分标准是偿还期限在 1 年以下的为短期债券，偿还期限在 1 年至 10 年的为中期债券，偿还期限在 10 年以上的为长期债券。

7. 其他分类

债券还可按发行方式分为公募债券和私募债券；按是否记名可分为记名债券和不记名债券；按是否可转换分为可转换债券和不可转换债券。

6.2　债券投资收益分析

债券收益率是衡量债券投资收益的常用指标。债券收益率是债券收益与本金的比率，通常用年利率表示。债券收益不同于债券利息，债券利息仅指债券票面利率与债券面值的乘积，债券的收益除利息收益以外还包括买卖盈亏的价差。

6.2.1　影响债券收益率的因素

1. 债券的票面利率

债券票面利率越高，债券利息收入就越高，债券的收益率也就越高。债券的票面利率取决于债券发行时的市场利率、债券偿还期限、发行者的信用水平、债券的流动性水平等因素。

2. 市场利率与债券价格

市场利率的变动与债券价格的变动呈反向关系，即当市场利率上升时债券价格下降，市场利率下降时债券价格上升。市场利率的变动会导致债券价格的变动，从而给债券的交易带来差价。当债券价差为正数时，债券的投资收益增加；当债券的价差为负数时，债券的投资收益减少。当债券价格高于其面值时，债券收益率低于票面利率；反之，则高于票面利率。

3. 债券的投资成本

债券的投资成本主要是指购买成本和交易成本。购买成本是人们买卖债券的本金，交易成本包括债券交易时的佣金及各种费用。债券的投资成本越高，其投资收益也就越低。

6.2.2　债券收益率的计算

1. 票面收益率

票面收益率又称名义收益率，是指债券年利息收入与债券票面金额的比值。债券的票面收益率的计算公式为：

$$票面收益率 = \frac{债券年利息收入}{票面金额} \times 100\%$$

例如，某债券票面金额为 1 000 元，年利息收入为 80 元，则票面收益率为 8%。

票面收益率反映了债券投资者以票面金额的价格买进债券，持有至期满并以票面金额的价格卖出的收益率，一般仅供计算债券应付利息时使用，无法准确衡量债券投资的实际收益。

2. 直接收益率

直接收益率又称当期收益率或本期收益率，是指债券年利息收入与债券买入价的比值。债券的直接收益率的计算公式为：

$$直接收益率 = \frac{债券年利息收入}{买入价} \times 100\%$$

例如，某债券的票面金额为 1 000 元，投资者以 920 元的市场价格买入，年利息收入为80 元，则直接收益率为（80/920）×100% = 8.70%。

3. 持有期收益率

持有期收益率是指债券投资者在一定时间内买入债券，而没有持有至期满即出售该债券所获得的收益，即债券投资者在债券买卖过程中所获得的收益。不同计息方式的债券，其持有期收益率的计算公式不同，付息债券由于定期支付利息的特点，其收益不仅包括了资本损益，还包括了利息收入。以下分别列出零息债券、付息债券和息票累积债券的持有期收益率的计算公式。

零息债券、息票累积债券持有期收益率的计算公式均为：

$$持有期收益率 = \frac{（卖出价-买入价）/持有年限}{买入价} \times 100\%$$

例如，某企业债券为息票累积债券，票面金额为 1 000 元，偿还期限为 5 年，票面利率为 5%。某投资者以 980 元的发行价格买入，持有两年后又以 1 100 元的市价卖出，则持有期收益率为：

$$\frac{（1\ 100 - 980）/2}{980} \times 100\% = 6.12\%$$

付息债券持有期收益率的计算公式为:

$$持有期收益率 = \frac{债券年利息收入 + (卖出价 - 买入价)/持有年限}{买入价} \times 100\%$$

例如，某企业债券为付息债券，一年付息一次，票面金额为 1 000 元，偿还期限为 5 年，票面利率为 5%。某投资者以 980 元的市场价格买入，持有两年后又以 1 002 元的价格卖出，则持有期收益率为:

$$\frac{1\,000 \times 5\% + (1\,002 - 980)/2}{980} \times 100\% = 6.22\%$$

4. 到期收益率

到期收益率又称内部收益率或最终收益率，是投资者以市场价买入债券，持有至期满时，其获得的收益。到期收益率包括两部分：利息收入（零息债券除外）和资本损益。

零息债券到期收益率的计算公式为:

$$到期收益率 = \frac{(债券面额 - 买入价)}{买入价} \times \frac{365}{到期年限(天)} \times 100\%$$

付息债券到期收益率的计算公式为:

$$到期收益率 = \frac{债券年利息收入 + (债券面额 - 买入价)/到期年限}{买入价} \times 100\%$$

例如，某企业债券为付息债券，一年付息一次，票面金额为 1 000 元，偿还期限为 5 年，票面利率为 5%。该债券发行两年后，某投资者以 990 元的价格买入，持有至期满，则到期收益率为:

$$\frac{1\,000 \times 5\% + (1\,000 - 990)/3}{990} \times 100\% = 5.39\%$$

息票累积债券到期收益率的计算公式为:

$$到期收益率 = \frac{[债券面额 \times (1 + 票面利率 \times 债券年限) - 买入价]/到期年限}{买入价} \times 100\%$$

6.2.3 债券定价

债券的价格包括内在价值和市场价格。债券的内在价值等于其预期的现金流现值。市场价格是债券在市场交易中的挂牌价格。投资者通过分析比较债券的内在价值和市场价格的差异，判断出哪种债券的价值被高估卖出，哪种债券的价值被低估买入，从而获取收益。

债券的本金和利息收入均发生在未来，所以债券的内在价值就是未来现金流的现值之和。债券的内在价值依赖两个因素：一个是预期未来的现金流，即本利和；另一个是贴现率，即投资者的必要收益率。

债券所产生的预期现金流包括到期之前支付的利息与到期时最终支付的面值。因此:

$$债券的价值 = 利息的现值 + 面值的现值$$

即

$$P = \sum_{t=1}^{T} \frac{CF_t}{(1+r)^t} + \frac{P_T}{(1+r)^t}$$

式中：P 为债券的内在价值；T 为距离到期日的期数；CF_t 为债券 t 年的利息收入；r 为贴现率；P_T 为债券面值。

公式右端的第一项说明将各个时间段的利息现值相加，第二项是最后支付的债券面值的现值。从式中可以看出，债券的价格和市场利率为反比关系，当市场利率上升时，债券的价格就降低；反之，债券的价格就上升。

下面用票面利率为 8%，偿还期限为 30 年，票面价值为 1 000 元，每半年支付一次利息的附息债券来说明这个公式。假定年利率为 10%，则 6 个月的利率为 5%，每次获得利息收入 40 元，该债券的内在价值可以计算为：

$$P = \sum_{t=1}^{60} \frac{40}{(1+0.05)^t} + \frac{1\,000}{(1+0.05)^{60}} = 757.17 + 53.54 = 810.71 \text{（元）}$$

如果该债券的市场价格高于 810.71 元就卖出该债券，如果市场价格低于 810.71 元就可以买入该债券以获得收益。

6.2.4　影响债券价格的主要因素

债券的理论价格由债券的内在价值所决定，但债券的市场价格经常背离它的理论价值而不断波动。影响债券市场价格的因素有很多，主要有市场利率和债券的供求关系，其他一切影响市场利率和债券供求关系的因素都会影响债券的价格。

1. 市场利率

债券的市场价格和利率呈反向变动，若市场利率上升，超过债券票面利率，债券持有人会以较低价格出售债券，将资金转向其他利率较高的金融资产，从而引起债券需求的减少，价格下降；反之，若市场利率下降，债券利率相对较高，则资金流向债券市场，引起债券价格上升。

2. 供求关系

供求关系导致包括债券在内的一切商品价格的波动。债券的供给是指新债券的发行和已发债券的出售。如果新债券的发行量适中，发行条件适合，则其可以被顺利吸收，不会对市场构成压力；反之，若发行量过大，发行条件不适合，则会给债券市场带来不利影响。老债券的出售同样会在一定程度上影响债券市场行情。

3. 社会经济发展状况

债券价格会伴随着社会经济发展的不同阶段而波动。在经济景气时，企业会增加投资，从而增加对资金的需求。这时企业首先会减少持有的国债、金融债券和其他公司债券，将它们转变为现金；其次会增加银行借款，或者是发行新的企业债券。银行等金融机构也会因企业贷款增加而感到资金紧张，从而减少对债券的投资或发行金融债券以筹措资金。因此，在经济发展阶段，对债券的需求减少、供应增加，必然使债券价格下降、利率上升；相反，在经济衰退阶段，对资金需求减少，企业和金融机构都会出现资金过剩，不仅会把闲置的资金转向债券投资，而且会减少对债券筹资的需求。此时，对债券的需求增加、供给减少，使债券价格上升、利率下降。

4. 财政收支状况

财政收支状况对债券有重大影响，财政资金宽松，经常有剩余资金，会增加银行存款，并有可能买入一些金融债券和公司债券以提高资金效益，这样会增加对债券的需求并推动债券价格上升；当财政资金紧张并有赤字时，财政会减少结余或减少各项支出，或者发行政府债券以弥补财政赤字，这样会带来整个社会资金紧张并大量增加债券供应，从而促使债券价格下跌。

5. 货币政策

货币政策的工具包括存款准备金制度、再贴现政策、公开市场业务等。当中央银行提高存款准备金率时，资金会趋于偏紧，利率会上升，债券发行增加，对债券的需求下降，债券价格也会下降；反之，当中央银行降低存款准备金率时，债券价格会上升。中央银行提高再贴现率会直接引起市场利率相应提高，债券价格会下降；反之，当再贴现率下降时，市场利率随之下降，债券价格上升。中央银行采取公开市场业务，会直接影响债券供求状况。为实施紧缩货币政策，中央银行会在金融市场抛售债券，从而引起债券价格下跌；反之，为放松银根，中央银行会在公开市场买入债券，从而引起债券价格上升。

6. 国际利差和汇率变化

对于开放型的金融市场，本国货币与外国货币的汇率变化，以及国内市场与国外市场利率的变化也是影响债券价格的主要因素。当本国货币有升值预期时，国外资金会流入本国市场，从而增加本币债券的需求；当本国货币有贬值预期时，国内资金又会转移到国外，从而减少对本币债券的投资。同样，投资者也会对本国市场与外国利率市场加以比较，资金会流向利率高的国家和地区，导致国内债券市场的供求变化和价格变化。

6.3 债券投资的风险、原则、策略及债券信用评级

6.3.1 债券投资的风险

债券投资的风险是指影响债券价格的不确定性因素。投资者投资债券的主要目的是获得收益，而债券收益受许多不确定因素的影响，这就产生了债券投资的风险。一般债券投资的风险主要有以下几种。

1. 利率风险

利率风险是指利率变动对债券价格波动的影响，也是各种债券都面临的风险。债券的市场价格和利率呈反向变动关系，即市场利率上升，债券价格下降；反之，市场利率下降，债券价格上升。因此，尽管债券的票面利率是固定的，债券投资者能获得相对稳定的票面利息，但是在资本收益方面的收益是不确定的。

不同债券的利率风险是不同的。期限越长的债券，其利率风险也越大；期限越短的债券，其利率风险越小。

2. 信用风险

信用风险是指借款人不能履行合同规定的义务，不能偿付利息和本金的可能性。从债券种类的角度，政府债券是以国家信用为基础发行的，因此信用风险最小。金融债券的发行主体本身是社会信用的中介，其信用风险相对较小。公司债券的信用风险最大。判断一种债券信用风险的大小，可以参考信用评级机构对发行债券主体或债券本身所进行的信用评级，高信用等级的公司债券的信用风险要小于低信用等级的公司债券。

信用风险越大，投资者为弥补承担的更大风险要求的风险补偿就越高。因此，信用等级低的公司债券的票面利率通常要高于信用等级高的公司债券。政府债券的信用等级最高，利率水平比其他债券要低，因此被称为无风险利率。

3. 收益率曲线风险

收益率曲线风险是指收益率曲线形状发生变化，从而影响债券现金流的现值发生变化，影响债券价格变动。在对债券的现金流进行贴现时，尽管所用的贴现率都一样，但如果债券的每一笔现金流的到期日不同，其收益率将不一样。收益率和到期日的这种关系即为收益率曲线。如果收益率曲线发生了变化，将使债券现金流的现值发生变化，从而使债券价格发生变化。

4. 通货膨胀风险

通货膨胀风险又称购买力风险，是指未预期到的通货膨胀率变动而造成的债券实际购买力的不确定性，即从债券投资中获得的收益不足以弥补由通货膨胀带来的损失。在债券偿还期限内，投资者对通货膨胀率有一个预期，这一预期会影响投资者对于发行者每期固定利息支付的满意程度。如果投资者预期在债券偿还期限内有4%的通货膨胀率，则投资者就会要求到期收益率在弥补债券其他风险的基础上，再增加4%的通货膨胀风险补偿额。而在债券偿还期限内，实际的通货膨胀率有可能高于预期通货膨胀率，那么投资者获得的本金和利息的实际购买力就会下降，投资者的收益就有可能为负。所有固定利率债券都面临着通货膨胀风险，期限越长，这种风险越大。

5. 汇率风险

汇率风险又称货币风险，当投资者投资某种外国债券时，汇率的变化会使投资者不能获得预期收益。如果在到期日前本币对外币升值，到期收回本金和利息时就会受到外币贬值的损失。另外，本币升值，国外资本流入本国资本市场，从而增加对本币债券的需求，本币债券价格上涨，与此同时购买外国债券的投资者就丧失了这一获利机会。汇率风险又可分为交易风险和结算风险。交易风险是汇率变化对日常交易收入产生的风险，结算风险是汇率变化对资产价值和负债成本产生的风险。

6. 流动性风险

流动性风险是指债券在不受损失的情况下能否及时变现的风险，即投资者不能按市价及时卖出债券而遭受损失的可能。流动性风险主要取决于流通市场的发达程度和债券本身的特点。一般来说，流通市场越发达，债券的流动性越强，其流动性风险越小；反之，流动性风险越大。债券的信用等级越高，其流动性越强，流动性风险越小；反之，流动性风险越大。

7. 再投资风险

再投资风险是从债券投资中获得的现金流再投资时面临的风险。债券利息的再投资要面临利率变动的风险，由于利率变动，再投资收益率可能与原来的收益率不同，从而影响整个投资的收益率，这种因为再投资收益率变动造成的风险被称为再投资风险。

8. 提前赎回风险

提前赎回风险来源于债券赎回导致现金流的不确定性。提前赎回条款是在债券发行一段时间后，赋予发行人按约定价格在到期前部分或全部偿还债券。这一条款有利于发行人，而不利于投资者。因为，当市场利率下降，债券价格上涨，当债券的市场价值高于该债券的偿还价值时，债券发行人就可以行使提前偿还，清偿高息债券，转而发行低息债券再融资，从而使投资者面临较低的再投资收益率这一不利局面。

9. 突发事件风险

突发事件风险是指发生某些突发事件影响债券价格变化的可能性。例如，税率、宏观经济政策等变动，或者公司的特殊事件，如公司兼并等，均可能引起突发事件风险。

6.3.2 债券投资的原则

1. 收益性原则

债券投资必须讲究收益，但不同债券的收益性是不同的，政府债券一般用政府的税收作为担保，具有充分安全的偿还保证，一般认为是没有风险的投资；金融债券由于国家对金融机构的严格监管，风险也很小，收益要高于政府债券；公司债券则存在是否按时偿付本息的风险，作为对这种风险的报酬，公司债券的收益必然要高于政府债券和金融债券。收益性原则要求在进行债券投资时，要根据预期的投资收益率来合理地选择各种债券。

2. 安全性原则

投资债券相对于其他投资工具要安全得多，但这仅仅是相对的。由于经济环境变化、经营状况的变化，以及债券发行人资信等级的变化，其安全性问题依然存在。政府债券的安全性要高于金融债券，金融债券的安全性要高于公司债券。公司债券由于存在违约的风险，当其经营不善甚至倒闭时，偿还本息的可能性不大。其安全性远低于金融债券和政府债券。对于信用债券和抵押债券，抵押债券的安全性相对高一些。

3. 流动性原则

债券的流动性是指投资者收回债券本金的速度。影响债券流动性的主要因素是债券的期限，期限越长，流动性越差；期限越短，流动性越强。不同类型债券的流动性也是不同的，如政府债券，在发行后就可上市转让，故流动性强；公司债券的流动性往往有很大的差别，对于资信卓著的大公司或经营规模小但经营良好的公司，其发行的债券流动性是很强的，反之，那些规模小、经营差的公司发行的债券流动性就要差很多。因此，投资者购买债券时，评估公司债券的流动性，除考虑资信等级之外，还需对公司经营业绩进行考察和评估。

6.3.3 债券投资的策略

1. 债券投资的组合策略

债券投资的组合策略主要是运用组合投资理论，在进行债券投资决策时，可以选择不同的债券，综合利用各个债券品种之间、不同偿还期限之间、不同公司之间、不同国家之间的合理搭配，以达到有效降低投资中的风险，增加投资收益。

1）品种组合策略

债券由于其发行人、偿还期限、偿还方式等方面条件的不同，风险和收益的程度也各不相同。因此，有选择性地或随机购买各种不同种类的债券，可以使风险和收益多次排列组合，能够最大限度地减少风险或分散风险。投资者在进行债券组合时，应根据不同债券的不同特点进行适当的选择，通过分散投资，达到既减少风险，又获得较高收益的目的。

2）偿还期限组合策略

一般债券偿还期限长，利率高，风险也高；偿还期限短，利率低，风险也低。如果把全部资金都投在偿还期限长的债券上，一旦发生风险，就会猝不及防，其损失就难以避免。因此，在购买债券时，应选择不同偿还期限的债券，以降低风险。偿还期限组合策略有梯形组合策略和杠铃组合策略。其中，梯形组合策略的操作是均等持有长期和短期债券，使债券不断保持梯形的偿还期限结构。杠铃组合策略是投资者将资金投资于债券的两个极端：为保证债券的流动性而投资于短期债券，为确保债券的收益性而持有长期债券，不买入中期债券。

　　3）不同公司债券的组合

　　不同行业的公司，其经营效益各不相同，即使同一行业的公司，也会差别很大。因此，选择公司债券的组合投资中，既要选安全性高，但收益率低的大公司债券，也要选安全性低，但收益率高的小公司债券，这样的组合可保证投资的安全性，又能获得较高的投资收益。

2. 消极的债券投资技术

　　消极的债券投资技术是一种认为债券的市场价格已是公平的价格，因而只注重控制债券组合风险的策略。这种策略的特点是资金流动性差。购买持有法和债券指数法是消极的债券投资技术常用的方法。

　　1）购买持有法

　　购买持有法是最简单的债券投资策略，其操作步骤如下。

　　第一步：对债券市场上所有的债券进行分析。

　　第二步：根据投资者的爱好和需要，买进能够满足自己需求的债券持有至期满。在持有期间，并不发生任何债券的交易行为。这种投资策略的优点是带来固定的收益和交易成本很低。因为投资者在进行投资决策的时候就完全知道，且不受市场行情变化的影响，在持有期内，没有任何买卖行为，手续费很低，从而也有利于提高投资收益率。因此，这种投资适用于不熟悉市场或不善于使用各种投资技巧的投资者。在采取这种投资策略时，投资者要根据自己资金的特点来选择适当期限的债券。一般而言，偿还期限越长，债券的收益率也越高。但是偿还期限越长，占用投资者资金的时间也就越长。因此，投资者最好根据可投资资金的时间长短来选择债券，使债券的到期日与投资者资金的期限相匹配。

　　购买持有法的关键是寻找的投资工具要有理想的收益率和到期日，因此投资者要寻找具有合适特征和质量标准的有吸引力的高收益债券。例如，机构发行的债券比国库券的收益率要高，在质量差不多的情形下，投资者就可以选择高收益的机构发行的债券。

　　2）债券指数法

　　大量研究表明，大部分资金管理人的风险-收益绩效都不如股票指数和债券指数。因此，许多投资者倾向根据所选择的债券市场指数将其债券投资组合的一部分指数化，即选择债券市场指数所包含的债券作为自己的债券投资组合，各种债券的投资比例也和指数所包含的债券在指数中的权重完全吻合。这样，能保证和市场整体收益率相同的收益率。

　　当投资者采用指数化策略时，选择合适的市场指数非常重要，指数要能够始终满足投资者的风险-收益偏好和投资计划的要求。

3. 积极的债券投资技术

　　积极的债券投资技术是指运用各种信息和预测技术，积极主动地寻找市场机会的策略。积极的债券投资技术主要应用以下几种方法。

　　1）利率预测法

　　利率预测法即利率预测互换，是一种主要用于国债投资的积极债券投资技术。投资者通过主动预测市场利率的变化，采取出售一种债券并购买另一种债券的方式来获得差价收益，即不同偿还期限债券之间的交换。如果投资者预期利率下降，则卖出偿还期限较短的债券买进偿还期限较长的债券。例如，投资者会卖出 10 年期国债，买进 30 年期国债。买进的国债与卖出的国债信用风险相同，但期限较长。

2）替代互换

替代互换是一种债券与另一种相似的替代债券的互换。这两种相互替代的债券具有大致相同的票面利率、期限、信用级别等。如果投资者相信市场中这两种债券价格存在暂时的失衡，而价格的不一致就能带来获利机会，因此互换就产生了。例如，卖出票面利率为9%、票面金额为1 000元，20年期A公司债券，该债券在5年后被A公司以1 050元的价格赎回，到期收益率为9.05%。与此相对应，买进具有相同赎回条款、票面利率为9%的B公司债券，到期收益率为9.15%。如果这两种债券具有相同的信用等级，B公司债券较高的收益率在市场中就更具有吸引力。

3）市场间利差互换

市场间利差互换是债券市场两个部门之间债券相互交换的行为。当投资者认为债券市场两个部门之间的收益率出现差异时，互换就会出现。例如，如果现在10年国债和等级为A的10年期公司债券之间的收益率差为4%，而历史上的收益率差仅为3%，则投资者就会考虑卖出国债而买进公司债券。

4）纯收益率增长互换

纯收益率增长互换是卖出偿还期限较短的债券买进偿还期限较长的债券。这种互换是通过持有更高收益率的长期债券来增加收益率的方式。这一策略预示投资者愿意承担更大的利率风险。例如，投资者会卖出10年期国债，买进收益率更高的30年期国债。

5）价值分析

价值分析是指投资者通过分析债券的内在价值来选择债券。通过比较各种债券的期限、收益率，以及利息支付方式等因素，发现市场上同类债券中哪些是被低估的，哪些是被高估的，然后再进行相应的投资。这一策略即买进低估的债券而出售或不购买高估的债券。

6）信用分析

信用分析主要是参考债券评级机构对债券信用评级的变化，包括对债券发行人进行详细分析，以确定其信用风险的预期变化。一般而言，债券的信用等级越高，其市场价格越高，投资回报率就越低。如果投资者属于风险厌恶型，则可以投资信用等级高的债券，但获得相对较低的收益；如果投资者倾向于获得较高的收益，则可投资信用等级较低的债券，但风险很大。

6.3.4 债券信用评级

债券信用评级是以企业或经济主体发行的有价债券为对象进行的信用评级。债券信用评级大多是企业债券信用评级，是对具有独立法人资格企业所发行某一特定债券，按期还本付息的可靠程度进行评估，并标示其信用程度的等级。这种信用评级，是为投资者购买债券和证券市场的债券流通转让活动提供信息服务。国家财政发行的国库券和国家银行发行的金融债券，由于有政府的保证，因此不参加债券信用评级。地方政府或非国家银行金融机构发行的某些有价证券，则有必要进行债券信用评级。

进行债券信用评级的最主要原因是方便投资者进行债券投资决策。投资者购买债券是要承担一定风险的，如果发行者到期不能偿还本息，投资者就会蒙受损失，这种风险称为信用风险。债券的信用风险因发行后偿还能力不同而有所差异，对广大投资者尤其是中小投资者来说，事先了解债券的信用等级是非常重要的。由于受到时间、知识和信息的限制，无法对众多债券进行分析和选择，因此需要专业机构对准备发行债券的还本付息的可靠程度进行客观、公正和权威的评定，即进行债券信用评级，以方便投资者决策。债券信用评级的另一个重要原因，是减少信誉高的发行人的筹资成本。

一般资信等级越高的债券，越容易得到投资者的信任，能够以较低的利率出售；而资信等级低的债券，风险较大，只能以较高的利率发行。

综上所述，债券的信用评级是指评级机构根据债券的风险和利息率的高低，对债券的质量作出的一种评价。在评级时考虑的主要因素是违约的可能性，债务的性质和有关附属条款，在破产清算时债权人的相对地位。

1. A 级债券

A 级债券是最高级别的债券，其特点如下。

（1）本金和收益的安全性最大。

（2）受经济形势影响的程度较小。

（3）收益水平较低，筹资成本也低。

对于 A 级债券来说，利率的变化比经济状况的变化更为重要。因此，人们把 A 级债券称为信誉良好的"金边债券"，对特别注重利息收入的投资者或保值者是较好的选择。

2. B 级债券

B 级债券对于那些熟练的证券投资者特别有吸引力，因为这些投资者不情愿只购买收益较低的 A 级债券，而甘愿冒一定风险购买收益较高的 B 级债券。B 级债券的特点如下。

（1）债券的安全性、稳定性，以及利息收益会受到经济中不稳定因素的影响。

（2）经济形势的变化对这类债券价值的影响很大。

（3）投资者有一定风险，但收益水平较高，筹资成本与费用也较高。

因此，对 B 级债券的投资，投资者必须具有选择与管理证券的良好能力。对愿意承担一定风险，又想取得较高收益的投资者，投资 B 级债券是较好的选择。

3. C 级债券和 D 级债券

C 级债券和 D 级债券是投机性或赌博性债券。从正常投资角度来看，没有多大的经济意义。但对于敢于承担风险，试图从差价变动中取得巨大收益的投资者，C 级债券和 D 级债券也是一种可供选择的投资对象。

目前，国际上公认的最具权威性的信用评级机构，主要有美国标准·普尔公司和穆迪投资服务公司。上述两家公司负责评级的债券很广泛，包括地方政府债券、公司债券、外国债券等，由于拥有详尽的资料，采用先进科学的分析技术，又有丰富的实践经验和大量的专门人才，因此，两家公司所作出的信用评级具有很高的权威性。

标准·普尔公司信用等级标准从高到低可划分为：AAA 级、AA 级、A 级、BBB 级、BB 级、B 级、CCC 级、CC 级、C 级和 D 级。

穆迪投资服务公司信用等级标准从高到低可划分为：Aaa 级、Aa 级、A 级、Baa 级、Ba 级、B 级、Caa 级、Ca 级、C 级和 D 级。两家机构信用等级划分大同小异。前 4 个级别债券信誉高、风险小，是"投资级债券"；第五级开始的债券信誉低，是"投机级债券"。

标准·普尔公司和穆迪投资服务公司都是独立的私人企业，不受政府的控制，也独立于证券交易所和证券公司。它们所作出的信用评级不具有向投资者推荐这些债券的含义，只是供投资者决策时参考，因此，它们对投资者负有道义上的义务，但并不承担任何法律上的责任。

思考与练习

1. 单选题

（1）债券是发行人依照法定程序发行，并约定在一定期限还本付息的有价证券。它反映的是（　　）的关系。

A. 契约　　　　　B. 所有权与使用权　　C. 债权与债务　　　D. 权利与义务

（2）债券的票面价值中，要规定票面价值的（　　）。

A. 币种、利率　　B. 币种、金额　　　　C. 利率、金额　　　D. 期限、利率

（3）债券的票面利率是债券年利息与（　　）的比率。

A. 债券到期本息之和　B. 债券票面价值　　C. 购入债券价格　　D. 债券发行价格

（4）一般来说，期限较长的债券，（　　），利率应该定的高一些。

A. 流动性强，风险相对较小　　　　　　B. 流动性强，风险相对较大

C. 流动性差，风险相对较小　　　　　　D. 流动性差，风险相对较大

（5）一般公司债券与政府债券相比（　　）。

A. 公司债券风险小、收益低　　　　　　B. 公司债券风险大、收益高

C. 公司债券风险小、收益高　　　　　　D. 公司债券风险大、收益低

（6）按债券形态分类，可分为实物债券、凭证式债券和（　　）。

A. 地方政府债券　　B. 记账式债券　　C. 金边债券　　　　D. 专项债券

（7）我国现阶段的国债种类中，属于实物债券的是（　　）。

A. 无记名国债　　　B. 公司债券　　　C. 企业债券　　　　D. 金融债券

（8）记账式债券因为发行和交易无纸化，所以效率高、成本低且（　　）。

A. 流动性高　　　　B. 交易安全　　　C. 灵活性高　　　　D. 交易方便

（9）政府债券可分为中央政府债券和（　　）。

A. 国债　　　　　　B. 地方政府债券　　C. 专项债券　　　D. 建设债券

（10）偿还期限在 1 年以上 10 年以下的国债被称为（　　）。

A. 短期国债　　　　B. 中期国债　　　C. 长期国债　　　　D. 无期国债

2. 多选题

（1）债券的基本性质是（　　）。

A. 债券属于有价证券　　　　　　　　　B. 债券是一种虚拟资本

C. 债券具有票面价值　　　　　　　　　D. 债券是债权的凭证

（2）以下关于债券的说法，正确的有（　　）。

A. 发行人是借入资金的经济主体

B. 投资者是出借资金的经济主体

C. 发行人需要在一定时期付息还本

D. 反映了发行者和投资者之间的债权与债务关系

（3）债券利率受很多因素影响，主要有（　　）。

A. 债券期限的长短　　B. 市场经济状况　　C. 市场利率水平　　D. 筹资者资信

（4）标准格式的实物债券券面上，一般印有（　　）。

A. 债券面额　　　　　　　　　　B. 债券利率

C. 债券期限　　　　　　　　　　D. 债券发行人全称

（5）股票与债券（　　）。

A. 同属有价证券　　　　　　　　B. 同属金融投资工具

C. 同属公司筹资工具　　　　　　D. 收益率相互影响

（6）债券与股票的区别是（　　）。

A. 两者权利不同　　B. 两者目的不同　　C. 两者期限不同　　D. 两者收益不同

（7）与其他债券比较，国债的特点包括（　　）。

A. 风险较大　　　B. 收益稳定　　　C. 流通性强　　　D. 免税待遇

3. 判断题

（1）债券的偿还期限是指债券从发行之日起至偿清本息之日止的时间。（　　）

（2）当未来市场利率趋于下降时，应发行期限较短的债券，这样可以避免市场利率下降而负担较高的利息。（　　）

（3）一般来说，债券发行人的资信状况好，债券利率可以高一些；资信状况差，债券利率可以低一些。（　　）

（4）债券的偿还性是指债券的变现能力。（　　）

（5）当偿还期内的市场利率上升且超过债券票面利率时，持固定利率债券的人要承担相对利率较低或债券价格下降的风险。（　　）

（6）凭证式债券不可记名、挂失。（　　）

4. 案例分析题

（1）A 公司债券面值为 1 000 元，票面利率为 6%，偿还期限为 3 年，每年末付息一次。B 企业要对这种债券进行投资，当前市场利率为 8%。计算该债券价格为多少元时才能进行投资。

（2）2006 年 6 月 1 日，王某购买了一份面值为 1 000 元，票面利率为 10%，偿还期限为 2 年的债券。该债券利息在 2007 年 6 月 1 日和 2008 年 6 月 1 日分两次支付。2007 年 6 月 1 日市场上的利率是 12%，请问：

① 王某在 2007 年 6 月 1 日领取了利息后，该债券的市值是多少？

② 如果王某在 2007 年 6 月 1 日领取了利息后，于当日出售该债券，则这 1 年内王某持有该债券的实际收益率是多少？

③ 如果王某持有该债券到 2008 年 6 月 1 日，其持有该债券的实际收益率是多少？此时该收益率是否受市场利率波动的影响？

第 7 章

证券投资基金理财

学习目标与要求

1. 了解证券投资基金的概念、特点及分类。
2. 掌握证券投资基金运作管理的主要内容。
3. 掌握证券投资基金利润的主要来源与税收。
4. 掌握证券投资基金的投资技巧。

案例引入

2018 年以来，A 股的投资风格在市场中轮换演绎，从春节前市场对"价值风格"的青睐，逐渐演变至节后市场对"成长风格"的追捧。市场分析人士指出，从节后蓝筹股与成长股此消彼长的表现来看，A 股存量博弈的局面并未因为近期创业板的火爆而得到明显改观。在这样的行情下，那些深化价值、注重从中长期角度来研判企业投资价值的基金产品无疑更胜一筹。Wind 数据显示，截至 3 月 14 日，由鹏华基金权益老将王宗合管理的最新力作鹏华策略回报成立刚满半年累计收益 24.64%，2018 年以来收益 10.72%，表现优异。

资料来源：新浪财经.

由以上资料可以看出，基金作为投资理财的一种重要的工具，不仅越来越得到资本市场的重视，而且正以其独特的魅力展示其良好的投资业绩。关于基金的知识，正是本章所要学习的内容。

7.1 证券投资基金的基础知识

证券投资基金是随着证券市场的发展而产生的，它起源于英国，盛行于美国，经过 100 多年的发展，已成为国际资本市场和货币市场最重要的投资工具之一。自 20 世纪 80 年代中期特别是 20 世纪 90 年代以来，证券投资基金在我国得到了迅速发展。作为资本市场上重要的机构投资者，证券投资基金不仅有利于克服个人分散投资的种种不足，而且成为个人投资者分散投资风险的最佳选择，从而极大地推动了资本市场的发展。尤其是对于中国这样的新兴资本市场，机构投资者的规范有利于证券市场向着理性、成熟的方向发展。

7.1.1　证券投资基金的概念

证券投资基金，是指通过发售基金份额，将众多不特定投资者的资金汇集起来，形成独立财产，委托基金管理人进行投资管理，基金托管人进行财产托管，由基金投资人共享投资收益，共担投资风险的集合投资方式。基金管理机构和托管机构分别作为基金管理人和基金托管人，一般按照基金的资产规模获得一定比例的管理费收入和托管费收入。从本质上来说，证券投资基金是一种间接透过基金管理人代理投资的一种方式，投资人通过基金管理人的专业资产管理，以期得到比自行管理更高的报酬。

 小资料

各国证券投资基金的不同称谓

世界各国和地区对投资基金的称谓有所不同，证券投资基金在美国被称为"共同基金"，在英国和我国香港特别行政区被称为"单位信托基金"，在欧洲一些国家被称为"集合投资基金"或"集合投资计划"，在日本和我国台湾地区则被称为"证券投资信托基金"。

资料来源：中国证券投资基金业协会．证券投资基金：上册．北京：高等教育出版社，2015.

7.1.2　证券投资基金的特点

虽然各国对证券投资基金的称谓有所不同，但特点却无本质区别，这些特点可以概括为以下几个方面。

1. 小额投资，费用低

证券投资基金投资额一般较低，在我国，每份基金单位面值为人民币 1 元。投资者可以根据自己的财力，多买或少买基金单位，从而解决了中小投资者"钱不多、入市难"的问题。此外，证券投资基金市场上的激烈竞争也使证券投资基金收取的各项费用非常低廉。根据国际市场的一般习惯，基金公司就提供基金管理服务而对基金收取的管理费一般为基金资产净值的 1%～2.5%，而投资者购买基金需要缴纳的费用通常为认购总额的 0.25%，低于购买股票的费用。此外，由于基金公司集中了大量的资金进行证券交易，通常也能在手续费方面得到证券商的优惠；同时，很多国家和地区还对基金的税收给予优惠，以支持基金业的发展，这使得投资者通过基金投资证券所承担的税收不高于直接投资于证券所需承担的费用。

2. 组合投资，分散风险

根据投资组合的基本原理，分散化投资可以起到分散投资风险的作用，但是要做到起码的风险分散，需要持有多种相关性较弱的证券，这对于中小投资者来说较为困难。而证券投资基金一般实力较雄厚，可以把投资者的资金分散投资于各种不同的有价证券，建立合理的证券组合，从而把风险降到最低。

3. 专家运作并管理

基金资产由专业的基金管理人员负责管理，基金管理人配备了大量的投资专家，他们不仅掌握广博的投资分析和投资组合理论知识，而且在投资领域也积累了相当丰富的经验。从

而克服了投资者信息、时间、精力及专业知识等方面的不足，提高了资产的运作效率。此外，证券投资基金从发行、收益分配、交易到赎回的整个过程都由专门的机构负责，为投资者提供专业化的服务，大大简化了投资过程。

4. 独立托管，保障安全

证券投资基金实行专家管理制度，由基金管理人负责投资操作，他们具有丰富的专业知识与技术经验，但其本身并不参与基金资产的保管。基金资产的保管由独立于基金管理人的基金托管人负责，相互制约、相互监督，可以为投资者的利益提供重要保障。

5. 流动性强

证券投资基金流动性强，基金的购买程序非常简便。对开放式基金而言，投资者可以向基金管理公司直接购买或赎回基金，也可以通过证券公司等代理销售机构购买或赎回基金，或者委托投资顾问代为购买或赎回。国外的基金大多是开放式基金，每天都会进行公开报价，投资者可以随时据以购买或赎回。对于封闭型基金，投资者可以通过证券交易市场买卖基金单位，交易过程与股票类似，一般只需要四五天时间，便可以完成整个转让或交易过程。

 课堂小讨论

根据基金的上述特点，讨论一下基金产品更适合哪些类型的人投资？

7.1.3 证券投资基金的分类

证券投资基金具有多方面的属性，因此可以按照不同标准进行分类。从不同角度将证券投资基金划分为不同的类型，对证券投资基金的设立和投资者的选择都具有重要的意义。

1. 契约型基金和公司型基金

证券投资基金依据法律形式的不同，可分为契约型基金和公司型基金。目前，我国的证券投资基金均为契约型基金，公司型基金则以美国的投资公司为代表。

契约型基金是依据基金合同设立的一类基金。基金合同是规定基金当事人之间权利义务的基本法律文件。在我国，契约型基金依据基金管理人、基金托管人之间所签署的基金合同设立；基金投资者自取得基金份额后即成为基金份额持有人和基金合同的当事人，依法享受权利并承担义务。

公司型基金在法律上是具有独立法人地位的股份投资公司。公司型基金依据基金公司章程设立，基金投资者是基金公司的股东，享有股东权，按所持有的股份承担有限责任，分享投资收益。公司型基金公司设有董事会，代表投资者的利益行使职权。虽然公司型基金在形式上类似于一般股份公司，但不同于一般股份公司的是，它委托基金管理公司作为专业的投资顾问来经营与管理基金资产。

2. 封闭式基金和开放式基金

依据运作方式的不同，可以将基金分为封闭式基金和开放式基金。封闭式基金是指基金份额在基金合同期限内固定不变，基金份额可以在依法设立的证券交易所交易，但基金份额持有人不得申请赎回的一种基金运作方式。开放式基金是指基金份额不固定，基金份额可以在基金合同约定的时间和场所进行申购或者赎回的一种基金运作方式。这里所指的开放式基金专指传统的开放式基金，不包括交易型开放式指数基金（ETF）和上市开放式基金（LOF）等新型开放式基金。

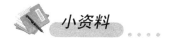 小资料

封闭式基金与开放式基金的不同

1. 期限不同

封闭式基金一般有一个固定的存续期，而开放式基金一般是无特定存续期限的。《中华人民共和国证券投资基金法》规定，封闭式基金合同中必须规定基金封闭期，封闭式基金期满后可以通过一定的法定程序延期或者转为开放式。

2. 份额限制不同

封闭式基金的基金份额是固定的，在封闭期限内未经法定程序认可不能增减，开放式基金规模不固定，投资者可随时提出申购或赎回申请，基金份额会随之增加或减少。

3. 交易场所不同

封闭式基金份额固定，在完成募集后，基金份额在证券交易所上市交易。投资者买卖封闭式基金份额，只能委托证券公司在证券交易所按市价买卖，交易在投资者之间完成。开放式基金份额不固定，投资者可以按照基金管理人确定的时间和地点向基金管理人或其销售代理人提出申购、赎回申请，交易在投资者与基金管理人之间完成。

4. 价格形成方式不同

封闭式基金的交易价格主要受二级市场供求关系的影响。当需求旺盛时，封闭式基金二级市场的交易价格会超过基金份额净值出现溢价交易现象；反之，当需求低迷时，交易价格会低于基金份额净值出现折价交易现象。开放式基金的买卖价格以基金份额净值为基础，不受市场供求关系的影响。

5. 激励约束机制与投资策略不同

封闭式基金份额固定，即使基金表现好，其扩展能力也受到较大的限制。如果表现不尽如人意，由于投资者无法赎回投资，基金经理通常也不会在经营与流动性管理上面临直接的压力。与此不同，如果开放式基金的业绩表现好，通常会吸引新的投资者，基金管理人的管理费收入也会随之增加；如果基金表现差，开放式基金则会面临来自投资者要求赎回投资的压力。因此，与封闭式基金相比，一般开放式基金向基金管理人提供了更好的激励约束机制。

另外，由于开放式基金的份额不固定，投资操作常常会受到不可预测的资金流入、流出的影响与干扰。特别是为满足基金赎回的需要，开放式基金必须保留一定的现金资产，并高度重视基金资产的流动性，这在一定程度上会给基金的长期经营业绩带来不利影响。相对而言，由于封闭式基金份额固定，没有赎回压力，基金投资管理人员完全可以根据预先设定的投资计划进行长期投资和全额投资，并将基金资产投资于流动性相对较弱的证券上，这在一定程度上有利于基金长期业绩的提高。

资料来源：中国证券投资基金业协会. 证券投资基金：上册. 北京：高等教育出版社，2015.

3. 股票基金、债券基金、货币市场基金和混合基金

根据投资对象分类，可以将基金分为股票基金、债券基金、货币市场基金和混合基金等。

股票基金是指以股票为主要投资对象的基金。股票基金在各类基金中历史最为悠久，也是各国（地区）广泛采用的一种基金类型。根据中国证监会对基金类别的分类标准，基金资产80%以上投资于股票的为股票基金。

债券基金主要以债券为投资对象。根据中国证监会对基金类别的分类标准，基金资产80%以上投资于债券的为债券基金。

货币市场基金以货币市场工具为投资对象。根据中国证监会对基金类别的分类标准，仅投资于货币市场工具的为货币市场基金。

混合基金同时以股票、债券等为投资对象，以期通过在不同资产类别上的投资实现收益与风险之间的平衡。根据中国证监会对基金类别的分类标准，投资于股票、债券和货币市场工具，但股票投资和债券投资的比例不符合股票基金、债券基金规定的为混合基金。

另外，80%以上的基金资产投资于其他基金份额的，为基金中的基金。

依据投资对象对基金进行分类，简单明确，对投资者具有直接的参考价值。

4. 增长型基金、收入型基金和平衡型基金

根据投资目标可以将基金分为增长型基金、收入型基金和平衡型基金。

增长型基金是指以追求资本增值为基本目标的基金，较少考虑当期收入，主要以具有良好增长潜力的股票为投资对象。

收入型基金是指以追求稳定的经常性收入为基本目标的基金，主要以大盘蓝筹股、公司债、政府债券等稳定收益证券为投资对象。

平衡型基金则是既注重资本增值又注重当期收入的基金。

一般而言，增长型基金的风险大、收益高，收入型基金的风险小、收益较低，平衡型基金的风险、收益则介于增长型基金与收入型基金之间。根据投资目标的不同，既有以追求资本增值为基本目标的增长型基金，也有以获取稳定的经常性收入为基本目标的收入型基金和兼具增长与收入双重目标的平衡型基金。不同的投资目标决定了基金的基本投向与基本的投资策略，以适应不同投资者的投资需要。

5. 主动型基金和被动型基金

根据投资理念可以将基金分为主动型基金与被动型基金。

主动型基金是一类力图取得超越基准组合表现的基金。与主动型基金不同，被动型基金并不主动寻求取得超越市场的表现，而是试图复制指数的表现。被动型基金一般选取特定的指数作为跟踪的对象，因此通常又被称为指数型基金。

6. 公募基金和私募基金

根据募集方式可以将基金分为公募基金和私募基金。

公募基金是指可以面向社会公众公开发售的一类基金。

私募基金则是只能采取非公开方式，面向特定投资者募集发售的基金。

公募基金主要具有如下特征：可以面向社会公众公开发售基金份额和宣传推广，基金募集对象不固定；投资金额要求低，适宜中小投资者参与；必须遵守基金法律和法规的约束，并接受监管部门的严格监管。

7. 在岸基金和离岸基金

根据基金的资金来源和用途可以将基金分为在岸基金和离岸基金。

在岸基金是指在本国募集资金并投资于本国证券市场的证券投资基金。由于在岸基金的

投资者、基金组织、基金管理人、基金托管人及其他当事人和基金的投资市场均在本国境内，所以基金的监管部门比较容易运用本国法律法规及相关技术手段对证券投资基金的投资运作行为进行监管。

离岸基金是指一国（地区）的证券投资基金组织在他国（地区）发售证券投资基金份额，并将募集的资金投资于本国（地区）或第三国证券市场的证券投资基金。

8. 特殊类型基金

随着行业的发展，基金产品创新越来越丰富，出现了不少与传统基金类型不同的特殊类型基金：

1）系列基金

系列基金又称为伞形基金，是指多个基金共用一个基金合同，子基金独立运作，子基金之间可以进行相互转换的一种基金结构形式。

2）基金中的基金

基金中的基金是指以其他证券投资基金为投资对象的基金，其投资组合由其他基金组成。在基金业发达的国家如美国，基金中的基金已经成为一类重要的公募证券投资基金。目前，我国公募基金允许投资于公募基金本身。2014 年 8 月生效的《公开募集证券投资基金运作管理办法》中规定，80% 以上的基金资产投资于其他基金份额的，为基金中的基金。

3）保本基金

保本基金是指通过一定的保本投资策略进行运作，同时引入保本保障机制，以保证基金份额持有人在保本周期到期时，可以获得投资本金保证的基金。

4）上市交易型开放式指数基金

上市交易型开放式指数基金（ETF）通常又称为交易所交易基金，是在交易所上市交易的、基金份额可变的一种开放式基金。ETF 最早产生于加拿大，但其发展与成熟主要是在美国。ETF 一般采用被动式投资策略跟踪某一标的市场指数，因此具有指数基金的特点。

5）上市开放式基金

上市开放式基金（LOF）是一种既可以在场外市场进行基金份额申购、赎回，又可以在交易所（场内市场）进行基金份额交易和基金份额申购或赎回的开放式基金。它是我国对证券投资基金的一种本土化创新。LOF 结合了银行等代销机构和交易所交易网络两者的销售优势，为开放式基金销售开辟了新的渠道。LOF 所具有的转托管机制与可以在交易所进行申购、赎回的制度安排，使 LOF 不会出现封闭式基金的大幅折价交易现象。

6）QDII 基金

QDII 基金是指在一国境内设立，经该国有关部门批准从事境外证券市场的股票、债券等有价证券投资的基金。它为国内投资者参与国际市场投资提供了便利。

7）分级基金

分级基金是指通过事先约定基金的风险收益分配，将基础份额分为预期风险收益不同的子份额，并可将其中部分或全部份额上市交易的结构化证券投资基金。

7.1.4　证券投资基金的当事人

我国的证券投资基金依据基金合同设立，基金份额持有人、基金管理人与基金托管人是基金合同的当事人，简称基金当事人。

1. 基金份额持有人

基金份额持有人即基金投资者，是基金的出资人、基金资产的所有者和基金投资回报的受益人。按照《中华人民共和国证券投资基金法》（以下简称《证券投资基金法》）的规定，我国基金份额持有人享有以下权利：分享基金财产收益，参与分配清算后的剩余基金财产，依法转让或者申请赎回其持有的基金份额，按照规定要求召开基金份额持有人大会，对基金份额持有人大会审议事项行使表决权，查阅或者复制公开披露的基金信息资料，对基金管理人、基金托管人、基金销售机构损害其合法权益的行为依法提出诉讼，基金合同约定的其他权利。

2. 基金管理人

基金管理人是基金产品的募集者和管理者，其主要的职责就是按照基金合同的约定，负责基金资产的投资运作，在有效控制风险的基础上为基金投资者争取最大的投资收益。基金管理人在基金运作中具有核心作用，基金产品的设计、基金份额的销售与注册登记、基金资产的管理等重要职能多半由基金管理人或基金管理人选定的其他服务机构承担。在我国，基金管理人只能由依法设立的基金管理公司担任。

3. 基金托管人

为了保证基金资产的安全，《证券投资基金法》规定，基金资产必须由独立于基金管理人的基金托管人保管，从而使基金托管人成为基金的当事人之一。基金托管人的职责主要体现在基金资产保管、基金资金清算、会计复核以及对基金投资运作的监督等方面。在我国，基金托管人只能由依法设立并取得基金托管资格的商业银行或其他金融机构担任。

7.2　证券投资基金的运作管理

证券投资基金的运作包括基金的募集、基金的认购等。

7.2.1　基金的募集

基金的募集是指基金管理公司根据有关规定向中国证监会提交募集申请文件、发售基金份额、募集基金的行为。基金的募集一般要经过申请、注册、发售、基金合同生效四个步骤。

7.2.2　基金的认购

在基金募集期内购买基金份额的行为通常被称为基金的认购。

1. 开放式基金的认购

投资人认购开放式基金，一般通过基金管理人或基金管理人委托的商业银行、证券公司、期货公司、保险机构、证券投资咨询机构、独立基金销售机构以及经国务院证券监督管理机构认定的其他机构办理。

投资者进行认购时，如果没有在注册登记机构开立基金账户，需提前在注册登记机构开立基金账户。基金账户是基金登记人为基金投资者开立的、用于记录其持有的基金份额余额和变动情况的账户。

开放式基金的认购，分为认购和确认两个步骤。

（1）认购。投资人在办理基金认购申请时，须填写认购申请表，并按销售机构规定的方式全额缴款。投资人在募集期内可以多次认购基金份额。一般情况下，已经正式受理的认购申请不得撤销。

（2）确认。销售机构对认购申请的受理并不代表该申请一定成功，而仅代表销售机构确实接受了认购申请，申请的成功与否应以注册登记机构的确认结果为准。投资者 T 日提交认购申请后，一般可于 $T+2$ 日后到办理认购的网点查询认购申请的受理情况。认购申请被确认无效的，认购资金将退回投资人资金账户。认购的最终结果要待基金募集期结束后才能确认。

2. 封闭式基金的认购

封闭式基金的发售，由基金管理人负责办理。基金管理人一般会选择证券公司组成承销团代理基金的发售。基金管理人应当在基金发售的 3 日前公布招募说明书、基金合同及其他有关文件。

在发售方式上，主要有网上发售与网下发售两种方式。网上发售是指通过与证券交易所的交易系统联网的全国各地的证券营业部，向公众发售基金的发行方式。网下发售方式是指通过基金管理人指定的营业网点和承销商的指定账户，向机构或个人投资者发售基金的方式。

目前募集的封闭式基金通常为创新型封闭式基金。创新型封闭式基金按 1.00 元募集，外加券商自行按认购费率收取认购费方式进行。拟认购封闭式基金的投资人必须开立沪、深证券账户或沪、深基金账户及资金账户，根据自己计划的认购量在资金账户存入足够的资金，并以"份额"为单位提交认购申请。认购申请已经受理就不能撤单。

7.2.3　基金的交易、申购和赎回

1. 封闭式基金的上市和交易

封闭式基金募集成立后，即安排在证券交易所上市，以使投资人获得流动性。

1）上市交易条件

申请封闭式基金份额上市交易，应当经由基金管理人向证券交易所提出申请，证券交易所依法审核同意的，双方应当签订上市协议。

封闭式基金份额上市交易，应当符合下列条件：

（1）基金的募集符合《证券投资基金法》规定；

（2）基金合同期限为 5 年以上；

（3）基金募集金额不低于 2 亿元人民币；

（4）基金份额持有人不少于 1 000 人；

（5）基金份额上市交易规则规定的其他条件。

2）交易账户的开立

投资人买卖封闭式基金必须开立沪、深证券账户或沪、深基金账户及资金账户。基金账户只能用于基金、国债及其他债券的认购及交易。

以个人名义开立基金账户的投资人需持本人身份证到证券登记机构办理开户手续。办理资金账户需持本人身份证和已经办理的股票账户卡或基金账户卡，到证券经营机构办理。每

个有效证件只允许开设一个基金账户，已开设证券账户的不能再重复开设基金账户。每位投资人只能开设和使用一个资金账户，并只能对应一个股票账户或基金账户。

3）交易规则

封闭式基金发行结束后，不能按基金净值买卖，投资者可委托券商（证券公司）在证券交易所按市价（二级市场）买卖，直到到期日。

封闭式基金的交易时间为每周一至周五（法定公众节假日除外），每天9:30—11:30，13:00—15:00。

封闭式基金的交易遵从"价格优先、时间优先"的原则。价格优先是指较高价格买入申报优先于较低价格买入申报，较低价格卖出申报优先于较高价格卖出申报。时间优先是指买卖方向、价格相同的，先申报者优先于后申报者。先后顺序按交易主机接受申报的时间确定。

封闭式基金的报价单位为每份基金价格。基金的申报价格最小变动单位为0.001元人民币。买入与卖出封闭式基金份额，申报数量应当为100份或其整数倍。基金单笔最大数量应当低于100万份。

目前，沪、深证券交易所对封闭式基金的交易与股票交易一样实行价格涨跌幅限制，涨跌幅比例为10%（基金上市首日除外）。同时，我国封闭式基金在达成交易后，二级市场交易份额和股份的交割是在$T+0$日，资金交割是在$T+1$日完成。

4）交易费用

按照沪、深证券交易所公布的收费标准，我国基金交易佣金不得高于成交金额的0.3%（深圳证券交易所特别规定该佣金水平不得低于代收的证券交易监管费和证券交易经手费，上海证券交易所无此规定），起点为5元，不足5元的按5元收取，由证券公司向投资人收取。该项费用由证券登记公司与证券公司平分。目前，在沪、深证券交易所上市的封闭式基金交易不收取印花税。

2. 开放式基金的申购和赎回

1）封闭期及基金开放申购和赎回

开放式基金的基金合同生效后，可有一段短暂的封闭期。根据中国证监会《公开募集证券投资基金运作管理办法》规定，开放式基金合同生效后，可以在基金合同和招募说明书规定的期限内不办理赎回，但该期限最长不超过3个月。封闭期结束后，开放式基金将进入日常申购、赎回期。基金管理人应当在每个工作日办理基金份额的申购、赎回业务。基金合同另有约定的，按照其约定。

投资者在开放式基金合同生效后，申请购买基金份额的行为通常被称为基金的申购。

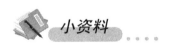 小资料

基金认购与基金申购的区别

区别在于：①认购费一般低于申购费，在基金募集期内认购基金份额，一般会享受到一定的费率优惠。②认购是按1元进行认购，而申购通常是按未知价确认。③认购份额要在基金合同生效时确认，并且有封闭期；而申购份额通常在$T+2$日之内确认，确认后的下一工作日就可以赎回。

开放式基金的赎回是指基金份额持有人要求基金管理人购回所持有的开放式基金份额的行为。

2）开放式基金的申购和赎回原则

（1）股票基金、债券基金的申购和赎回原则。一是未知价交易原则。投资者在申购和赎回股票基金、债券基金时并不能即时获知买卖的成交价格。申购、赎回价格只能以申购、赎回日交易时间结束后基金管理人公布的基金份额净值为基准进行计算。这与股票、封闭式基金等大多数金融产品按已知价原则进行买卖不同。二是金额申购、份额赎回原则。股票基金、债券基金申购以金额申请，赎回以份额申请。这是适应未知价格情况下的一种最为简便、安全的交易方式。在这种交易方式下，确切的购买数量和赎回金额在买卖当时是无法确定的，只有在交易次日或更晚一些时间才能获知。开放式基金招募说明书中过去一般规定申购申报单位为 1 元人民币，申购金额应当为 1 元的整数倍，且不低于 1 000 元；赎回申报单位为 1 份基金份额，赎回应当为整数份额，但现在这一规定逐渐取消。

（2）货币市场基金的申购和赎回原则。一是确定价原则。货币市场基金申购和赎回基金份额价格以 1 元人民币为基准进行计算。二是金额申购、份额赎回原则。货币市场基金申购以金额申请，赎回以份额申请。

3）开放式基金申购和赎回的场所及时间

（1）开放式基金申购和赎回的场所。开放式基金的申购和赎回与认购渠道一样，可以通过基金管理人的直销中心与基金销售代理网点进行。投资者也可通过基金管理人或其指定的基金销售代理人以电话、传真或互联网等形式进行申购和赎回。

（2）开放式基金申购和赎回时间。基金管理人应在申购和赎回开放日前 3 个工作日在至少一种中国证监会指定的媒体上刊登公告。申购和赎回的工作日为证券交易所交易日，具体业务办理时间为上海证券交易所、深圳证券交易所的交易时间。目前，上海证券交易所、深圳证券交易所的交易时间为 9∶30—11∶30 和 13∶00—15∶00。

7.3　证券投资基金的利润分配与税收

7.3.1　证券投资基金的利润与利润分配

1. 基金利润

基金利润是指基金在一定会计期间的经营成果。利润包括收入减去费用后的净额、直接计入当期利润的利得和损失等。

1）基金利润的来源

基金利润是基金资产在运作过程中所产生的各种利润。基金利润的来源主要包括利息收入、投资收益以及其他收入。基金资产估值引起的资产价值变动作为公允价值变动损益计入当期损益。

（1）利息收入。利息收入指基金经营活动中因债券投资、资产支持证券投资、银行存款、结算备付金、存出保证金、按买入返售协议融出资金等而实现的利息收入。其具体包括债券利息收入、资产支持证券利息收入、存款利息收入、买入返售金融资产收入等。

（2）投资收益。投资收益是指基金经营活动中因买卖股票、债券、资产支持证券、基金等实现的差价收益，因股票、基金投资等获得的股利收益，以及衍生工具投资产生的相关损益，如卖出或放弃权证、权证行权等实现的损益。其具体包括股票投资收益、债券投资收益、资产支持证券投资收益、基金投资收益、衍生工具收益、股利收益等。

（3）其他收入。其他收入是指除上述收入以外的其他各项收入，包括赎回费扣除基本手续费后的余额、手续费返还、ETF 替代损益，以及基金管理人等机构为弥补基金财产损失而付给基金的赔偿款项等。这些收入项目一般根据发生的实际金额确认。

（4）公允价值变动损益。公允价值变动损益是指基金持有的采用公允价值模式计量的交易性金融资产、交易性金融负债等公允价值变动形成的应计入当期损益的利得或损失，并于估值日对基金资产按公允价值估值时予以确认。

2）与基金利润有关的财务指标

根据目前的有关规定，以下财务指标与基金利润有关。

（1）本期利润。本期利润是基金在一定时期内全部损益的总和，包括计入当期损益的公允价值变动损益。该指标既包括了基金已经实现的损益，也包括了未实现的估值增值或减值，是一个能够全面反映基金在一定时期内经营成果的指标。

（2）本期已实现收益。本期已实现收益指基金本期利息收入、投资收益、其他收入（不含公允价值变动损益）扣除相关费用后的余额，是将本期利润扣除本期公允价值变动损益后的余额，反映基金本期已经实现的损益。

（3）期末可供分配利润。该指标是指期末可供基金进行利润分配的金额，为期末资产负债表中未分配利润与未分配利润中已实现部分的孰低数。由于基金本期利润包括已实现和未实现两部分，如是期末未分配利润的未实现部分为正数，则期末可供分配利润的金额为期末未分配利润的已实现部分；如果期末未分配利润的未实现部分为负数，则期末可供分配利润的金额为期末未分配利润（已实现部分扣减未实现部分）。

（4）未分配利润。未分配利润是基金进行利润分配后的剩余额，未分配利润将转入下期分配。

2. 基金利润分配

1）基金利润分配对基金份额净值的影响

基金进行利润分配会导致基金份额净值的下降，但对投资者的利益没有实际影响。

2）封闭式基金的利润分配

《公开募集证券投资基金运作管理办法》规定：封闭式基金的收益分配，每年不得少于一次；封闭式基金年度收益分配比例不得低于基金年度可供分配利润的90%。基金收益分配后基金份额净值不得低于面值。

封闭式基金只能采用现金分红。

3）开放式基金的利润分配

开放式基金的利润分配是指基金管理人根据基金利润情况，按投资者持有基金份额数量的多少进行利润分配。我国开放式基金按规定需要在基金合同中约定每年基金利润分配的最多次数和基金利润分配的最低比例。同时要求基金收益分配后基金份额净值不能低于面值，即基金收益分配基准日的基金份额净值减去每单位基金份额收益分配金额后不能低于面值。每一基金份额享有同等分配权。

开放式基金分红的登记、过户由登记机构的 TA 系统（中国结算公司开放式基金登记结算系统的简称）来处理。一份基金分红公告中应当包含的内容主要有利润分配方案、时间和发放办法等。

开放式基金的分红方式有两种：

（1）现金分红方式。根据基金利润情况，基金管理人以投资者持有基金单位数量的多少，将利润分配给投资者。这是基金分红采用的最普遍的形式。

（2）分红再投资转换为基金份额。分红再投资转换为基金份额是指将应分配的净利润按除息后的份额净值折算为新的基金份额进行基金收益分配。

根据有关规定，基金收益分配默认为采用现金方式。开放式基金的基金份额持有人可以事先选择将所获分配的现金利润，转为基金份额，即选择分红再投资。基金份额持有人事先没有做出选择的，基金管理人应当支付现金。

4）货币市场基金的利润分配

《货币市场基金管理暂行规定》第九条规定："对于每日按照面值进行报价的货币市场基金，可以在基金合同中将收益分配的方式约定为红利再投资，并应当每日进行收益分配。"

2005 年 3 月 25 日中国证监会下发的《关于货币市场基金投资等相关问题的通知》（证监基金字〔2005〕41 号）规定："当日申购的基金份额自下一个工作日起享有基金的分配权益；当日赎回的基金份额自下一个工作日起不享有基金的分配权益。"

具体而言，货币市场基金每周五进行分配时，将同时分配周六和周日的利润；每周一至周四进行分配时，则仅对当日利润进行分配。投资者于周五申购或转换转入的基金份额不享有周五和周六、周日的利润，投资者于周五赎回或转换转出的基金份额享有周五和周六、周日的利润。例如，假设投资者在 2014 年 4 月 10 日（周五）申购了份额，那么基金将从 4 月 13 日（周一）开始计算其权益。如果在 4 月 10 日（周五）赎回了份额，那么该基金将同时享有 4 月 10 日（周五）、4 月 11 日（周六）和 4 月 12 日（周日）的利润，但不再享有 4 月 13 日的利润。

节假日的利润计算基本与在周五申购或赎回的情况相同。投资人在法定节假日前最后一个开放日的利润将与整个节假日期间的利润合并后于法定节假日前最后一日进行分配。法定节假日结束后第一个开放日起的分配规则同日常情况下的分配规则一样。投资人于法定节假日前最后一个开放日申购或转换转入的基金份额不享有该日和整个节假日期间的利润，投资人于法定节假日前最后一个开放日赎回或转换转出的基金份额享有该日和整个节假日期间的利润。假定 2014 年 5 月 1 日至 3 日为法定休假日，2014 年 5 月 4 日是节后第一个工作日，假设投资者在 2014 年 4 月 30 日（周四，节前最后一个基金开放日）申购了基金份额，那么投资者享有的基金利润将从 5 月 4 日起开始计算；如果投资者在 2014 年 4 月 30 日赎回了基金份额，那么投资者将享有直至 5 月 4 日内该基金的利润。

7.3.2　证券投资基金的税收

1. 基金自身投资活动产生的税收

1）印花税

根据财政部、国家税务总局的规定，从 2008 年 9 月 19 日起，基金卖出股票时按照 1‰

的税率征收证券（股票）交易印花税，而对买入交易不再征收印花税，即对印花税实行单向征收。

2）所得税

对证券投资基金从证券市场中取得的收入，包括买卖股票、债券的差价收入，股权的股息、红利收入，债券的利息收入及其他收入，暂不征收企业所得税。对基金取得的股利收入、债券的利息收入、储蓄存款利息收入，由上市公司、发行债券的企业和银行在向基金支付上述收入时代扣代缴20%的个人所得税。

对证券投资基金从上市公司取得的股息红利所得，根据《财政部　国家税务总局　证监会关于实施上市公司股息红利差别化个人所得税政策有关问题的通知》（自2013年1月1日起实施），上市公司股息红利差别化个人所得税政策是指：个人从公开发行和转让市场取得的上市公司股票，持股期限在1个月以内（含1个月）的，其股息红利所得全额计入应纳税所得额；持股期限在1个月以上至1年（含1年）的，暂减按50%计入应纳税所得额；持股期限超过1年的，暂减按25%计入应纳税所得额。上述所得统一适用20%的税率计征个人所得税。根据上述政策，个人的实际税负分别相当于20%、10%和5%。

股息红利差别化个人所得税政策实施前，上市公司股息红利个人所得税的税负为10%。该政策实施后，股息红利所得按持股时间长短确定实际税负。因此，个人投资者持股时间越长，其股息红利所得个人所得税的税负就越低。

2. 投资人买卖基金产生的税收

1）机构投资人买卖基金的税收

（1）印花税。机构投资人买卖基金份额暂免征收印花税。

（2）所得税。机构投资人买卖基金份额获得的差价收入，应并入企业的应纳税所得额，征收企业所得税；机构投资人从基金分配中获得的收入，暂不征收企业所得税。

2）个人投资人投资基金的税收

（1）印花税。个人投资人买卖基金份额暂免征收印花税。

（2）所得税。第一，个人投资人买卖基金份额获得的差价收入，在对个人买卖股票的差价收入未恢复征收个人所得税以前，暂不征收个人所得税。第二，个人投资者从基金分配中获得的股票的股利收入、企业债券的利息收入，由上市公司、发行债券的企业和银行在向基金支付上述收入时，代扣代缴20%的个人所得税。证券投资基金从上市公司分配取得的股息红利所得，按上述《财政部　国家税务总局　证监会关于实施上市公司股息红利差别化个人所得税政策有关问题的通知》实施。个人投资人从基金分配中取得的收入，暂不征收个人所得税。第三，个人投资人从基金分配中获得的国债利息、买卖股票差价收入，在国债利息收入、个人买卖股票差价收入未恢复征收所得税以前，暂不征收所得税。第四，个人投资人从封闭式基金分配中获得的企业债券差价收入，按现行税法规定，应对个人投资人征收个人所得税。第五，个人投资人申购和赎回基金份额取得的差价收入，在对个人买卖股票的差价收入未恢复征收个人所得税以前，暂不征收个人所得税。

3. 基金管理人和基金托管人的税收

基金管理人、基金托管人从事基金管理活动取得的收入，依照税法的规定征收营业税和企业所得税。

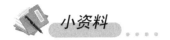

首只 MSCI 中国 A 股指数基金发行

2018 年 3 月，境内首只 MSCI（美国指数编制公司）中国 A 股国际通指数基金——招商 MSCI 中国 A 股国际通指数基金正式发行。资料显示，该基金以 MSCI 中国 A 股国际通指数 为标的指数，采用完全复制法进行投资。与其他 MSCI 中国 A 股相关综合型指数相比，MSCI 中国 A 股国际通指数是唯一一只及时跟踪了 A 股被纳入 MSCI 进度的指数。从成分股来看，该指数涵盖了 A 股市场众多优质大盘蓝筹股，主要集中在 A 股主板大市值的金融、地产、消费和科技四大板块的行业龙头，兼顾蓝筹和价值成长双轮驱动，将是外资未来流入的主要标的。相对于上证 50，其覆盖范围更加广泛。专业投资者认为，未来 A 股的龙马行情有望由"漂亮 50"向二线蓝筹、中盘蓝筹、创蓝筹集中，该指数恰好契合了当前的市场投资的风格。

资料来源：http://finance.sina.com.cn/money/fund/jjzl/2018-03-15/doc-ifyscsmv8267527.shtml.

7.4　证券投资基金理财的技巧

7.4.1　挑选基金的类型

1. 风险和收益

不同类型的基金，风险各不相同。其中，货币型基金和保本型基金的风险最小，混合型基金和债券型基金次之，股票型基金的风险最高。如果投资者的风险承受能力低，就应该选择货币型基金。如果投资者的风险承受能力较强，可以选择混合型基金和债券型基金。如果投资者的风险承受能力更强一些，且希望获得较高的收益，则可以选择指数型基金。如果投资者的风险承受能力更强，可以选择股票型基金。

2. 期限

投资时间的长短会对投资行为产生直接的影响，投资者必须了解自己手中闲置的资金可以用来投资多长时间。投资期限在 2 年以下，最好选择债券型基金和货币型基金。投资期限在 2～5 年，除了选择股票型基金这类高风险的产品外，还可以投资一些比较稳定的债券型或平衡型基金。投资期限在 5 年以上，可以选择股票型基金这类风险较高的产品。保本型基金的投资期限也较长，一般为 3 年或 5 年，为投资者提供一定比例的本金回报保证，只要过了期限就能绝对保本，因此也适合长期投资。

3. 年龄

一般而言，年轻人事业处于开拓阶段，有一定的经济能力，收入大于支出，风险承受能力较高，可以选择股票型基金。中年人生活和收入都较为稳定，是基金市场投资的主要参与者，但由于需要考虑承担较多的家庭责任，其风险承受能力不高，投资时应该将投资收益和风险综合起来考虑，因而应选择平衡型基金。老年人主要依靠养老金及前期投资收益生活，一般较少有额外的收入来源，风险承受能力相对较低，这一阶段的投资应以稳健、安全、保值为目的，通常比较适合选择部分平衡型基金或债券型基金这些安全性较高的产品，也可以选择保本型基金或货币型基金等低风险的基金。

4. 婚姻状况

单身一族往往追求高收益，没有家庭负担，愿意承担风险而追求资产的快速增值，可以考虑选择股票型基金为主。初建家庭的投资者希望在中等风险下获得较高的收益，他们并不拥有较强的资金实力，却有明确的财富增值目标和一定的风险承受能力，可以考虑以积极型基金投资为主，再辅之以适度积极型和储蓄替代型基金的策略。家庭稳定的投资者追求在中等风险水平下得到可靠的投资回报，期望投资能带来一定的收益，能应付几年以后孩子的教育支出，可以考虑兼顾积极型基金与适度积极型基金和稳健储蓄替代型基金相结合的产品组合。

5. 信息

信息主要包括公开披露的基本信息，以及对基金市场和各个基金的分析报告，如基金排行榜和基金买卖建议等。

7.4.2 不同类型基金的投资策略

1. 股票型基金的投资策略

股票型基金主要投资上市公司股票，收益为股票红利和股票上涨的盈利，其投资股票的基金资产一般不低于总资产的 60%。但是，在具体实施操作时，投资者一定要对股票市场的行情发展趋势有一个大致的判断。当认为未来的股票市场盈利空间大于下跌空间时，才可以进行股票型基金的投资。

2. ETF 的投资策略

ETF 在发挥避险工具功能的同时，也可视为不错的投资品种。作为跟踪指数的投资品种，其有特定优势，即在股指上升时，涨势特别快；而且由于是被动管理，投资者只需要判断市场的走向，比研究个股简单得多。ETF 还可以细分为被动型 ETF 和积极型 ETF。所谓被动型 ETF，是指基金对于成分股票的投资数量完全按照相关成分股票在具体指数中所占的权数来进行，不进行主观的投资多少的判断与选择。因此，要想保证赚了指数就可以赚钱，被动型 ETF 是最好的选择。所谓积极型 ETF，虽然其选股范围是相关指数的成分股，但是基金经理要作一定的价值判断和时机选择，既有个股投资比例的动态变化，看好的可以多买，不看好的可以不买；也有对市场时机的判断，如果认为后市看好，可以加大投资比例，否则减少投资比例。投资 ETF 还有一个好处是，ETF 的绩效表现基本上与标的指数的趋势一致，对于投资人来说，看准了趋势之后，就可以购买 ETF，保证赚了指数就可以赚钱。

3. 债券型基金的投资策略

债券型基金主要投资国债、企业债和可转债。债券投资比率一般为总资金的 80%，以 2 年定期存款税后利率作为业绩基准，在投资风险控制和收益方面具有明显优势。同时，债券型基金的申购和赎回手续费较低，一般为股票型基金的一半。

4. 货币型基金的投资策略

货币型基金是储蓄的替代品。货币型基金具有流动性好、风险低的特点，具有银行存款无法比拟的优越性，为中小投资者提供了原先只有机构投资者才能进入的市场。货币型基金具有较强的灵活性，一般 12 个工作日即可赎回。投资者可以购买货币型基金来替代传统的活期储蓄和 1 年内的定期储蓄。货币型基金不收取认购费、申购费和赎回费，并且始终能够提供高于银行利率的预期收益。

对于货币型基金的投资策略应该是：当其他基金市场存在较多投资风险的时候，暂时将资金放在货币型基金上；当其他基金市场有较好的投资机会时，到其他市场去捞一把，然后立刻回到货币型基金中来。对于货币型基金的投资，目的是保持自己资金的流动性，以及控制个人投资的整体风险。

5. 混合型基金的投资策略

混合型基金可以在债券市场与股票市场之间实现灵活配置，收益与风险取决两个市场的表现，风险比仅投资于股票市场略小。混合型基金属于中等风险基金品种，受益于灵活的资产配置策略，其风险虽高于债券型基金和货币型基金，但比股票型基金低。此类基金资产配置灵活，如果股票仓位配置很高，则为偏股型，其风险仅次于股票型基金；如果债券仓位配置较高，则属于偏债型，风险仅略高于债券型基金。

思考与练习

1. 名词解释

证券投资基金　开放式基金　封闭式基金　LOF　基金管理人

2. 单选题

（1）LOF 主要是指（　　）。

A. 保本基金　　　　　　　　　　　　　B. 交易型开放式基金

C. 上市开放式基金　　　　　　　　　　D. 货币基金

（2）不属于基金特点的是（　　）。

A. 费用低　　　　　B. 大额投资　　　　C. 分散风险　　　　D. 专家运作

（3）契约型基金与公司型基金是按（　　）分类的。

A. 法律形式不同　　B. 运作方式不同　　C. 投资对象不同　　D. 投资人不同

（4）投资人在同一家基金公司所管理的不同基金品种之间，由一只基金转换为另一只基金时，所要支付的费用是指（　　）。

A. 申购费　　　　　B. 赎回费　　　　　C. 转换费　　　　　D. 红利再投资费

（5）我国基金分配的方式是（　　）。

A. 分配现金　　　　B. 分配基金单位　　C. 不分配　　　　　D. 送股

（6）基金因购买公司的优先股权而享有对该公司净利润分配的所得是指（　　）。

A. 股息　　　　　　B. 红利　　　　　　C. 债券利息　　　　D. 买卖证券差价

（7）我国基金的设立方式主要有（　　）。

A. 注册制　　　　　B. 核准制　　　　　C. 托管制　　　　　D. 受理制

（8）负责基金发起设立和经营管理的专业机构是（　　）。

A. 基金投资人　　　B. 基金管理人　　　C. 基金托管人　　　D. 基金受益人

（9）基金资本从国外筹集并投资于国外金融市场的基金是（　　）。

A. 国内基金　　　　B. 国际基金　　　　C. 离岸基金　　　　D. 国家基金

（10）在我国，每份基金单位面值为人民币（   ）元。

A. 1   B. 2   C. 10   D. 100

3. 多选题

（1）基金的特点主要有（   ）。

A. 小额投资，费用低   B. 组合投资，分散风险

C. 专家运作并管理   D. 流动性强

（2）依据运作方式的不同，基金可分为（   ）。

A. 开放式基金   B. 成长型基金   C. 价值型基金   D. 封闭式基金

（3）基金的当事人主要包括（   ）。

A. 持有人   B. 管理人   C. 托管人   D. 签约人

（4）开放式基金认购的主要步骤有（   ）。

A. 认购   B. 登记   C. 确认   D. 受理

（5）封闭式基金份额上市交易，应当符合以下主要条件（   ）。

A. 符合《中华人民共和国证券法》的规定   B. 合同期限为 2 年以上

C. 金额不低于 2 亿元人民币   D. 持有人不少于 1 000 人

（6）股票基金申购与赎回的原则有（   ）。

A. 未知价交易原则   B. 已知价交易原则

C. 金额申购、份额赎回原则   D. 份额申购、金额赎回原则

（7）选择基金品种时应重点考虑（   ）。

A. 风险   B. 收益   C. 期限   D. 基金信息

（8）基金利润来源主要有（   ）。

A. 利息收入   B. 投资收益

C. 其他收入   D. 公允价值变动损益

（9）基金自身投资活动产生的税收主要有（   ）。

A. 企业所得税   B. 印花税   C. 增值税   D. 个人所得税

（10）个人投资者投资基金的税收包括（   ）。

A. 印花税   B. 所得税   C. 增值税   D. 契税

4. 简答题

（1）基金主要有哪些特点？

（2）比较开放式基金与封闭式基金的不同之处。

（3）基金的当事人主要包括哪些？

（4）简述基金利润的主要来源。

（5）简述基金投资的策略与技巧。

5. 案例分析题

    小沈是重庆人，毕业后留在成都工作已有两年，目前月收入为 4 000 元左右。小沈与朋友共同租房住，平均每月在租房上支出 500 元，加上饮食、娱乐等其他消费，其每月总开支在 3 000 元左右。小沈现在手头有存款 1 万元，而此前并没有任何理财投资经验。小沈希望能通过合理理财，尽量多攒一些钱，为将来买房、结婚等做准备。

    要求：请你用所学的知识帮助小沈设计一个基金投资的方案。

第 8 章

金融衍生产品理财

🔍 **学习目标与要求**

1. 了解金融衍生产品及远期的概念、特征和分类，掌握远期利率协议的相关内容。

2. 了解期货市场的产生发展过程，掌握期货合约的构成要素。

3. 了解国内外各交易所主要的期货品种，掌握期货交易制度。

4. 熟练掌握期货交易的套期保值，以及期货投机、套利、期权等各种交易策略并学会计算其盈亏状况。

5. 掌握期权的分类和要素，掌握权证的分类、要素和用途。

案例引入

经济日报中国经济网　北京 2018 年 2 月 14 日讯 据农业部消息，农业部监测，2 月 14 日农产品批发价格 200 指数为 118.49，比昨天上升 0.75 个点，"菜篮子"产品批发价格 200 指数为 121.23，比昨天上升 0.87 个点。截至今日 14:00，全国农产品批发市场猪肉平均价格为 20.75 元/公斤，比昨天下降 0.1%；牛肉 57.90 元/公斤，比昨天上升 0.8%；羊肉平均价格为 54.57 元/公斤，比昨天下降 0.3%；鸡蛋平均价格为 9.35 元/公斤，比昨天上升 0.4%；白条鸡平均价格为 15.56 元/公斤，比昨天上升 0.9%。重点监测的 28 种蔬菜平均价格为 5.26 元/公斤，比昨天上升 3.1%；重点监测的 7 种水果平均价格为 5.50 元/公斤，比昨天上升 2.0%；鲫鱼平均价格为 16.10 元/公斤，比昨天上升 2.4%；鲤鱼平均价格为 12.45 元/公斤，比昨天上升 1.5%；白鲢鱼平均价格为 7.12 元/公斤，比昨天下降 2.7%；大带鱼平均价格为 39.69 元/公斤，比昨天上升 0.7%。

今天，国内鲜活农产品批发市场重点监测的 60 个品种中，与昨天相比价格升幅前五名的是：油菜、大白菜、白萝卜、莴笋和黄瓜，幅度分别为 6.9%、5.9%、5.5%、5.5% 和 5.1%；价格降幅前五名的是：葱头、白鲢鱼、土豆、羊肉和猪肉，幅度分别为 3.9%、2.7%、1.4%、0.3% 和 0.1%。

资料来源：http://www.ce.cn/cysc/sp/info/201802/14/t20180214_28189069.shtml.

面对这种情况，如果你是投资者能否用期货手段避免上述农产品价格的大起大落？如果能，将如何操作？如果不能，请陈述理由。

金融衍生产品通常是指从原生资产派生出来的金融工具。由于许多金融衍生产品交易在资产负债表上没有相应科目，因而也称为资产负债表外交易（简称表外交易）。

金融衍生品市场作为一个新兴的金融市场，产生于 20 世纪 70 年代，在 80 年代进入了迅猛发展时期。随着金融衍生产品的不断推陈出新，交易量屡创新高，市场规模不断扩大，金融衍生产品成为重要的证券投资品种，所以，学习和掌握金融衍生产品具有非常重要的意义。

8.1 金融衍生产品概述

8.1.1 金融衍生产品的概念

金融衍生工具是与基础金融产品相对应的概念，指建立在基础产品或基础变量之上，其价格随基础产品的价格（或数值）变动的派生金融产品。这里的基础产品不仅包括现货金融产品（如债券、股票等），也包括金融衍生产品。而作为衍生工具基础的变量则包括利率、汇率、各类价格指数甚至气温指数等。

近40年来，衍生工具市场的快速崛起成为全球金融市场最引人注目的事实之一。为了更好地确认衍生工具，各国以及国际权威机构针对衍生工具提出了不同的概念。1998年美国财务会计准则委员会（FASB）所发布的133号会计准则——《衍生工具与避险业务会计准则》将衍生工具划分为独立衍生工具和嵌入式衍生工具，并给出了明确的识别标准和计量依据，尤其是所谓"公允价值"的应用，对后来各种机构制订衍生工具计量标准具有重大影响。2001年，国际会计准则委员会发布的第39号会计准则——《金融工具：确认和计量》和我国财政部2006年颁布的《企业会计准则第22号——金融工具确认和计量》（2017年修订），均基本沿用了FASB133的定义。

1. 衍生工具

根据我国《企业会计准则第22号——金融工具确认和计量》，衍生工具包括远期合同、期货合同、互换和期权，以及具有远期合同、期货合同、互换和期权中一种或一种以上特征的工具。衍生工具具有下列特征：

（1）其价值随特定利率、金融工具价格、商品价格、汇率、价格指数、费率指数、信用等级、信用指数或其他类似变量的变动而变动，变量为非金融变量的，该变量与合同的任一方不存在特定关系。

（2）不要求初始净投资，或与对市场情况变化有类似反应的其他类型合同相比，要求很少的初始净投资。

（3）在未来某一日期结算。

2. 嵌入衍生工具

嵌入衍生工具是指嵌入到非衍生工具（主合同）中，使混合工具的全部或部分现金流量随特定利率、金融工具价格、商品价格、汇率、价格指数、费率指数、信用等级、信用指数或其他类似变量的变动而变动的衍生工具。嵌入衍生工具与主合同构成混合工具，如可转换公司债等。

8.1.2 衍生工具的基本特征

衍生工具具有以下四个显著特性。

1. 跨期性

衍生工具是交易双方通过对利率、汇率、股价等因素变动趋势的预测，约定在未来的某一时间按照一定条件进行交易或选择是否交易的合约。无论是哪一种衍生工具，都会影响交易者在未来一段时间内或未来某时点上的现金流，跨期交易的特征十分突出。

2. 杠杆性

衍生工具交易一般只需要支付少量的保证金或权利金就可以签订远期大额合约或互换不同的金融工具，从而可以起到以小博大的效果。但是在收益可能成倍放大的同时，投资者所承担的风险与损失也会成倍放大。此类产品的杠杆效应在一定程度上决定了它的投机性和高风险性。

 **小资料**

在实盘交易中，例如国内 A 股的交易，我们要购买价值 1 万元的股票，就必须付出 1 万元的现金。而在保证金交易中，例如外汇市场，您要购买价值 1 万元的大豆，只需要付出 5% 的现金，也就是 500 元，这 500 元就叫作保证金，这种杠杆就是 20：1。

什么叫保证金交易？保证金交易是什么？

杠杆交易可以加大我们资本的波动幅度，例如在股市，如果我们吃到一个涨停板（上涨 10%），我们的利润是 10%，如果在期货市场的大豆交易中，如果行情向我们所做的方向波动 10%，我们的利润就是 200%，所以说，在实盘的股票交易中，要实现翻倍，是困难的，但是在保证金交易中，翻倍是轻而易举的。同时，在实盘的股票交易中，要把本金亏光，是不容易的，但是在保证金交易中，血本无归是司空见惯的。所以在股票交易中我们可以满仓，但是在保证金交易中，永远不要满仓操作，否则一旦亏损，后果是十分严重的。在外汇保证金交易中，杠杆多种多样，从 2：1 到 500：1 应有尽有，各个交易商提供了不同的杠杆供客户选择，最常使用的杠杆有 20：1、30：1、50：1、100：1、200：1 等，更大的杠杆实际上并无意义了。在决定仓位时，必须首要考量风险这个指标，综合行情波动的可能，杠杆倍数的高低，从而得知可能承受到的亏损是多少，依据可能的亏损衡量风险，来决定仓位的大小，只有控制了风险，才能在市场中存活下来。

资料来源：http：//licaishi.sina.com.cn.

3. 联动性

衍生工具的价值与基础产品或基础变量紧密联系、规则变动。这种联动关系可以是简单的线性关系，也可以是更复杂的非线性关系。

4. 不确定性或高风险性

衍生工具的交易后果取决于交易者对基础工具或基础变量预测和判断的准确程度。基础工具价格的波动性决定了衍生工具交易盈亏的不稳定性，这是衍生工具高风险的主要诱因。基础金融工具价格不确定性仅仅是衍生工具风险性的一个方面，在衍生工具交易中还存在信用风险、市场风险、流动性风险、结算风险、操作风险和法律风险。

8.1.3　金融衍生产品的分类

国际上金融衍生产品种类繁多，活跃的金融创新活动接连不断地推出新的衍生产品。金融衍生产品主要有以下几种分类方法。

1. 根据产品形态分类

根据产品形态不同金融衍生产品可以分为远期、期货、期权和互换四大类。

远期合约和期货合约都是交易双方约定在未来某一特定时间、以某一特定价格、买卖某一特定数量和质量资产的交易形式。

期货合约是期货交易所制订的标准化合约，对合约到期日及其买卖的资产的种类、数量、质量作出了统一规定。远期合约是根据买卖双方的特殊需求由买卖双方自行签订的合约。因此，期货交易流动性较高，远期交易流动性较低。

期权交易是买卖权利的交易。期权合约规定了在某一特定时间、以某一特定价格买卖某一特定种类、数量、质量原生资产的权利。期权合同有在交易所上市的标准化合同，也有在柜台交易的非标准化合同。

互换合约是一种为交易双方签订的在未来某一时期相互交换某种资产的合约。更为准确地说，互换合约是当事人之间签订的在未来某一期间内相互交换他们认为具有相等经济价值的现金流的合约。较为常见的是利率互换合约和货币互换合约。互换合约中规定的交换货币如是同种货币，则为利率互换；如是异种货币，则为货币互换。

2. 根据原生资产分类

根据原生资产不同金融衍生产品可以分为四类，即股票、利率、货币和商品类金融衍生产品。如果再加以细分，股票类中又包括具体的股票和由股票组合形成的股票指数；利率类中又可分为以短期存款利率为代表的短期利率和以长期债券利率为代表的长期利率；货币类中包括各种不同币种之间的比值；商品类中包括各类大宗实物商品。

3. 根据交易地点分类

根据交易地点不同金融衍生产品可以分为场内交易和场外交易。

场内交易，又称交易所交易，指所有的供求方集中在交易所进行竞价交易的交易方式。这种交易方式具有交易所向交易参与者收取保证金，同时负责进行清算和承担履约担保责任的特点。此外，由于每个投资者都有不同的需求，交易所事先设计出标准化的金融合同，由投资者选择与自身需求最接近的合同和数量进行交易。所有的交易者集中在一个场所进行交易，这就增加了交易的密度，一般可以形成流动性较高的市场。期货交易和部分标准化期权合同交易都属于这种交易方式。

场外交易，又称柜台交易，指交易双方直接成为交易对手的交易方式。这种交易方式有许多形态，可以根据每个使用者的不同需求设计出不同内容的产品。同时，为了满足客户的具体要求，出售衍生产品的金融机构需要有高超的金融技术和风险管理能力。场外交易不断产生金融创新。但是，由于每个交易的结算是由交易双方相互负责进行的，交易参与者仅限于信用程度高的客户。互换交易和远期交易是具有代表性的柜台交易的衍生产品。

据统计，在金融衍生产品的持仓盘中，按产品形态分类，远期交易的持仓量最大，占整体持仓量的42%，以下依次是互换（27%）、期货（18%）和期权（13%）。按交易对象分类，以利率短期、利率远期交易等为代表的有关利率的金融衍生产品交易占市场份额最大，为62%，以下依次是货币衍生产品（37%）和股票、商品衍生产品（1%）。1989—1995年的6年间，金融衍生产品市场规模扩大了5.7倍。各种交易形态和各种交易对象之间的差距并不大，整体上呈高速扩大的趋势。

8.2　远　　期

远期合约是最基本、最简单的衍生工具，在远期合约的基础上进行标准化、衍生和组合产生了其他的金融衍生产品，所以在介绍其他金融衍生产品之前先对远期合约的相关概念进行了解。

1. 远期合约的产生

远期合约是为了规避现货交易风险的需要而产生的。对于原始社会自给自足的状态而言，现货交易是人类的一大进步。通过交易，双方均可获得好处，但是现货交易的最大缺点是无法规避价格风险。一个农场主的命运完全掌握在他的农作物收割时农作物的价格中。如果在播种时就能确定农作物收割时候的价格，农场主就可安心致力于农作物的生产了。远期合约正是适应这种需要而产生的。

2. 远期合约的概念及特征

远期合约是指交易双方约定在未来某一确定时间，按确定的价格买卖一定数量的某种资产的合约。这种资产可以是商品，如大米和石油等；也可以是金融工具，如外汇和利率等。在合约中规定在将来买入标的物的一方为多方，而在未来卖出标的物的一方为空方，合约中规定的未来买卖标的物的价格为交割价格。如果信息对称，而且合约双方对未来的预期相同，那么合约双方所选择的交割价格应使合约的价值在合约签署时等于零，即交割价格对双方是同等有利的。这意味着双方无须成本就可以签署合约，从而进入远期合约的多头或空头状态。

远期合约是非标准化的合约，即它不在交易所交易，而是在金融机构之间或金融机构与客户之间通过谈判之后签署的。在签署远期合约之前，双方可以就交割地点、交割时间、交割价格、合约规模和标的物的品质等细节进行洽谈，以便尽量满足双方的需要。因此，远期合约与将要介绍的期货合约相比，灵活性较大，这正是远期合约的主要优点。

但是远期合约的缺点同样明显。首先，由于远期合约没有固定的、集中的交易场所，不利于信息交流和传播，不利于形成统一的市场价格，市场效率较低。其次，由于每份远期合约的履行没有保证，当价格变动对一方有利时，另一方有可能无力或无诚意履行合约，因此，远期合约的违约风险较高。

3. 远期利率协议

根据基础资产划分，常见的金融远期合约分为股权类资产的远期合约、债权类资产的远期合约、远期利率协议和远期汇率协议。下面主要以远期利率协议为例进行介绍。

远期利率协议（FRA）是指按约定的名义本金，交易双方在约定的未来日期交换支付浮动利率和固定利率的远期协议。从本质上讲，远期利率协议所反映的是以固定利率提供的一笔远期对远期贷款，但没有实际贷款义务，不存在实际借贷资金的流动，所以 FRA 业务不列入资产负债表，亦不需要满足严格的资本充足要求。FRA 是银行提供的场外交易产品，是由希望对未来利率走势进行保值或投机的双方所签订的一份协议。买方名义上同意未来获得特定金额的贷款，卖方名义上同意授予买方一笔特定金额的贷款。在远期利率协议下，双方都只是名义上的借贷者，协议规定双方从未来某个特定日期开始在某个特定期限内借贷一笔利率固定、数额确定的名义本金。如果市场利率上升，买方受到保护，因为根据协议，买方仍然是以事先商定的利率支付利息，借此可防止高利率造成的借款成本增加；市场利率的下降对买方而言则意味着一种"机会成本"，受协议的制约，买方亦不可能享受低利率的好处。卖方的境遇恰好相反，无论市场利率如何波动，卖方总是按照既定的利率收取利息。

这里所谓的"名义"，就是 FRA 交易中并没有实际借贷行为的发生。尽管有时候协议的一方或双方确有借款或贷款的实际要求，但实际借贷款活动需要另行安排，FRA 所能提供的只是对未来利率风险的一种防范措施。这种风险防范作用是以现金补偿的方式来体现的，当远期利率协议到期时，如果协议利率与通行的市场利率存在差异，那么交易的一方要向另一方支付现金。

例如，A 公司计划在 1 个月后借入一笔为期 3 个月的 100 万美元款项，目前的利率水平为 6%，公司担心未来 1 个月内利率上升，出于回避风险的目的，A 公司现在就可以买入一份对应期限的 FRA，对其未来的借款进行保值。在市场上，该笔交易称为"1 月对 4 月远期利率协议"，以"1×4 FRA"表示。设银行提供的这样一份 FRA 的价格为 6.25%，则公司的借款利率即被确定在 6.25% 的水平。假设 1 个月后，A 公司当初的担心变成现实，市场利率上涨至 7%，于是，A 公司将被迫以市场利率借款，结果使其不得不多偿付利息。但令其欣慰的是，由于它已持有一份 FRA 头寸，所以银行会根据协议向 A 公司支付一笔差额补偿资金（称为结算金）。这笔结算金可以有效地弥补利率上涨引起的借款成本上升，从而保证其融资按 6.25% 的固定利率进行。

在 FRA 交易中，需要理解的重要术语包括：合同金额、合同货币、交易日、结算日、确定日、到期日、合同期、合同利率、参考利率等。在上面的例子中，假设交易日是 4 月 10 日，双方同意成交一份金额为 100 万美元、利率为 6.25% 的 1×4 FRA。在此，合同货币是美元，合同金额是 100 万美元，合同利率是 6.25%；"1×4"是指起算日至结算日之间的时间为 1 个月，起算日至到期日之间的时间为 4 个月，起算日一般是交易日后两个营业日，这里的起算日是 4 月 12 日，结算日是 5 月 12 日，到期日是 8 月 12 日，合同期为 90 天；参考利率是指用来计算结算金的以市场为基础的利率，在确定日里予以确定，确定日一般提前结算日两个营业日（5 月 10 日）；根据合同利率与参考利率的差额计算出来的结算金应当在结算日以现金方式进行收付。

课堂小讨论

分组讨论一下，远期和期货有何相同与不同之处？

8.3　期　　货

8.3.1　期货理财基础

1. 期货市场的产生和发展

1）期货交易的概念

期货交易是指在期货交易所内集中买卖未来某一特定时期标准化期货合约的交易活动。

2）期货市场的产生

期货市场最早萌芽于欧洲。早在古希腊和古罗马时期，就出现过中央交易场所、大宗易货交易，以及带有期货贸易性质的交易活动。到 12 世纪，这种交易方式在英、法等国的发展规模很大，专业化程度也很高。

1251 年，英国大宪章正式允许外国商人到英国参加季节性交易会。1571 年，英国创建了世界上第一家集中的商品市场——伦敦皇家交易所，在其原址上后来成立了伦敦国际金融期货交易所。其后，阿姆斯特丹建立了第一家谷物交易所。17 世纪前后，荷兰在期货交易的基础上发明了期权交易方式，在阿姆斯特丹交易中心形成了交易郁金香的期权市场。

现代意义上的期货交易在 19 世纪中期产生于美国芝加哥。1848 年，美国成立了芝加哥期货交易所（CBOT）；1851 年，芝加哥期货交易所引进了远期合同；1865 年，推出了标准化合约，同时实行了保证金制度，这是具有历史意义的制度创新，促成了真正意义上的期货交易的诞生。随后，1882 年，芝加哥期货交易所允许对冲方式免除履约责任；1883 年，结算协会成立，向芝加哥期货交易所的会员提供对冲工具。标准化合约、保证金制度、对冲机制和统一结算的实施，标志着现代期货市场的确立。1874 年 5 月，芝加哥商业交易所（CME）成立，并于 1969 年发展成为世界上最大的肉类和畜类期货交易中心。2007 年，CBOT 和 CME 合并成为芝加哥商业交易所集团（CME Group），是全球最大的期货交易场所。

课堂小讨论

你能解释为什么期货市场最早萌芽于欧洲，而不是亚洲或其他国家吗？

3）期货市场的发展

（1）期货市场的发展。期货市场继在英国产生之后，迅速发展到欧洲、亚洲等地。1876 年，300 名金属商人成立了伦敦金属有限公司，1887 年，伦敦金属交易所（LME）组建。1726 年，法国商品交易所在巴黎诞生；1885 年，法国通过一个重要法令，允许在法国开展商品期货交易；1986 年，法国国际期货市场在巴黎正式开业，开展金融期货和金融期权交易；1988 年，法国商品交易所与法国金融工具期货市场合并为法国国际期货期权交易所。

（2）期货品种的发展。国际期货市场的发展，大致经历了由商品期货到金融期货、交易品种不断增加、交易规模不断扩大的过程。

① 商品期货。商品期货是指标的物为实物商品的期货合约，主要包括农产品期货、金属期货和能源期货。

农产品期货诞生于 1848 年芝加哥期货交易所，随着现货生产和流通的扩大，交易品种不断增加。除小麦、玉米、大豆等谷物期货外，棉花、咖啡、可可等经济作物，黄油、鸡蛋，以及后来的生猪、活牛、猪腩等畜禽产品，木材、天然橡胶等林产品期货陆续上市。

最早的金属期货交易诞生于英国的伦敦金属交易所，主要从事铜和锡的期货交易；1920 年，铅、锌两种金属也在伦敦金属交易所正式上市交易。目前，其主要交易品种有铜、锡、铅、锌、铝、镍、白银等。1974 年，纽约商业交易所（COMEX）推出了黄金期货合约。

能源期货。20 世纪 70 年代发生石油危机，直接导致了石油等能源期货的产生。目前，上市的品种主要有原油、汽油、取暖油、天然气、丙烷等。

② 金融期货。20 世纪 70 年代，布雷顿森林体系解体，固定汇率制被浮动汇率制所取代，利率管制等金融管制政策逐渐取消，汇率、利率频繁剧烈波动。1972 年 5 月，芝加哥一个分支——商业交易所（CME）设立了国际货币市场（IMM），首次推出了包括英镑、加拿大元、西德马克、法国法郎等在内的外汇期货合约，标志着金融期货的产生。1975 年 10 月，芝加哥期货交易所上市国民抵押协会债券（GNMA）期货合约，成为世界上第一个利率期货合约；1982 年，美国堪萨斯期货交易所（KCBT）开发了价值线综合指数期货合约，股票价格指数成为期货交易的对象。金融期货的出现，使期货市场发生了翻天覆地的变化，彻底改变了期货市场的发展格局。目前，在国际期货市场上，金融期货占据主导地位。

③ 期货期权。1982 年 10 月 1 日，美国长期国债期货期权合约在芝加哥期货交易所上市，为其他商品期货和金融期货交易开辟了一方新天地，引发了期货交易的又一场革命。期权交易与期货交易都具有规避风险、提供套期保值的功能，但期权交易不仅对现货商具有规避风险的作用，而且对期货商也具有规避风险的作用，相当于给高风险的期货交易买了一份保险。因此，这种灵活交易策略吸引了大批的投资者。

2. 期货市场的功能

期货市场的功能有很多，但其基本功能是规避风险功能和价格发现功能。

1）规避风险功能

（1）含义。规避风险是指生产经营者通过在期货市场进行套期保值业务，有效地规避、转移或分散现货市场上价格波动的风险。

（2）原理。规避风险的原理是指同一种商品在现货市场和期货市场同时存在时，其两个市场的走势一般是保持相同的，在两个市场采取反向操作，就构成了"套期保值"。例如，某经营者（甲）与另一经营者（乙）签订了一份远期大豆销售合同（甲销售给乙），为了规避由于市场波动带来的损失，甲可以在期货市场买入大豆合约（持有多头合约），而乙则可以在期货市场卖出大豆合约（持有空头合约），当市场上涨，现货市场甲出现交易亏损（俗话说"卖亏了"），但期货市场的上涨就冲抵了这个损失，对于乙方则相反，期货市场的亏损将被现货市场的利润相抵。在市场下跌时，乙方在现货市场出现交易亏损（俗话说"买亏了"），但期货市场的下跌给乙方带来差额利润以冲抵现货市场的损失，对于甲方在期货市场的亏损将由现货市场的超额利润相抵。如此就可以规避价格波动带来的风险。

2）价格发现功能

（1）含义。价格发现是指在期货市场通过公开、公正、高效、竞争的期货运行机制形成具有真实性、预期性、连续性和权威性价格的过程。

（2）原因。期货交易之所以具有发现价格的功能，主要原因如下。

第一，期货交易参与者众多，包括会员及他们所代表的众多商品生产者、销售者、加工者、进出口商和投资者等。这些众多的买卖竞争可以代表供求双方的力量，有助于真实价格的形成。

第二，期货交易中的交易者通过科学的分析、预测方法，结合自己的生产成本、预期利润，对商品供求和价格走势进行判断、分析和预测，报出自己的理想价格参与竞争，如此形成的价格能够比较接近供求变动趋势。

第三，期货交易的透明度高，竞争公开化、公平化有助于形成公正的价格。

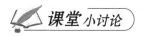

除了上述基本功能外，你能列举出期货的其他功能吗？试举例说明。

3. 期货合约

1）期货合约的概念

期货合约是由交易所统一制定，规定将来某一特定时间和地点交割一定数量与质量商品的标准化合约。它是期货交易的对象。期货合约是在现货合同和现货远期合约的基础上发展起来的，但它们最本质的区别是期货合约条款的标准化。

2）期货合约的主要条款及设计依据

下面以芝加哥期货交易所小麦期货合约（见表 8-1）为例，介绍期货合约的主要构成要素。该合约中"芝加哥期货交易所小麦期货合约"称为合约名称，该名称需要注明合约的品种名称及其上市的交易所名称。

表 8-1　芝加哥期货交易所小麦期货合约

交易品种	小麦
交易单位	5 000 蒲式耳
报价单位	美分/蒲式耳
最小变动价位	0.25 美分/蒲式耳（每手合约 12.5 美元）
每日价格最大波动限制	不高于或低于上一交易日结算价的 30 美分/蒲式耳（1 500 美元/合约）。交割月没有波幅限制（交割月前的两个交易日放开波幅限制）
合约交割月份	7、9、12、3、5
交易时间	公开喊价：星期一至星期五，中部时间上午 9：30—下午 1：15 电子交易：星期日至星期五，中部时间下午 7：31—上午 6：00 到期合约的交易在最后交易日中午结束
最后交易日	交割月 15 日的前一交易日
最后交割日	交割月最后交易日之后的第 7 个工作日
交割等级	2 号软红麦、2 号硬红冬麦、2 号黑硬北春麦、2 号北春麦平价，替代品的升贴水由交易所制定
交易代码	公开喊价，W；电子交易，ZW

（1）交易品种。交易品种是期货合约当中规定的买卖商品的种类。其可以是实物商品，也可以是金融产品。

（2）交易单位。交易单位是指在期货交易所交易的每手期货合约代表的标的商品的数量。例如，芝加哥期货交易所小麦期货合约的交易单位是每手 5 000 蒲式耳，而郑州商品交易所规定，一手普通小麦期货合约的交易单位为 50 吨。

（3）报价单位。报价单位是指在公开竞价过程中对期货合约报价所使用的单位，即每计量单位的货币价格。例如，表 8-1 中的报价单位是美分/蒲式耳，我国阴极铜、铝、玉米等期货合约的报价单位是元/吨。

（4）最小变动价位。最小变动价位是指在期货交易所的公开竞价过程中，对合约的每单位价格报价的最小变动数值。在期货交易中，每次报价的最小变动数值必须是最小变动价位的整数倍。最小变动价位乘以交易单位，就是该合约价值的最小变动值。例如，表 8-1 中最小变动价位是 0.25 美分/蒲式耳，交易单位是 5 000 蒲式耳，所以每手合约的最小变动值是 0.25×5 000＝1 250 美分，即 12.5 美元。

（5）每日价格最大波动限制。每日价格最大波动限制即涨跌停板，它充当了市场价格波动的刹车器。市场价格不会因突发的"歇斯底里"而被推挤至不当的水平，同时期货交易者也会有充裕的时间来重新评估其市场部位。当市场价格涨到最大涨幅时，称为"涨停板"；反之，称为"跌停板"。当市场价格到达当日的涨跌停板时，市场交易并未封闭起来，它只是禁止市场不得以逾越涨跌停板范围的价格去进行交易。如果交易者愿意取得相反方向的期货部位，亦即涨停时有人愿意卖出，跌停时有人愿意买进，在此涨跌停板下，交易还会发生。当然，当日价格也可能从涨停板下跌到跌停板，也可能从跌停板上涨到涨停板。

（6）合约交割月份。合约交割月份是指某一期货合约到期交割的月份。期货合约的到期实际交割比例很小，芝加哥期货交易所的农产品到期交割量占该合约总交易量的比率一般为 0.5% 左右。

（7）交易时间。每个交易所对交易时间都有严格的限制。我国的交易时间一般每周营业 5 天，周六、周日及国家法定节、假日休息。一般每个交易日分为两盘，即上午盘和下午盘。

（8）最后交易日。最后交易日是指某种期货合约在合约交割月份中进行交易的最后一个交易日，过了这个交易日未平仓的期货合约，必须进行实物交割。

（9）交割日期。交割日期是指合约标的物所有权进行转移，以实物交割或现金交割方式了结未平仓合约的时间。

（10）交割等级。交割等级是指由期货交易所统一规定的、准许在交易所上市交易的合约标的物的质量等级。在进行期货交易时，交易双方无须对标的物的质量等级进行协商，发生实物交割时按交易所期货合约规定的标准质量等级进行交割。

（11）交割地点。交割地点是指由期货交易所统一规定的，进行实物交割的指定交割仓库。

（12）交易手续费。交易手续费是期货交易所按成交合约金额的一定比例或按成交合约手数收取的费用。交易手续费的收取标准，不同的期货交易所有不同的规定。

（13）交割方式。交割方式分为实物交割和现金交割两种。商品期货通常采取实物交割方式，金融期货多采用现金交割方式。

（14）交易代码。例如，我国期货市场中，黄大豆 1 号合约的交易代码为 A，黄大豆 2 号合约的交易代码为 B，阴极铜合约的交易代码为 CU，硬冬白小麦合约的交易代码为 WT，铝合约的交易代码为 AL，豆粕合约的交易代码为 M，天然橡胶合约的交易代码为 RU，绿豆合约的交易代码为 GN，燃料油合约的交易代码为 FU，玉米合约的交易代码为 C，棉花合约的交易代码为 CF。

（15）交易保证金。交易保证金是指买卖期货合约所要缴纳的保证金水平，一般以合约价值的一定百分比来表示。交易保证金一般在 5%～10%。例如，大连商品交易所的豆粕期货合约规定交易保证金为合约价值的 5%。

课后作业

从网络或从期货公司中搜集中国主要期货品种的期货合约。

4. 期货交易制度

1）保证金制度

保证金制度是指在期货交易中，任何交易者必须按照其买卖期货合约价值的一定比例（通常为 5%～10%）缴纳资金，用于结算和保证履约。

保证金分为结算准备金和交易保证金。结算准备金是指会员为了交易结算在交易所专用结算账户中预先准备的资金，是未被合约占用的保证金。交易保证金是指会员在交易所专用结算账户中确保合约履行的资金，是一种被合约占用的保证金。

2）当日无负债结算制度

当日无负债结算制度又称为"逐日盯市"，它是指每日交易结束后，交易所按当日结算价结算所有合约的盈亏、交易保证金，以及手续费、税金等费用，对应收应付的款项同时划转，相应增加或减少会员的结算准备金。

3）涨跌停板制度

涨跌停板制度又称每日价格最大波动限制制度，即期货合约在一个交易日中的交易价格波动不得高于或低于规定的涨跌幅度，超过该涨跌幅度的报价将被视为无效报价。涨跌停板一般是以合约上一交易日的结算价为基准确定的（一般有百分比和固定数量两种形式）。即合约上一交易日的结算价加上允许的最大涨幅构成当日价格上涨的上限，称为涨停板；而该合约上一交易日的结算价减去允许的最大跌幅则构成当日价格下跌的下限，称为跌停板。

4）熔断制度

所谓熔断制度，是在股票指数期货交易中，当价格波幅触及所规定的点数时，交易随之停止一段时间；或者交易可以继续进行，但价格波动幅度不能超过规定点数之外的一种交易制度。在国际上，"熔断"制度一般有两种表现形式，分别是"熔而断"与"熔而不断"。熔而断是指当价格触及熔断点后，在随后的一段时间内停止交易；熔而不断是指当价格触及熔断点后，在随后的一段时间内仍可继续交易，但报价限制在熔断点之内。我国采用熔而不断的机制。

5）持仓限额制度

持仓限额制度是指交易所规定会员或客户可以持有的，按单边计算的某一合约投机头寸的最大数额。实行持仓限额制度的目的是防范操纵市场价格的行为和防止期货市场风险过度集中于少数投资者。

6）大户报告制度

大户报告制度是指当交易所会员或客户某品种某合约持仓达到交易所规定的持仓报告标准的，会员或客户应向交易所报告。

7）强行平仓制度

强行平仓制度是指交易所按照有关规定对会员、客户持仓实行平仓的一种强制措施。

8）强制减仓制度

强制减仓制度是交易所将当日以涨跌停板价申报的未成交平仓报单，以当日涨跌停板价与该合约净持仓盈利客户按持仓比例自动撮合成交。

9）套期保值审批制度

期货交易所对套期保值交易实行审批制度。填写套期保值申请报表，并向交易所提交相关证明材料。

10）交割制度

交割是指合约到期时，按照期货交易所的规则和程序，交易双方通过该合约所载标的物所有权的转移，或者按照规定结算价格进行现金差价结算，了结到期未平仓合约的过程。以标的物所有权转移进行的交割为实物交割，按结算价格进行现金差价结算的交割为现金交割。

11）结算担保金制度

结算担保金是指由结算会员依交易所规定缴存的，用于应对结算会员违约风险的共同担保资金。

12）风险准备金制度

风险准备金制度是指为了维护期货市场正常运转提供财务担保和弥补因不可预见风险带来的亏损而提取的专项资金的制度。

除此之外，还有风险警示制度和信息披露制度等。

8.3.2 期货理财的策略与应用

1. 套期保值策略

1）套期保值的含义

套期保值是指厂商、机构和个人把期货市场作为价格风险转移的场所，利用期货合约作为将来在现货市场进行买卖商品的临时替代物，对其现在买进（或者拥有或者将来拥有）准备以后售出或对将来需要买进商品的价格进行保值。

套期保值的基本做法是在现货市场和期货市场对同一种类的商品同时进行数量相等但方向相反的买卖活动，即在买进或卖出实货的同时，在期货市场上卖出或买进同等数量的期货，经过一段时间，当价格变动使现货买卖上出现盈亏时，可由期货交易上的亏盈得到抵消或弥补。从而在"现"与"期"之间、近期和远期之间建立一种对冲机制，以使价格风险降到最低限度。

2）套期保值的种类

套期保值的分类有很多种，现介绍目前常用的几种分类方法。

（1）买入套期保值。这是未来有现货需求，担心价格上涨在期货市场先买后卖，盈利（亏损）将控制（抵消）现货市场的亏损（盈利）。

（2）卖出套期保值。这是指未来有现货卖出，担心价格下跌在期货市场上先卖后买，盈利（亏损）将控制（抵消）现货市场的亏损（盈利）。

3）套期保值的操作原则

套期之所以能够保值，是因为同一种特定商品的期货和现货的主要差异在于交货日期前后不一，而它们的价格则受相同经济因素和非经济因素的影响与制约，而且，期货合约到期必须进行实货交割的规定性，使现货价格与期货价格还具有趋合性，即当期货合约临近到期日时，两者价格的差异接近于零，否则就有套利的机会，因而在到期日前，期货和现货价格具有高度的相关性。在相关的两个市场中，反向操作必然有相互冲销的效果。其具体的操作原则如下。

（1）种类相同或相关原则。商品种类相同或相关原则是指在做套期交易时，所选择的期货商品必须和套期保值者将在现货市场上买进或卖出的现货商品在种类上相同。只有商品种类相同，期货价格和现货价格之间才有可能形成密切的关系，才能在价格走势上保持大致相同的趋势，从而在两个市场上同时或前后采取反向买卖行动取得保值效果。

（2）数量相等或相当原则。商品数量相等或相当原则是指在做套期交易时，所选用的期货合约上所载的商品数量必须与交易者将要在现货市场上买进或卖出的商品数量相等或相当。

（3）月份相同或相近原则。月份相同或相近原则是指在做套期保值交易时，所选用的期货合约的交割月份最好与交易者将来在现货市场上实际买进或卖出现货商品的时间相同或相近。

（4）交易方向相反原则。交易方向相反原则是指在做套期保值时，套期保值者必须同时或在相近时间内在现货市场上和期货市场上采取相反的买卖行动，即进行反向操作，在两个市场上处于相反的买卖位置。

对于上述交易原则，可通过一个例题进行说明。

例 8-1　7 月 1 日，大豆的现货价格为 2 040 元/吨，某加工商对该价格比较满意。为了避免将来现货价格可能上升，导致原材料成本提高，决定在大连商品交易所进行大豆期货交易。此时，大豆 9 月份期货合约的价格为 2 010 元/吨。于是该加工商在期货市场上买入 10 手 9 月份大豆合约。9 月 1 日其在现货市场上以 2 080 元/吨的价格买入大豆 100 吨，同时在期货市场上以 2 050 元/吨卖出 10 手 9 月份大豆合约，对冲 7 月 1 日建立的头寸。交易情况见表 8-3。

表 8-2　例 8-1 的交易情况

	现货市场	期货市场
7 月 1 日	大豆价格为 2 040 元/吨	买入 10 手 9 月份大豆合约，价格为 2 010 元/吨
9 月份	买入 100 吨大豆，价格为 2 080 元/吨	卖出 10 手 9 月份大豆合约，价格为 2 050 元/吨
套保结果	亏损 40 元/吨	盈利 40 元/吨

由例 8-1 可知，首先，完整的买入套期保值同样涉及两笔期货交易。第一笔为买入期货合约；第二笔为在现货市场买入现货的同时，在期货市场卖出对冲原先持有的头寸，操作相反，遵循了交易方向相反原则。其次，在现货市场上买卖的是大豆，在期货市场上买卖的也是大豆，遵循了种类相等原则；在期货市场上买入了 100 吨大豆，在期货市场上买入了 10 手大豆，即 100 吨，遵循了数量相等原则；在现货市场上交易的月份是 9 月份，在期货市场上买入的是 9 月份交割的大豆期货合约，遵循月份相同原则。最后，通过这一套期保值交易，虽然现货市场价格出现了对该加工厂不利的变动，该加工商在现货市场的损失为 4 000 元（100×40）；但是，在期货市场上的交易盈利了 4 000 元，从而消除了价格不利变动的影响。

4）套期保值的应用

在介绍套期保值的应用策略之前，首先介绍套期保值中一个非常重要的概念：基差。基差是某一特定地点某种商品的现货价格与同种商品的某一特定期货合约价格间的价差。

（1）买入套期保值的应用。

① 适用对象及范围。对于在未来某一时间准备购进某种商品但担心价格上涨的交易者来说，为了避免价格上涨的风险，保证购买成本的稳定，可以采取买入套期保值的方式，一般可运用于以下领域：加工制造企业为了防止日后购进原料时价格上涨的情况；供货方已经跟需求方签订好现货供需合同，将来交货，但供货方此时尚未购进货源，担心日后购进货源时价格上涨；需求方认为目前现货市场的价格很合适，但由于资金不足或缺少外汇或一时找不到符合要求的商品，或者仓库已满，不能立即买进现货，担心日后购进现货，价格上涨。

② 操作方法。交易者先在期货市场上买入期货合约，其买入的商品品种、数量、交割月都与将来在现货市场上买入的现货大致相同，以后如果现货市场价格真的出现上涨，它虽然在现货市场上以较高的现货价格买入现货商品，但由于此时它在期货市场上卖出原来买进的期货合约进行对冲平仓而获利，这样，用对冲后的期货盈利来弥补因现货市场价格上涨所造成的损失，从而完成了买入套期保值交易。

例 8-2 接例 8-1，如果现货价格上涨幅度大于期货价格，现货每吨上涨 60 元，期货每吨上涨 40 元。交易情况见表 8-3。

表 8-3　例 8-2 的交易情况

	现货市场	期货市场	
7月1日	大豆价格为 2 040 元/吨	买入 10 手 9 月份大豆合约，价格为 2 010 元/吨	
9月份	买入 100 吨大豆，价格为 2 100 元/吨	卖出 10 手 9 月份大豆合约，价格为 2 050 元/吨	
基差	30 元/吨	50 元/吨	基差扩大
套保结果	亏损 60 元/吨	盈利 40 元/吨	

在例 8-2 中，现货价格和期货价格均上升，但现货价格的上升幅度大于期货价格的上升幅度，基差扩大，从而使加工商在现货市场上因价格上升买入现货蒙受的损失大于在期货市场上因价格上升卖出期货合约的获利。从表 8-3 可以看出，该加工商在现货市场亏损 6 000 元（60×100），在期货市场盈利 4 000 元，其损失已部分地获得弥补，盈亏相抵后仍亏损 2 000 元，实现减亏保值。

如果现货市场和期货市场的价格不是上升而是下降，加工商在现货市场获利，在期货市场损失。但是只要基差扩大，现货市场的盈利不仅不能弥补期货市场的损失，而且会出现净亏损。

同样的道理，如果现货市场和期货市场的价格不是上升而是下降，加工商在现货市场获利，在期货市场损失。但是只要基差缩小，现货市场的盈利不仅能弥补期货市场的全部损失，而且会有净盈利。

（2）卖出套期保值的应用。

① 适用对象及范围。那些准备在未来某一时间内在现货市场上售出实物商品的生产经营者，为了日后在现货市场售出实际商品时所得到的价格仍能维持在当前合适的价格水平上，其最大的担心是当实际在现货市场上卖出现货商品时价格下跌。为此，应当采取卖出套期保值方式来保护其日后售出实物的收益。卖出套期保值主要用于以下几种情况：直接生产商品期货实物的生产厂家、农场、工厂等手头有库存产品尚未销售或即将生产、收获某种商

品期货实物，担心日后出售时价格下跌；储运商、贸易商手头有库存现货尚未出售，或者储运商、贸易商已签订将来以特定价格买进某一商品但尚未转售出去，担心日后出售时价格下跌；加工制作企业担心库存原料价格下跌。

② 操作方法。交易者先在期货市场上卖出期货合约，其卖出的品种、数量、交割月份都与将来在现货市场卖出的现货大致相同，如果以后现货市场价格真的出现下跌，虽然在现货市场上以较低的价格卖出手中的现货商品，但是其在期货市场上买入原来卖出的期货合约进行对冲平仓，用对冲后的盈利弥补因现货市场出售现货所发生的亏损，从而实现保值的目的。

例 8-3 假设 7 月份，一家农场了解到大豆现货价格为 2 010 元/吨，该农场担心到 9 月份收获季节大豆价格下跌，从而减少收益。为避免将来价格下跌带来的风险，该农场决定在大连商品交易所进行大豆期货交易。假设期货价格与现货价格下跌幅度相同，交易情况见表 8-4。

表 8-4 例 8-3 的交易情况

	现货市场	期货市场
7 月 1 日	大豆价格为 2 010 元/吨	卖出 10 手 9 月份大豆合约，价格为 2 050 元/吨
9 月 1 日	卖出 100 吨大豆，价格为 1 980 元/吨	买入 10 手 9 月份大豆合约，价格为 2 020 元/吨
套保结果	亏损 30 元/吨	盈利 30 元/吨

由例 8-3 可知，首先，完整的卖出套期保值实际上涉及两笔期货交易。第一笔为卖出期货合约；第二笔为在现货市场上卖出现货的同时，在期货市场上买进对冲原先持有的部位。其次，因为在期货市场上的交易顺序是先卖后买，所以例 8-3 是一个卖出套期保值。最后，通过这一套期保值交易，虽然现货市场价格出现了对该农场不利的变动，价格下跌了 30 元/吨，因而少收入了 3 000 元；但是，在期货市场上的交易盈利了 3 000 元，从而消除了价格不利变动的影响。

例 8-4 接例 8-3，假设现货价格跌幅大于期货价格跌幅，现货市场下跌 40 元/吨，期货市场下跌 30 元/吨，交易情况见表 8-5。

表 8-5 例 8-4 的交易情况

	现货市场	期货市场	
7 月 1 日	大豆价格为 2 010 元/吨	卖出 10 手 9 月份大豆合约，价格为 2 050 元/吨	
9 月 1 日	卖出 100 吨大豆，价格为 1 970 元/吨	买入 10 手 9 月份大豆合约，价格为 2 020 元/吨	
基差	-40 元/吨	-50 元/吨	基差缩小
套保结果	亏损 40 元/吨	盈利 30 元/吨	

在例 8-4 中，现货价格和期货价格均下降，但现货价格的下降幅度大于期货价格的下降幅度，基差缩小，从而使农场在现货市场上因价格下跌卖出现货蒙受的损失大于在期货市场上因价格下跌买入期货合约的获利。从表 8-5 中可以看出，该农场在现货市场的亏损是 4 000 元，在期货市场的盈利是 3 000 元，其损失已部分地获得弥补，盈亏相抵后仍损失 1 000 元，实现减亏保值。

如果现货市场和期货市场的价格不是下降而是上升，经销商在现货市场获利，在期货市场损失。但是只要基差缩小,现货市场的盈利只能弥补期货市场的部分损失,结果仍是净损失;反之,如果基差扩大,结果为净盈利。

2. 期货投机策略

1)投机的概念

在期货市场上纯粹以牟取利润为目的而买卖标准化期货合约的行为,被称为期货投机。

3. 期货投机方法

期货投机的一般方法是买低卖高或者卖高买低,买低卖高的投机方法称为买空投机,卖高买低的投机方法称为卖空投机。买空投机也称多头投机交易,指投机者预测期货市场行情会上涨,即先开仓买进期货合约,然后等待价格上涨后平仓获利的交易行为。卖空投机,也称空头投机交易,指投机者预测期货市场行情会下跌,即先开仓卖出期货合约,然后等待价格下跌后择机平仓获利的交易行为。现通过举例说明两种投机方法。

1)买空投机

例8-5 某投机者判断将来7月份大豆价格趋涨,于是买入10张大豆合约(每张10吨),价格为每吨2 345元。果然到7月份大豆价格上涨到每吨2 405元,于是按该价格卖出10张大豆合约以平仓。

$$获利:(2\ 405\ 元/吨-2\ 345\ 元/吨)\times10\ 吨/张\times10\ 张 = 6\ 000\ 元$$

2)卖空投机

例8-6 某投机者认为将来11月份的小麦价格会从目前的每吨1 300元下跌,于是卖出5张小麦合约(每张10吨)。到11月份,小麦的价格果然下跌至每吨1 250元,于是买入5张小麦合约以平仓。

$$获利:(1\ 300\ 元/吨-1\ 250\ 元/吨)\times10\ 吨/张\times5\ 张 = 2\ 500\ 元$$

4. 期货套利策略

1)套利的概念

套利,即套期图利,又被称为价差交易,它是指在买入或卖出某种期货合约的同时,卖出或买入相关的另一种合约,并在某个时间同时将两种合约平仓的交易方式。在交易方式上它与套期保值相同,只不过套期保值是在现货及期货市场同时买入卖出合约,而套利则是同时在期货市场买卖合约。(从套利的定义可以看出,它与套期保值的交易方式相仿,都是在买入(卖出)的同时卖出(买入),只不过实施的市场不同,套利都是在期货市场对不同的合约进行交易,而套期保值则是在不同的市场进行交易。)

2)套利的种类及应用

在讲述套利的种类及其应用之前,首先引入一个非常重要的概念:价差。所谓价差,是指两种相关的期货合约价格之差。在实务操作中一般以价格较高的一边减去价格较低的一边。现介绍几种主要的套利方法。

(1)跨期套利及应用。

① 跨期套利的含义。跨期套利是指在同一市场(即同一交易所)同时买入、卖出同种商品,但交割月份不同的期货合约,以期在有利时机将这两个交割月份不同的合约对冲平仓获利。不同的交割月就是跨期,这种交易行为被称为跨期套利。跨期套利视其在市场中所建立的交易部位不同,又分为牛市套利、熊市套利和蝶式套利3种。

所谓牛市套利,是指在正向市场,如果供给不足,需求相对旺盛,会导致近期月份合约价格的上升幅度大于远期月份合约，或者近期月份合约价格下降幅度低于远期月份合约。这时可以利用买入近期月份合约的同时卖出远期月份合约来进行牛市套利。

所谓熊市套利，是指在正向市场，如果供给增加，需求相对减少，会导致近期月份合约价格的上升幅度小于远期月份合约，或者近期月份合约价格下降幅度大于远期月份合约。这时可以利用买入远期月份合约的同时卖出近期月份合约来进行熊市套利。

所谓蝶式套利，是指由两个方向相反、共享居中交割月份合约的跨期套利组成。其原理是交易者认为，中间交割月份的期货合约价格与两旁交割月份合约价格之间的关系会出现差异。其实蝶式套利是两个跨期套利的组合。

② 跨期套利的应用。由于篇幅有限本书以牛市套利为例，讲解跨期套利的具体操作过程。

具体来说，当市场是牛市时，一般近期月份合约价格上涨幅度往往要大于远期月份合约价格的上涨幅度。如果是正向市场，远期月份合约价格与近期月份合约价格之间的价差往往会缩小；如果是反向市场，则近期月份合约与远期月份合约的价差往往会扩大。在这种情况下，买入近期月份合约的同时卖出远期月份合约进行套利盈利的可能性比较大。牛市套利对于可储存的商品并且是在相同的农作物销售年度最有效。

例 8-7　10 月 1 日，次年 3 月份玉米合约价格为 2.16 美元/蒲式耳，次年 5 月份合约价格为 2.25 美元/蒲式耳，两者价差为 9 美分/蒲式耳。交易者预计玉米价格将上涨，次年 3 月份与 5 月份的期货合约的价差将有可能缩小。于是交易者买入 1 手次年 3 月份玉米合约的同时卖出 1 手次年 5 月份玉米合约。到 12 月 1 日，次年 3 月份和 5 月份的玉米期货价格分别上涨为 2.24 美元/蒲式耳和 2.30 美元/蒲式耳，两者的价差缩小为 6 美分/蒲式耳。交易者同时将两种期货合约平仓，从而完成套利交易。其交易结果见表 8-6。

表 8-6　例 8-7 的交易结果

10 月 1 日	买入 1 手次年 3 月份玉米合约，价格为 2.16 美元/蒲式耳	卖出 1 手次年 5 月份玉米合约，价格为 2.25 美元/蒲式耳	价差为 9 美分/蒲式耳
12 月 1 日	卖出 1 手次年 3 月份玉米合约，价格为 2.24 美元/蒲式耳	买入 1 手次年 5 月份玉米合约，价格为 2.30 美元/蒲式耳	价差为 6 美分/蒲式耳
盈亏状况	盈利 8 美分/蒲式耳	亏损 5 美分/蒲式耳	价差缩小
最终结果	盈利 3 美分/蒲式耳，总盈利为 0.03×5 000＝150 美元		

在例 8-7 中可以判断，套利是在正向市场上进行的，如果在反向市场上，近期价格要高于远期价格，牛市套利是买入近期合约同时卖出远期合约。

（2）跨商品套利及应用。

① 跨商品套利的含义。跨商品套利是指利用两种不同的但相互关联商品之间的期货合约价格的差异进行套利，即买入（卖出）某一交割月份某种商品的期货合约，同时卖出（买入）另一相同交割月份相互关联的商品期货合约，以期在有利时机同时将这两种合约对冲平仓获利。跨商品套利可以分为两种：一种是相关商品间的套利；另一种是原料与成品间的套利。

② 跨商品套利的应用。

例 8-8　7 月 30 日，11 月份小麦合约价格为 7.50 美元/蒲式耳，而 11 月份玉米合约价格为 2.35 美元/蒲式耳，前者合约价格比后者高出 5.15 美元/蒲式耳。套利者根据两种商品合约的价差分析，认为价差小于正常年份的水平，如果市场机制运行正常，两者之间的价差会恢复正常。于是，套利者决定买入 1 手 11 月份小麦合约的同时卖出 1 手 11 月份玉米合约，以期未来某个有利时机同时平仓获取利润，交易情况见表 8-7。

表 8-7　例 8-8 的交易情况

7 月 30 日	买入 1 手 11 月份小麦合约，价格为 7.50 美元/蒲式耳	卖出 1 手 11 月份玉米合约，价格为 2.35 美元/蒲式耳	价差为 5.15 美元/蒲式耳
9 月 30 日	卖出 1 手 11 月份小麦合约，价格为 7.35 美元/蒲式耳	买入 1 手 11 月份玉米合约，价格为 2.10 美元/蒲式耳	价差为 5.25 美元/蒲式耳
盈亏状况	亏损 0.15 美元/蒲式耳	盈利 0.25 美元/蒲式耳	价差扩大
最终结果	盈利 0.1 美元/蒲式耳，总盈利为 0.1×5 000＝500 美元		

（3）跨市套利及应用。

① 跨市套利的含义。跨市套利是指在某个交易所买入（卖出）某一交割月份的某种商品合约的同时，在另一交易所卖出（买入）同一交割月份的同种商品合约，以期在有利的时机分别在两个交易所对冲手中的合约获利。这种方法是利用同种、同交割月份的商品在不同地区存在的价差进行的套利活动。例如，在大连商品交易所和日本东京谷物交易所、美国芝加哥期货交易所都进行大豆期货交易；在上海期货交易所、英国伦敦金属交易所、美国纽约商业交易所都进行铜期货交易，交易者可以观察不同交易所或不同地区的期货价格，选择对自己有利的组合进行跨市套利。

② 跨市套利的应用。

例 8-9　7 月 1 日，堪萨斯市交易所 12 月份小麦合约价格为 7.50 美元/蒲式耳，同日芝加哥交易所 12 月份小麦合约价格为 7.60 美元/蒲式耳。套利者认为，虽然堪萨斯市交易所的合约价格较低，但和正常情况相比仍显高，预测两交易所 12 月份合约的价差将扩大。据此分析，套利者决定卖出 1 手堪萨斯市交易所 12 月份小麦期货合约，同时买入 1 手芝加哥交易所 12 月份小麦合约，以期望未来某个有利时机同时平仓获取利润，交易情况见表 8-8。

表 8-8　例 8-9 的交易情况

7 月 1 日	卖出 1 手堪萨斯市交易所 12 月份小麦合约，价格为 7.50 美元/蒲式耳	买入 1 手芝加哥交易所 12 月份小麦合约，价格为 7.60 美元/蒲式耳	价差为 0.1 美元/蒲式耳
7 月 10 日	买入 1 手堪萨斯市交易所 12 月份小麦期货合约，价格为 7.40 美元/蒲式耳	卖出 1 手芝加哥交易所 12 月份玉米期货合约，价格为 7.55 美元/蒲式耳	价差为 0.15 美元/蒲式耳
盈亏状况	获利 0.10 美元/蒲式耳	亏损 0.05 美元/蒲式耳	价差扩大
最终结果	盈利 0.05 美元/蒲式耳，总盈利为 0.05×5 000＝250 美元		

8.4　互　　换

互换是指两个或两个以上的当事人按共同商定的条件，在约定的时间内定期交换现金流的金融交易，可以分为货币互换、利率互换、股权互换、信用互换等类别。从交易结构上看，可以将互换交易视为一系列远期交易的组合。从功能上看，互换交易的主要用途是改变交易者资产或负债的风险结构，从而规避相应的风险。

自 1981 年美国所罗门兄弟公司为 IBM 公司和世界银行办理首笔美元与德国马克和瑞士法郎之间的货币互换业务以来，互换市场的发展非常迅速。目前，按名义金额计算的互换交易已经成为最大的衍生交易品种。

2006 年 2 月 9 日，中国人民银行发布了《关于开展人民币利率互换交易试点有关事宜的通知》，批准在全国银行间同业拆借中心开展人民币利率互换交易试点。通知发布当日，国家开发银行和中国光大银行完成首笔交易。

由于利率互换和货币互换是两种最重要的互换品种，本书将主要介绍这两种产品。

1. 货币互换

1）货币互换的内涵及主要作用

货币互换是指交易双方互相交换不同比重、相同期限、等值资金债务或资产的货币及利率的一种预约业务。具体而言，就是双方按固定汇率在期初交换两种不同货币的本金，然后按预先规定的日期进行利息和本金的分期互换。在某些情况下，期初可以不交换本金，也可以到期日不交换本金。

1981 年，IBM 公司和世界银行进行了一笔美元、马克、瑞士法郎之间的货币互换交易。当时，世界银行在欧洲美元市场上能够以较为有利的条件筹集到美元资金，但是实际需要的确是瑞士法郎和德国马克。此时持有瑞士法郎和德国马克的 IBM 公司，正好希望将这两种货币形式的资金换成美元资金，以回避利率风险。美国所罗门兄弟公司作为中介，世界银行把以低息筹集到的美元资金提供给 IBM 公司，IBM 公司将自己持有的瑞士法郎和德国马克资金提供给世界银行。通过这种货币互换交易，世界银行以比自己筹集资金更为有利的条件筹集到了所需的瑞士法郎和德国马克资金，IBM 公司则回避了汇率风险，低成本筹集到美元资金。这是迄今为止正式公布的世界上第一笔货币互换交易。通过这项货币互换交易，世界银行和 IBM 公司在没有改变与原来的债权人之间的法律关系的情况下，以低成本筹集到了自身所需的资金。

2）货币互换的具体操作过程

货币互换的具体操作过程包括三个步骤：第一，本金的初期互换，其主要目的是确定交易双方各自本金的金额，以便将来计算应支付的利息和再换回的本金。第二，利息的互换，即交易双方按议定的利率，以未偿还本金额为基础，进行利息支付。第三，本金的再次互换，即在合约到期日，双方换回交易开始时互换的本金。

2. 利率互换

利率互换指两笔债务以利率方式互相调换，一般期初和到期日都没有实际本金的交换。在利率互换中，本金被作为计算利息的基础而真正交换的只是双方不同特征的利息。利率互换主要有三种形式：同种货币的固定利率与浮动利率互换，以某种利率为参考的浮动利率与以另一种利率为参考的浮动利率互换，某种货币固定利率与另一种货币浮动利率的互换。

相比较而言，利率互换的出现比货币互换晚，资本市场债券发行中最著名的首次利率互换发生在 1982 年 8 月。当时德意志银行发行了 3 亿美元的 7 年期固定利率的欧洲债券，并与 3 家银行进行互换，换成以伦敦银行同业拆放利率（LJBOR）为基准的浮动利率。在该项互换中，德意志银行按低于伦敦银行同业拆放利率支付浮动利息，得到了优惠，而其他3家银行则通过德意志银行很高的资信级别换得了优惠的固定利率美元债券。由于利率互换双方能够互相地利用各自在金融市场上的优势获得利益，因而这次利率互换交易的成功，推动了利率互换市场的发展，这也标志着互换交易工具的应用已从货币市场转到信贷市场。

2008年1月，中国人民银行发布了《关于开展人民币利率互换业务有关事宜的通知》，宣布自2008年2月18日起正式开展人民币利率互换业务，参与机构从原来试点规定的部分商业银行和保险公司，拓展到所有银行间债券市场参与者。

根据统计数据，2011年，我国银行间各类人民币利率衍生品共成交2.8万亿元，同比增长52.6%，其中利率互换成交2.7万亿元，同比增长78.4%，是利率衍生品市场的主力产品，利率互换市场的参与主体也继续增加至83家。

 **小资料**

如果看过电影《大空头》的人，相信对最后发了财的独眼投资人布瑞印象深刻。他依靠的就是CDS这种违约赔付工具赚了个盆满钵满。

什么是 CDS?

CDS全称credit default swap，翻译过来叫作"信用违约互换"。从字面意思理解，就是一种可以把信用违约的风险转移的工具。

比如小明向朋友小红借了10万元钱，约定还款利息为5%，一年到期还本付息10.5万元。尽管小红比较相信小明的人品，但毕竟借钱给别人都是有风险的，还是有点不放心。这时候隔壁邻居王大爷听说了小明和小红的事，王大爷提议与小红签一份合同，小红给王大爷1000元钱，如果小明按时不能还钱，王大爷帮他还了；如果还上了，这1000元钱就算王大爷的辛苦费，反正小红也不亏。

通过这个案例，我们可以发现其实CDS非常类似于一份保单，只要花一点小钱就可以将潜在的违约风险进行转移。但CDS并不完全像保险，两者之间还有关键性的区别。保险对投保人身份有严格的要求，而CDS可以是与自己完全毫无关系的人，而且CDS本身还可以进行交易。

为什么需要 CDS?

在现实生活中，CDS保障的金额要远高于10万元钱这个数，巨额的投资量，令CDS应运而生。比如很多投资银行为了赚取暴利，采用20~30倍杠杆操作，假如自身资产30亿元，加了30倍杠杆就是900亿元。以30亿元资产抵押出去借900亿元用于投资，如果投资盈利5%，那么投资银行就能获利45亿元利润，相对于本身资产来说，这笔暴利很难让人不为所动。但反过来，如果投资亏损了5%，投资银行赔光了自己全部身家还欠债15亿元。

这样做实在有些冒险。这个时候投资银行为了逃避高风险就找到了机构B，这个机构B就是前文中王大爷的角色，但保费不再是1000元，可能是5000万元，如果连付10年，保费总共是5亿元。投资银行认为：如果投资成功，少赚5亿元，还能净赚40亿元；如果投资失败，还有机构B来赔付，这笔买卖划算啊。

CDS 本身如何进行交易？

机构 B 可不是"省油的灯"，回去算了笔账，发现违约的概率不到 1%，如果接 100 个这样的单子，赚的钱可远远不止 5 亿元。于是机构 B 接手了越来越多这样的单子，这时候机构 C 看得眼红，也想分杯羹尝一尝。跑过去跟机构 B 聊：能不能把这些单子分一部分给我？每个单子给你 2 亿元。机构 B 一听 2 亿元马上心动了，一拍即合。

机构 C 拿到这批 CDS 单子之后马上把它挂牌出售，标价 220 亿元，机构 D 看到了这个产品，又算了一下，500 亿元减去 220 亿元，还赚 280 亿元，不算贵，立刻买了下来。层层交易下来，只要最初的投资银行还在赚钱，后面跟着"分肉"的最后都赚到了钱。

资料来源：http：//money. eastmoney. com.

 课堂小讨论

分组讨论一下，信用违约掉期在 2008 年金融危机当中扮演了什么样的角色？

8.5　期　　权

期权（option），也称选择权，是指某一标的物的买权或卖权，具有在某一限定时间内按某一指定的价格买进或卖出某一特定商品或合约的权利。与期货不同，期权的买方只有权利而没有义务。期权费即期权的价格，是期权的买方要向卖方支付的费用，也就是获得权利而必须支付的费用。对卖方而言，它是卖出期权的报酬。期权费的高低取决于期权到期时间及所选择的履约价格等，是由买卖双方竞价产生的。在期权交易中，期权费是很重要的。期权的买方可以把可能会遭受到的损失控制在期权费额限度之内。而期权的卖方，卖出了一份期权立即可以获得一笔期权费的收入，而不需要马上进行标的物的交割。但同时卖方有必须履行期权合约的义务，无论这个时候标的资产的价格变动对自己是否有利。与期货一样，期权通常也是一种标准化的合约。同样属于金融衍生产品的期货与期权的区别见表 8-9。

表 8-9　期货与期权比较

		期货	期权
投资者的权利义务		双方都有履约的义务	买方只有权利而没有义务 卖方只有义务而没有权利
保证金		双方都要缴纳保证金	期权的卖方要缴纳保证金
盈亏特点	相同点	一方盈利就是另一方的亏损	
	不同点	盈亏是对称的，双方盈亏理论上可以是无限的	盈亏有不对称性，期权买方获利无限，损失有限；期权卖方获利有限，亏损可能无限

我国在股权分置改革中推出的权证，是期权的一种。权证是指针对某一标的股票的买入或卖出的权利，通常一份权证只对应一股股票。含买权的权证称为认购权证，含卖权的权证称为认沽权证。

8.5.1 期权的分类

根据买方的权利性质，期权可分为买权和卖权。买权，又称看涨期权，是指期权买方有权按照执行价格和规定时间向期权卖方买进一定数量基础金融工具的合约。卖权，又称看跌期权，是指期权买方有权按照执行价格在规定时间向期权卖方卖出一定数量基础金融工具的合约。

按执行时间划分，期权可以分为欧式期权和美式期权。欧式期权是指期权合约的买方，在合约到期日才能决定其是否执行权利的一种期权。美式期权是指期权合约的买方，在期权合约的有效期内的任何一个交易日，均可决定是否执行权利的一种期权。美式期权比欧式期权更灵活，赋予买方更多的选择，而卖方则时刻面临着履约的风险，因此，美式期权的期权费相对较高。期权按标的物的性质不同可以分为金融期权与商品期权，金融期权的标的物为利率、货币、股票、指数等金融产品，商品期权的标的物包括农产品、能源等。

按执行价格，期权可分为价内（实值）期权、价外（虚值）期权和平价（平值）期权。对于看涨期权，如果标的资产市价高于执行价格，称期权处于价内状态；如果标的资产市价低于执行价格，称期权处于价外状态；如果标的资产市价等于执行价格，称期权处于平价状态。对于看跌期权，也可同样分类。

8.5.2 期权合约的要素

从以上关于期权的定义中，可以看出期权合约的要素如下。

1. 期权的买方

购买期权的一方成为买方，买方支付期权费从而获得权利，也称期权的多头。

2. 期权的卖方

出售期权的一方成为卖方，卖方因为收取了买方支付的期权费而承担在规定的时间内履行该期权合约的义务，也称期权的空头。

3. 行权价格

行权价格亦称执行价格，是指期权合约所规定的、期权买卖双方在行使权利时所实际执行的价格。这一价格一旦确定，则在期权有效期内，无论期权标的物的市场价格上升到什么程度或下降到什么程度，只要期权买方要求执行期权，期权的卖方就必须以执行价格履行其相应的义务。在金融期权交易中，交易所内交易的合约执行价格是由交易所根据标的物的价格变化局势确定的，场外交易的执行价格则由交易双方商定。

4. 期权费

期权费就是购买或售出期权合约的价格。对于期权买方来说，为了换取期权赋予买方一定的权利，他必须支付一笔费用给期权卖方；对于期权的卖方来说，他卖出期权而承担了必须履行期权合约的义务，为此他收取一笔费用作为报酬。由于权利金是由买方负担的，是买方在出现最不利的变动时所需承担的最高损失金额，因此期权费也称作"保险金"。这一费用一旦支付，则不管期权买方是否执行期权均不予退回。期权费用的多少取决于期权合约的性质、到期月份和执行价格等。

5. 通知日

当期权买方要求履行实物交割时，他必须在预先确定的交货和提运日之前的某一天通知卖方，以便让卖方做好准备，这一天就是通知日。

6. 到期日

到期日是指期权合约必须履行的时间，亦是期权的终点。

8.5.3 期权的收益

1. 看涨期权的收益

对于看涨期权的买方来说，其购买期权合约时，支付了一定的期权费用，这笔费用不论以后市场价格走向如何，都不可以收回，是投资者的一笔固定费用。

如果在行权日期内现货市场价格如投资者的预期一样上涨，投资者则可以以低于市场价格的行权价格购买产品。因此，投资者的收益将是市场价格减去行权价格的差。由于在购买合约时还付了期权费用，因此上述收益还要再减去期权费。

如果在行权日期内现货市场价格并没有像投资者预期的那样上涨，市场价格反而比行权价格低，对于投资者来说，行权只会导致自己的损失更大，因此，投资者可以选择不行权。不行权投资者的损失将是期权费。

从上面的分析可以看出，对于看涨期权的买方来讲，其最大的损失是期权费，但是收益不封顶。

对于看涨期权的卖方来说，其出售期权合约，获得了对方支付的期权费，因此，需要承担相应的义务，在之后的过程当中，看涨期权的卖方将不再会有其他的收益来源。当市场价格低于行权价格时，因为买方将放弃行权，因此，投资者将获得期权费。而当市场价格高于行权价格时，买方将会行权，这时，看涨期权的卖方将要承担相应的损失，其损失的额度为市场价格减去行权价格再加上期权费。

例 8-10 1 月 1 日，标的物是铜期货，美式期权，它的期权执行价格为 1 850 美元/吨。A 买入这个权利，付出 5 美元；B 卖出这个权利，收入 5 美元。2 月 1 日，铜期货价格上涨至 1 905 美元/吨，看涨期权的价格涨至 55 美元。

A 可采取两个策略：

第一种，行使权力——A 有权按 1 850 美元/吨的价格从 B 手中买入铜期货；B 在 A 提出这个行使期权的要求后，必须予以满足，即便当日手中没有铜期货，也只能以 1 905 美元/吨的市价在期货市场上抛出，A 获利 50 美元（1 905－1 850－5＝50），B 则损失 50 美元（1 850－1 905＋5＝－50）。

第二种，售出权利——A 可以按 55 美元的价格售出看涨期权、A 获利 50 美元（55－5）。

如果铜价下跌，即铜期货市价低于敲定价格 1 850 美元/吨，A 就会放弃这个权利，只损失 5 美元权利金，B 则净赚 5 美元。

2. 看跌期权的收益

对于看跌期权的买方来说，其购买期权合约时，支付了一定的期权费用，这笔费用不论以后市场价格走向如何，都不可以收回，是投资者的一笔固定费用。

如果在行权日期内现货市场价格如投资者的预期一样下跌，投资者则可以按高于市场价格的行权价格出售。因此，投资者的收益将是行权价格减去市场价格的差。由于在购买合约时还付了期权费，因此上述收益还要再减去期权费。

如果在行权日期内现货市场价格并没有像投资者预期的那样下跌，行权价格反而比市场价格低，对于投资者来说，行权只会导致自己的损失更大，因此，投资者可以选择不行权。不行权投资者的损失将是期权费。

从上面的分析可以看到，对于看跌期权的买方来讲，其最大的损失是期权费，但是收益不封顶。

对于看跌期权的卖方来说，其出售期权合约，获得了对方支付的期权费，因此，需要承担相应的义务，在之后的过程当中，看跌期权的卖方将不再会有其他的收益来源。当行权价格低于市场价格时，因为买方将放弃行权，因此，卖方获得期权费。当行权价格高于市场价格时，买方将会行权，这时，看跌期权的卖方将要承担相应的损失，其损失的额度为行权价格减去市场价格再加上期权费。

例 8-11 1 月 1 日，铜期货的执行价格为 1 750 美元/吨。A 买入这个权利，付出 5 美元；B 卖出这个权利，收入 5 美元。2 月 1 日，铜价跌至 1 695 美元/吨，看跌期权的价格涨至 55 美元。

A 可采取两个策略：

第一种，行使权力——A 可以按 1 695 美元/吨的价格从市场上买入铜，而按 1 750 美元/吨的价格卖给 B，B 必须接受，A 从中获利 50 美元（1 750-1 695-5＝50）。B 则损失 50 美元。

第二种，售出权利——A 可以按 55 美元的价格售出看跌期权，A 获利 50 美元（55-5）。

如果铜价上涨，A 就会放弃这个权利，只损失 5 美元权利金，B 则净赚 5 美元。

因此，可以得出以下结论：一是作为期权的买方（无论是看涨期权还是看跌期权）只有权利而无义务。他的风险是有限的（亏损最大值为权利金），但在理论上获利是无限的。二是作为期权的卖方（无论是看涨期权还是看跌期权）只有义务而无权利，在理论上他的风险是无限的，但收益是有限的（收益最大值为权利金）。三是期权的买方无须付出保证金，卖方则必须支付保证金以作为必须履行义务的财务担保。

课堂 小讨论

分组讨论一下，期权与期货的区别是什么？

8.6 权 证

8.6.1 权证的定义

权证，是发行人与持有者之间的一种契约，持有人在约定的时间有权以约定的价格购买或卖出标的资产。换言之，权证给了投资者在一定时间、以一定价格认购或出售标的资产的权利（而非义务）。权证可以看作是一种具有期权性质的初级股票衍生证券。作为权证标的资产的可以是个股，也可以是一揽子股票、指数、商品或其他衍生产品。1911 年，美国电灯和能源公司发行了全球第一张认股权证。

8.6.2　权证的分类

1. 认购权证和认沽权证

按照权利的类型，权证可以分为认购权证和认沽权证。其中，购买股票的权证称为认购权证，认购权证是指标明未来买入权利的权证，2006 年 8 月 30 日是宝钢认购权证的到期日和行权日，投资者可凭一张"宝钢 JTB1"（580000），加 4.50 元的行权价，向大股东宝钢集团换购一股 G 宝钢。出售股票的权证叫作认沽权证（或认售权证），认沽权证是指标明未来卖出权利的权证，如招行认沽权证，约定在权证发行 1 年半后，权证持有者可以凭一张"招行 CMP1"（580997），加一股 G 招行股票，按 5.65 元的行权价，沽售给招行的大股东。

2. 欧式权证、美式权证和百慕大式权证

按照行权的时间可以权证分为欧式权证、美式权证和百慕大式权证。美式权证指的是在权证存续期内，在到期日前的任何时间都可按权履约。欧式权证则只有在到期日或到期日前几天才可以进行履约。百慕大式权证介于美式权证与欧式权证之间，它是在权证存续期限内，选择几个时点来进行履约。

3. 价内权证、价外权证及价平权证

按照发行时履约价格与标的股票价格的高低，权证可以分为价内权证、价外权证及价平权证。对认购权证而言，所谓价内是指标的股票市场价格高于认购权证的履约价格；若标的股票市场价格低于认购权证的履约价格，则称为价外；标的股票市场价格等于认购权证的履约价格，则称为价平。对认沽权证而言，恰好相反，比如，宝钢权证，如果市价为 4.0 元，履约价格为 4.5 元，就是明显的价外权证。

8.6.3　认股权证的基本要素

1. 发行人

权证的发行人为标的上市公司，而衍生权证的发行人为标的公司以外的第三方，一般为大股东或券商。在后一种情况下，发行人往往需要将标的证券存放于独立保管人处，作为其履行责任的担保，这种权证被称为备兑权证。

2. 看涨和看跌权证

当权证持有人拥有从发行人处购买标的证券的权利时，该权证为看涨权证。反之，当权证持有人拥有向发行人出售标的证券的权利时，该权证为看跌权证。权证一般指看涨权证。

3. 到期日

到期日是权证持有人可行使认购（或出售）权利的最后日期。该期限过后，权证持有人便不能行使相关权利，权证的价值也变为零。

4. 执行方式

在美式权证执行方式下，持有人在到期日以前的任何时间内均可行使认购权；而在欧式权证执行方式下，持有人只有在到期日当天才可行使认购权。

5. 交割方式

交割方式包括实物交割和现金交割两种形式。其中，实物交割指投资者行使权利时从发行人处购入标的证券，而现金交割指投资者在行使权利时，由发行人向投资者支付市价高于执行价的差额。

6. 认股价（执行价）

认股价是发行人在发行权证时所订下的价格，持证人在行使权利时以此价格向发行人认购标的股票。

7. 权证价格

权证价格由内在价值和时间价值两部分组成。当正股股价（指标的证券市场价格）高于认股价时，内在价值为两者之差；而当正股股价低于认股价时，内在价值为零。但如果权证尚未到期，正股股价还有机会高于认股价，因此权证仍具有市场价值，这种价值就是时间价值。

8. 认购比率

认购比率是每张权证可认购正股的股数，如认购比率为0.1，就表示每10张权证可认购一股标的股票。

9. 杠杆比率

杠杆比率是正股市价与购入一股正股所需要权证的市价之比，即：杠杆比率=正股股价/（权证价格÷认购比率）。杠杆比率可用来衡量"以小博大"的放大倍数，杠杆比率越高，投资者盈利率也越高，当然，其可能承担的亏损风险也越大。

股票与几种股票的金融衍生产品的比较见表8-10。

表8-10 股票与几种股票的金融衍生产品的比较

条款品种	发行人	核算方式	交易机制	能否做空	有无交割（行权）期限
股指期货	金融交易所	每日无负债结算方式	保证金交易	能	有
股票期货	金融交易所	每日无负债结算方式	保证金交易	能	有
股票期权	金融交易所	无	期权市值全额交易	能	有
股票权证	上市公司或第三方	T+0、T+1 或 T+2 交收	权证市值全额交易	能	有
股票	上市公司	T+1 交收	股票市值全额交易，也有保证金交易	否	无

8.6.4 权证的用途

1. 套期保值和风险管理

此为权证的最基本的用途。一直以来，我国证券市场上投资品种单一，没有任何避险工具，投资者缺少选择的余地。权证作为现代金融创新中的一种基本工具，其品种十分丰富，同时权证与债券等金融品种组合，可创新出更多的具有不同收益风险特征的金融产品，有助于投资者进行风险管理。在设计投资组合时，投资者可以将权证纳入投资组合中以对冲风险，使投资更加灵活；而且由于权证具有期权性质，可以锁定风险，防止风险的扩大化。权证的最大作用，就是可以和投资者手里的标的资产构成避险组合。比如，股票投资者担心手里的股票价格下跌，就可以买入该股票的认沽权证来对冲风险。

2. 低风险套利

每个投资者都想使用套利组合在不增加风险的情况下增加组合的收益率。在考虑了交易成本和税收之后，只要权证现实的价格不符合资产定价公式，就存在无风险套利机会。基于同一标的资产、到期日和执行价格均相同的认购权证和认沽权证之间存在一个平价关系，如果权证的市场价格不服从这个平价关系，就可以通过"卖高买低"进行无风险套利。投资者进行低风险套利也可通过正股+权证的组合方式进行。

3. 投机

权证具有较高的杠杆率，权证投资的成本仅为标的证券投资的几分之一，且由于权证实行 $T+0$ 交易，由此放大了投机者的投机能力和投机收益。当然，高收益伴随着高风险，权证投机的损失也被放大，甚至有很大的可能损失全部投资本金。

在以上 3 个用途中，通常来说，权证首先是用于第一个用途，即用来套期保值和风险管理，其次是用于套利，最后的用途才是投机。由于我国内地目前尚不允许卖空机制，利用权证进行套利会受到一定的影响。从我国内地权证的交易情况来看，投机占据了主导地位，表现为成交量巨大，且价格大大高于其内在价值。可见，我国内地投资者主要是利用了权证的投机功能，套期保值和风险管理功能倒是被忽略了，发生了严重的本末倒置，这显然是不可取的。

课堂小讨论

认股权证在我国股权分置改革当中发挥了何种作用？

思考与练习

1. 名词解释

期货 保证金制度 当日无负债结算制度 持仓限额制度 熔断制度 套期保值 套利 期权 看涨期权 看跌期权 互换 远期

2. 单选题

（1）CBOT 是指（　　）。

A. 芝加哥期货交易所　　　　　　B. 伦敦金属交易所

C. 芝加哥商品交易所　　　　　　D. 美国堪萨斯期货交易所

（2）（　　）是我国第一个商品期货市场。

A. 上海期货交易所　　　　　　　B. 郑州商品交易所

C. 大连商品交易所　　　　　　　D. 武汉商品交易所

（3）（　　）是期货市场得以发展的主要原因，同时也是其基本功能之一。

A. 消灭价格风险　　　　　　　　B. 规避现货价格风险

C. 减少风险　　　　　　　　　　D. 减缓现货价格波动

（4）因参与者多、透明度高，期货市场拥有了（　　）的基本功能。

A. 调节市场供求　　　　　　　　B. 稳定经济秩序

C. 降低交易成本　　　　　　　　D. 发现价格

（5）按照我国《期货交易管理暂行条例》的规定，设立期货交易所的审批机构是（　　）。

A. 国务院　　　　　　　　　　　B. 中国人民银行

C. 中国证监会　　　　　　　　　D. 证券交易所

（6）选择期货交易所所在地应该首先考虑的是（　　　）。

A. 政治中心城市　　　　　　　　　　　B. 经济金融中心城市

C. 沿海港口城市　　　　　　　　　　　D. 人口稠密城市

（7）最早产生的金融期货品种是（　　　）。

A. 利率期货　　　　B. 股指期货　　　　C. 国债期货　　　　D. 外汇期货

（8）1972 年 5 月（　　　）的国际货币市场率先推出外汇期货合约。

A. 芝加哥商业交易所　　　　　　　　　B. 芝加哥期货交易所

C. 纽约商业交易所　　　　　　　　　　D. 悉尼期货交易所

（9）期货经纪公司应将客户所缴纳的保证金（　　　）。

A. 存入期货经纪公司合同中指定的客户账户

B. 存入期货经纪公司在银行的账户

C. 存入期货经纪合同中所列的公司账户

D. 存入交易所在银行的账户

（10）期货经纪公司向客户收取的保证金（　　　）。

A. 所有权归期货经纪公司，但客户可以自由使用

B. 所有权归期货交易所，但客户可以自由使用

C. 所有权归客户

D. 所有权归期货交易所、期货公司、客户共同拥有

（11）套期保值是用较小的（　　　）替代较大的现货价格波动风险。

A. 期货价格风险　　　　　　　　　　　B. 基差风险

C. 系统风险　　　　　　　　　　　　　D. 非系统风险

（12）买入套期保值是那些准备在将来某一时间内必须（　　　）某种商品时，价格仍能维持在目前自己认可的水平的投资者常用的保值方法。

A. 卖出　　　　B. 生产　　　　C. 购进　　　　D. 销售

（13）在买入合约后，如果价格下降则进一步买入合约，以求降低平均买入价，一旦价格反弹，可在较低价格上卖出止亏盈利，这称为（　　　）。

A. 买低卖高　　　　B. 卖高买低　　　　C. 平均买低　　　　D. 平均卖高

（14）在卖出合约后，如果价格上升则进一步卖出合约，以提高平均卖出价格，一旦价格回落，可以在较高价格上买入止亏盈利，这称为（　　　）。

A. 买低卖高　　　　B. 卖高买低　　　　C. 平均买低　　　　D. 平均卖高

（15）和单向的普通投机交易相比，套利交易具有以下特点（　　　）。

A. 风险较小　　　　　　　　　　　　　B. 高风险、高利润

C. 保证金比例较高　　　　　　　　　　D. 成本较高

（16）套利者（　　　）扮演多头和空头的双重角色。

A. 先多后空　　　　B. 先空后多　　　　C. 同时　　　　D. 不同时

（17）某客户开仓卖出大豆期货合约 20 手，成交价格为 2 020 元/吨，当天平仓 5 手合约，成交价格为 2 030 元/吨，当日结算价格为 2 040 元/吨，交易保证金比例为 5%，则该客户当日平仓盈亏和持仓盈亏分别是（　　　）元和（　　　）元。

A. 200，−1 000　　　　　　　　　　　B. −2 000，1 000

C. -1 000, 2 000　　　　　　　　　　　D. 1 000, -2 000

（18）所谓金融期货，是指以（　　）作为标的物的期货合约。

A. 美元　　　　　　B. 国库券　　　　　　C. 金融工具　　　　　　D. 股票

（19）最早推出金融期货的交易所是（　　）。

A. CME　　　　　　B. CBOT　　　　　　C. LIFFE　　　　　　D. NYMEX

3. 多选题

（1）期货交易所在指定商品交割仓库时，主要考虑的因素有（　　）。

A. 是否为经济中心

B. 该商品在该地区的生产或消费集中程度

C. 储存、运输和质检条件

D. 高素质的期货专门人才

（2）客户可以通过（　　）向期货经纪公司下达交易指令。

A. 书面下单　　　　　　　　　　　B. 电话下单

C. 网络下单　　　　　　　　　　　D. 中国证监会规定的其他方式

（3）结算是指根据交易结果和交易所有关规定对（　　）进行的计算、划拨。

A. 会员交易保证金　　　　　　　　B. 盈亏

C. 手续费　　　　　　　　　　　　D. 交割货款和其他有关款项

（4）持仓费是指为拥有或保留某种商品、有价证券等而支付的（　　）。

A. 仓储费　　　　　　B. 保险费　　　　　　C. 手续费　　　　　　D. 利息

（5）目前，我国（　　）推出了期转现交易。

A. 郑州商品交易所　　　　　　　　B. 上海期货交易所

C. 大连商品交易所　　　　　　　　D. 北京商品交易所

（6）成功的交易预测和交易最终还是受（　　）影响。

A. 个人情绪　　　　　　　　　　　B. 客观现实

C. 分析方法　　　　　　　　　　　D. 所制订的交易计划

（7）期货投机交易的一般方法是（　　）。

A. 买低卖高或卖高买低　　　　　　B. 平均买低或平均卖高

C. 金字塔式买入卖出　　　　　　　D. 套利

（8）套利者一般是利用不同交割月份的、不同期货市场和不同商品之间的价格差进行套利，可相应的分为（　　）。

A. 跨期套利　　　　　　　　　　　B. 跨商品套利

C. 跨市套利　　　　　　　　　　　D. 跨行业套利

（9）根据交易者在市场中所建立的交易部位的不同，跨期套利一般认为是（　　）。

A. 近月套利　　　　　　　　　　　B. 牛市套利

C. 熊市套利　　　　　　　　　　　D. 远月套利

4. 简答题

（1）简述期货交易的基本功能。

（2）简述期货合约的主要条款及设计依据。

（3）简述期货的主要交易制度。

（4）简述影响期货交易的主要因素。

（5）简述套期保值的操作原则。

5. 计算题

（1）8月份，某电线电缆加工厂预计11月份需要500 t阴极铜作为原料。当时阴极铜的现货价格为每吨15 000元，加工厂对该价格比较满意。根据预测11月份铜价格可能上涨，因此该加工厂为了避免将来价格上涨，导致原材料成本上升的风险，决定在上海期货交易所进行铜套期保值期货交易。此时，11月份铜合约的价格为每吨15 500元，应该如何操作？如果到期出现下列情况，交易盈亏情况如何？

① 现货价格上涨5%，期货价格上涨7%。

② 现货价格下跌7%，期货价格下跌5%。

（2）3月1日，小麦的现货价格为每吨1 200元，某经销商对该价格比较满意，买入1 000 t现货小麦。为了避免现货价格可能下跌，从而减少收益，决定在郑州商品交易所进行小麦期货交易。而此时5月份小麦合约的价格为每吨1 240元，该经销商于是在期货市场上卖出100手（假设1手=10吨）5月份小麦合约。4月1日，他在现货市场上以每吨1 170元的价格卖出小麦1 000 t，同时在期货市场上以每吨1 200元买入100手5月份小麦合约，来对冲3月1日建立的空头头寸。计算基差变化和交易的盈亏结果。

第 9 章

保 险 理 财

🔍 **学习目标与要求**

1. 学习和掌握保险的概念、基本特征和保险的基本原则。
2. 了解财产保险的主要种类。
3. 学习并掌握人身保险产品的主要种类。
4. 熟悉制订保险投资理财计划的步骤。

案 例引入

　　2012 年至 2016 年，客户 Y 先生先后为自己向 X 保险公司投保了 8 份保险。2017 年 Y 先生因胰腺癌伴肝转移不治身故。X 保险公司第一时间前往客户家中慰问，并安排专人进行理赔服务，快速向 Y 先生家人给付保险金 757.1 万元。

　　资料来源：东方财富网。

　　世事无常，疾病和意外等风险的发生谁都无法预测。那么，人们究竟应该如何认识风险，减少风险可能带来的不幸，如何有效地对风险进行有效的管理和控制，同样是投资理财不可或缺的重要环节，这正是本章所要研究的内容。

9.1　保险基础知识

9.1.1　保险的概念

　　广义的保险是指集合具有同类风险的众多单位和个人，以合理计算风险分担金的形式，向少数因该风险事故发生而受到经济损失的成员提供保险经济保障的一种行为。

　　狭义的保险，即商业保险。《中华人民共和国保险法》第二条明确指出：本法所称保险，是指投保人根据合同约定，向保险人支付保险费，保险人对于合同约定的可能发生的事故因其发生所造成的财产损失承担赔偿保险金责任，或者当被保险人死亡、伤残、疾病或者达到合同约定的年龄、期限等条件时承担给付保险金责任的商业保险行为。

9.1.2　保险的基本特征

　　归结起来，保险具有以下基本特征。

1. 经济性

从根本上，保险是一种经济行为。从保险的需求来看，人们迫切希望通过某种方式将损失的不确定性转移出去，为此宁愿付出一定的成本；从保险的供给来看，商业保险是保险人通过集合大量的同质风险，运用大数法则和概率论等相关技术进行合理定价，设计出将不确定的风险损失转化为确定的小额费用支出的保险产品。于是在保险经营中，投保人通过缴纳保险费，购买保险产品，将自身所面临的风险损失转嫁给保险人；保险人收取保费，形成保险基金，用于未来的赔付。

2. 商品性

在商品经济条件下，保险是一种特殊的劳务商品，保险业属于国民经济第三产业。所以，保险体现了一种商品经济关系，这种商品经济关系直接表现为保险人与投保人之间的交换关系。

3. 互助性

保险的运行机制是大家共同出资，通过保险人建立保险基金，当有被保险人遭受损失时，就可以从共同的保险基金中提取资金对其进行损失补偿，体现了"人人为我，我为人人"的互助共济的精神。互助性是保险的最基本特征。

4. 契约性

保险双方当事人通过合同的形式约定双方的权利与义务，保险双方当事人的意愿通过履行保险合同而体现，双方意愿的改变通过合同的变更而实现。

5. 科学性

在保险经营过程中，保险人运用概率论和大数法则等工具，通过将大量的面临相同风险的个体集中起来，对整体风险发生的概率进行测算，计算出保险产品的价格，从而建立科学的保险基金，保证保险业的稳健发展。保险经营的数理基础正是保险科学性的体现。

9.1.3 保险在投资理财中的作用

1. 保险是稳妥的资金储备和投资方式

对于企业来说，日常经营都会拿出一笔钱储蓄在银行以备不时之需。然而，在债务关系出现问题进行法律诉讼时，所有的资产都可能被冻结，包括存款、股票、房产等，这样就会使本来陷入困境的人雪上加霜。而以人寿保险方式储存在保险公司的资产却可以免受灾难。因为法律规定，以死亡为给付条件的保险合同，未经过被保险人的书面同意，不得转让或质押。假设经营的企业陷入困境，购买的人寿保险保单具有的贷款功能可以使其拥有周转资金，有机会从头再来。即使不能从头再来，也可以领取保单中的现金价值享受生活，而不至于一贫如洗。

小资料

安然公司倒闭案

美国安然公司倒闭了，许多员工因此失业，然而债务缠身的前总裁肯尼斯·莱和其妻子的生活却过得有滋有味。据 *Mother Jones* 杂志得知，肯尼斯·莱夫妇在 2000 年 2 月花 400 万美元购买了各种年金保险，这笔钱远远超出了两人从安然公司获得的全年工资。这些年金将保证从 2007 年开始，他们每年有 90 万美元的收入。最绝的是，这些年金是受该州法律保护的，债权人无法以此为由起诉肯尼斯·莱夫妇。

资料来源：田文锦. 金融理财. 北京：机械工业出版社，2006.

2. 保险金免于债务追偿

我国《中华人民共和国保险法》第四十二规定："被保险人死亡后，有下列情形之一的，保险金作为被保险人的遗产，由保险人依照《中华人民共和国继承法》的规定履行给付保险金的义务。（一）没有指定受益人，或者受益人指定不明无法确定的；（二）受益人先于被保险人死亡，没有其他受益人的；（三）受益人依法丧失受益权或放弃受益权，没有其他受益人的。"可以理解为，指定受益人的保险金不作为被保险人的遗产，不参与被保险人生前债务分配。因此，保险具有银行存款、股票、基金等金融工具所不具备的免于债务追偿的功能。

3. 人寿保险是较好的融资工具

一般而言，很多人拒绝保险不是因为保险不好，而是担心以后万一缴不起保费，保单失效对自己造成损失。其实，上述的担心可以通过巧妙利用保险贷款的功能来解决。把一张大保单分割成几个小的保单可以有效地发挥保单的融资功能，让存在保险公司的钱流动起来。

 小资料

保单质押贷款

人寿保单经过两年时间后，允许投保人以保单为抵押向保险人申请贷款，贷款金额以低于该保单项下积累的责任准备金或退保金（也称为保单的现金价值）为限。

保单质押贷款条款多见于两全保险或终身寿险合同中。实行保单质押贷款方便了投保人，降低了保单解约率，增加了保险人的资金运用渠道。保单贷款的期限一般不超过一年，贷款金额不得高于保单项下积累的现金价值。投保人应按时归还贷款并支付利息。贷款利率略高于或等于金融机构的贷款利率，如果投保人在还款前发生了保险事故或退保，保险人从保险金或退保金中扣还贷款本息。当贷款本息达到责任准备金或退保金数额时，保险合同即告终止。

资料来源：付荣辉，李丞北. 保险原理与实务. 2 版. 北京：清华大学出版社，2014.

4. 人寿保险是税收筹划的有力工具

保险在税收筹划方面具有独到的功能，利用合理合法的方式，既节省成本，又能为员工和其家人谋求一份福利，可以说是一种非常好的资产保全方式。企业可以为员工投保人寿保险从而达到税收筹划的目的，企业为员工购买的补充医疗保险和补充养老保险可以从税前扣除；而员工从保险公司获得的保单受益同样也是免税的，这样可以最大限度地实现资产保全。

在我国，遗产税的实施是不可避免的，如何有效地做到资产保全是需要提前规划的项目之一。因为一旦征收遗产税，继承人需要缴纳较高的遗产税，否则，遗产将会被拍卖。我国税法明确规定保险金是不纳入应征收税额的。如果我国也开始征收遗产税，购买保险是个避开遗产税的好途径。在选择购买保险时，只要将遗产继承人确定为受益人就可以既提供保障又可以免税。

 **小资料**

不同的遗产税

在台湾，有"台湾首富"称号的霖园集团创办人蔡万霖辞世后，遗产税的数额受到各界关注。有媒体把《福布斯》杂志报道的蔡万霖身家财产 46 亿美元，换算为 1 564 亿元新台币，蔡家人要缴纳的遗产税高达 782 亿元新台币。但实际上他的遗产税只有几亿元新台币，这和台湾富豪温世仁可谓天壤之别。富豪温世仁的资产过亿，其过世后遗产税高达 40 亿元新台币，资产收缩近一半。为什么相差如此之大？原因很简单，蔡万霖生病之前就做好了子女接班的规划，通过购买人寿保险等方式，提早地进行了节税的准备。

资料来源：田文锦．金融理财．北京：机械工业出版社，2006.

9.1.4 保险的基本原则

1. 保险利益原则

1）保险利益原则的概念

保险利益是指投保人或被保险人对保险标的具有的法律上承认的利益。

保险利益原则是保险的基本原则，它的本质内容是投保人以不具有保险利益的标的投保，保险人可单方面宣布合同无效；保险标的发生保险责任事故，投保方不得因保险获得不属于保险利益限度内的额外利益。

政策法规

《中华人民共和国保险法》第十二条规定："人身保险的投保人在保险合同订立时，对被保险人应当具有保险利益。财产保险的被保险人在保险事故发生时，对保险标的应当具有保险利益。"

2）保险利益原则的意义

在保险经济活动中，严格规定保险利益原则有以下 3 个方面的意义。

（1）防止赌博行为的发生。如果保险经济关系不以保险利益为成立要件，由于保险费与保险金额相差很大，有可能使没有保险利益的人对任何保险标的的投保，以期得到几十倍上百倍的保险赔偿。这无异于赌博，是不利于社会公共利益的。

（2）防止发生道德风险。如果不以保险利益为保险合同有效条件，保险费与保险赔偿额的巨大差额，将诱发道德风险、犯罪动机与犯罪行为的发生。

（3）界定保险人承担赔偿或给付责任的最高限额。保险合同保障的是被保险人的保险利益，补偿的是被保险人的经济利益损失，因此保险利益是保险人进行赔偿、被保险人获得赔偿的依据。保险人的赔偿金额不能超过保险利益，否则被保险人将因保险而获得超过其损失的额外经济利益。

相关案例

　　王某将自己拥有的价值 30 万元的房屋投保了 50 万元的火灾保险。如果房屋因火灾而全部焚毁，保险人最多只赔付 30 万元。因为，被保险人对房屋只有 30 万元的保险利益而不是 50 万元。因此，保险利益原则可以为界定保险的最高赔偿额提供科学合理的依据。

　　3）保险利益原则的应用

　　（1）财产保险的保险利益。

　　① 财产上的现有利益。现有利益是指现在存在并可以继续存在的利益。财产上的现有利益包括由所有权、共有权、抵押权、留置权等产生的保险利益。

　　② 由现有利益所产生的预期利益。预期利益不是一种凭空产生的利益，必须有可以获得或实现的合同根据或法律根据。例如，承运人对运达货物的预期收入，是一种预期利益。

　　③ 责任利益。这里所指的责任利益是因合同责任、侵权行为责任等产生的责任利益。凡存在经济赔偿责任可能性的，就有保险利益。投保人投保、保险人承保的责任利益，只能是因民事责任而产生的责任利益。

　　④ 或然利益。这是指投保人或被保险人对特定财产可能具有的不确定的利害关系。例如，以离岸价格出口货物的卖方，在未收到货款前，对该批货物具有经济利益；卖方如果发现买方有拒付货款的可能，即可行使中途停运的权利，在其行使该权利后，自然对这批货物具有保险利益。

　　（2）人身保险的保险利益。

　　① 本人。投保人对自己的生命、身体和健康具有保险利益，可以自己的生命和身体作为保险标的。

　　② 亲属。这是指投保人自己的配偶、父母、子女、永久共同生活的亲属等。由于家庭成员之间有婚姻、血缘、抚养和赡养的关系，从而也有经济上的利害关系，相互都具有保险利益。投保人与其他亲属之间原则上必须有金钱利益的关系，才有保险利益。

　　③ 雇佣关系。由于企业或雇主与其雇员之间具有经济利益关系，因而雇主对其雇员具有保险利益。另外，在合伙关系中，每一合伙人对其他任一合伙人的生命具有保险利益，委托人对于受托人具有保险利益。

　　④ 债权人对债务人有保险利益。由于债权人债权的实现有赖于债务人依约履行合同，债务人的生死存亡，关系到债权人的切身利益，所以，债权人对债务人有保险利益。

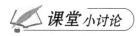

课堂小讨论

　　讨论一下，债权人对债务人的保险利益受哪些因素影响？

　　2. 最大诚信原则

　　1）最大诚信原则的概念

　　最大诚信原则是指保险双方在签订和履行保险合同时，必须诚实守信，以最大的诚意恪守信用，如实告知重要情况，互不欺骗和隐瞒，并保证正确履行各自的权利与义务，否则保险合同无效。

2）最大诚信原则的主要内容

最大诚信原则的主要内容包括告知、保证、弃权和禁止反言。

（1）告知。告知是指保险人与投保人在订立保险合同的过程中，投保人应该把自己知道或应该知道的有关保险标的重要事实如实向保险人陈述，以便保险人判断是否接受承保或以什么条件承保。作为保险人而言，告知义务则是指其应把保险条款的主要内容向客户进行如实说明。

政策法规

《中华人民共和国保险法》第五十二条规定："在合同有效期内，保险标的的危险程度增加的，被保险人按照合同约定应当及时通知保险人，保险人可以按照合同约定增加保险费或解除合同。"第二十七条规定："保险事故发生后，投保人、被保险人或者受益人以伪造、变造的有关证明、资料或者其他证据，编造虚假的事故原因或者扩大损失程度的，保险人对其虚报的部分不承担赔偿或者给付保险金的责任。"第十六条规定："订立保险合同，保险人就保险标的或者被保险人的有关情况提出询问的，投保人应当如实告知。"

（2）保证。保证是指保险人要求投保人或被保险人保证对某一事项的作为或不作为，某种事态的存在或不存在作出许诺。保证是最大诚信原则的一项重要内容，也是构成保险合同的重要条款之一。如果被保险人违反保证，无论其是否有过失，也无论是否造成了保险人的损害，保险人均可解除保险合同，不予承担责任。

（3）弃权和禁止反言。弃权是指保险人放弃了其在保险合同中原可以享有的权利。禁止反言则是既然保险人已经放弃了这种权利，则以后就不能再主张这种权利。弃权与禁止反言主要用于保险代理业务中。保险代理人代表的是保险人，投保人有理由相信保险代理人的态度代表了保险公司。如果在保险业务中，保险代理人对某些特殊情况未作处理而承保的业务，则投保人有理由相信保险人知道这种状况，即放弃了处理这种特殊情况的权利。那么如果因为这种特殊情况导致保险事故发生，保险人不能拒赔。

政策法规

《中华人民共和国保险法》第十六条规定："订立保险合同，保险人就保险标的或者被保险人的有关情况提出询问的，投保人应当如实告知。投保人故意或者因重大过失未履行前款规定的如实告知义务，足以影响保险人决定是否同意承保或者提高保险费率的，保险人有权解除合同。前款规定的合同解除权，自保险人知道有解除事由之日起，超过三十日不行使而消灭。自合同成立之日起超过两年的，保险人不得解除合同；发生保险事故的，保险人应当承担赔偿或者给付保险金的责任。投保人故意不履行如实告知义务的，保险人对于合同解除前发生的保险事故，不承担赔偿或者给付保险金的责任，并不退还保险费。"

3. 近因原则

1）近因原则的含义

近因是指造成保险标的的损失的最直接、最有效，或者起决定作用的原因，而不是指时间或空间上与损失结果最为接近的原因。

近因原则的意义是，当保险标的遭受损害时，被保险人能否得到保险赔偿或取得保险金，取决于损害事故发生的原因是否属于保险责任。若属于保险责任，保险人必须承担损失赔偿或给付保险金；若是除外责任，保险人可以免责。

2）近因原则的应用

近因原则在实践中，可分为以下几种情形。

（1）单一原因致损。如果造成损失的原因只有一个，而这一原因又是保险人承担的风险，那么，这一原因就是损失的近因，保险人应负赔偿责任；反之，不负赔偿责任。

（2）多种原因同时致损。多种原因同时导致的损失，即各原因发生无先后之分，且对损害结果的形成都有直接与实质的影响效果，则原则上它们都是损失的近因。若多种原因都属保险责任，保险人必须承担赔偿责任。若多种原因中既有保险责任，又有除外责任，它们所导致的损失能够分清的，保险人就对承保的危险所造成的损失予以负责。如果损失责任无法分清的，有的主张损失金额在保险人与被保险人之间平均分摊，有的则主张保险人完全不负赔偿责任。

（3）多种原因连续致损。有的保险事故是由连续发生的多种原因引起的，有着因果连锁性，保险人的责任依下列情况而定。

① 在连续发生的各项原因中，如果没有除外危险在内，而是由被保危险引发的，保险人应承担赔偿责任。

② 在连续发生的各项原因中，只要除外危险先于被保危险而发生，而且被保危险是除外危险发展的结果，保险人对此不予负责。

相关案例

1918 年，第一次世界大战期间，莱兰船舶公司的一艘轮船被敌潜艇用鱼雷击中，但仍拼力驶向哈佛港。由于情况危急，又遇到大风，港务当局担心该船会沉在码头泊位上堵塞港口，拒绝它靠港，在航行途中船底触礁，终于沉没。该船只保了海上一般风险，没有保战争险，保险公司予以拒赔。法庭判决损失的近因是战争，保险公司胜诉。

虽然在时间上致损的最近原因是触礁，但船在中了鱼雷以后，始终没有脱离险情，触礁是被鱼雷击中引起的，被鱼雷击中（战争）属未保风险。

资料来源：刘永刚. 个人风险管理与保险规划. 北京：清华大学出版社，2011.

③ 在连续发生的各项原因中，如除外危险发生在被保危险之后，且除外危险为因果连锁关系中的一环，而且是由被保危险所引发的，保险人仍给予赔偿。

相关案例

一艘装有皮革和烟草的船舶遭遇海难，大量的海水侵入使皮革腐烂，海水虽未直接浸泡包装烟草的捆包，但由于腐烂皮革的恶臭气味，致使烟草变质而使被保险人受损。据上述情况可知，海难中海水侵入是皮革腐烂损失的近因，而由于海难与烟草的损失之间存在必然的不可分割的因果关系，所以烟草损失的近因也是海难，而非皮革的恶臭味。

资料来源：刘永刚. 个人风险管理与保险规划. 北京：清华大学出版社，2011.

（4）多种原因间断致损。事故损失如果是由间断发生的多种原因引起的，前因与后因之间相关联，后来发生的灾害事故是由一个新产生的独立原因所引起的，后因不是前因的直接的、必然的结果，前因与后果之间的连续关系发生了中断，此时的判断关键是新介入的独立原因，保险人的责任完全视该新介入原因是否为被保危险而定。具体分为以下两种情况。

① 新介入的独立原因（近因）为保险危险，即使发生在不保危险（前因）之后，由保险危险所造成的损失仍须赔偿，但对于前因是不保危险所造成的损失不赔。

② 新介入的独立原因（近因）为不保危险，即使发生在保险危险（前因）之后，由不保危险所造成的损失不予赔偿，但对以前保险危险所造成的损失仍须赔偿。

4. 损失补偿原则

1）损失补偿原则的概念

损失补偿原则是指保险合同生效后如果发生保险责任范围内的损失，被保险人有权按照合同的约定，获得全面充分的赔偿；保险赔偿是弥补被保险人由于保险标的遭受损失而失去的经济利益，被保险人不能因保险赔偿而获得额外的利益。

损失补偿原则是保险的一项基本原则，主要适用于财产保险和其他补偿性保险合同。

2）保险人履行损失赔偿原则的限制条件

保险人在履行赔偿责任时，应掌握以下 3 个限度。

（1）以实际损失为限。实际损失是根据发生损失时的市价来确定的，即赔偿金额不能超过该项财产损失当时的市价。此规定只适用于不定值保险。

> **相关案例**
>
> 某房屋保险金额为 100 万元，保险期间内，因火灾而遭受全损，保险公司聘请房产公估人评估其市场价值为 80 万元，保险人按实际损失 80 万元赔偿。

（2）以保险金额为限。保险金额是保险人赔偿额的最高限度，赔偿金额只能低于或等于保险金额。在上述案例中，如果房屋全损时，市价为 120 万元，保险公司也只能按保险金额赔付 100 万元。

（3）以保险利益为限。被保险人对遭受损失的财产具有保险利益是被保险人索赔的基础，被保险人获得的赔款，不得超过其被损财产的保险利益。

> **相关案例**
>
> 在抵押贷款中，借款人为取得 30 万元贷款而将价值 50 万元的房屋抵押给银行，银行为保证贷款的安全，将房屋投保了财产保险，若在保险期内房屋遭受了全损，银行只能获得 30 万元的保险赔偿，因为银行对该房屋的保险利益为 30 万元。

补偿原则的把握以实际损失、保险金额、保险利益三者之中最低者为尺度。

5. 损失补偿原则的派生原则

损失补偿原则的派生原则包括代位原则和重复保险分摊原则。

1）代位原则

（1）代位原则的含义。

代位原则是指在财产保险中，保险标的发生保险事故造成推定全损，或者保险标的由于第三者责任导致保险损失，保险人按照合同的约定履行赔偿责任后，依法取得对保险标的的所有权或对保险标的损失负有责任的第三者的追偿权。代位原则的主要内容包括权利代位和物上代位。

（2）代位追偿原则产生的条件。

① 损害事故发生的原因和受损的标的，必须都属于保险责任范围。受害人直接请求责任方赔偿或自己承担损失，则与保险人无关，也就不属于代位追偿权的问题。

② 保险事故的发生是由第三者的责任造成的。肇事方依法应对被保险人承担民事损害赔偿责任，这样被保险人才有权向第三者请求赔偿，并在取得保险赔款后，将向第三者的赔偿请求权转移给保险人，由保险人代位追偿。

③ 代位追偿权的产生必须是在保险人履行义务之后。只有在被保险人得到赔偿后，才能把向第三者追偿的权利转让给保险人，如果保险人没有补偿被保险人的损失，则其不能行使代位追偿权。

课堂 小讨论

讨论一下，如果保险人从第三方追偿的金额大于其赔偿给被保险人的金额，则超出部分应归谁所有？为什么？

政策法规

《中华人民共和国保险法》第四十六条规定："被保险人因第三者的行为而发生死亡、伤残或者疾病等保险事故的，保险人向被保险人或者受益人给付保险金后，不得享有向第三者追偿的权利，但被保险人或者受益人仍有权向第三者请求赔偿。"

（3）物上代位。物上代位是指保险标的遭受保险责任范围内的损失，保险人按保险金额全额赔付后，依法取得该项标的的所有权。

2）重复保险分摊原则

（1）重复保险分摊原则的含义。

重复保险是指投保人对同一保险标的、同一可保利益，同时向两个或两个以上的保险人投保同一危险，保险金额总和超过保险标的的价值。

由于重复保险的总保险金额超过了保险标的的实际价值，产生了被保险人可能获得超额赔款的机会，就背离了补偿原则的要求。为了避免保险事故发生时，被保险人就保险标的的损失，从不同的保险人那里分别得到相当于损失的赔款，所以确定了重复保险分摊原则。

（2）重复保险的分摊方式。

① 比例责任分摊方式。比例责任分摊方式是依照各家保险公司承保的保险金额与总保险金额的比例分摊保险赔偿责任。其计算公式为：

$$各保险人承担的赔款 = 损失金额 \times (该保险人承保的保险金额 /$$
$$各保险人承保的保险金额总和)$$

例 9-1 某业主将其拥有的一栋价值 60 万元的房屋向甲、乙两家保险公司投保了一年期的火灾财产保险，甲公司保险金额为 50 万元，乙公司保险金额为 30 万元，为重复保险。假定在保险有效期内，发生火灾损失 40 万元。按比例计算甲、乙公司应分担的赔偿责任如下。

$$甲保险公司应分担的赔款 = 40×(50/80)= 25 （万元）$$
$$乙保险公司应分担的赔款 = 40×(30/80)= 15 （万元）$$

政策法规

《中华人民共和国保险法》第五十六条规定："除合同另有约定外，各保险人按照其保险金额与保险金额总和的比例承担赔偿责任。"

② 限额责任分摊方式。限额责任分摊方式是各家保险公司对于损失的分摊并不以其保险金额为基础，而是按照如无其他保单，各保险人依其承保的保险金额而应负的赔偿限额与各保险人应负赔偿限额总和的比例承担损失赔偿责任。其计算公式为：

各保险公司承担的赔款= 损失金额×（该保险人的赔偿限额/各保险人赔偿的限额总和）

例 9-2 如例 9-1：

$$甲保险公司应分担的赔款 = 40×(40/70)= 22.86 （万元）$$
$$乙保险公司应分担的赔款 = 40×(30/70)= 17.14 （万元）$$

③ 顺序责任分摊方式。顺序责任分摊方式是指对同一标的有两家以上保险公司承保时，最先订立的保险单为首要保险，以后购买的保险单在前一保险单承保金额的范围内的保险无效。

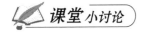
课堂小讨论

讨论一下，3 种分摊方式哪种最为合理？

9.2　保险产品的主要种类

依据保险标的进行分类，与投资理财有关的保险产品主要有财产保险、人身保险两大业务种类。

9.2.1　财产保险产品

1. 企业财产保险

1）企业财产保险的概念

企业财产保险是对各种企业的各类财产提供保险保障的财产保险业务。

2）企业财产保险的承保范围

（1）被保险人所有或与他人共有而由被保险人负责的财产。

（2）由被保险人经营管理或替他人保管的财产。

（3）其他具有法律上承认的与被保险人有经济利害关系的财产。

3) 企业财产保险的保险责任

(1) 企业财产保险基本险的保险责任。企业财产保险基本险的保险责任包括火灾，爆炸，雷击，飞行物体及其他空中运行物体坠落，"三供"（供水、供电、供气）设备损坏引起的"三停"（停水、停电、停气）以致造成保险标的的直接损失，施救、抢救造成的保险标的的损失，必要的合理的费用支出。

(2) 企业财产保险综合险的保险责任。企业财产保险综合险的保险责任，除了负责基本险的所有责任外，还负责下列风险造成的保险财产的损失：暴雨、洪水、台风、暴风、龙卷风、雪灾、雹灾、冰凌、泥石流、崖崩、地陷、突发性滑坡、火山爆发、海啸。

2. 家庭财产保险

1) 家庭财产保险的概念

家庭财产保险是以我国城乡居民个人财产为保险标的的一种财产保险。

2) 普通家庭财产综合保险

(1) 适用对象。凡城乡居民、单位职工、夫妻店、家庭手工业者等个人及其家庭成员的自有财产，与他人共有财产，代他人保管财产，均可以投保本保险。城乡个体工商业户和合作经营组织的财产不适用本保险。

(2) 可保财产。可保财产包括房屋及其附属设施；家庭生活资料，包括衣服、床上用品、家具、家用电器、文化娱乐用品等；家庭手工业者的营业用器具、工具、原材料等。

(3) 不保财产。不保财产包括价值高、物品小，出险后难以核实价值的财产，如金银、首饰、珠宝、钻石、艺术品、稀有金属等；无法鉴定价值的财产，如货币、有价证券、票证、古玩、古币、邮票、字画、书籍、文件、账册、技术资料、图表、计算机软件及资料等；日用消费品，养殖及种植物，如家畜、花、鸟、虫、鱼、盆景等；处于紧急状态或违法的财产，如危房、违章建筑等。

(4) 保险责任。保险责任包括火灾、爆炸；雷电、冰雹、雪灾、暴风、暴雨、洪水、冰凌、台风、龙卷风、地面突然塌陷、突发性滑坡、崖崩、泥石流；空中运行物体的坠落，邻近建筑物和其他固定物体的倒塌。但在未发生灾害事故的情况下，房屋建筑物自行倒塌造成的损失，保险人不负责赔偿；施救、抢救造成的保险财产的损失；合理的、必要的费用支出。

(5) 除外责任。除外责任包括故意行为，主体是被保险人及其家庭成员、雇用人员等；电机、电器等因使用过度、超电压、碰线、弧花、漏电、短路、自身发热等原因造成的本身损失。

3. 机动车辆保险

1) 机动车辆保险的概念

机动车辆保险是以机动车辆本身及机动车辆的第三者责任为保险标的的一种运输工具保险。

2) 机动车辆保险的保险责任

(1) 车辆损失险的保险责任。车辆损失险的保险责任为意外事故或自然灾害造成保险车辆的损失，以及合理的施救、保护费用。

(2) 第三者责任险的保险责任。第三者责任险的保险责任包括被保险人或其允许的合格驾驶员在使用保险车辆过程中发生意外事故，致使第三者遭受人身伤亡或财产的直接损毁，依法应当由被保险人支付的赔偿金额，保险人依照《道路交通事故处理办法》和保险合同的规定给予赔偿。

3）机动车辆保险的责任免除

（1）车辆损失险的责任免除。车辆损失险的责任免除包括自然磨损、朽蚀、故障、轮胎单独损坏；地震、人工直接供油、高温烘烤造成的损失；受本车所载货物撞击的损失；两轮及轻便摩托车停放期间翻倒的损失；遭受保险责任范围内的损失后，未经必要修理继续使用，致使损失扩大部分；自燃及不明原因产生的火灾；玻璃单独破碎；保险车辆在淹及排气筒的水中启动或被水淹后操作不当致使发动机损坏。

（2）第三者责任险的责任免除。第三者责任险的责任免除包括被保险人或其允许的驾驶员所有或代管的财产；私有、个人承包车辆的被保险人或其允许的驾驶员及其家庭成员，以及他们所有或代管的财产；本车上的一切人员和财产。

9.2.2 人身保险产品

1. 人寿保险

1）人寿保险的含义

人寿保险是以人的生命为保险标的，以人的生死为保险事件，当发生保险事件时，保险人履行给付保险金责任的一种保险。人寿保险是人身保险中最基本、最主要的险种，人寿保险的业务量占人身保险的绝大部分。

2）人寿保险的种类

（1）普通型人寿保险。

① 死亡保险。死亡保险是指以被保险人的死亡为给付保险金条件的人寿保险。其分为定期寿险和终身寿险。

定期寿险是在合同约定期限内被保险人发生死亡事故，由保险人给付保险金的一种人寿保险。如果被保险人在保险期间内未发生死亡事故，则到期合同终止，保险人不给付保险金。

定期寿险大多期限较短，保险费比较低廉。因此，它适宜于低收入阶层、家庭经济负担较重，又有保险需求的人投保。除此之外，偏重死亡保障的人也适宜于投保定期寿险。

终身寿险是一种不定期的死亡保险。保险单签发后，被保险人在任何时候死亡，保险人都给付保险金。终身寿险的保险单都具有现金价值，带有储蓄性。

② 生存保险。生存保险是以被保险人于保险期满或达到某年龄时仍生存为给付条件的一种人寿保险。生存保险的保障目的主要是为年老的人提供养老保障，或者为子女提供教育金等。

③ 两全保险。两全保险是被保险人在保险期内死亡或生存至保险期满，由保险人给付保险金的一种人寿保险。两全保险是既提供死亡保障，又提供生存保障的一种保险。两全保险中的死亡给付对象是受益人，而期满生存给付的对象是被保险人。两全保险实际上是定期死亡保险与生存保险两种形式的结合。

（2）新型人寿保险。

① 分红保险。分红保险是指保险公司将其实际经营成果优于定价假设的盈余，按一定比例向保单持有人进行分配的人寿保险产品。

分红保险的主要特征如下。

● 保单持有人享受经营成果。分红保险每年要将经营分红险种产生的部分盈余以红利的方式分配给保单持有人。中国银保监会规定，保险公司应至少将分红保险业务当年度的可分配盈余的 70% 分配给客户。

● 客户承担一定的投资风险。由于每年保险公司的经营状况不一样，客户所能得到的红利也会不同。在保险公司经营状况良好的年份，客户会分到较多的红利；如果保险公司的经营状况不佳，客户能够分到的红利就会比较少，甚至没有。

● 定价的精算假设比较保守。寿险产品在定价时主要以预定死亡率、预定利率和预定费用率 3 个因素为依据，这 3 个预定因素与实际情况的差距直接影响寿险公司的经营成果。由于寿险公司要将部分盈余以红利的形式分配给客户，所以在定价时对精算假设估计较为保守，即保单价格较高。

● 保险给付、退保金中含有红利。分红保险的被保险人身故后，受益人在获得投保时约定保额的保险金的同时，还可以得到未领取的累积红利和利息。在满期给付时，被保险人在获得保险金额的同时，也可以得到未领取的累积红利和利息。分红保险的保单持有人在退保时得到的退保金也包括保单红利和利息。

② 投资连结保险。投资连结保险也称变额寿险，是一种保额随其保费分离账户的投资收益的变化而变化的终身寿险。这种产品被认为可以有效抵消通货膨胀给寿险带来的不利影响。

保险公司将客户缴付的保险费分为保障和投资两个部分，多数为投资部分。设立单独的账户，其中投资资金通过投资专家投资运作，获取较高的投资回报，使客户受益，但是，投资部分的回报率是不固定的，保险金额随投资收益的变化而变化。

投资连结保险的保险金额由基本保险金额和额外保险金额两部分组成，基本保险金额是被保险人无论何时都能得到的最低保障金额；额外保险金额部分则另设立账户，由投保人选择投资方向委托保险人进行投资，其具体数额根据资金运用实际情况变动。投资连结保险几乎将所有投资风险都转移给保单持有人。

③ 万能寿险。万能寿险是一种缴费灵活、保额可调整、非约束性的寿险，是为了满足那些要求保费支出较低且方式灵活的寿险消费者的需求而设计的。万能寿险确实为保单持有人选择灵活的缴费方式提供了便利。

万能寿险的保费缴纳方式灵活，保险金额可以根据规定进行调整，保单持有人在缴纳一定量的首期保费后，也可以按自己的意愿选择任何时候缴纳任何数量的保费，只要保单的现金价值足以支付保单的相关费用，有时甚至可以不再缴费。而且，保单持有人可以在具备可保性前提下，提高保额，也可以根据自己的需要降低保额。

万能寿险设立独立的投资账户，并且个人投资账户的价值有固定的保证利率。但是，当个人账户的实际资产投资回报率高于保证利率时，寿险公司就要与客户分享高于保证利率部分的收益。

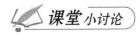 **课堂** 小讨论

讨论一下，3 种新型人寿保险产品各自的风险有何不同？各适合什么样的客户投保？

2. 健康保险

1）健康保险的概念

健康保险是指以被保险人身体为保险标的，保险人对被保险人在保险期限内因患疾病或发生意外事故受到伤害时所导致的医疗费用或收入损失进行补偿的一种保险。

2）健康保险的特点

健康保险与其他人身保险业务存在诸多不同之处，主要表现在以下几个方面。

（1）经营风险的特殊性。健康保险是以疾病或意外伤害为保险风险，以被保险人因疾病所致的死亡、残疾、医疗费用、收入损失，或者因意外伤害所产生的医疗费用或收入损失为保险金给付条件。

（2）健康保险精算技术的特殊性。健康保险承保的风险具有出险频率高、损失机会大，且损失频率变化极不规则的特点，使健康保险费率厘定所考虑的因素更为复杂。经济的发展伴随环境变化所导致的疾病种类的增多和变异；科学的进步与推广，医疗器械、药品的更新换代，医疗技术和市场价格等原因的影响，健康保险的保险金给付呈上升趋势。加之健康保险经营管理环节复杂，易发生道德风险、逆选择，风险管理难度较大，健康保险风险测定比较困难，保险费率计算误差较大。

（3）承保管理的严格性。健康保险在核保中有非常严格、独特的制度。按照风险程度将被保险人分为标准体保险和非标准体保险两类。保险人针对被保险人所患特殊疾病制定特种条款；设立非保体规定，具体包括拒保体和延期保险；健康保险核保时需要考虑被保险人的年龄、既往病症、现病症、家族病史、职业、居住环境和生活方式等多种因素。

（4）健康保险合同的短期性。健康保险的保险期限与意外伤害保险具有相似性，其保险期限均较短。健康保险的保险期限一般以一年为限，属于短期人身保险。

3）健康保险的种类

（1）疾病保险。疾病保险是指以保险合同约定的疾病发生为给付保险金条件的保险。疾病保险并不考虑被保险人的实际医疗费用支出，而是依照保险合同约定给付保险金。疾病保险是健康保险业务的重要组成部分。

疾病保险所承保的"疾病"首先应符合健康保险"疾病"的基本条件：① 内部原因的疾病，必须是由人体内部的某种原因引发的，即是由于某个或多个器官或组织异常，甚至某个系统产生生病变而致功能异常，从而出现各种病理表现的情况；② 非先天性疾病，保险人履行保险赔偿或保险金给付义务是以保险合同成立并生效后，在保险期间内发生的保险事故为条件，因此，疾病保险要求疾病发生在保险合同的有效期间；③ 偶然性原因所致疾病，这里偶然性是指被保险人是否会发生某种疾病存在不确定性，包括患病的时间、地点、原因等无法预测，以及感染之后的治疗费用、对健康的影响程度等情况不可估量。

（2）医疗保险。医疗保险是医疗费用保险的简称，是健康保险最重要的组成部分，保险的目的是使被保险人因疾病、生育或意外伤害发生后，其治疗时所支出的医疗费用能够得到补偿。医疗保险主要有普通医疗保险、住院医疗保险、手术医疗保险、综合医疗保险等险种。

（3）收入保障保险。收入保障保险是指以因保险合同约定的疾病或意外伤害导致工作能力丧失为给付保险金条件，为被保险人在一定时期内收入减少或中断提供保障的保险。开办本保险的目的是通过保险人的收入损失保险金的给付，缓解被保险人自身及家庭所面临的经济压力。值得注意的是，投保收入保障保险的前提是在投保时被保险人必须有固定的全职工作和收入。

（4）长期护理保险。长期护理保险是指以因保险合同约定的日常生活能力障碍引发护理需要为给付保险金条件，为被保险人的护理支出提供保障的保险。

 **小资料**

持续发力　税优健康险扩面全国

2017 年国务院第 169 次常务会议决定，将商业健康保险个人所得税优惠政策由原来在 31 个中心城市试点，推向全国实施。国务院常务会议吹响了税收支持商业健康保险快速发展的"集结号"，财政部、国家税务总局等部门迅速制定下发相关文件，明确了税收政策和具体操作规定，为商业健康保险个人所得税优惠政策全面实施打下了扎实的基础。这项政策从 2017 年 7 月 1 日起全面实施。

商业健康险个税　税收政策的一次"破冰"

近年来，我国商业保险市场发展很快，人民群众越来越喜欢购买商业保险，既为改善未来生活品质，实现"老有所养、老有所医"提供保障，又通过购买保险进行投资理财，获取收益。保险公司也不断开发新的保险产品，满足人民群众多方面、多层次需求，商业健康保险就是其中的一个新型产品。

为贯彻落实国务院印发的《关于加快发展现代保险服务业的若干意见》中关于完善健康保险有关税收政策的要求，2015 年国家税务总局与财政部、保监会联合印发文件，明确从 2016 年 1 月 1 日起，在北京、上海、天津、重庆等 4 个直辖市以及各省、自治区自行选择一个城市，共 31 个城市先行进行商业健康保险个人所得税优惠政策试点。购买商业健康保险产品个人支付的保费，可在计算个人所得税时，按照每人每年 2 400 元（每月 200 元）限额据实扣除。

商业健康保险个人所得税优惠政策试点 1 年多来，社会公众对商业健康保险个税政策认知度不断提高，参保人数不断增多。按照国务院部署，2017 年 7 月 1 日起，这项税收优惠政策推向全国，意义重大。一方面，商业健康保险在个人所得税前扣除的数额是免税的，不是税收递延的，个人领取保险金时也不征税。而有的发达国家个人所得税政策规定，个人在购买保险时可以不征税，但在领取保险金、退休金时要征税，从这个方面讲，我国个税政策更为优惠；另一方面，在此之前，个人购买商业保险，个人所得税没有优惠，这项政策是个人所得税发展史上的一次政策"破冰"。

多措并举　让纳税人"应享尽享"

2017 年 4 月 28 日，财政部、国家税务总局、保监会印发《关于将商业健康保险个人所得税试点政策推广到全国范围实施的通知》；5 月 23 日，国家税务总局印发《关于推广实施商业健康保险个人所得税政策有关征管问题的公告》（以下简称《公告》）；5 月 31 日，国家税务总局召开"一竿子插到底"的多项税收优惠政策贯彻落实视频会议，对全国各地国地税干部开展培训，统一各级税务机关的思想认识和政策执行口径。此外，税务机关还同步做好政策宣传、督查督办、修改申报表、编写业务需求、完善金税三期申报软件、统计评估等多项工作。

为让更多的纳税人受益，《公告》从纳税人视角出发，明晰实务操作，增强纳税人办税的便利性，减少政策落地的"中梗阻"。

一是在享受优惠的税目选择上，涵盖税法规定的各项劳动所得。购买商业健康保险要求按年度或按月持续缴费，因此，享受优惠政策的纳税人必须连续取得应税收入。对于无连续收入的个人，则无法全面享受优惠。税收政策规定，享受此项优惠的纳税人主要是取得工资薪金、连续性劳务报酬的个人，以及从事个体工商户生产经营的个体工商户业主、对企事业单位承包承租经营的承包承租经营者和个人独资企业投资者、合伙企业的个人合伙人。

二是准确界定连续性劳务报酬，便于征纳双方操作。国家税务总局公告规定，取得连续性劳务报酬所得的个人，是指连续3个月以上（含3个月）为同一单位提供劳务而取得所得的个人。

三是允许核定征税的纳税人享受优惠，加大优惠落实力度。我国税收优惠政策主要给予查账征税的纳税人，为让更多的纳税人受益，鉴于很多个体户、个人独资企业、合伙企业经营规模小，财务核算水平低，税务机关采取核定征收个人所得税的实际，《公告》允许让核定征税的纳税人分享税收红利。

四是纳税人享受优惠简捷、便利。纳税人享受优惠主要有两种形式：其一，单位统一购买，统一享受优惠；其二，个人购买保险后，把印有"税优识别码"的保单交给单位财务，单位财务扣税时为个人扣除。对于个人购买保险后，没有及时将保单交给单位财务的，单位财务扣税时，可以把个人此前月份未能享受的优惠，一次性补扣，让纳税人充分享受税收优惠。

享受税收优惠　认准"税优识别码"

目前，市场上商业健康保险产品很多，不是所有以"商业健康保险"名义销售的保险产品都能享受优惠。享受税收优惠的商业健康保险，按照"保障为主、合理定价、收支平衡、保本微利"原则设计，降低了保险理赔门槛，允许个人带病投保，并且将许多针对重病、大病的自费药品纳入保险理赔范围，对投保期间没有发生医疗费用理赔的，还能把部分保费转入个人账户进行积累，用于退休后购买商业健康保险和自费医疗费用的支出。

为让税收优惠支持真正的"惠民"商业健康险，税务总局和保监会引入"税优识别码"。个人通过保险公司购买商业健康险产品，保险公司与商业保险信息平台实行信息交换，由平台按照"一人一单一码"原则，生成税优识别码并发送给保险公司，保险公司将税优识别码打印在保单凭证上。

税务总局税收科学研究所研究员李平说，税优识别码是纳税人享受商业健康险个税优惠的主要依据，简单地说，纳税人购买一款健康保险产品，能不能享受税收优惠，就看保单上是否标注税优识别码。

邓勇表示，目前国家税务总局正联合财政部、保监会等进行税收递延型商业养老保险的管理流程、政策设计等研究工作。税务部门将按照国务院统一部署，认真研究、统筹谋划、扎实做好个人税收递延型商业养老保险试点工作，努力为健康中国建设服务。

资料来源：国家税务总局官网.

3. 人身意外伤害保险

1）人身意外伤害保险的含义

人身意外伤害保险是指在被保险人没有预见到或违背被保险人意愿的情况下，突然发生的外来致害物对被保险人的身体明显、剧烈地侵害的客观事实时，由保险人给付保险金的一种人身保险。

2）人身意外伤害保险的内容

（1）保险责任。

① 死亡保障。被保险人因遭受意外伤害造成死亡时，保险人给付死亡保险金。在法律上发生效力的死亡包括两种情况：生理死亡，即已被证实的死亡；宣告死亡，即按照法律程序推定的死亡。

政策法规

《中华人民共和国民法通则》第二十三条规定："公民有下列情形之一的，利害关系人可以向人民法院申请宣告他死亡：（一）下落不明满四年的；（二）因意外事故下落不明，从事故发生之日起满两年的。"

② 残疾保障。被保险人因遭受意外伤害造成残疾时，保险人给付残疾保险金。残疾包括两种情况：人体组织的永久性残缺，人体器官正常机能的永久丧失。

（2）除外责任。

① 不可保意外伤害。不可保意外伤害一般是指被保险人因违反法律规定和社会公共道德规范而引发的道德风险，保险人一般不承担这类风险的给付责任。

② 特约可保意外伤害。特约可保意外伤害一般是指投保人经与保险人特别约定，在保险单上特别批注的方式，并另外加收保险费后予以承保。特约可保意外伤害一般包括战争造成的意外伤害；被保险人从事登山、跳伞、滑雪、江河漂流、赛车、拳击、摔跤等剧烈的体育活动或比赛中造成的意外伤害；核辐射造成的意外伤害；医疗事故造成的意外伤害等。

（3）意外伤害保险保险金的给付。

由于意外伤害事故可能造成不同的损害结果，保险人给付保险金的方式也有所不同。

① 死亡保险金的给付。在人身意外伤害保险合同中，死亡保险金的数额是保险合同中规定的，被保险人在保险有效期内因发生保险单规定的意外事故而死亡时，保险人按照保险合同规定如数给付保险金。按照我国人身意外伤害保险条款规定，死亡保险金为保险金额的 100%。

② 残疾保险金的给付。残疾保险金的给付比较复杂。保险公司要将残疾分为暂时性残疾和永久性残疾，并只对永久性残疾负给付责任。所以，在给付前要对被保险人的残疾状况进行认定，然后再确定残疾程度，残疾程度一般以百分率表示。残疾保险金的数额由保险金额和残疾程度两个因素确定，其计算公式为：

$$残疾保险金 = 保险金额 \times 残疾程度百分率$$

当一次意外伤害造成被保险人身体若干部位残疾时，保险人按保险金额与被保险人身体各部位残疾程度百分率之和的乘积计算残疾保险金；如果各部位残疾程度百分率之和超过

100%，则按保险金额给付残疾保险金。被保险人在保险期限内多次遭受意外伤害时，保险人对每次意外伤害造成的残疾或死亡均按保险合同中的规定给付保险金，但是，给付的保险金以累计不超过保险金额为限。

（4）等待期。

被保险人的身体损伤在医疗终结时间内彻底治愈的不予以伤残给付。在医疗终结时间结束后仍不能治愈的，留有不同程度后遗症的，可按 180 天时的有效鉴定，对照给付标准给付伤残保险金。这里的 180 天是残疾鉴定的等待期，等待期的设置可以减少理赔纠纷，保障客户的利益，也为保险公司的实务操作提供了便利。

3）人身意外伤害保险的种类

（1）按照保险对象的不同，人身意外伤害保险可以分为个人意外伤害保险和团体意外伤害保险。

个人意外伤害保险是以个人作为保险对象的各种意外伤害保险。这类险种的主要特点是保险费率低，而保障程度较高，投保人只要缴纳少量的保险费，即可获得较大程度的保障。团体意外伤害保险是以团体为保险对象的各种意外伤害保险。团体意外伤害保险的基本特点是以投保人单位为投保人，用对团体的选择取代了对个别被保险人的选择，规定最低保险金额，保险费率低，工作性质不同可采用不同的费率标准。

（2）按保险承保风险不同，人身意外伤害保险可以分为普通意外伤害保险和特种意外伤害保险。

普通意外伤害保险又称一般意外伤害保险，是为被保险人在日常生活中因一般风险导致的意外伤害而提供保障的一种保险。在实际业务中，大多意外伤害保险均属普通意外伤害保险。特种意外伤害保险是指以特定时间、特定地点或特定原因而导致的意外伤害事件的保险，该保险与普通意外伤害保险相比较为特殊，故称之为特种意外伤害保险。这类险种的主要特点是承保危险较广泛，保险期限短，意外伤害的概率较大。

（3）按照实施方式不同，人身意外伤害保险可以分为法定意外伤害保险和自愿意外伤害保险。

法定意外伤害保险又称强制意外伤害保险，是政府通过颁布法律、行政法规、地方性法规强制施行的人身意外伤害保险。自愿意外伤害保险是投保人和保险人在自愿基础上通过平等协商订立保险合同的人身意外伤害保险。

（4）按照保险期限不同，意外伤害保险可以分为长期意外伤害保险和短期意外伤害保险。

长期意外伤害保险是指保险期限超过一年的意外伤害保险；短期意外伤害保险是指保险期限为一年的人身意外伤害保险业务，一般可以分为一年期和极短期两种意外伤害保险。

9.3 制订保险投资理财计划

9.3.1 确定保险标的

确定保险标的是购买保险的首要任务。保险标的可以是财产及其相关利益，也可以是人的生命或身体。投保人可以本人、与本人有密切关系的人、所拥有的财产及可能依法承担的民事赔偿责任作为保险标的。

9.3.2　选择保险产品

人们在生活中面临着各种人身风险、财产风险和责任风险，而同一保险标的也可能面临着多种风险。因此，在确定保险需求和保险标的后，必须考虑投保什么样的保险产品。以人身保险为例，每个人都同时面临着意外伤害、死亡与疾病风险，因此，应该分别为这些风险投保相应的保险产品。对于财产风险，同一家庭财产也面临着多方面的风险，如家用汽车就面临着盗窃、火灾、第三者责任等风险，这时可以考虑投保车损险、第三者责任保险、盗抢险等保险产品。

投保人在理财人员、保险代理人、保险经纪人或其他财务顾问的帮助下，能够更全面、细致地分析不同保险标的所面临的风险及需要投保的险种，综合考虑各类风险发生的概率、事故发生后可能造成损失的严重程度、个人的风险承受能力等因素，选择适合的保险产品，有效地管理和化解个人或家庭可能面临的风险，从而达到风险管理的目的。

当然，在确定购买保险产品时，还应注意险种的合理搭配与有效组合，使得保障全面，又节省了保险费。在确定整个保险方案前，必须进行综合规划，做到不重不漏，使保费支出发挥最大的收益。

9.3.3　确定保险金额

在确定保险产品的种类之后，就需要确定保险金额。保险是当保险标的的保险事故发生时，保险公司所赔偿的最高金额。保险金额的确定应该以财产的实际价值或人的生命经济价值为依据。

财产的价值比较容易估算。对一般财产而言，如房屋、家具、汽车等财产保险的保险金额，投保人可以根据财产的实际价值自行确定，也可以按照重置价值来确定。对于特殊的财产（如珠宝等）则需要专家的评估来确定。购买财产保险时，可以选择足额投保，也可以选择不足额投保。由于保险公司按照实际损失程度进行赔偿，所以，一般不会出现超额投保或重复投保现象。一般投保人会选择足额投保，这样，当保险事故发生时，受益人可以获得足额赔偿；如果是不足额投保，一旦发生损失，保险公司只按约定的方式给予赔偿。

对于人身保险而言，人的价值是无法估量的。但是，从保险的角度来看，可以根据性别、年龄、配偶情况、收入水平、消费水平、受抚养人的年龄及人数、银行存款及其他财富、市场利率、通货膨胀率、个人贷款余额等计算人的生命价值，作为人寿保险金额确定的参考依据。在保险行业中，对人的生命价值有一些常见的评估方法，如生命价值法、家庭财务需求法等。但值得注意的是，这些方法都需要每年重新计算并调整。因为，人的年龄每年递增，如果其他因素保持不变，则其生命价值和家庭财务需求就会逐年下降，保险会从足额保险逐渐转变为超额保险。如果一个人的收入和消费每年在增长，其他因素不变，则其价值会逐年增加，原有的保险就会变为不足额保险。因此，每年应请保险专业人员检查投保客户的保险单是十分必要的。

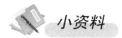

保险金额的确定方法

在分析了资产状况后，就可以根据这些财务状况确定保险金额了。其中，最简单的计算方法有以下两种。

（1）保险金额＝年收入×5＋负债

（2）保险金额＝年收入×10

例 9-3 一个 3 口之家的年收入是 6 万元，有一处价值 50 万元的房产，此房产已还贷 20 万元，还有 30 万元未还，根据上面的第一个公式就可计算出这个家庭的最佳总保额为 60 万元。即

$$保险金额＝年收入×5＋负债＝6 万元×5＋30 万元＝60（万元）$$

或 $$保险金额＝年收入×10＝6 万元×10＝60（万元）$$

9.3.4 确定保险期限

在确定保险金额后，还需要确定保险期限，因为这涉及投保人预期缴纳保费的多少与频率，与个人未来的预期收入密切相关。对于财产保险、意外伤害保险和短期健康保险产品来说，通常为中、短期保险产品，在保险期满后可以续保。对于人寿保险，由于其保险期限一般较长，有的长达几十年。在为个人或家庭制订保险规划时，应该将长、短期险种结合起来综合加以考虑。

9.3.5 选择合适的保险公司

由于保险产品是一种无形的、复杂的金融产品，既有短期的，也有长达几十年的，因而选择一家经营稳健、信誉良好、管理规范、服务周到的保险公司是至关重要的。目前，我国保险监管机构对保险公司的产品实行条款备案制度，同时由于市场竞争的充分发展，市场上同一种类的保险产品的同质化趋势愈来愈明显。在产品价格相差较小并趋于同质化的前提下，选择保险产品的非价格因素就显得尤其重要了。通常选择保险公司主要考虑的因素包括保险公司的偿付能力、服务质量、机构网络、民调评价、经营特长等方面。

9.3.6 签订保险合同

签订保险合同是指保险人与投保人在平等自愿的基础上，就保险合同的主要条款经过协商最终达成协议的法律行为。只有通过签订保险合同这一过程，保险的购买行为才告结束，保险合同才会真正产生法律效力。保险合同的签订同订立其他合同一样，也需要经过要约和承诺两个过程。

9.3.7 定期审查与调整保险计划

由于投保人各种情况的变化，其所面临的风险也会发生相应的变化。因而制订完成的保险规划也不是一成不变的，而要根据现实情况的变化作出适时的调整。只有这样，才能更充

分地对可能发生的风险进行有效的管理。

随着生命周期的变化，客户面临的风险和风险承受能力会发生变化，这就需要调整客户的保险计划，调整风险管理方案。

理财人员一般不需要花费很多的时间重新制订保险计划，只需要在前期工作的基础上，重新考虑需要保障的内容，并依据表格列示的风险和可能的损失，适当调整保险方案。

需要重新考虑调整保险规划主要是在生命周期发生阶段变化时，即结婚、生子、离婚、孩子可以独立生活、退休、丧偶等，需要重新考虑风险管理控制计划。即使没有上述变化，考虑风险问题也是必要的，有些人一年重新审查一次保险范围。当然风险管理不仅仅只包括保险，一年重审一次保险和非保险风险管理方案是很有必要的。

相关案例

1. 案例简述

小李今年已经 31 岁了，是个标准的"白骨精"。税后年收入为 12 万～15 万元，目前没有买房，用于租房日常消费等方面的固定支出大约每月 5 000 元，计划外开支不固定，少则一年几千元，多则一年几万元。单位福利不错，除正常社保外还有补充医疗保险。针对小李的这种情况，如何为她制订一个保险规划？

2. 需求分析

小李收入丰厚，且没有负担，暂时不需要为家庭支出考虑太多。作为单身贵族，一切收入来源都要依靠自己，未来 3～5 年，她的生活和事业可能面临重要的转折，变数多、开销大，如果忽视对个人资产的合理规划，则容易陷入窘迫的境地，所以单身女性会挣钱，更要会理财，应趁年轻积极积累资产并且作好保障。

目前，小李年收入 12 万～15 万元，支出 6 万元，且除正常社保外还有补充医疗保险，这样平时的小毛病基本可以应付。作为高收入、高教育程度的单身女性在保险规划上应着重考虑意外、重大疾病和养老。因此，小李可从这 3 个方面先建立自己基本的保障计划，根据小李的收入，保费控制在年收入的 10%，1.2 万～1.5 万元。

3. 保险方案推荐

1）意外险

意外险包括意外身故、意外伤残、意外烧烫伤三大项。

小李单身，目前不需要承担什么家庭责任，只需要对自己负责即可。所以，对小李而言，特别重要的两项是意外伤残和意外烧烫伤的保障。意外伤残根据伤残等级的高低，分别按基本保额的 10%～100% 进行赔付；意外烧烫伤根据烧烫伤的严重程度，分别按基本保额的 50%～100% 进行赔付。考虑到意外伤害的影响，以及小李的收入情况，建议小李将意外伤害的基本保额设定在 100 万元左右。

意外医疗保险：小李有社保及补充医疗保险，但有不少意外事故及医疗用药不属于社保责任范围内，而补充医疗保险在意外方面的责任大多比较有限，所以，适当补充一些意外医疗保险，是有必要的。建议意外医疗保险的额度在 2 万元左右。

意外津贴保险：该部分归到医疗险当中的津贴型医疗险来处理。

2）寿险

寿险即身故保险，寿险是属于家庭责任投保的，信息中未提及小李对父母的责任，而小李目前尚为单身，故暂不考虑寿险需求。

3）医疗险。

医疗险包括报销型医疗险和津贴型医疗险。

（1）报销型医疗险。报销型医疗险主要是指疾病医疗，小李已有社保和补充医疗保险。对于普通的疾病，已有保障可以承担大部分的医疗费用，剩余部分选择风险自留；而较严重的疾病，在后面考虑通过重大疾病保险的保障来解决。所以，报销型医疗险部分不再作为重点考虑。

（2）津贴型医疗险。津贴型医疗险即住院津贴，因意外或疾病引起的住院情况，都包括在内。投保该险种，目的是弥补因住院而产生的误工费用损失及床位费等额外支出。小李每月收入约为 1 万元，即约为 333 元/天，津贴额度可参考该数值，设定在 300 元/天。不过，小李现在还年轻，因为单身，工作压力也不大，身体健康状况也比较好，所以，可以考虑一部分风险自留。

综合考虑后，该部分的投保计划暂定为：一般住院津贴额度为 100～150 元/天，重症住院津贴额度为 200～300 元/天。

4）重大疾病保险

小李已有社保，但社保承担的责任有限（对社保范围内项目，按比例报销），考虑到重大疾病对于人的影响（不仅仅是治疗费用，还有误工费用、后期康复费用等），建议小李在设定重大疾病险的保额时，参考"5 倍年收入"的额度。对于小李而言，重大疾病险的保额可考虑设定在 60 万～75 万元。

5）养老险

单独依靠社保养老，晚年生活必然不尽如人意；商业型养老险在收益方面具有稳定和长期的性质，但仅从目前来看，抵御通货膨胀的能力较弱；而依靠投资养老，风险性相对较高、不确定性较大。

综上所述，建议小李以储蓄和社保为基础，以保险保障为后盾，以养老险与投资相搭配的方式为增值手段，三者相结合进行规划。

在养老和投资方面，小李可暂不着急进行：先给自己一段时间，尝试进行财务规划，看看效果，到年底的时候，再根据情况确定养老险的保费预算。

资料来源：中国保险报，2012-03-28.

思考与练习

1. 名词解释

保险　保险利益　近因　损失补偿原则　人寿保险　分红保险　万能寿险　投资连结保险

2. 单选题

（1）保险的最基本特性是（　　　）。

A. 经济性　　　　　　B. 商品性　　　　　　C. 互助性　　　　　　D. 法律性

（2）禁止反言主要约束了（　　　）。

A. 保险人　　　　　B. 投保人　　　　　C. 被保险人　　　　D. 受益人

（3）某房屋保险金额为 100 万元，保险期间内，因火灾而遭受全损，保险公司聘请房产公估人评估其市场价值为 80 万元，保险人按实际损失（　　）万元赔偿。

A. 100　　　　　　B. 80　　　　　　　C. 160　　　　　　D. 40

（4）对于重复保险，我国规定的分摊方式为（　　）。

A. 比例责任制　　　B. 顺序责任制　　　C. 限额责任制　　　D. 以上都不是

（5）以人的生命为保险标的，以人的生死为保险事件，当发生保险事件时，保险人履行给付保险金责任的一种保险是（　　）。

A. 人寿保险　　　　B. 健康保险　　　　C. 意外伤害保险　　　D. 分红保险

（6）在合同约定期限内，被保险人发生死亡事故，由保险人给付保险金的一种人寿保险称为（　　）。

A. 定期寿险　　　　B. 终身寿险　　　　C. 两全保险　　　　D. 健康保险

（7）制订保险理财规划的首要步骤是（　　）。

A. 确定保险标的　　B. 选择保险产品　　C. 确定保险金额　　D. 选择保险公司

（8）以被保险人身体为保险标的，保险人对被保险人在保险期限内因患疾病或发生意外事故受到伤害时所导致的医疗费用或收入损失进行补偿的一种保险是（　　）。

A. 人寿保险　　　　　　　　　　　　B. 收入保障保险

C. 健康保险　　　　　　　　　　　　D. 人身意外伤害保险

（9）有一种保额随其保费分离账户的投资收益的变化而变化的终身寿险。这种产品被认为可以有效抵消通货膨胀给寿险带来的不利影响。这种保险是（　　）。

A. 分红保险　　　　B. 投资连结保险　　C. 万能保险　　　　D. 人寿保险

3. 多选题

（1）保险的基本特征有（　　）。

A. 经济性　　　　　B. 商品性　　　　　C. 互助性　　　　　D. 法律性

（2）保险的基本职能包括（　　）。

A. 补偿损失　　　　B. 融资　　　　　　C. 经济给付　　　　D. 防灾

（3）保险利益原则的意义是（　　）。

A. 防止赌博行为的发生

B. 防止道德风险的发生

C. 保护保险人

D. 界定保险人承担赔偿或给付责任的最高限额

（4）人身保险的保险利益包括（　　）。

A. 本人　　　　　　　　　　　　　　B. 配偶

C. 雇佣关系　　　　　　　　　　　　D. 债权与债务关系

（5）最大诚信原则的内容包括（　　）。

A. 告知　　　　　　B. 保证　　　　　　C. 弃权　　　　　　D. 禁止反言

（6）保险人履行损失赔偿原则的限制条件有（　　）。

A. 以实际损失为限　B. 以保险金额为限　C. 以保险利益为限　D. 以上都不是

（7）损失补偿原则的派生原则包括（　　）。

　　A. 代位原则　　　　　　B. 最大诚信原则　　　　C. 近因原则　　　　　D. 分摊原则

　　（8）重复保险的分摊方式有（　　　）。

　　A. 比例责任制　　　　　B. 顺序责任制　　　　　C. 限额责任制　　　D. 以上都不是

　　（9）人身保险的主要产品种类有（　　　）。

　　A. 人寿保险　　　　　　B. 健康保险　　　　　　C. 意外伤害保险　　D. 分红保险

　　（10）创新型人寿保险包括（　　　）。

　　A. 分红保险　　　　　　B. 投资连结保险　　　　C. 意外伤害保险　　D. 万能保险

4. 简答题

　　（1）保险的基本特征表现在哪些方面？

　　（2）保险的职能和作用表现在哪些方面？

　　（3）保险利益原则是如何应用的？

　　（4）最大诚信原则的主要内容是什么？

　　（5）近因原则是如何运用的？

　　（6）人身保险的主要产品种类有哪些？

　　（7）制订保险理财计划的步骤有哪些？

5. 案例分析题

　　李某夫妻二人均为28岁，家庭年收入40万元左右，有房贷，月供2 000元，家庭正常月支出在8 000元左右，计划要孩子，夫妻均有基本社保医保，丈夫在国企另有补充医疗保险。

　　要求：请利用所学的知识，为李某夫妻设计一份保险规划方案。

第 10 章

信托与租赁

学习目标与要求

1. 了解信托的含义、特点、作用等基础知识。
2. 了解信托的构成要素。
3. 掌握信托业务分类，并能利用各种信托产品进行理财。
4. 了解租赁的基础知识，掌握租金的计算方法。

案例引入

龙湖地产吴亚军采用家庭信托，婚变避免家庭纷争

2012 年 11 月，龙湖地产向媒体证实了其 CEO 吴亚军正式离婚的消息，这意味着这位说一不二的地产"铁娘子"将被丈夫蔡奎分走近 200 亿港元的资产，并因此将其在胡润百富榜上"内地女首富"的头衔拱手让给碧桂园集团副主席杨惠妍。

但这 200 亿港元并不是所谓的"分手费"。吴亚军夫妇在龙湖地产上市前已设立一套良好的持股架构，以应对可能发生的包括婚姻变故在内的风险。具体而言，两人通过 BVI 公司（依照当地法律在英属维尔京群岛注册的公司）和两个分别由二人担任成立人的家族信托间接持有公司约 90% 的股权。

换言之，蔡奎的 200 亿港元不是因为离婚而获得的，而是在信托成立时就已经确定的股权比例，两个信托是完全不同的独立信托，受益人分别是吴亚军及其家族成员和蔡奎及其家族成员。由于提前分割的预案，此举避免了婚变带来家庭纷争，从而引发公司经营困局的可能。

资料来源：http://stock.qq.com/a/20171227/024058.htm

此案例体现了家族信托具有财产隔离器的功能。目前采用信托基金代管持股在我国香港大型上市公司中相当普遍，包括李嘉诚、李兆基、杨受成、陈启宗等富豪。在国外更是受到了默多克和洛克菲勒等名门望族的欢迎。事实上，信托的功用不仅限于此。那么，什么是信托，有哪些种类，如何运用信托进行投资呢？本章首先研究这些问题。

10.1 信 托 理 财

10.1.1 信托的含义

广义的信托是指在信任的基础上实现的委托行为，它涉及社会、法律与经济等各个领域，但狭义的信托仅限于经济范畴。

信托就是信用委托，从世界各国对信托的定义来看，信托制度是一种基于信任及财产权转移基础上的"财产管理"制度。它是一种以信用为基础的法律行为，一般涉及三方面当事人，即投入信用的委托人，受信于人的受托人，以及受益于人的受益人。通常，信托是委托人在对受托人信任的基础上，将其财产委托给受托人进行管理或处分，以实现受益人的利益或特定目的的财产管理制度。信托业务则是由委托人依照契约或遗嘱的规定，为受益人的利益，将财产上的权利转给受托人，受托人按规定条件和范围，占有、管理、使用信托财产，并处理其收益。

我国的信托制度最早诞生于20世纪初，但在当时信托业得以生存与发展的经济基础极其薄弱，信托业难以有所作为。随着我国经济的不断发展和法律制度的进一步完善，2001年我国出台了《中华人民共和国信托法》（以下简称《信托法》），对信托的概念进行了完整的定义：信托是指委托人基于对受托人的信任，将其财产权委托给受托人，由受托人按委托人的意愿以自己的名义，为受益人的利益或特定目的进行管理或处分的行为。

10.1.2 信托的特点及作用

信托作为一种金融活动，有着自己的鲜明特点：信托是一种由他人进行财产管理、运用或处分的财产管理制度；具有融通长期资金的特征；方式灵活，服务多样；信托收益与风险具有他主性。

清楚信托的特点有助于进一步理解信托的含义，掌握信托这一金融工具，充分发挥其作用。作为金融的一个重要分支，信托在现代经济中发挥了极其重要的作用。一般来说，信托的主要职能包括财务管理、资金融通、社会投资、沟通协调与社会福利等。信托连接了货币市场与资本市场、金融资本与产业资本，以出租、出售、贷款、投资、同业拆放、融资、租赁等多种方式为信托资产提供综合金融服务，可有效地把个人的闲散财富转化为产业资本，在资产管理业务方面具有得天独厚的竞争优势。

综上所述，信托代人理财，拓宽了投资者的投资渠道；聚集资金，为经济服务；可以有效规避和分散风险；促进金融体系的发展与完善；发展社会公益事业，健全社会保障制度；同时有利于构筑社会信用体系。

10.1.3 信托的构成要素

作为一种经济活动，信托的设立需要一定的要件。一般来说，信托主要包括信托行为、信托关系、信托目的、信托财产与信托报酬五大构成要素。当然，在特定情况下也会发生信托撤销与结束等活动。

1. 信托行为

1）信托行为的含义

信托是依照一定目的，将财产委托他人代为管理和处分的活动。信托行为是合法设定信托而发生的法律行为。通过信托行为，各方当事人之间可以建立信托关系，确定各方的权利与义务。从法律上看，信托行为包括两层含义：① 物权行为，即作出转让财产权或其他处理行为；② 债权行为，即使他人（受托人）按一定的目的与要求进行财产管理。

2）信托行为的形式

信托行为的发生，必须由委托人和受托人进行约定，要以一定的信托约定为依据，这种信托约定有以下几种形式。

（1）信托合同（信托契约）。委托人和受托人之间签署书面信托合同作为信托关系的证明，这是最常用的形式。在合同中双方约定信托目的、信托财产的范围与数量、信托关系方的地位、各方的权限和责任、信托业务处理手续和方法、信托财产转交的方法、信托关系存在的期限，以及其他相关内容。

（2）个人遗嘱。个人遗嘱不同于其他信托合同，是委托人个人单方面作出的，体现的是委托人的意思表示，适用于遗嘱信托。在遗嘱中要确定遗嘱执行人、财产的具体处置及其他相关事宜。如果遗嘱指定的受托人不同意接管，可由法院另行指定受托人。

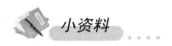 **小资料** ·····

戴安娜王妃的遗嘱信托

1993 年，戴安娜王妃立下遗嘱，自己一旦去世，要求将她 1/4 的动产平分给自己的 17 名教子，而另外 3/4 的动产则留给威廉王子和哈里王子，但必须要等到他们 25 周岁时才能予以继承。1997 年 12 月，戴安娜遗嘱执行人向高等法院申请了遗嘱修改令，为了保护两位王子，修改了部分条款的细节，将他们支取各自 650 万英镑信托基金的年龄提高到 30 岁，到年满 25 岁时能支配全部投资收益，而在 25 岁之前只能支取一小部分，并且要获得遗产受托人的许可。戴妃 1997 年猝然离世后，留下了 2 100 多万英镑的巨额遗产，在扣除掉 800 多万英镑的遗产税后，还有 1 296.6 万英镑的净额。经过遗产受托人多年的成功运作，信托基金收益估计已达 1 000 万英镑。

资料来源：https：//mp. weixin. qq. com.

（3）法院命令。在强制信托中，法院可以依照法律的有关规定颁布命令确立信托关系。此种信托行为由法院裁决，并有赖于法律的权力强制建立。

（4）协议章程。委托人与受托人也可以协议章程的形式，确立信托关系。

另外，在英美法系中还有一种信托约定的形式——信托宣言，即由财产所有人自己发表宣言对外宣布自某时起以自己为委托人与受托人，管理自己的某项财产，专为某受益人谋利。这种以信托宣言为依据确立的信托成为宣言信托。有的国家（如美国）规定动产宣言信托可以采用任何形式，而不动产宣言信托必须采用法律规定的形式。

委托人和受托人作出信托约定时，主要采用书面形式，口头形式的约定比较少见。《信托法》第八条明确规定，"设立信托，应当采取书面形式。书面形式包括信托合同、遗嘱或者法律、行政法规规定的其他书面文件等。采用信托合同形式设立信托的，信托合同签订时，信托成立。采取其他书面形式设立信托的，受托人承诺信托时，信托成立"。

3）信托行为有效的条件

信托行为要取得法律上的效力，必须具备一定的条件。

（1）真实的意思表示。信托当事人的真实意思表示是确认信托行为成立的一个基本条件。在作出信托约定时，当事人的意思表示必须是真实的，即委托人真正愿意委托他人管理信托财产，受托人主观也愿意接受委托，双方均在自愿而非强迫或欺骗的情况下发生信托行为。

（2）以信任为基础。信托行为是建立在各方相互信任的基础之上的，如果缺乏信任，各方之间就无法形成信托关系。

（3）特定的合法目的。信托行为成立应该有一定的目的，该目的可以是财产的增值，也可以是财产的保存不致受损，或者财产的处分等，但必须具有合法性。没有合法的目的，信托行为就成为无本之源，无法存在。

（4）以财产为中心。信托财产是信托行为中最为重要的一个要素。信托当事人之间的关系是围绕信托财产展开的，委托人要达到某种目的，就要把信托财产的产权转移到受托方，由其按照一定的目的进行管理或处分。如果没有以财产这一载体为中心，信托行为就不会产生。

2. 信托关系

信托关系是指委托人、受托人和受益人三方当事人因信托行为而形成的以信托财产为中心的特定法律关系。委托人、受托人和受益人也被称为信托主体，信托关系研究的正是这3个主体之间的关系。

1）委托人

委托人是提出委托要求并对受托人进行授权以达到信托目的的主体。其必须是信托财产的合法所有者，拥有对信托财产完整的所有权、处置权、使用权和管理权，并能实现将这些权利转交给受托人。

委托人可以是一个人，也可以是数人。如果财产归两人或两人以上共有，他们可以作为共同委托人，将其共有财产信托给受托人使用。当然，财产共有人中的某一人也可以将自己在共有财产中的份额信托给他人。

尽管有些国家的法律没有专门对委托人的资格进行明确规定，委托人可以是法人或自然人，但一般要求委托人要具有完全民事行为能力，如《信托法》第十九条规定，"委托人应当是具有完全民事行为能力的自然人、法人或者依法成立的其他组织。"未成年人或无民事行为能力的人不能采取法律行为，不具有签订合同的权利，因而也就不能成为委托人，这些主体必须由法定代理人或监护人来签订契约。而破产人要成为委托人，必须征得债权人的同意。

在信托业务中，委托人具有相应的权利与义务，具体为以下内容。

（1）委托人的权利。由于委托人作为设定信托的主体，其对信托财产的运用有利害关系，因此，一般法律仍然给予委托人一定的权利，主要包括选择受托人与受益人；监督受托人；有权查阅、抄录或复制与其信托财产有关的文件和询问信托事务，了解信托财产的管理运用、处分及收支情况，并有权要求受托人作出说明；有权变更信托财产管理方法；当委托人是信托利益的全部受益人时（自益信托），有权解除信托；准许受托人辞任及选任新受托人的权利；受托人违反信托目的处分信托财产，或者因违背管理职责、处理信托事务不当致使信托财产受到损失的，委托人有权申请人民法院撤销该处分行为，并有权要求补偿信托财产损失和收回信托财产的权利。

上述委托人的权利可以被继承，即在委托人去世后，其继承人也同样持有这些权利，但继承人没有对受托人辞任予以承诺的权利。在自益信托中，如果受益权转让，委托人的权利应该转到新的受益人手中。

（2）委托人的义务。委托人的义务主要是在设立信托时要签订相应的契约或合同并让渡一定的财产权。委托人需将财产的处置权、使用权和管理权授予受托人，以方便其对信托财产进行管理或处分，以实现信托目的。

2）受托人

受托人是指接受委托人委托，并按其指示对信托财产进行管理与处分的主体。受托人承担着管理和处分信托财产的责任，会直接影响信托财产的运用效果，关系到信托目的能否顺利实现。

（1）受托人的资格。由于受托人要取得委托人的信任，所以，受托人的资格比委托人和受益人的资格要严格得多。

受托人可以是具有完全民事行为能力的自然人或法人。不具备法律上的行为能力的未成年人、禁治产人或破产人等，不能成为受托人。受托人必须具有办理信托业务的能力和专业技能条件。能力主要是指受托人必须掌握金融与信托方面的专业知识。专业技能条件主要是指受托人本人应具有充足的资产、丰富的经验、良好的品行等。

《信托法》第二十四条规定："受托人应当是具有完全民事行为能力的自然人、法人。"但事实上在我国信托的受托人主要为信托公司。设立信托公司应当具备一些基本的条件，主要包括有符合《中华人民共和国公司法》和原中国银行业监督管理委员会规定的公司章程；有具备原中国银行业监督管理委员会规定的入股资格的股东；具有规定的最低限额的注册资本；有符合原中国银行业监督管理委员会规定任职资格的董事、高级管理人员和与其业务相适应的信托从业人员；具有健全的组织机构、信托业务操作规程和风险控制制度；有符合要求的营业场所、安全防范措施和与业务有关的其他设施；具备原中国银行业监督管理委员会规定的其他条件。同时，要具有中国人民银行规定的最低额度注册资本（3 亿元人民币或等值的可自由兑换货币，注册资本为实缴货币资本）。受托人必须忠于职守，充分运用自己的专业知识与能力为受益人谋利。

（2）受托人的权利与义务。受托人是信托关系中最为重要的当事人之一，其对委托人的信托财产具有很大的处置权限。受托人的权限可以分为两部分：① 固有的权限，这是被委托的权限，是根据各种不同的业务种类在信托合同中给予的权限，比信托关系中其他关系人的权限更受限制，并随着不同信托内容而变化；② 受托人的具体权限，一般在合同中要明文规定，以避免受托人在执行中不明确或无法行使。

一般受托人的主要权利包括按信托的规定对信托财产进行独立的经营、管理、使用和处理的权利；具有按信托文件约定取得报酬的权利；因处理信托事务所支出的费用、对第三人所负债务，受托人有要求以信托财产承担的权利（但因受托人自身过错造成的除外）；经委托人和受益人同意，有请求辞任的权利；信托终止后，受托人有留置信托财产或对信托财产的权利归属人提出请求给付报酬、从信托财产中获得补偿的权利。

为了保证信托财产的完整性和受益人的利益，各国信托法规都对受托人的行为作出了较多的限制规定，要求受托人在享有上述权利的同时，应承担相应义务。受托人的义务主要包括尽职的义务，分别管理的义务，妥善管理的义务，亲自执行的义务，负责赔偿的义务，分配收益的义务。

（3）受托人的辞任与职责终止。设立信托后，经委托人和受益人同意，受托人可以辞任。但公益信托的受托人未经公益事业管理机构批准，不得辞任。

当然，信托并不会因受托人的辞任而终止，在原有的受托人辞任时，委托人可以选举新的受托人或要求法院指定新的受托人。但在新受托人选出前，原受托人仍应履行管理信托事务的职责。在选出新受托人后，原受托人处理信托事务的权利与义务由新受托人承继。

当受托人出现特殊情况时，其职责终止。这些情形有死亡或被依法宣告死亡；被依法宣告为无民事行为能力人或限制民事行为能力人；被依法撤销或被宣告破产；依法解散或法定资格丧失；辞任或被解任；法律、行政法规规定的其他情形。

受托人职责终止的，依照信托文件规定选任新受托人；信托文件未作出明确规定的，由委托人选任；委托人不指定或无能力指定的，由受益人选任；受益人为无民事行为能力人或限制民事行为能力人的，依法由其监护人代行选任。

3）受益人

受益人是在信托关系中享受信托财产利益的人，可以分为3种：第一种是享受信托财产本身利益的本金受益人，第二种是只享受信托财产运用收益的收益受益人，第三种是同时享受信托财产本身及其收益的全部受益人。

受益人可以是委托人本人，即自益信托中的受益人，也可以与委托人不一致，即他益信托中的受益人。但受益人一般与受托人要分离。《信托法》第四十三条规定，"受托人可以是受益人，但不得是同一信托的唯一受益人。"

受益人可以是自然人、法人或其他组织，也可以是未出生的胎儿。公益信托的受益人则是社会公众，或者一定范围内的社会公众。

受益人的权利主要有承享委托人所享有的各种权利；收益权或受益权；有将信托受益权用于抵押或清偿到期不能偿还债务的权利；向法院要求解除信托的权利；当信托结束时，有承认最终决算的权利；信托终止时信托文件未规定信托财产归属的，受益人有最先取得信托财产的权利；被指定为受益人后有拒绝收益的权利。

受益人的义务主要是不得妨碍受托人对信托财产进行正常处理，当受托人在处理信托财产业务过程中，由于不是因为自己的过失而蒙受损失时，受益人要对该损失或费用进行补偿。当然，如果受益人放弃收益权，就可以不履行这些义务。

3. 信托目的

信托目的是指委托人通过信托行为要达到的目标。它是委托人设定信托的出发点，也是检验受托人是否完成信托事务的标志。确认信托行为的成立必须要有一定的目的。信托目的一般由委托人提出，可以有各种各样的内容，如希望实现财产的增值等。信托目的必须具有合法性、可实现性，以及为受益人所接受性。

4. 信托财产

信托财产亦称信托标的物，是指委托人通过信托行为转移给受托人并由受托人按照信托目的进行管理或处分的财产，以及经过管理、运用或处分后取得的财产收益。在信托活动中，信托财产处于中心地位。《信托法》规定，信托财产不能确定的信托是无效的。

信托财产有广义与狭义之分。狭义的信托财产是指受托人因承诺信托而从委托人处取得的财产；而广义的信托财产还包括受托人因信托财产的管理运用、处分或者其他情形而取得的新财产（如利息、红利和租金等），后面这些统称为信托收益。我国的信托财产采用的是广义的定义。《信托法》第十四条规定，"受托人因承诺信托而取得的财产是信托财产。受托人因信托财产的管理运用、处分或者其他情形而取得的财产，也归入信托财产。"

从信托财产的形态来看，包括有形财产和无形财产。有形财产是指具有实物形态的财产，包括不动产（房屋、土地等）与动产（金钱、证券与设备等）；无形财产不具有实物形态，但通过运用仍可给财产所有者带来收益，包括专利权、商标权、著作权、渔业权和矿业权等。不同国家信托行为中的具体财产适用范围是不同的，《信托法》对信托财产的范围没有具体规定，只是在第十四条中规定，"法律、行政法规禁止流通的财产，不得作为信托财产。法律、行政法规限制流通的财产，依法经有关部门批准后，可以作为信托财产。"

一般来说，信托财产具有所有权特征、有价值性、可转让性、独立性、物上代位性、运动单向性的特点。

5. 信托报酬

在早期的民事信托中，受托人出于道义或亲情帮委托人管理、处分财产，不求回报。但当前各国的信托多为商事信托，受托人开展信托业务必然要收取一定的报酬，这便是信托报酬。

信托报酬通常是在信托文件中加以约定，可以是固定的，也可以是按信托财产或信托收益的一定比率来计算。信托报酬可以向受益人收取，也可以从信托财产中提取，这取决于信托合同的规定。信托文件未作事先约定的，经信托当事人协商同意，可以作出补充约定；未作事先约定和补充约定的，受托人不得收取报酬。约定的报酬经信托当事人协商同意，可以增减其数额。

6. 信托撤销与结束

1）信托撤销

信托撤销是指通过一定的程序取消已建立的信托关系的法律行为。信托在成立之后，一般不得随意撤销，《信托法》规定了以下两种可以要求撤销信托行为的情况。

（1）委托人设立信托损害其债权人利益的，债权人有权申请人民法院撤销该信托。但人民法院依照前款规定撤销信托的，不影响善意受益人已经取得的信托利益。

（2）受托人违反信托目的处分信托财产或因违背管理职责、处理信托事务不当致使信托财产受到损失的，委托人有权申请人民法院撤销该处分行为，并有权要求受托人恢复信托财产的原状或予以赔偿；该信托财产的受让人明知是违反信托目的而接受该财产的，应当予以返还或予以赔偿。

信托撤销申请权的时效都为一年，即债权人要在知道或应当知道撤销原因之日起一年内行使撤销申请，委托人也要在自知道或应当知道撤销原因之日起一年内行使撤销申请。

2）信托结束

信托结束是指信托行为的终止。信托不因委托人或受托人的死亡、丧失民事行为能力、依法解散、被依法撤销或被宣告破产而终止，也不因受托人的辞任而终止。但有下列情形之一的，信托终止：① 信托文件规定的终止事由发生，② 信托的存续违反信托目的，③ 信托目的已经实现或不能实现，④ 信托当事人协商同意，⑤ 信托被撤销，⑥ 信托被解除。

委托人是唯一受益人的，委托人或其继承人可以解除信托，信托也会终止。

信托终止的，信托财产归属于信托文件规定的人；信托文件未规定的，按受益人或其继承人、委托人或其继承人的顺序确定归属。

信托终止时，受托人应当作出处理信托事务的清算报告。受益人或信托财产的权利归属人对清算报告无异议的，受托人就清算报告所列事项解除责任。

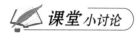

课堂小讨论

信托与代理的区别有哪些？信托与债券有何异同？

10.1.4　信托业务分类

按照不同的标准，信托业务可以分为不同的种类，亦即产生了各种不同的信托产品。

1. 按信托性质划分

按照信托的性质不同，信托可划分为信托类业务与代理类业务。

1）信托类业务

信托类业务是指信托财产的所有者为实现其指定人或自己的利益，将信托财产转交给受托人，要求其按信托目的代为管理或妥善处理。这种信托要求信托财产发生转移，并要求受托人对信托财产进行独立管理，受托人得到的处理权限与承担的风险较大。

2）代理类业务

代理类业务是指委托人按既定的信托目的，授权委托人代为办理一定的经济事务。委托人一般不向信托机构转移信托财产的所有权，对信托机构授予的权限较小。信托机构一般只办理有关手续，不负责纠纷处理，不承担垫款责任，故而风险较小。

2. 按信托目的划分

按照信托的目的不同，信托可划分为民事信托与商事信托，以及介于两者之间的民事商事通用信托。

1）民事信托

民事信托是受托人不以营利为目的而承办的信托，又称非营业信托。在这类信托业务中，受托人大多办理的是与个人财产有关的各种事务，如财产管理、执行遗嘱、代理买卖、代为保管等。

2）商事信托

商事信托是受托人以盈利为目的而承办的信托，也称营业信托。这类信托业务以商法为依据建立信托关系，受托人按照商业原则办理信托，通过经营信托业务获取盈利。

3）民事商事通用信托

在民事信托与商事信托之间并没有严格的界限，两者之间存在诸多密切联系，有些信托事项两者可以通用，既可以划分为民事信托类，也可以划分为商事信托类。例如"担保公司债信托"便具有这样的特点。发行公司债券属于商法规范的范畴，而把抵押财产交给受托人又涉及民法中有关保证的内容，所以它可以被称为民事商事通用信托。当然，在具体区分时，可以根据设定信托的动机来区分它到底应归于哪一类。如果设定该信托的动机是为了保证债券的发行，可以看作是商事信托；如果设定信托的动机偏重于抵押品的安全，则可视为民事信托。

3. 按信托关系发生的基础划分

按照信托关系发生的基础不同，信托可划分为自由信托与法定信托。

1）自由信托

自由信托又称任意信托，是指信托当事人依照信托法规，按自己的意愿通过自由协商设立的信托。自由信托不受外力干预，是信托业务中最为普遍的一种，其又可分为契约信托和遗嘱信托。

2）法定信托

法定信托是由司法机关依其权力指派而确定信托关系。这种信托的成立，一般是有明确的法律规定或缺少信托关系形成的明白表示，其又可分为鉴定信托和强制信托。

4. 按委托人的性质划分

按照委托人不同，信托可划分为个人信托、法人信托和通用信托。

1）个人信托

顾名思义，委托人为个人的信托称为个人信托，家族信托也是个人信托的一种，其又可分为生前信托和身后信托。生前信托是委托人在世时要求受托人为其办理有关信托业务，信托契约限于委托人在世时有效；身后信托则是受托人办理委托人身后的有关信托事项，如执行遗嘱、管理遗产等，信托契约只在委托人去世时生效。

2）法人信托

非个人的、由单位或公司等具备资格的法人委托受托人开展的信托业务被称为法人信托。法人信托又称为"公司信托""团体信托"，它包括营利法人团体（如公司组织、合作社组织及其他营业机构）和公益法人团体（如学术、宗教和慈善团体等）。凡以一个组织体为委托人的都是法人信托。

3）通用信托

有的信托业务委托人既有个人，也有法人，称为通用信托。例如，公益信托、不动产信托、投资信托等。

此外，若某项信托财产为几个人共同所有，共同提出设立信托，委托人就是数个人，称为共同委托，即共同信托。

5. 按受益人与委托人的关系划分

按照受益人是否是受益人本身划分，信托可划分为自益信托和他益信托。

1）自益信托

自益信托是委托人以自己为唯一受益人而设立的信托。自益信托的委托人和受益人是同一人。

2）他益信托

凡委托人为第三者利益要求设立信托的，则为他益信托。他益信托的委托人与受益人相分离，被指定的第三者可以表示同意也可以拒绝，有时因其无明确的同意或拒绝的示意依据，也可以采取默认方式。

某些信托业务同时兼有自益与他益性质。例如，委托人把信托财产托付受托人经营，在信托文件中规定，若干年内运用信托财产所获得的收益归委托人作为自身每年的生活费开支，在一定年限后，信托财产就归于第三者。这种信托就将自益信托和他益信托融为一体了。

6. 按信托受益对象划分

按照受益对象不同，信托可划分为私益信托和公益信托。

1）私益信托

私益信托是指委托人为了特定人（自己或指定受益人）的利益而设立的信托，其受益人是具体指定的，一般为自己、亲属、朋友或其他特定个人。私益信托是信托业务中的主要部分，信托投资公司通过运用信托手段为受益人谋取信托收益。前面提到的自益信托只能是私益信托。

2）公益信托

公益信托是指委托人为学术、慈善、宗教及其他社会公共利益而设立的信托。公益信托设定的目的不是为特定受益人谋利，而是为了促进社会公共利益，因而受益人是社会公众中符合规定条件的人，是不特定的。公益信托只能是他益信托。

7. 按信托标的划分

按照信托标的的不同，信托可划分为资金信托、实物财产信托、债权信托和经济事务信托。

1）资金信托

资金信托也称金钱信托，是指委托人基于对信托机构的信任，将自己合法拥有的资金委托给信托机构进行管理与处分的信托业务。

2）实物财产信托

实物财产信托是指委托人将自己拥有的动产、不动产（房产、地产），以及版权、知识产权等非货币形式财产、财产权作为信托标的，委托给信托投资公司按照约定的条件和目的进行管理或处分的信托业务。

3）债权信托

债权信托是一种以债权凭证为信托标的的信托业务。例如，企业委托受托人代为收取或支付款项、代收人寿保险公司理赔款等。

4）经济事务信托

经济事务信托是以委托凭证为标的而建立的信托业务。委托人要求受托人代办各种经济事务，如委托转让、委托代理会计事务等。

 小资料

日本发达的"金钱信托"

在日本，资金信托业务尤为发达，被称为金钱信托，在信托资产中占比重较大，而且相

对稳定。截至 2001 年 3 月底，信托资产的总余额达到 344.88 万亿日元，其中资金信托总额为 99.5 万亿日元，占到 28.9%。日本的资金信托之所以开展得如此广泛，完全与其金融、经济制度、家族观念相关。

资料来源：叶伟春. 信托与租赁. 2 版. 上海：上海财经大学出版社，2011.

8. 按信托资金的处分方式划分

按照信托资金的处分方式不同，信托可划分为单一资金信托与集合资金信托。

1）单一资金信托

单一资金信托也称个别资金信托，是指信托公司接受单个委托人的委托，依据委托人确定的管理方式，单独管理和运用货币资金的信托。这种信托对于每个委托人的财产，从受托到运用都是个别进行的，所以可以较好地贯彻账户不同、运用效益也不相同的收益分配原则。它对于单个投资者的投资额要求相当高。

2）集合资金信托

信托投资公司办理资金信托业务时可以按照要求，为委托人单独管理信托资金，也可以为了共同的信托目的，将不同委托人的资金集合在一起管理，通常这种资金信托方式称为集合资金信托。目前，我国的个人信托理财产品主要是以集合资金信托为主，并以其较高的收益和较低的风险设计获得理财者的青睐。

（1）集合资金信托的委托人资格。2009 年 2 月修改后执行的《信托公司集合资金信托计划管理办法》规定，委托人必须是合格投资者，且为唯一受益人。合格投资者是指符合下列条件之一，能够识别、判断和承担信托计划相应风险的人。① 投资一个信托计划的最低金额不少于 100 万元人民币的自然人、法人或依法成立的其他组织。② 个人或家庭金融资产总计在其认购时超过 100 万元人民币，且能提供相关财产证明的自然人。③ 个人收入最近 3 年内每年收入超过 20 万元人民币，或者夫妻双方合计收入在最近 3 年内每年收入超过 30 万元人民币，且能够提供相关收入证明的自然人。委托人作为唯一受益人的限制决定了集合资金信托产品自益信托的性质。

（2）集合资金信托产品。按照其信托计划的资金运用方向，集合资金信托产品可分为以下类型。

第一类，证券投资信托。即受托人接受委托人的委托，将信托资金按照双方的约定，投资于证券市场的信托。它可分为股票投资信托、债券投资信托和证券组合投资信托等。这是目前我国最主要的信托产品。

第二类，组合投资信托。即根据委托人的风险偏好，将债券、股票、基金、贷款、实业投资等金融工具，通过个性化的组合配比运作，对信托财产进行管理，使其有效增值。

第三类，房地产投资信托。即受托人接受委托人的委托，将信托资金按照双方的约定，投资于房地产或房地产抵押贷款的信托。中小投资者通过房地产投资信托，以较小的资金投入间接获得大规模房地产投资的利益。

第四类，基础建设投资信托。这是指信托公司作为受托人，根据拟投资基础设施项目的资金需要状况，在适当时期向社会（委托人）公开发行基础设施投资信托权证募集信托资金，并由受托人将信托资金按经批准的信托方案和国家有关规定投资于基础设施项目的一种资金信托。

第五类，贷款信托。即受托人接受委托人的委托，将委托人存入的资金，按信托计划中或其指定的对象、用途、期限、利率与金额等发放贷款，并负责到期收回贷款本息的一项金融业务。

第六类，风险投资信托。即受托人接受委托人的委托，将委托人的资金，按照双方的约定，以高科技产业为投资对象，以追求长期收益为投资目标所进行的一种直接投资方式。

另外，信托业务按是否跨国还可以分为国内信托和国际信托。国内信托是指信托关系人及信托行为都在国内进行。当信托关系人及信托行为跨越国界时则为国际信托。尽管根据不同的标准，信托分类五花八门，但从目前我国信托机构的发展情况看，其办理的信托业务按内容大体分四大类：资金信托业务、财产信托业务、投行业务和其他类业务。财产信托业务又包括动产信托、不动产信托、有价证券信托和其他财产或财产权信托；投行业务包括投资基金、并购重组、公司理财、证券承销等业务；其他类业务主要有代理、咨询、担保等业务。

10.2　租赁理财

租赁是日常生活中一种普遍存在的经济现象，也是一种重要的信用形式，它为资金缺乏者提供了提前获得物品使用权的重要渠道。

10.2.1　租赁的含义

租赁通常是指通过支付费用在一定的期限内将商品所有权从使用权中分离，出租人具有资产所有权，承租人拥有资产使用权，承租人与出租人双方订立租赁合同，以交换使用权利的行为。事实上，租赁已经渗透到人们生活的方方面面，如报纸、杂志、电视、网络等媒体中经常出现的汽车租赁、房屋租赁、厂房设备租赁等广告已为人们所熟知。

租赁的主要特征如下。

（1）租赁一般采用融通设备使用权的租赁方式，以达到融通资产的主要目的。对出租人来说，它是一种金融投资的新手段；对承租人来说，它是一种筹措设备的新方式。

（2）租金是融通资金的代价，具有贷款本息的性质。

（3）租期内，设备的所有权归出租人，使用权归承租人。

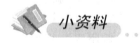

租赁在社会上的产生与发展

最初的租赁物主要是土地、建筑物等不动产。1952 年，世界上第一家专业租赁公司——美国租赁公司正式成立。其后租赁范围逐步扩展到以企业生产、加工、包装、运输、管理所需的机器设备等动产领域。目前，租赁业已经成为一个充满生机和活力的产业，在资本投资中占有重要地位。现代租赁在企业需要机器设备时，由租赁公司直接购入该项设备之后再转租给企业，以"融物"代替"融资"，为企业开辟了一条获取机器设备的新途径。其主要理念源于"只有通过资产的使用——而不是拥有资产，才能形成利润。"

资料来源：http://baike. baidu. com.

10.2.2　租赁的基本要素

租赁的基本要素包括租赁当事人、租赁标的、租赁期限和租赁费用 4 个方面。

1. 租赁当事人

1）基本当事人

租赁这一经济关系包括两个最基本的当事人：出租人和承租人。

（1）出租人。出租人是出租物件的所有者，其拥有对租赁物件的所有权，通过将物品租给他人使用收取报酬。在现代租赁中，出租人一般是法人，这是因为个人很难承担与巨额财产相对应的巨额风险。

（2）承租人。承租人是出租物件的使用者，其租用出租人的物品，并向出租人支付一定的费用。但在有些租赁形式（如转租赁业务）中，承租人不一定就是物件的直接使用者。承租人可以是法人或自然人，但在大额财产的租赁中，承租人通常是法人。当然，在一项租赁业务中，出租人和承租人可以由一人充当，也可以由多人共同充当。

2）其他当事人

在租赁业务中可能还涉及销售商、贷款人、受托人等其他当事人。

2. 租赁标的

租赁标的是用于租赁的物件，也是经济合同中当事人权利和义务共同指向的对象。在理论上，可以转让使用权的物品都可以作为租赁标的。然而，租赁业务中出租人转让使用权一般要求承租人在归还租赁物时应保持其原貌。因此，租赁物件不能由于使用而改变原状或变成其他物品。一般来说，原材料、低值易耗品等消耗性的物品不能作为租赁标的。

3. 租赁期限

租赁期限简称租期，是指出租人出让物件给承租人使用的期限。租期对出租人和承租人都十分重要，因为它会影响租赁费用的高低。一般情况下，租期越长，租金越高，出租人收取的报酬也就越多。

4. 租赁费用

租赁费用是承租人在租期内为获得租赁物品的使用权而支付的代价，主要是租金。租金是租赁各方利益的集中体现，它对出租人来说，是收回在租赁物品上的投资并获得利润的手段；对承租人来说，是取得租赁物使用权而产生的成本。应注意的是，租赁费用是根据租期长短，而不是根据支付次数的多少计算的，在承租期内，不管承租人有无使用租赁物都应支付事先约定的租金。

课堂小讨论

请问你进行过哪些租赁活动？租赁活动中应注意哪些事项？

10.2.3　租赁的种类

租赁业务形式多样，按照不同的标准可划分为不同的种类，并且有着不同的特点与操作程序。

1. 按租赁目的和投资回收方式划分

按租赁目的和投资回收方式划分，租赁业务可分为融资租赁与经营租赁。

1）融资租赁

融资租赁也称金融租赁，是指租赁的当事人约定，由出租人根据承租人的决定，向承租人选定的第三者（供货人）购买承租人选定的设备，租给承租人使用，在一个不间断的长期租赁期间内，出租人通过收取租金的方式，收回全部或大部分投资。融资租赁在实质上转移了与资产所有权有关的全部风险和报酬，是一种"融物"形式的中长期融资活动，可以使承租人从出租人那里得到百分之百的设备信贷。融资租赁业务流程如图10-1所示。

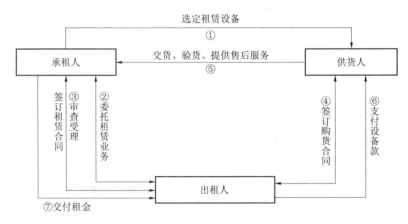

图 10-1　融资租赁业务流程

综观融资租赁业务流程，其特点主要表现在以下几个方面。

（1）融资租赁一般涉及出租人、承租人和供货人三方当事人。

（2）融资租赁要签订两个或两个以上的合同，即租赁合同、购货合同和贷款合同。

（3）融资租赁的标的物是特定设备，由承租人选定设备及供货人。

（4）承租人一般情况下不得中途解约。

（5）出租人一般可在一个租期内完全收回投资并盈利。

（6）租赁期满后，承租人一般对设备有留购、续租和退租3种选择。

 小资料

2007—2012 年我国融资租赁合同余额

单位：亿元

	2007 年	2008 年	2009 年	2010 年	2011 年	2012 年
金融租赁	90	420	1 700	3 500	3 900	6 600
内资租赁	100	630	1 300	2 200	3 200	5 400
外资租赁	50	500	700	1 300	2 200	3 500
行业总量	240	1 550	3 700	7 000	9 300	15 500

资料来源：https://baike.so.com/doc/3562179-3746264.html.

2）经营租赁

经营租赁是一种短期租赁形式，也称服务性租赁或操作租赁，是指出租人向承租人出租设备并提供设备的保养维修服务，租赁合同可在中途解约，出租人需反复出租设备才能收回对租赁设备的投资。一般情况下，不属于融资租赁的租赁业务都属于经营租赁的范畴，日常生活中的房屋租赁和汽车租赁业务绝大多数都是经营租赁的具体形式。经营租赁业务流程如图 10-2 所示。

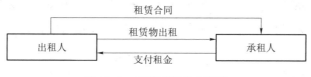

图 10-2　经营租赁业务流程

经营租赁的特点表现在：① 租赁关系简单，一般只涉及出租人和承租人两方当事人，以及双方签订的租赁合同；② 租赁目的主要是短期使用某种设备；③ 租赁物件一般是通用设备或技术含量很高、更新速度较快的设备，由出租人选择；④ 承租人是不特定的多数人；⑤ 租金的支付具有不完全支付性；⑥ 租赁物件的使用有较大的限制条件。

2. 按租赁中的出资比例划分

按租赁中的出资比例划分，租赁业务可分为单一投资租赁和杠杆租赁。

1）单一投资租赁

单一投资租赁是指设备购置成本全部由出租人独自承担的租赁交易。单一投资租赁是传统的租赁业务做法。

2）杠杆租赁

杠杆租赁是指采用"财务杠杆"方式所组成的融资性节税租赁。出租人一般只出设备金额的 20%～40%，即可在经济上拥有所有权，与对设备百分之百投资享受同等待遇，设备成本中的大部分资金由银行、保险公司和证券公司等金融机构提供不可追索的贷款来补足，同时，出租人以设备的第一抵押权、租赁合同及收取租金的受让权作为贷款担保。

杠杆租赁对各方当事人来说都有较大的好处。出租人只需出部分资金便可获得设备所有权及税收优惠，对贷款的责任仅限于出租物价值；承租人也可获得税收优惠，因为出租人往往转移部分好处给承租人，可以降低租金；贷款人由于有了设备作为还款的抵押，因此贷款有保障。

3. 按出租人设备租赁的资金来源和付款对象划分

按出租人设备租赁的资金来源和付款对象划分，租赁业务可分为直接租赁、转租赁和售后回租。

1）直接租赁

直接租赁是指出租人用自有资金或在资金市场上筹措到的资金购进设备，直接出租给承租人的租赁，即"购进租出"。

直接租赁一般包括两个合同：一个是由出租人与承租人签订的租赁合同，另一个是由出租人与供货人签订的购货合同。其一般业务流程为：① 选择租赁设备及其制造厂商；② 申请委托租赁；③ 组织技术谈判和商务谈判，签订购货合同；④ 签订租赁合同；⑤ 融资及支付货款；⑥ 交货及售后服务；⑦ 支付租金及清算利息；⑧ 转让或续租。

2）转租赁

转租赁简称转租，是指承租人在租赁期内将租入资产出租给第三方的行为。转租至少涉及三方（原出租人、原承租人和新承租人）和两份租约（租赁合同和转租合同）。一般情况下，转租赁涉及的当事人包括供货人、第一出租人、第二出租人（同时也是第一承租人）、第二承租人四方。签订的合同主要包括购货合同、租赁合同和转租合同。

3）售后回租

售后回租是指设备物主将自己拥有的资产卖给租赁公司，然后再从租赁公司租回使用的一种租赁方式。

售后回租其实是企业缺乏资金、急需改善财务状况所采取的一种筹资方式。与普通融资相比，其特点是承租人与出卖人为同一人。在企业实际的运营中，售后回租是一种不错的融资、避税的筹资手段。

 **小资料**

2017 中国融资租赁业发展报告发布，租赁公司总数达 9 090 家

2018 年 1 月 25 日，由中国租赁联盟、天津滨海融资租赁研究院组织编写的《2017 中国融资租赁业发展报告》正式发布。报告显示：截至 2017 年年底，全国融资租赁企业（不含单一项目公司、分公司、SPV 公司和收购海外的公司）总数约为 9 090 家，较上年年底的 7 136 家增加了 1 954 家，同比增长 27.4%。

行业注册资金，以 1：6.9 的平均汇率折合成人民币计算，约合 32 031 亿元，较上年年底的 25 569 亿元，增加 6 462 亿元，同比增长 25.3%。

融资租赁合同余额，约为 60 600 亿元人民币，较 2016 年年底的 53 300 亿元，增加 7 300 亿元，同比增长 13.7%。

资料来源：http://www.sohu.com/a/219704387_99901684.

10.2.4 租金管理

1. 租金的基本内容

租金是租赁业务的核心要素，直接关系承租人和出租人双方的利益，是租赁合同的基本内容。租金是出租人通过转让某种资产的使用权而分次取得的补偿和收益，体现了出租人和承租人之间的商品交换关系，其实质是承租人获得租赁物件占有权和使用权期间而付出的对等价值。

租金的价值构成取决于租赁方式，不同种类的租赁，其租金构成要素也不尽相同。但总体来说。租金应以耗费在租赁资产上的价值为基础，因此，租金的构成要素一般包括 3 个部分，如图 10-3 所示。

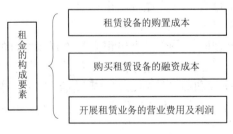

图 10-3 租金的构成要素

租金的计算公式一般为：

租金＝［（租赁设备的购置成本－估计残值）＋利息＋（费用＋经营开支＋税收＋利润）］／租期

1）租赁设备的购置成本

租赁设备的购置成本是计算租金的基础，也是构成租金的主要部分，它是出租人向供货人购买租赁设备所支付的全部费用，包括价款、关税、运费、保险费等。价款一般根据市场行情，由承租人和出租人协商确定，承租人也可以直接与供货人谈判商定购价后，再与出租人谈判。若设备是从国外进口，则购置成本就是到岸价格（CIF）。

根据我国的实际情况，有相当多的租赁项目的运输费用由承租人直接支付，在计算租金时就不应该包括在购置价格中，以免承租人重复承担费用。

在一些租赁设备最终发生所有权转移的租赁业务中，由于承租人最后要向出租人支付"设备残值价款"，以获得设备产权，因此这部分资金不应作为租金的内容，需要从租赁设备总成本中扣除。

2）购买租赁设备的融资成本

出租人购买租赁设备的资金可能从不同渠道筹集，需要支付一定的融资成本。融资成本的高低主要取决于签订租赁合同时金融市场的行情、资金的来源渠道、出租人筹措资金的能力和利差风险费等不确定因素。

利差风险费是由实行期限差额利率和浮动利率因素引起的。一般的租赁业务是在签订合同以后的几个月甚至更长时间才由出租人对外支付租赁财产的贷款，而租赁双方一般在租赁合同签订的同时即确定租金，因此，出租人需要承担市场利率上涨的风险，为保障出租人的利益，会在融资成本上加一定的风险利差。

3）开展租赁业务的营业费用及利润

营业费用是出租人办理租赁业务过程中所需的开支，包括办公费、业务人员工资、差旅费等。营业费用一般按照购置成本的 1%～3% 收取，国内外并没有统一标准。

利润是出租人开展融资租赁业务所要求获得的必要收益。

2. 租金的计算及支付

1）附加率法

附加率法是指每期租金在租赁资产的设备价款或概算成本之上加一个特定的比率来计算的方法。附加率是一固定利率，是根据营业费用和预期利润等因素确定的，按单利计算。

尽管附加率法在表面看利率不高，但由于每期租金都直接附加了一部分费用，因此，租金总额变得很高。这种方法一般适用于经营租赁或使用特殊的租赁物件，主要是经营租赁中，租赁公司要提供额外的服务，因此要发生额外的费用。

2）年金法

年金法是以年金现值理论为基础的租金计算方法。其核心思想是将一项租赁资产在未来各租赁期的租金按一定的折现率换算成现值，使现值总和等于租赁资产的概算成本或货款。在计算租金时要根据双方约定的利率和期数，以复利计算利息，每个租金还款期先结利息后结本金。

年金法可分为等额年金法和变额年金法。等额年金法是指运用年金法使各期租金的金额都相等的计算方法；变额年金法是运用年金原理，但各期租金又按一定规律变化的方法。

3）成本回收法

成本回收法是由租赁双方在签订租赁合同时商定，各期按照一定的规律收回本金，再加上按未收本金计算的应收利息作为各期租金的计算方法。各期成本的回收额由双方事先商定，可以是等额的，可以是等差或等比变额，也可以是无规律的。

4）不规则租金的计算方法

不规则租金的计算方法一般是指带有付租宽限期的租金计算方法。由于承租人在引进设备后，从安装、调试到投产需要一定的时间，在这一段时间内承租人没有偿还租金的资金来源，因此，双方可以确定从起租日期的一个时间段（如 1 个月、3 个月或半年）作为付租宽限期，之后开始付租。在宽限期内，承租人可以不付租金，但要计算利息，即在计算租金时要将宽限期内的利息累计加入租赁设备的概算成本之中，然后用等额年金法计算每期租金。

5）浮动利率的租金计算方法

为了控制利率风险，租金也可以采用浮动利率法计算，各期租金计算时的利率是随市场利率而变化的。国际上最常用的浮动利率是伦敦同业拆借利率（LIBOR），租金利率也可在此基础上附加一定的利差。一般以起租日的 LIBOR 加利差作为计算第一期租金的利率，第一期租金偿还日的 LIBOR 加利差作为第二期租金的利率，依次类推，计算以后各期利率，从而再计算各期租金。

浮动利率租金计算法的特点是未回收本金占压时间越长，租金总额就越高；在整个租赁期内，利率随租期而改变，计算出的各期租金可能存在较大差额。

10.2.5 现代租赁的功能

租赁是一种特殊的融资形式，在现代经济中具有十分重要的功能。对于承租人来说，租赁可以发挥融通资金的作用、有效减少资金的占用、提高资金的流动性、避免设备陈旧过时的风险、减少通货膨胀损失。对于出租人来说，租赁可以降低出租企业的成本，降低投资风险，扩大投资规模，扩大产品销售和加强服务。

思考与练习

1. 名词解释

信托　委托人　受托人　集合资金信托　融资租赁　售后回租

2. 单选题

（1）信托有（　　）个当事人。

A. 1　　　　　　　　B. 2　　　　　　　　C. 3　　　　　　　　D. 4

（2）（　　）是现代信托的发源地。

A. 美国　　　　　　B. 英国　　　　　　C. 中国　　　　　　D. 法国

（3）为社会科学技术发展设立的信托是（　　）。

A. 他益信托　　　　B. 自益信托　　　　C. 私益信托　　　　D. 公益信托

（4）下列有关信托财产独立性的说法中不正确的是（　　）。

A. 信托财产不属于受托人的破产财产

B. 信托财产不属于受托人的遗产

C. 信托财产不属于受托人的固有财产

D. 受托人可以用其固有财产同信托财产进行交换

（5）既可以由自然人作为委托人，也可以由法人作为委托人的信托形式是（　　）。

A. 个人信托　　　　　B. 法人信托　　　　　C. 通用信托　　　　　D. 公司信托

（6）集合众多不特定的投资者，将资金集中起来设立投资基金，委托具有专门知识和经验的投资专家经营操作，共同分享投资收益的一种信托形式，是（　　）。

A. 法人信托　　　　　B. 动产信托　　　　　C. 通用信托　　　　　D. 投资信托

（7）杠杆租赁是一种融资性（　　）。

A. 节税租赁　　　　　B. 传统租赁　　　　　C. 经营租赁　　　　　D. 非节税租赁

（8）下列物品可以作为租赁标的的是（　　）。

A. 煤炭　　　　　　　B. 汽车　　　　　　　C. 油料　　　　　　　D. 油漆

（9）融资租赁的当事人一般涉及（　　）。

A. 两方　　　　　　　B. 三方　　　　　　　C. 四方　　　　　　　D. 七方

（10）在租赁业务中，（　　）是承租人与出租人最为关心的问题。

A. 租赁标的　　　　　　　　　　　　　B. 租赁形式

C. 租赁期限　　　　　　　　　　　　　D. 租金的构成和计算

3. 多选题

（1）信托行为是设立信托的法律行为，这种法律行为通常通过（　　）这几种形式来表现。

A. 书面合同　　　　　　　　　　　　　B. 个人遗嘱

C. 法院的裁决命令书　　　　　　　　　D. 口头传授

（2）信托关系人有（　　）。

A. 委托人　　　　　B. 受托人　　　　　C. 管理人　　　　　D. 受益人

（3）受益人享有的利益有（　　）。

A. 本金受益　　　　B. 收益受益　　　　C. 全部受益　　　　D. 其他受益

（4）以下属于信托投资基金特点的是（　　）。

A. 由专家运作、管理　　　　　　　　　B. 多元化组合投资

C. 流动性高　　　　　　　　　　　　　D. 变现性好

（5）租赁有两个最基本的当事人（　　）。

A. 委托人　　　　　B. 承租人　　　　　C. 出租人　　　　　D. 受托人

（6）从会计的角度对租赁的分类为（　　）。

A. 直接租赁　　　　B. 融资租赁　　　　C. 杠杆租赁　　　　D. 经营租赁

（7）融资租赁涉及的当事人有（　　）。

A. 出租人　　　　　B. 承租人　　　　　C. 供货商　　　　　D. 中间人

（8）以下属于杠杆租赁的是（　　）。

A. 汽车租赁　　　　B. 卫星系统　　　　C. 飞机　　　　　　D. 石油钻井平台

（9）租赁对于出租人来说可以（　　）。

A. 降低投资风险　　B. 扩大投资规模　　C. 扩大产品销售　　D. 减少资金占用

（10）租金构成应包括（　　）。

A. 租赁物件成本　　　　　　　　　　B. 租赁期间上述成本资金产生的利息

C. 出租人在此项交易下的收益　　　　D. 其他额外费用

4. 简答题

（1）信托财产有哪些特点？

（2）信托有哪些特点？信托产品与证券基金、股票、债券等理财产品的风险-收益关系是怎样的？

（3）简要说明信托的基本构成要素。

（4）简述融资租赁与经营租赁的特点及差异。

（5）租金由哪些要素构成？常用的租金计算方法有哪些？

5. 案例分析题

（1）李医生开办了一家私人诊所，因为其医术高明，病人源源不断。因此，一方面李医生的收入很高，另一方面由于整日忙碌没有时间去管理自己的财产。以前李医生也曾做过一些投资，但连连亏损。李医生挣的钱一大部分要用于缴税，剩下的钱其做了这样一些设想：希望在 60 岁退休时，有足够的钱环游世界，也希望供女儿上昂贵的私立学校。

要求：请用所学的信托知识分析李医生若采用信托理财会获得哪些收益，并提出专业建议。

（2）B 企业拥有某生产设备原值 6 000 万元。现企业为增加流动性，将该设备所有权转让给金融租赁公司，再按照原值的 6 折回租，租赁金额 3 600 万元，期限为 3 年。

要求：请分析 B 企业这一做法有何益处？

第 11 章

外汇与黄金投资

学习目标与要求

1. 了解黄金的概念、属性、功能及其标价方法，了解目前各主要黄金市场。
2. 掌握影响黄金价格的因素。
3. 掌握目前黄金市场上的各交易品种，并了解其优缺点。
4. 了解外汇的定义及分类，以及外汇交易的特点。
5. 掌握不同种类的外汇交易的规则，了解外汇市场的现状。

案例引入

2012 年 3 月 29 日公布的数据显示，今年迄今钯金上市交易产品持仓量增加 14%，投资者以一年来最快速度购买钯金，分析师预计需求上涨和供应走低将使得钯金价格在 12 月份之前成为表现最好的贵金属。

据 11 位分析师的预期中值显示，2012 年第四季度钯金预期中值为 850 美元，较目前水平增长 31%，黄金、白银和铂金预期增幅分别为 15%、13% 和 9.8%。

资料来源：http://gold.hexun.com.

那么什么是黄金，影响黄金价格的因素有哪些？投资者如何进行黄金投资？

11.1 黄 金 投 资

11.1.1 黄金基础知识

1. 黄金的概念

黄金又称金，是一种带有黄色光泽的金属。金的元素符号是 Au，原子序数是 79，具有很好的化学稳定性。由于黄金闪闪发光，人们喜欢把它和太阳相提并论，如它在拉丁文中的意思是"黎明的曙光"，在古埃及文中的意思是"可以触摸的太阳"。

由于黄金的稀缺性使黄金十分珍贵，而黄金的稳定性使黄金便于保存，所以黄金不仅成为人类的物质财富，而且成为人类储藏财富的重要手段。黄金是永恒不变的财富，拥有了黄金，就拥有了财富。因此，投资黄金，就是投资财富。

2. 黄金的属性

1）自然属性

金的柔软性好、易锻造、易延展。现代技术可以把黄金碾成薄膜，也可以把黄金拉成细丝。

2）社会属性

由于黄金具有的这些特殊自然属性，被人类赋予了社会属性，即流通货币功能。黄金成为人类的物质财富，成为人类储藏财富的重要手段。

3. 黄金的功能

黄金的基本属性决定了黄金的作用和地位，也决定了黄金的价值。黄金是具有商品、金融和社会属性的特殊商品。黄金用途广泛，涉及人类生活和建设的各个方面，并与国家、企业和个人家庭的财产保值增值息息相关，其主要功能如下。

1）金融功能

黄金是重要的金融资产。黄金是世界上最古老和最普遍为人接受的金融资产，无论世界经济如何变化与发展，黄金的储备价值、支付价值始终没有动摇过。黄金是唯一可以拥有，而同时不受任何人牵制的金融资产。黄金是最可信任、可以长期保存的财富，同时也是获得财务自由的资源和标志。

2）国际储备功能

黄金不仅是国家储备财富的方式，而且也是个人家庭资产保值的通用方式。20 世纪 70 年代黄金与美元脱钩后，黄金的货币职能虽有所减弱，但在全球大多数国家的国际储备中，黄金仍占有相当重要的地位。

3）工业生产功能

黄金是重要的工业原料。由于黄金具有独一无二的完美性质，它被广泛用于最重要的现代高新技术产业中，如电子技术、通信技术、宇航技术、化工技术、医疗技术等。

4）饰品消费功能

黄金是重要的艺术饰品材料。作为彰显尊贵和生活品位的黄金饰品消费，是黄金亲近生活、走入生活的主要渠道。从目前的黄金需求结构看，首饰需求占总市场需求的 40% 以上。

4. 黄金的标价方法

黄金可与多种金属形成合金，任何一种金制品，都应铸有该金制品的纯度、炼金厂等标记。表示含金量的标价方法有很多，下面主要介绍黄金重量和纯度的计量。

1）黄金的重量计量

黄金重量的主要计量单位为盎司、克、千克（公斤）、吨等。目前，我国一般习惯于用克作为黄金的计量单位，采用的是公制；国际上一般通用的黄金计量单位为盎司，人们常看到的世界黄金价格都是以盎司为计量单位的。我国"克"的计量单位与国际市场约定俗成的习惯计量单位"盎司"是不同的，国内投资者投资黄金必须首先要习惯适应这种计量单位上的差异，两者之间的换算公式为：

$$1 \text{ 盎司（金衡盎司）} = 31.103 \text{ 克}$$

2）黄金的纯度计量

黄金及其制品的纯度叫作成色。市场上的黄金制品成色标识有两种：一种是百分比；另一种是 K 金。我国对黄金制品的标记和标识牌有规定，一般要求有生产企业代号、材料名称、含量标记等，无印记为不合格产品，国际上也是如此。但对于一些特别细小的制品也允许不打标记。

（1）用百分比（或千分比）的方式表示黄金纯度的方法。用百分比（或千分比）的方式表示黄金纯度主要是在金首饰上或金条、金砖上打上文字标记，其规定为足金含金量不小于 99.0%。例如，金件上标注 9999 意思是含金量为 99.99%，而标注为 585 是含金量为 58.5%，上海黄金交易所中交易的黄金主要是纯度为 9999 与 9995 的黄金。

（2）用"K"表示黄金纯度的方法。

《首饰贵金属纯度的规定及命名方法》（GB 11887—2012，第 1 号修改单）中"K"与黄金纯度的对应关系如下：

9K 的纯度为 375；

14K 的纯度为 585；

18K 的纯度为 750；

22K 的纯度为 916；

足金的纯度为 990。

5. 黄金市场

黄金市场，是指集中公开进行黄金买卖的有组织管理的交易场所，是金融市场的一个组成部分。黄金市场和其他任何市场一样，由供方和需方组成。与其他商品不同的是，黄金有着巨大的地面存量。和巨大的黄金存量相比，每年全球的黄金产量只占极少的部分。

1）黄金市场的参与主体

银行、投资基金等金融机构是国际黄金市场中最活跃，也是交易量最大的主体，其交易量和交易价格对国际黄金市场起着决定性作用。此外，还包括各类黄金生产商及黄金经纪公司。

（1）商业银行。参与黄金市场交易的商业银行可以分为两类：一类是自身就是黄金交易商，它们与世界上各大金矿和黄金客户有广泛的联系，不断在国际黄金市场上报出黄金的买价和卖价，承担金价波动的风险，又称为"做市商"，最典型的就是伦敦黄金市场上的五大金行；另一类商业银行仅仅为客户代行买卖和结算，本身并不参加黄金交易，以苏黎世的三大银行为代表，其充当生产者和投资者之间的经纪人，在市场上起着中介作用。

（2）投资基金。国际市场上的商品基金和对冲基金也会经常参与黄金市场，尤其是黄金衍生产品的交易。其中，商品基金主要进行黄金的长期投资，高抛低吸；而对冲基金则往往通过短期投机借以获得巨额利润。在黄金市场上，几乎每次大的下跌都与基金公司借入短期黄金在即期黄金市场抛售和在纽约商品交易所黄金期货交易所构筑的大量淡仓有关。

黄金 ETF 基金是近年来新出现的一种黄金投资基金，在国际黄金市场中的交易量十分可观，以其中最大的 Street Tracks Gold Trust 基金为例，高峰时期持有黄金超过 400 t。

（3）中央银行。各国的中央银行也是世界黄金市场的重要参与者。不过尽管世界各国央行的储备黄金总量巨大，但是每年通过减少黄金储备而向世界黄金市场供应黄金的中央银行主要是欧洲的央行售金协定签约国，其他央行每年售金量极少。

（4）黄金生产商。黄金生产商主要是指世界各大金矿企业，它们是黄金市场产品的最终供给者。在世界黄金价格下跌时，黄金生产商为了确保企业利润，往往进行提前销售，这些黄金就称为对冲；在金价上涨时，黄金生产商则会减少对冲的数量。

（5）黄金经纪公司。黄金经纪公司是专门从事代理非交易所会员进行黄金交易，并收取佣金的经济组织。在纽约、芝加哥、中国香港等黄金市场里，活跃着很多经纪公司，它们本身并不拥有黄金，只是派场内代表在交易厅里为客户代理黄金买卖，收取客户的佣金。

（6）其他相关主体。其他相关主体包括为黄金交易提供服务的机构和场所，黄金市场的监督管理机构及有关的行业自律组织等。

2）黄金市场的交易方式

经过多年的发展，国际黄金市场已经具有了多种多样的交易方式，按标准化程度的不同划分，分为标准化场内交易产品和非标准化场外交易产品。

（1）标准化场内交易产品。标准化场内交易产品是指在固定交易场所内交易的、标准化的黄金市场衍生产品，主要品种包括黄金期货、黄金期权、黄金 ETF 等。

① 黄金期货。黄金期货是一种在固定场所买卖规定黄金的一种商品期货合约。该合约可以在交割日进行实物交割，但是一般进行实物交割的数量很少，都是在到期日前进行对冲平仓，主要通过套期保值和期货投资交易完成。

② 黄金期权。黄金期权交易即购买黄金期权的一方在将来一定时间内有选择是否以事先商定的价格买入或卖出一定数量和规格的某种标的物或其合约的权利，而卖方有义务按照规定的条件满足买方未来买卖的要求。买方为获取此权利须向卖方支付一定的费用称作权利金。

③ 黄金 ETF。这是以黄金为投资对象的 ETF，是实物黄金投资工具。其运作原理为：由大型黄金生产商向基金公司寄售实物黄金，随后由基金公司以此实物黄金为依托，在交易所内公开发行基金份额，销售给各类投资者，商业银行分别担任基金托管行和实物保管行，投资者在基金存续期间内可以自由赎回。

（2）非标准化场外交易产品。非标准化场外交易产品是标准化程度较低的交易产品，交易场所可以是场内也可以是场外。

① 现货黄金交易。最普通的黄金市场交易方式自然是现货交易，不过并非像人们通常所说的一手交钱、一手交货，一般要求在 1～2 个工作日内完成交割手续。现货黄金交易是黄金市场中最基本的交易，也是其他各种交易的基础。

② 黄金借贷交易。世界上已经生产出来的黄金中有很大一部分被人长期保存，作为储备或投资。特别是各国央行持有近 3 万 t 黄金。这些黄金如果仅仅放在仓库里，既要支付保管费又不能产生任何收益。所以它们就把这些黄金借给别人用，使用者则要付一些费用，这种借贷活动通常通过商业银行进行，和普通货币借贷的关系是一样的，人们称其为黄金的寄存和借贷。

③ 黄金凭证。黄金凭证是由商业机构发行的黄金权益凭证，代表投资者持有的一定黄金要求权。黄金凭证可分为两种：分配账户和非分配账户。分配账户是以实物黄金为基础的，账户上详细注明了投资者所持有的黄金数量和每一块金条的编号，投资者对账户上的黄

金享有绝对的支配权，投资者对账户上黄金的所有权不受发行人资信的影响，但要支付实物黄金的保管费和保险费；非分配账户不以黄金实物为基础，而是依靠发行人的信誉作为担保。发行人可以持有少量黄金开立大量的非分配账户，只要大多数账户持有人不要求赎回黄金，发行人的流动性就不会出问题。

④ 黄金投资基金。黄金投资基金是专门从事黄金实物和相关权益凭证的投资基金。由于黄金的价格波动与其他市场波动的相关性较小，而且在通货膨胀时期黄金具有较好的保值增值功能，因此投资黄金基金可以起到分散投资风险、降低总资产配置的波动性，从而稳定投资价值的作用。

⑤ 远期黄金交易。黄金的远期交易是买卖双方根据双方商定的价格，在稍后的一段日期里买卖一定数量黄金的责任和义务。与黄金现货交易不同，黄金远期交易的义务（交易的结果）和义务的履行（交割和付款）在时间上是清楚分开的。

⑥ 黄金掉期交易。黄金存贷时存入的一方能每年得到利息，但收益比较低。如果希望在贷出的同时得到一笔货币做他用，到期时再赎回来，类似于到典当行里当出去的做法，视为掉期。掉期也可以理解为一个现货交易和一个远期交易的合成。对贷方来说，即卖出现货合约买入远期合约；对借方来说，即买入现货合约卖出远期合约，也可以是在两个远期交易合约之间掉期，但两个交易的到期时间不同。

11.1.2　影响黄金价格的因素

由于黄金兼具商品、货币和金融属性，又是资产的根本象征。黄金价格不仅受商品供求关系的影响，而且对政治、经济的变化也非常敏感，石油价格变化和金融危机等都会引起黄金价格的暴涨暴跌。影响黄金价格变动的因素主要有以下几种。

1. 黄金的生产成本

黄金的生产成本影响黄金的供应量。在黄金价格不变的情况下，黄金生产的成本上升，会减少生产企业的盈利。如果成本上升过快，企业无法转移成本，导致企业亏损，企业则会减少黄金的产出。例如，2001 年时全球黄金总成本是 228 美元/盎司，到 2006 年时黄金总成本上升为 401 美元/盎司，到 2010 年，该费用已高达 857 美元/盎司；另有数据显示，2011 年黄金开采成本更加升高，可能不低于 1 000 美元/盎司。这导致黄金的价格从 1999 年的每盎司 252 美元上涨到 2011 年 7 月最高价每盎司 1 600 多美元，价格已经连涨几番。

2. 黄金的供给与需求因素

金价是基于供求关系基础之上的。如果黄金的产量大幅增加，金价会受到影响而回落。但如果出现矿工长时间的罢工等原因使产量停止增加，金价就会在求过于供的情况下升值。此外，新采金技术的应用、新矿的发现，均令黄金的供给增加，表现在价格上当然会令金价下跌。一个地方也可能出现投资黄金的风习，如在日本出现的黄金投资热潮，需求大为增加，同时也导致了价格的节节攀升。从历史上看，20 世纪 70 年代以前，国际黄金价格基本比较稳定，波动不大。国际黄金的大幅波动是 20 世纪 70 年代才发生的事情。造成黄金价格剧烈波动的诱因是 20 世纪 70 年代布雷顿森林体系的瓦解，金价彻底和美元脱钩并开始自由浮动。

3. 美元汇率

美元虽然没有黄金那样稳定，但是它比黄金的流动性要好得多。因此，美元被认为是第一类的钱，黄金是第二类的钱。当国际政局紧张不明朗时，人们都会因预期金价会上涨而购入黄金。但是，最多的人保留在自己手中的货币其实是美元。假如国家在战乱时期需要从他国购买武器或其他用品，也会沽空手中的黄金，来换取美元。因此，在政局不稳定时期美元未必会升，因为要看美元的走势。简单地说，美元强黄金就弱，黄金强美元就弱。

通常，投资人士借助储蓄保本时，取黄金就会舍美元，取美元就会舍黄金。黄金虽然本身不是法定货币，但始终有其价值，不会贬值成废铁。若美元走势强劲，投资美元升值机会大，人们自然会追逐美元。相反，当美元在外汇市场上越弱时，黄金价格就会越强。例如，20 世纪 60 年代美国的低利率政策促使国内资金外流，大量美元流入欧洲和日本，各国由于持有的美元净头寸增加，出现对美元币值的担心，于是开始在国际市场上抛售美元，抢购黄金，并最终导致了布雷顿森林体系的瓦解。1971 年 8 月和 1973 年 2 月，美国政府两次宣布美元贬值，在美元汇率大幅度下跌及通货膨胀等因素作用下，1980 年初黄金价格上升到历史最高水平，突破 800 美元/盎司。

 课堂小讨论

汇率改革 人民币国际化持续推进

从 2007 年扩大人民币对美元交易价浮动幅度至今，时隔 5 年，中国再度迈步的时机选择并非"偶然"。2012 年 4 月 14 日，中国央行宣布将人民币兑美元交易价浮动幅度，由千分之五扩大至百分之一。选择周末公布"大动作"，是央行缓冲政策出台"冲击波"的一贯作风。这也从侧面显示，央行进一步扩大人民币对美元浮动幅度、推动人民币汇率机制改革，对市场影响将颇为深远。

根据上述资料，你认为中国这一政策的出台，对美元汇率将有什么影响？该政策对黄金价格的走势将有什么影响？

资料来源：http://forex. cngold. org.

4. 通货膨胀率

一个国家货币的购买能力是基于物价指数而决定的。当一国的物价稳定时，其货币的购买能力就越稳定；相反，通货率越高，货币的购买力就越弱，这种货币就越缺乏吸引力。如果美国和世界其他主要地区的物价指数保持平稳，持有现金也不会贬值，又有利息收入，必然成为投资者的首选。

相反，如果通胀剧烈，持有现金根本没有保障，收取利息也赶不上物价的暴升。人们就会采购黄金，因为此时黄金的理论价格会随通胀而上升。西方主要国家的通胀越高，以黄金作为保值的要求也就越大，世界金价亦会越高。其中，美国的通胀率最容易左右黄金的变动。而一些较小的国家，如智利、乌拉圭等，每年的通胀最高能达到 400 倍，却对金价毫无影响。例如，20 世纪 90 年代后，世界进入低通货膨胀时代，作为货币稳定标志的黄金一直在低位徘徊，但是进入 21 世纪以后，随着美元的持续走低，商品价格的上涨，各国通货膨胀的加剧，黄金价格一路走高。

5. 国际贸易收支状况

在处理国家之间债权与债务关系的过程中，不仅债权国关心偿债国的支付能力，而

且债务国也十分注重自身的经济运行和偿债能力。如果债务国本身发生无法偿债导致经济停滞，而经济停滞又进一步恶化债务的恶性循环，就连债权国也会因与债务国的关系破裂，面临金融崩溃的危险。由于国际贸易、财政、外债赤字因素对黄金价格具有重要影响，各国都会为提高支付能力，维持本国经济不受伤害而大量储备黄金，引起黄金价格波动。

6. 战争风险

战争时期都会使金价大幅波动。因为战争来临时，任何当地的货币，都可能会由于通货膨胀而贬值。这时，由于黄金具有公认的特性，为国际公认的交易媒介，人们都会把目标投向黄金，对黄金的抢购，也必然会造成金价的上升。例如，第二次世界大战、美越战争、1976 年泰国政变等，都使金价有不同程度的上升。

但是，其他的因素也会制约金价的走势。例如，在 1989—1992 年，世界上出现了许多的政治动荡和零星战乱，但金价却没有因此而上升。原因就是当时人人持有美金，舍弃黄金。故投资者不可机械地套用战乱因素来预测金价，还要考虑美元等其他因素。

7. 石油价格

黄金本身是通胀之下的保值品，与美国通胀形影不离。石油价格上涨意味着通胀会随之而来，金价也会随之上涨。

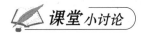 课堂小讨论

2012 年全球石油日均需求将增加

总部设在巴黎的国际能源署 4 月 12 日发布月度石油市场报告显示，2012 年全球石油日均需求将达 8 990 万桶，比上年日均需求量增加 0.9%。这一预期与今年 3 月所作的预估持平。

报告说，在油价高企、世界经济复苏乏力和季节性因素影响下，今年第二季度全球石油日均需求将降至 8 860 万桶，预计将在年底随着世界经济复苏加速不断增加。今年 3 月，石油输出国组织（欧佩克）成员国日均供应量增加 13.5 万～3 143 万桶，为 3 年半以来最高水平；而非石油输出国组织成员国日均产量下降 50 万～5 270 万桶。

根据上述资料，你认为石油需求增加，将会如何影响黄金价格的走势？

资料来源：http://energy.cngold.org.

8. 股市行情

股市行情主要体现了投资者对经济发展前景的预期。如果人们普遍对经济前景看好，则资金大量流向股市，股市投资热烈，金价下降。但当全球股市已经上升到相对高位，应逐步将资金从股市撤离，并持有黄金保值。一般来说，股市下挫，金价上升。

9. 中央银行政策

中央银行黄金储备的目的是稳定汇率及必要时的财富支持，这种储备促使了黄金价格上涨；反之，如果中央银行降低黄金的储备，将会导致黄金价格下跌，这是因为中央银行是黄金的最大买家。20 世纪八九十年代，各国中央银行减少黄金储备，1999 年 5 月 7 日，英格兰银行宣布卖掉储备黄金的半数，将国际金价推向了低谷。1999 年 9 月，欧洲各国中

央银行达成"华盛顿协议",即央行售金协定（Central Bank Gold Agreement, CBGA）对各国未来 5 年出售的黄金总量作出限制,CBGA 成员每年售金量不得超过 400 吨。与此同时,亚洲国家在外汇储备中增加黄金比例,黄金价格呈上升趋势。

10. 资本市场实际回报率

美国萨默斯认为,黄金价格受资本市场实际回报率驱动,也反过来对资本市场实际回报率产生影响。黄金价格主要的驱动力并非通货膨胀或通货紧缩,而是其他长期金融资产,尤其是股票回报率。这个结论得到相关数据证明:自 1988 年以来,黄金价格与标准普尔 500 指数的相关关系是-0.85。到 1994 年以后,随着市场越来越疯狂,负相关性升至-0.94。即过去的 8 年中,股市变动能够解释 88%的金价变动。

11.1.3　黄金理财品种

1. 黄金现货交易

1) 黄金现货交易的特点及功能

黄金现货交易是指买卖双方出自对黄金的需求与销售黄金的目的,根据商定的支付方式与交货方式,采取即时或在较短的时间内进行黄金交收的一种交易方式。在现货交易中,随着商品所有权的转移,同时完成商品实体的交换与流通。因此,现货交易是黄金流通运行的直接表现方式。根据国家有关金银政策规定,中国普通企业、公民都能够自由买卖和持有黄金。黄金作为投资和消费品已经进入我国城乡居民的投资消费领域。

我国黄金现货交易的特点具体表现为:① 参与直接交易的会员仅限于国内的产金、用金企业和商业银行,个人不能成为交易所会员;② 黄金还不能实现自由进出口;③ 不能同步与国际市场进行 24 小时的交易。同时,我国黄金市场正在逐步实现 3 个转变:从商品交易为主向金融交易为主转变;由现货交易为主向期货交易为主转变;由相对封闭的国内市场向全面开放的国际市场转变。

2) 实物黄金交易

实物黄金交易是指对金锭、金条、金币和金饰等实物黄金的买卖与交易。实物黄金交易的渠道有各大商业银行系统和上海黄金交易所两大交易系统。目前,实物黄金交易主要有 Au50g、Au100g、Au99.99、Au99.95 和 Au99.5 等黄金现货实盘合约和 Au（T+D）、Au（T+N1）、Au（T+N2）等黄金现货延期交收合约等。

（1）金锭、金条与金币。金锭和金条的黄金价值最足,它是按照一定的规格标准铸造成锭状或条状的黄金,成色足、重量标准。从长期保值功能方面来看,金条比金币略胜一筹。普通投资者以金条投资为宜,从长期全世界黄金走势来看,比较容易操作,保值增值空间相对较大。

金币是黄金铸币的简称,有广义和狭义之分。广义的金币泛指所有在商品流通中专作货币使用的黄金铸件,如金锭、金元宝等;狭义的金币是指经过国家证明,以黄金作为货币的基材,按规定的成色和重量,浇铸成一定规格和形状,并标明其货币面值的铸金币。

金币重在收藏价值,分为纯金币和纪念金币。纯金币的价值基本与黄金含量一致,价格也随国际金价波动,它具有美观、鉴赏、流通变现能力强和保值功能。纪念金币也是一种法定货币,能够流通,发行单位一般为中国人民银行,购买中国人民银行发行的金币安全可靠,质量具有保障。投资者购买金币一定要认清发行、经销和铸造单位,中国人民银行、各商业银行、上海造币厂和中国金币总公司等单位都是可信度非常高的正规渠道。

（2）金饰品及工艺品。金饰品也有广义和狭义之分。广义的金饰品是泛指无论黄金成色多少，只要含有黄金成分的装饰品，如金杯、奖牌等纪念品或工艺品均可列入金饰品的范畴。狭义的金饰品是专指以成色不低于 580 的黄金材料，通过加工而成的装饰物。

金饰品及工艺品重在装饰，无固定投资价值，因其价格包含工艺价值，而难以评估高低，有设计和铸造部分的工艺价值与黄金本身的价值。因此，不能完全指望金饰品实现黄金的保值增值功能。中小投资者进行黄金投资，最好不要首先考虑金饰领域，黄金饰品也不宜作为家庭理财资产组合。

黄金饰品的交易渠道主要是黄金饰品店和金行，由投资者直接选购或向加工企业订购。投资者在购买时要注重品牌，准确把握黄金饰品的质量和数量，并办理规范的订购和加工手续与发票，作为买卖合同成立的凭证。

（3）现货黄金的回购。金店销售的饰品金条的卖出价与买入价的落差很大，对于投资者而言，获利的机会很少。一个是成本较高；另一个是采用缩水价格回购，因为进店所承诺回购金条时采用的价格是按照前一天黄金交易所的报价来执行的，而不是投资者通常所认为的黄金制品当日的价格。

3）纸黄金交易

（1）纸黄金的概念。目前，商业银行提供的黄金业务大致分为两种：实物黄金和纸黄金。纸黄金是相对于实物黄金的一种称谓，是投资者按银行报价在账面上买卖虚拟黄金，通过把握金价走势低吸高抛，赚取黄金价格的波动差价的过程。

目前，只有商业银行允许开展此项业务，如中国银行的"黄金宝"、中国工商银行的"金行家"、中国建设银行的"龙鼎金"。

（2）纸黄金的表现形式及其操作方式。纸黄金的常见类型有黄金储蓄存单、黄金交收订单、黄金汇票、大面额黄金可转让存单、黄金债券、黄金账户存折、黄金仓储单、黄金提货单、黄金现货交易中当天尚未交收的成交单、国际货币基金组织的特别提款权。

开办纸黄金业务需要在商业银行开设账户，必须拥有该银行的储蓄卡/存折才能操作。投资者可携带身份证去银行柜台，开立一个黄金账户，并指定作为黄金交易的资金账户。

2. 黄金期货交易

1）黄金期货合约

黄金期货合约是在将来的某个时间交割一定数量和质量等级的黄金的标准协议。期货交易所为标准期货合同规定了诸多标准项目，这些项目主要包括交易品种、交易单位、报价单位、最小变动价位、每日价格最大波动限制、合约交割月份、交易时间、最后交易日、交割日期、交割品级、交割地点、最低交易保证金、交易手续费、交割方式、交易代码等。上海期货交易所根据中国黄金期货的交易特征，设计推出的黄金期货标准合约，是黄金期货的产品核心。

2）黄金期货品种

上海期货交易所黄金期货合约的交割月份为 1—12 月，意味着上海期货交易所同时交易运行的期货合约有 12 种。如果不是日历周期年其运行的合约则是循环 12 个月份产品。投资者根据合约所剩时间期限的长短，将黄金期货合约分为远期合约、近期合约、临近交割月合约和交割月合约等。一般黄金期货合约交易以一个日历年为时间周期，循环往复。随着时间的推移，远期合约将逐渐变成近期合约、临近交割月合约、交割月合约。期货合约的期限性，决定了期货合约远近月份具有不同的特点，在欧美商品期货市场，一般3个月合约比较活跃；在亚洲商品期货市场，一般远期合约比较活跃。远期和近期期货合约的划分是相对而言的，不同的品种有其各自的特点，一年交割月份数的多少也与划分远近合约有紧密关系。

临近交割月黄金期货合约是指距离交割月份非常近的合约。例如，对于一年有12个交割月份的商品期货来说，投资者通常将临近交割月3个月以内的合约看成是临近交割月合约。

近期黄金期货合约是指距离交割月份较近的合约，如投资者通常将远离交割月3个月以上，6个月以下的合约看成是近期合约。

远期黄金期货合约是指远离交割月份的合约，如投资者通常将远离交割月6个月以上的合约看成是远期合约。

黄金期货交割月合约是指进入交割月份的合约。例如，进入2012年1月时，2012年1月交割的合约就是进入交割月份的合约。

3）黄金股票

黄金股票是指金矿公司或与黄金产业相关企业向社会公开发行的上市或不上市的股票，如山东黄金（股票代码600547）、中金黄金（股票代码600489）等股票。由于黄金行业的主要资源在金矿，因此，投资者更加关注金矿公司股票。黄金加工企业的发展潜力受限于其掌握的金矿资源。由于买卖黄金股票不仅是直接投资金矿公司，而且还是间接投资黄金，因此这种投资行为比单纯的黄金买卖或股票买卖更为复杂。投资者不仅要关注金矿公司的经营状况，还要对黄金市场价格走势进行分析。

课堂小讨论

黄金股龙头中金黄金（600489）2012年年报2012年4月16日出炉，公司2011年实现归属于上市公司股东的净利润为18.17亿元，同比增加51%；每股收益0.96元，同比增加47.69%；加权平均净资产收益率为28.67%，同比增加4.07个百分点。公司拟每10股转增5股派发现金股利0.5元（含税）。

根据对股票市场的了解，请列举一下，中国A股市场上目前所存在的黄金股票有哪些？代码分别是什么？年利润如何？

11.2 外汇投资

外汇交易市场是全球最大的金融产品市场，据国际清算银行2010年12月份发布的报告，过去三年内，全球外汇市场日均交易额高达4万亿美元，而2010年4月份美国股市的成交量约为1 340亿美元，相当于美国股市的30倍。

随着我国外汇体制的改革，个人购汇的放宽，越来越多的人投入外汇投资当中。而外汇投资形式非常多，风险收益特征以及交易规则也各不相同，本节从投资者的角度介绍几种外汇投资的渠道。

11.2.1　外汇与外汇市场

1. 外汇

1）外汇的定义

外汇是以外币表示的用于国际结算的支付凭证。国际货币基金组织（IMF）对外汇的解释为：外汇是货币行政当局（中央银行、货币机构、外汇平准基金和财政部）以银行存款、财政部债券、长短期政府证券等形式所保有的在国际收支逆差时可以使用的债权。包括外国货币、外币存款、外币有价证券（政府公债、国库券、公司债券、股票等）、外币支付凭证（票据、银行存款凭证、邮政储蓄凭证等）。

《中华人民共和国外汇管理条例》规定："本条例所称外汇，是指下列以外币表示的可以用作国际清偿的支付手段和资产：（一）外币现钞，包括纸币、铸币；（二）外币支付凭证或者支付工具，包括票据、银行存款凭证、银行卡等；（三）外币有价证券，包括债券、股票等；（四）特别提款权、欧洲货币单位；（五）其他外汇资产。"

从动态的角度看，外汇是指货币在各国间的流动，以及把一个国家的货币兑换成另一个国家的货币，借以清偿国际债权、债务关系的一种专门性的经营活动，由此可以把外汇看作是国际汇兑（foreign exchange）的简称。

2）外汇的分类

外汇可以按照不同标准进行分类。

（1）根据外汇进行兑换时的受限制程度，可以分为自由兑换外汇、有限自由兑换外汇和记账外汇。

自由兑换外汇，就是在国际结算中用得最多，在国际金融市场上可以自由买卖，在国际金融中可以用于偿清债权债务，并可以自由兑换其他国家货币的外汇，如美元、加拿大元等。

有限自由兑换外汇，则是指未经货币发行国批准，不能自由兑换成其他货币或对第三国进行支付的外汇。国际货币基金组织规定凡对国际性经常往来的付款和资金转移有一定限制的货币均属于有限自由兑换货币。世界上有一大半的国家货币属于有限自由兑换货币，包括人民币。

记账外汇，又称清算外汇或双边外汇，是指记账在双方指定银行账户上的外汇，不能兑换成其他货币，也不能对第三国进行支付。

（2）根据外汇的来源与用途不同，可以分为贸易外汇、非贸易外汇和金融外汇。

贸易外汇，也称实物贸易外汇，是指来源于或用于进出口贸易的外汇，即由于国际商品流通所形成的一种国际支付手段。

非贸易外汇是指贸易外汇以外的一切外汇，即一切非来源于或用于进出口贸易的外汇，如劳务外汇、侨汇和捐赠外汇等。

金融外汇与贸易外汇、非贸易外汇不同，是属于一种金融资产外汇。例如，银行同业间买卖的外汇，既非来源于有形贸易或无形贸易，也非用于有形贸易，而是为了各种货币头寸的管理和摆布。资本在国家之间的转移，也要以货币形态出现，或是间接投资，或是直接投资，都形成在国家之间流动的金融资产，特别是国际游资数量之大，交易之频繁，影响之深刻，不能不引起有关方面的特别关注。

贸易外汇、非贸易外汇和金融外汇在本质上都是外汇，它们之间并不存在不可逾越的鸿沟，而是经常互相转化。

（3）根据外汇汇率的市场走势不同，可以分为硬外汇和软外汇。外汇就其特征意义来说，总是指某种具体货币，如美元外汇是指以美元作为国际支付手段的外汇，英镑外汇是指以英镑作为国际支付手段的外汇，日元外汇是指以日元作为国际支付手段的外汇，等等。在国际外汇市场上，由于多方面的原因，各种货币的币值总是经常变化的，汇率也总是经常变动的，因此根据币值和汇率走势又可将各种货币归类为硬货币和软货币，或叫强势货币和弱势货币。硬货币是指币值坚挺，购买能力较强，汇价呈上涨趋势的自由兑换货币。由于各国国内外经济、政治情况千变万化，各种货币所处硬货币、软货币的状态也不是一成不变的，经常是昨天的硬货币变成了今天的软货币，昨天的软货币变成了今天的硬货币。

3）世界主要外汇

从外汇交易的角度讲，一种货币要成为外汇必须有持续性的买盘和卖盘，而这需要满足下列3个主要条件：（1）持有者必须相信这种货币具有储藏价值的功能。（2）这种货币在国际贸易中必须可以作为计价的手段。（3）这种货币必须可以作为交易的媒介。目前，全世界有150多个国家，其中有30多种货币属于交易活跃的货币。以这30多种货币来说，每一种货币对其他货币一共有29种汇率，就会有435种不同的汇率。目前世界外汇市场上重要外汇之间的基本格局是，大多数货币之间的基本定价关系仍以美元为主，美元的国际地位是与美国强大的发展实力和国际汇率制度形成与发展的历史相联系的。日本经济的飞跃和经济实力使日元地位得以稳固和扩张。欧元诞生后，迅速成为国际贸易、金融交易和官方外汇储备中的一大主要货币，形成全球贸易结算货币和外汇储备结构新格局。尽管受到欧洲债务危机的负面影响，2017年，欧元在全球外汇储备中的占比仍达到20%。

📖 **课堂**小讨论

请同学们根据身边真实所见，判断我国属于何种外汇市场？

2. 外汇市场

外汇市场的产生，起初是由于国际贸易的大规模发展而产生的汇兑及避险需要，后来人们发现汇率的波动差价能够带来巨大的投机收益，于是外汇市场逐渐发展成以投机目的为主的市场。现在，每天巨大的成交量当中，为贸易和避险需要的只占大约5%，95%的交易是由于投机而产生的。

作为一个国际性的资本投机市场，外汇市场的历史要比股票、黄金、期货、利息市场短得多，然而，它却以惊人的速度迅速发展。在20世纪80年代，随着计算机及相关技术的问世，跨国资本流动加速，将亚、欧、美洲等地时区市场连成一片，外汇市场交易量迅速增长。今天，外汇市场每天的交易额达到4万亿美元，是美国股票和债券市场交易额总和的6倍以上。

3. 外汇交易的特点

1）无形市场

外汇交易是交易双方通过电话或者电子交易网络而达成的，并不像股票和期货交易市场那样是集中在某一个交易所里进行的。

2）24 小时交易

外汇市场一周交易 5 天，且是 24 小时交易，而股票只能在白天特定时间进行交易。

由于外汇市场的主要交易产品（即主要国际货币，如美元、日元、欧元及英镑等）的交易规则都是一致的，但是由于全球各金融中心的位置不同，亚洲市场、欧洲市场、美洲市场由于时间差的关系，开市和闭市的时间相互交错，可称为是一个全天 24 小时连续作业的全球性外汇市场。一天当中，最早的外汇市场是悉尼，接下来是东京、中国香港、新加坡、欧洲大陆的巴黎和法兰克福、伦敦，最后是纽约外汇交易市场。由于外汇市场全天 24 小时开放，外汇交易者需要对白天还是晚上发生的全球经济、社会和政治事件而导致的汇价波动随时做出反应（见表 11-1）。

表 11-1 全球主要外汇市场开市和收市时间

外汇市场	交易时间（北京时间）
惠灵顿	04：00—13：00
悉尼	06：00—15：00
东京	08：00—15：30
中国香港	10：00—17：00
法兰克福	14：30—23：00
伦敦	15：30—00：30
纽约	21：00—04：00

3）品种少，便于操作

外汇市场主要的交易品种为美元/欧元、美元/英镑、美元/瑞士法郎、美元/日元、美元/澳元、美元/加元等 6 个货币对，相对来说便于操作。而股票市场有成百上千只股票，选股难度可想而知。

4）成交量大，不易被操纵

外汇市场是全球最大的金融市场，参与者非常广泛，包括商业银行、基金公司、企业、个人，甚至中央银行。无论小户还是大户，都很难对外汇市场造成持续的影响。不像股市中存在庄家操纵股市、信息不对称、不透明等问题，造成对普通投资者的不利。

4. 外汇市场的分类

1）按照外汇市场的外部形态进行分类

按照外汇市场的外部形态进行分类，外汇市场可以分为无形外汇市场和有形外汇市场。无形外汇市场也称为抽象的外汇市场，是指没有固定、具体场所的外汇市场。这种市场最初流行于英国和美国，故其组织形式被称为英美方式。现在，这种组织形式不仅扩展到加拿大、东京等其他地区，而且也渗入欧洲大陆。无形外汇市场的主要特点是：第一，没有确定的开盘与收盘时间；第二，外汇买卖双方无须进行面对面的交易，外汇供给者和需求者凭借电传、电报和电话等通信设备与外汇机构联系；第三，各主体之间有较好的信任关系，否则，这种交易难以完成。目前，除了个别欧洲大陆国家的一部分银行与顾客之间的外汇交易还在外汇交易所进行外，其余的外汇交易均通过现代通信网络进行。无形外汇市场已成为今日外汇市场的主导形式。

有形外汇市场也称为具体的外汇市场，是指有具体的固定场所的外汇市场。这种市场最初流行于欧洲大陆，故其组织形式被称为大陆方式。有形外汇市场的主要特点是：第一，固定场所一般是指外汇交易所，通常位于世界各国金融中心；第二，从事外汇业务经营的双方都在每个交易日的规定时间内进行外汇交易。在自由竞争时期，西方各国的外汇买卖主要集中在外汇交易所。但进入垄断阶段后，银行垄断了外汇交易，致使外汇交易所日渐衰落。

2）按照外汇所受管制程度进行分类

按照外汇所受管制程度进行分类，外汇市场可以分为自由外汇市场、外汇黑市和官方市场。自由外汇市场是指政府、机构和个人可以买卖任何币种、任何数量外汇的市场。自由外汇市场的主要特点是：第一，买卖的外汇不受管制；第二，交易过程公开。例如，美国、英国、法国、瑞士的外汇市场皆属于自由外汇市场。

外汇黑市是指非法进行外汇买卖的市场。外汇黑市的主要特点是：第一，是在政府限制或法律禁止外汇交易的条件下产生的；第二，交易过程具有非公开性。由于发展中国家大多执行外汇管制政策，不允许自由外汇市场存在，所以这些国家的外汇黑市比较普遍。

官方市场是指按照政府的外汇管制法令来买卖外汇的市场。这种外汇市场对参与主体、汇价和交易过程都有具体的规定。在发展中国家，官方市场较为普遍。

3）按照外汇买卖的范围进行分类

按照外汇买卖的范围进行分类，外汇市场可以分为外汇批发市场和外汇零售市场。

外汇批发市场是指银行同业之间的外汇买卖行为及其场所，其主要特点是交易规模大。

外汇零售市场是指银行与个人及公司客户之间进行的外汇买卖行为及场所。

5. 世界主要外汇市场

目前，世界上大约有30多个主要的外汇市场，它们遍布于世界各大洲的不同国家和地区。根据传统的地域划分，可分为亚洲、欧洲、北美洲三大部分，其中最重要的有伦敦、纽约、东京、新加坡、法兰克福、苏黎世、中国香港、巴黎、洛杉矶、悉尼等，主要交易货币种类有美元、欧元、英镑、日元、澳元、加元、瑞士法郎等。

小资料

1997年，在经济快速增长了二十多年的东南亚地区爆发了一场金融危机，给该地区的经济发展造成了严重的挫折，那么这场金融危机是怎么发生的呢？这要从金融大鳄索罗斯说起。索罗斯在国际金融市场上是能够呼风唤雨的大人物，它在外汇市场上发动的几次攻击都取得了让人惊叹的业绩，当然也让很多国家和政府恨之入骨。20世纪90年代中期，向来增长迅速的泰国经济出了许多问题，国际贸易收支连年逆差，泰国货币泰铢贬值的压力很大，泰国政府为了维持泰铢汇率就在外汇市场上抛出大量外汇以压制泰铢贬值的力量。但是在这种汇率水平上泰铢已经明显高估，这时索罗斯预测泰铢一定会贬值，便准备发动对泰铢的攻击。起初，索罗斯大量抛售泰铢，同时向泰国银行借入高达150亿美元的远期泰铢合约，然后拿到现汇市场上大规模抛售，在这样猛烈的攻势下，泰铢汇率大幅度波动并引发金融市场动荡。从5月8日起，索罗斯从泰国本地银行借入泰铢，通过在现汇市场和远期市场大量抛售泰铢的方式来做空泰铢，造成泰铢汇率的急剧下挫，结果泰国金融市场一片混乱，金融危机爆发。此后，索罗斯又相继攻击了东南亚的其他国家的外汇市场，许多国家也步泰国后尘，陷入金融危机之中。

资料来源：http://news.qq.com.

11.2.2　个人外汇储蓄存款

1. 外币储蓄存款

外币储蓄存款是指以外国货币进行存、取、计息的储蓄存款。目前我国商业银行可开办的外币储蓄币种一般有美元、欧元、日元、英镑、加元、瑞士法郎、澳元等（具体视银行情况而定）。按存取方式不同，外币储蓄存款可分为外币定期储蓄存款和外币活期储蓄存款。

（1）外币定期储蓄存款是一种由存款人预先约定期限，到期支取的存款。起存金额一般不低于50元人民币或其他等值外汇，存期分一个月、三个月、半年、一年和两年五个档次。

（2）外币活期储蓄存款是一种可以由存款人随时支取，金额和存期不受限制的存款。起存金额一般不低于人民币20元的等值外汇。

2. 个人外汇结构性存款

个人外汇结构性存款是指在普通外汇存款的基础上嵌入某种金融衍生工具，通过与利率、汇率、指数等的波动挂钩或与某实体的信用情况挂钩，从而使存款人在承受一定风险的基础上获得较高收益的外汇储蓄存款产品。它通过选择权与固定收益产品间的结合，使其投资报酬与连接到标的关联资产价格波动产生联动效应，从而达到在一定程度上保障本金或获得较高投资收益率的功能。

结构性存款起源于20世纪90年代后期，它是西方商业银行为满足风险管理和提高客户投资收益的需要，通过一种或多种金融衍生工具和较为复杂的交换组合，创造的与利率或汇率等相结合、在预定条件下达到较高回报并具有一定风险的存款产品。从2003年下半年开始，我国国内商业银行陆续开办了名称各异但都具有个人外汇结构性存款性质的业务，如中国银行的"汇聚宝"、工商银行的"汇财宝"、建设银行的"汇得盈"等。从各行推出的此类产品看，它的存款期限短则1年，长则3～5年，现阶段投资者将资金以存款方式交于银行后，一般由银行向国外代理行叙作结构性存款。在目前外汇投资渠道狭窄、外汇投资风险较高、收益较低的情况下，个人外汇结构性存款一经推出，就深受投资者青睐。

1）个人外汇结构性存款的种类与划分

个人外汇结构性存款的主要种类有与利率挂钩型、与汇率挂钩型和与利率区间挂钩型等品种。目前我国银行推出的外汇理财产品一般采用的是与外币的利率或者利率区间挂钩，具有100%的本金保证，化解了本金的风险，但是它的期限和收益具有一定的不确定性。大体可以将我国目前的个人外汇结构性存款分为以下两类。

收益固定型。此类产品的收益固定，但是银行在每一期限内可行使提前终止权。一般而言，当市场利率下跌，银行可以用更低的利率吸收存款时，银行会行使提前终止权，而当市场利率上升时，银行就不会行使这种权利。

收益与利率挂钩型。在整个投资期限内，收益不固定，根据该区间市场利率的变化情况来确定最终的收益，一般而言此类产品的名义收益率比收益固定型产品高，整个投资期间的名义收益率也可能有所变动。目前美元、欧元等主要货币都有结构性理财产品出售。

2）投资个人外汇结构性存款的风险及注意问题

虽然结构性存款也被称为"存款"，银行在营销时也打出了"高收益，低风险"，甚至是"高收益，无风险"的宣传口号，但是实际上它还是有一定的投资风险。由于本金能够得到保证，结构性存款与一般存款相比，风险主要体现在收益的不确定性和机会成本方面，具体说来有三种风险。一是利率风险。假定在美联储加息情况下，国内美元利率也会跟着"水涨船高"，但如果投资者现在购买了美元理财产品（如结构性存款）而放弃了提前支取的权利，利率一旦上升，投资者原有的高收益就会缩水，甚至可能会低于普通存款利率，这就是个人外汇结构性存款投资者面临的利率风险。另外，很多个人外汇结构性存款的收益与国际市场上的外汇利率指标（通常为 LIBOR）挂钩，投资者能否获得投资收益，要看LIBOR 的走势是否符合所设定的条件，因此 LIBOR 成为决定收益率的关键。二是汇率风险。如果在购买了外汇理财产品期间人民币升值，那么投资者以人民币表示的外汇资产就会缩水，蒙受巨大损失。当前人民币正在稳步升值，并且考虑我国的整体经济走势和外部压力，从长期来看，人民币升值仍将是一种趋势，在这种情况下，投资者购买个人外汇结构性存款尤其应该防范汇率风险。三是流动性风险和资金的机会成本。大多数产品提前终止权都握在银行手中，客户一般不能提前支取，即使急需资金也无法动用该笔结构性存款。

11.2.3 外汇交易

外汇市场上常见的外汇交易方式主要包括即期外汇交易、远期外汇交易、掉期外汇交易、外汇期货交易和外汇期权交易。

1. 即期外汇交易

在国际外汇市场上，外汇交易双方一旦达成买卖协议，交易价格就已确定。外汇交易与其他商品交易不同，并不能当时就进行资金的收付，外汇交易涉及的金额较大，而汇率又在不停波动，所以，在所有的外汇交易市场上，都有其固定的标准交割日，以免出现分歧和经济纠纷。

大多数即期外汇交易是在成交后的第二个营业日进行交割。如果那一天正逢银行节假日，就延期交割。即期外汇交易采用即期汇率，通常为外汇银行的当日挂牌汇率，或参与当地外汇市场主要货币之间的汇率加一定比例的手续费。例如，一家德国进口商从美国进口计算机，6 月 1 日货到验明后付款，在 6 月 2 日按当地银行外汇牌价完成交割，就是即期交易。

目前在我国的银行间，最常见的即期外汇交易产品就是"外汇宝"。即期外汇交易在我国大多数商业银行均可以进行自由交易，由于我国央行逐步放松外汇管制，人民币自由兑换的闸门也有所松动，2007 年 2 月 1 日起，每人每年累计可兑换 5 万美元的等额外汇限额。所以，人民币对其他主要货币的外汇交易也可以进行操作。

1）即期外汇交易的投资起点和费用

每笔外汇交易的起点金额为 50 美元或其他等值外币，外汇交易一般不收取任何交易手续费，客户在即期外汇交易中的费用表现在买入价和卖出价的差价上。

2）即期外汇交易的方式

（1）柜台交易。方便手持现金的客户进行交易。办理的具体手续：客户到银行柜台领取"个人外汇买卖申请书"，按表中要求填写，连同本人身份证、现金交柜台经办员审核清点。经办员审核无误后，填制（打印）"外汇买卖证实书"一式两联，交客户确认。汇率水平应以银行的"外汇买卖证实书"为准。客户确认后在"外汇买卖证实书"上签字，即为成交。

（2）电话交易。通过电话银行随时随地了解汇市行情，发出委托交易指令或完成即时交易，其最大特点为方便、迅速、准确。

（3）自助交易（即时交易和委托交易）。这是通过设在银行营业部大厅的自助交易终端进行的自助式电子化交易方式。其最大的特点是直观、快捷。在自助终端上，客户除了能完成查询、即时交易、挂单交易等功能外，还能打印对账单。

（4）网上交易。通过银行的外汇交易软件直接下单，通过网络，直接进入交易终端，这是目前最为普遍的交易方式，特点是交易迅捷、时间简短，并能把握瞬时汇价的变动。

3）即期外汇交易的时间

每周一至周五都可进行即期外汇交易。交易时间覆盖悉尼、东京、中国香港、新加坡、法兰克福、伦敦、纽约等世界主要外汇市场。

4）即期外汇交易的实例

一组外汇的报价由买入价和卖出价组成。客户如需要将每组报价的前一种货币换成后一种货币，则用手中持有货币的金额乘以买入价；客户如需要将每组报价的后一种货币换成前一种货币，则用手中持有货币的金额除以卖出价。

【例 11-1】 银行某时美元/日元报价为：买入价 104.50，卖出价 104.88。如果某客户手中持有 1 000 美元，想买入日元，则：

买入的日元金额＝1 000×104.50＝104 500（日元）

如果某客户手中持有 200 000 日元，想买入美元，则：

买入的美元金额＝200 000/104.88＝1 906.94（美元）

2. 远期外汇交易

1）远期外汇交易的概念

远期外汇交易，也称期汇交易，是指交易双方先订立外汇买卖合同，在外汇买卖成交后，根据合同规定的币种、汇率、金额和事先约定的期限进行交割的外汇交易。远期外汇交易约定的交割期限通常按月计算，远期交易最长可以做到 1 年，超过 1 年的称作超远期外汇交易。

远期外汇交易是最常用的规避外汇风险手段。客户对外贸易结算、到国外投资、外汇借款或还贷，都会涉及外汇保值的问题。通过外汇远期交易，客户可以事先将外汇成本固定，或锁定远期外汇收付的换汇成本，从而达到锁定汇率风险的目的。

2）远期外汇交易的分类

按照交割日是否固定，远期外汇交易可分为确定交割日的远期外汇交易（简称定期交易）和未确定交割日的远期外汇交易（简称择期交易）。

（1）定期交易。定期交易是指预先约定交割的日期，到期后必须在两个营业日内交割的远期外汇交易。交割日的确定是根据即期外汇交易的交割日加上远期外汇约定的月数确定的。

（2）择期交易。择期交易是一种交割日期不固定的外汇交易，它是买方可以在将来（至少在成交后3个营业日以上）的某一段时间内（通常是1个半月）的任何一天按约定的汇率进行交割的远期外汇交易。择期交易可以随时进行资金交割。

远期汇率与即期汇率的差额可以用升水、贴水和平价表示。升水是指远期汇率比即期汇率高，贴水是指远期汇率比即期汇率低，而平价就是远期汇率和即期汇率相等。远期汇价主要取决于相关两国的利率差异，一般而言，高息货币的远期汇率表现为贴水，低息货币的远期汇率变现为升水。如果远期汇水是负数，说明单位货币的利率高于计价货币的利率，单位货币远期汇率呈贴水；反之，如果远期汇水是正值，则说明单位货币的利率低于计价货币的利率，单位货币远期汇率呈现升水。

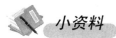

小资料

2008年10月21日，中信泰富发布公告称，公司为了对冲西澳洲铁矿项目面对的货币风险，签订若干杠杆式外汇买卖合约而引致亏损，实际已亏损8.07亿港元。至2010年10月17日，仍在生效的杠杆式外汇买卖合约按公平价定值亏损147亿港元。该巨亏事件令香港证券界震惊，在复牌后短短一周内中信泰富的股价跌去七成。最终一手打造中信泰富的荣智健宣布离职，跟随荣智健20余载的范鸿龄也宣布辞去中信泰富总经理的职位。

一般大型企业在进行数额巨大的海外收购时，由于付款时间较长，而且不是一次性付清，所以必须要考虑到本币与外币之间汇率的波动产生的风险。为了锁定成本，一般企业都会进行外汇的期货交易。但是明明是希望可以套期保值的，怎会造成如此大的亏损呢？

中信泰富在澳大利亚投资了一个铁矿石项目，需要从澳大利亚和欧洲购买设备和原材料，你去买东西不可能拿着港元去吧，人家要的是澳元和欧元。所以中信泰富就需要拿港元或者美元先去兑换成澳元和欧元，然后再拿去该买啥买啥。2008年年初，中信泰富用0.85美元可以换到1澳元，但是到了6月份就需要0.93美元了，也就是说澳元升值了，这样中信泰富就需要更多的美元去换成澳元。为了规避这个风险，中信泰富就利用了套期保值。具体是怎么操作的呢？中信泰富与其他投行签订一份合约，合约规定，在2010年10月份之前，按照0.87美元换1澳元的价格分月从这些投行手中换取总额为90亿（103亿美元）的澳元。这样即使澳元再升值，中信泰富也不用怕了，它可以每个月按固定的0.87美元的价格去买入澳元，成本也就锁定了。

但是天公不作美，2008年受到金融危机的影响，澳元前所未有的大肆贬值，到2008年11月份，只需要0.65美元就能买到1澳元了，而中信泰富还要用0.87美元的价格每个月从这些投行手中买入澳元。相当于每买1澳元亏损0.22美元，总共要购入将近90亿澳元，浮动盈亏将近20亿美元，所以有了上面的一幕。

很多人可能会问，这不是套期保值么，反正购买90亿澳元要花的美元还是刚开始预期的那么多，只看美元的话没啥亏损啊？事实上，原本中信泰富在澳洲的投资，未来20年也只需要 26 亿澳元左右，它却买了 90 亿澳元，这已经不再是套期保值，而是投机了。否则单单的套期保值的话，所遭到的损失肯定在可承受的范围之内。

资料来源：田文锦. 金融理财. 北京：机械工业出版社，2006.

3）我国远期外汇交易的内容

远期外汇交易实际上是交易双方签订了一个合同，内容包括：

（1）约定远期交割日。该交割日为外汇交易成交日起第 2 个工作日以后的任意 1 天，通常为 1 个月、3 个月、6 个月、1 年，以及不规则交割日。

（2）约定外汇买卖的金额。

（3）约定远期汇率。约定远期外汇交易所使用的是远期汇率，它是在即期汇率的基础上，加、减远期升、贴水点形成的。

4）远期外汇交易的实例（以择期交易方式签约）

2003 年 6 月 5 日，港币兑换人民币的即期结汇价为 105.98，根据远期牌价显示，期限为 8 个月的远期结汇价为 106.26，对应的起息日（即交割日）为 2004 年 2 月 6 日，12 个月档期对应的起息日为 2004 年 6 月 6 日。B 公司预计 8 个月后将汇入 5 000 万港元结汇，则该公司与银行签订 8 个月的港币远期结汇合同，并择期至 12 个月，约定 8 个月后，即 2004 年 2 月 6 日开始到 2004 年 6 月 6 日止的 4 个月时间内，采用 106.26 的价格一次或多次结汇 5 000 万港元。

8 个月后（在 2004 年 2 月 6 日至 2004 年 6 月 6 日之间的任意工作日内），当 B 公司办理 5 000 万港元结汇时将获得人民币：

$$50\ 000\ 000 \times 1.062\ 6 = 53\ 130\ 000（人民币元）$$

如果当时港币兑换人民币的即期结汇价仍为 105.98，则 B 公司除了能成功锁定人民币成本外，还能够多获得汇兑收益 140 000 人民币元。具体计算如下：

即期结汇：50 000 000.00 港元 × 1.059 8 = 52 990 000.00 人民币元

远期结汇：50 000 000.00 港元 × 1.062 6 = 53 130 000.00 人民币元

收益：53 130 000.00 人民币元 - 52 990 000.00 人民币元 = 140 000.00 人民币元

汇兑收益率：［140 000.00 人民币元/52 990 000.00 人民币元］× 100% = 0.264%

课堂小讨论

请同学们讨论一下，即期外汇交易和远期外汇交易有什么区别和联系？

3. 掉期外汇交易

1）掉期外汇交易的概念

掉期外汇交易是指在买进或卖出一种期限、一定数额的某种货币的同时，卖出或买进另一种期限、数额相同的同种货币，以防止汇率风险的一种外汇交易。掉期外汇交易具有三方面的特点：

（1）买与卖是有意识同时进行的；

（2）买与卖的货币种类相同，金额相等；

（3）买卖交割期限不相同。

掉期外汇交易与即期外汇交易和远期外汇交易有所不同。即期外汇交易与远期外汇交易是单一的，并不同时进行，因此，通常也把它们叫作单一的外汇买卖，主要用于银行与客户的外汇交易之中。掉期外汇交易的操作涉及即期外汇交易与远期外汇交易或买卖的同时进行，故称为复合的外汇买卖，主要用于银行同业之间的外汇交易。一些大公司也经常利用掉期外汇交易进行套利活动。.

掉期外汇交易的目的包括两个方面：一是轧平外汇头寸，避免汇率变动引发的风险；二是利用不同交割期限汇率的差异，通过贱买贵卖，牟取利润。

2）掉期外汇交易的分类

掉期外汇交易一般可以分成三种形式。

（1）即期对远期。这是掉期外汇交易中最常见的形式，其做法就是在即期买进或卖出某种货币的同时，远期卖出或买入该种货币。目前，我国也开办了此项外汇业务。

（2）即期对即期。即期对即期的掉期外汇交易是指成交后的第一个营业日交割，第二个营业日又做反向交割的一种交易。这种交易主要用于银行间的隔夜拆借，其目的是轧平持有的外汇头寸，规避汇率波动的风险。

（3）远期对远期。这种掉期外汇交易的做法是买进或卖出一笔远期外汇的同时，卖出或买进另一笔币种相同但期限不同的远期外汇的交易。

3）我国掉期外汇交易实例

在人民币与外币掉期业务中，境内机构与银行有一前一后不同日期、两次方向相反的本外币交易。在前一次交易中，境内机构用外汇按照约定汇率从银行换入人民币，在后一次交易中，该机构再用人民币按照约定汇率从银行换回外汇。上述交易也可以相反办理。

【例 11-2】 甲出口企业收到国外进口商支付的出口货款 500 万美元，该企业需要将货款结汇成人民币用于国内支出，但同时该企业需要进口原材料并将于 3 个月后支付 500 万美元的货款。此时，该企业就可以与银行办理一笔即期对 3 个月远期的人民币与外币掉期业务：即期卖出 500 万美元，取得相应的人民币，3 个月远期以人民币买入 500 万美元。通过上述交易，该企业可以轧平其中的资金缺口，达到规避风险的目的。

4. 外汇期货交易

1）外汇期货交易的定义

外汇期货交易是指买卖双方约定在未来某一时间，依据现在约定的价格，以一种货币交换另一种货币的标准化合约交易。外汇期货就是以汇率为标的物的期货合约，用来规避汇率风险。由于在交易时，只需要缴付一定比率（一般不超过 10%）的交易保证金，便可按一定融资倍数买卖几十万甚至上百万美元的外汇，因此，外汇期货交易又称外汇保证金交易。

2）外汇期货交易与远期外汇交易的比较

（1）交易者比较。外汇期货交易，只要按规定缴纳保证金，任一投资者均可通过外汇期货经纪商从事交易，对委托人的限制不如远期外汇交易。因为在远期外汇交易中，参与者大多为专业化的证券交易商或与银行有良好业务关系的大厂商，没有从银行取得信用额度的个人投资者和中小企业极难有机会参与远期外汇交易。

（2）交易保证金比较。外汇期货交易双方均须缴纳保证金，并通过期货交易所逐日清算，逐日计算盈亏，而补交或退回多余的保证金。而远期外汇交易是否缴纳保证金，视银行与客户的关系而定，通常不需要缴纳保证金，远期外汇交易盈亏要到合约到期日才结清。

（3）交易方式比较。外汇期货交易是以期货交易所公开喊价的方式进行的。交易双方互不接触，而各自以清算所结算中间人承担信用风险。期货合约对交易货币品种、交割期、交易单位及价位变动均有限制。货币局限在少数几个主要币种。而远期外汇交易是在场外交易的，交易方式为电话或传真，由买卖双方互为对手进行，而且无币种限制，对于交易金额和到期日，均由买卖双方自由决定。这在经济不景气时，对方违约风险增大，在交易时间、地点、价位及行情揭示方面均无特别的限制。

（4）交易币种比较。在外汇期货交易中，通常以本国货币作为代价买卖外汇，如在美国市场仅以美元报价。而在远期外汇交易中，不同币种之间可以直接交易。

（5）结算方式比较。外汇期货交易由于以清算所为交易中介，金额、期限均有规定，故不实施现货交割，对于未结算的金额，逐日计算，并通过保证金的增减进行结算，期货合约上虽标明了交割日，但在此交割日前可以转让，实行套期保值，减少和分散汇率风险。当然，实际存在的差额部分应进行现货交割而且这部分所占比例很小。而在远期外汇交易时，要在交割日进行结算或履约。

3）外汇期货交易的特点

（1）杠杆比率。保证金交易以标准合约形式出现，每张合约的价值约为 10 万美元。每种货币的每个合约的金额是不能根据投资者的要求改变的。投资者可以根据自己定金或保证金的多少，买卖几个或几十个合约。通过杠杆交易，一般情况下，投资者利用 1 000 美元的保证金就可以买卖一个合约，当外币上升或下降，投资者的盈利与亏损是按合约的金额即 10 万美元来计算的。有人认为以合约形式买卖外汇比实买实卖（实盘交易）的风险要大，仔细地把两者加以比较就能看出差别所在，见表 11-2。

表 11-2　外汇交易情况表

假设：在 1 美元兑换 135.00 日元时买入日元		
	实盘买卖	保证金形式
买入 12 500 000 日元需要	92 592.59 美元	1 000.00 美元
若美元兑日元汇率下降 10 点可盈利	7 407.41 美元	7 407.41 美元
盈利率	7 407.41/92 592.59 = 8%	7 407.41/1 000 = 740.7%
若日元汇率下跌 100 点亏损	680.00 美元	680.00 美元
亏损率	680/92 592.59 = 7.34%	680/1 000 = 68%

从表 11-2 中可以看出，实盘买卖与保证金形式买卖在盈利和亏损的金额上是完全相同的，所不同的是：投资者投入的资金在数量上的差距，实买实卖的要投入 9 万多美元，才能买卖 12 500 000 日元，而采用保证金的形式只需要 1 000 美元，两者投入的金额相差 90 多倍。因此，采取合约形式对投资者来说投入小、产出多，比较适合大众的投资，可以用较小的资金赢得较多的利润。

但是，采取保证金形式买卖外汇特别要注意的问题是，由于保证金的金额很小，运用的资金却十分庞大，如果投资者在判断外汇走势方面失误，又缺乏风险管理、资金管理的经验，就很容易造成亏损。高收益和高风险是对等的，但如果投资者方法得当，风险是可以被管理和控制的，保证金交易可以给交易者带来非常丰厚的利润。

目前外汇保证金的杠杆比例选择有 1：50、1：100、1：200，甚至 1：400 倍的交易杠杆，最常见的是 1∶100 倍杠杆，即 100 美元，可以放大 100 倍做 10 000 美元的交易。

（2）交易方式灵活。国内的外汇实盘交易，实际上是用一种货币换成另外一种货币。例如，投资者认为欧元将上涨，投资者将把美元换成欧元，等欧元上涨到一定程度后，投资者就会把欧元换成美元，这时，投资者手里的美元增加了。如果欧元下跌，美元上涨，投资者将无法交易获利。

而外汇保证金交易的标准化合约是期货，而不是真实货币，所以，不但可以做多期货合约，还可以做空期货合约，这样，无论行情如何变化，都有获利的可能。

5. 外汇期权交易

期权代表的是一种选择的权利，而且这种权利可以进行买卖，期权的买方取得这项权利，期权的买方承担相应的义务。

外汇期权是常见的一种期权产品，其交易对象就是一项将来可以买卖货币的权利。在一笔外汇期权交易中，期权的买方支付一笔期权费给卖方（银行），从而获得一项可于到期日按预先确定的汇率（即执行价格），用一定数量的一种货币买入另一种货币（或者卖出一种货币）的权利。到期时，期权的买方根据市场情况来决定是否执行这项权利。

1）个人外汇期权产品

个人外汇期权交易具有杠杆作用。目前国内商业银行开展外汇期权业务的有中国银行、中国建设银行、招商银行等。例如，中国银行的个人外汇期权产品包括期权宝和两得宝两种产品。

（1）期权宝。在期权宝的交易中，客户个人作为外汇期权的买方，银行作为卖方。到期时，汇率对客户有利则执行，汇率对客户不利则不执行，风险锁定，成本锁定，同时有获取外汇买卖价差的机会。

（2）两得宝。在两得宝的交易中，客户作为外汇期权的卖方，银行作为买方。到期时客户将获得定期存款利息和期权费，但亦会面临外汇汇率风险。就是说，如果汇价对客户有利，客户不但获得银行存款利息，还将获得一笔期权费。如果汇价对客户不利，客户只能获得银行存款利息，并且把客户手中的货币兑换成相对应的货币。

2）个人外汇期权交易起点、产品类型和产品期限

目前中国建设银行的个人期权交易起点为 1 万美元，中国银行期权宝交易起点金额为 2 万美元，两得宝交易起点金额为 5 万美元。

目前国内的个人外汇期权产品为欧式期权，即只有产品期满才可执行，如果汇率出现对客户有利的价格，但是产品还未到期，客户不能选择执行期权。

期权宝的交易周期有 2 周、1 个月和 3 个月。两得宝的交易周期有 1 个月和 3 个月。

3）个人外汇期权与外汇宝的区别

和外汇宝相比，个人外汇期权所具有的杠杆效应可以将外汇投资的收益和风险同步放大。

【例 11-3】 2004 年 9 月 20 日，美元兑日元的即期汇率是 1∶110。小张持有美元 100 元，预计美元在 3 个月内下跌，即日元会上涨，预测汇率约为 104。为获取收益，小张可采取两种投资方案。

第一种为外汇宝投资方案，即外汇宝即期买入日元 1.1 万元，3 个月后再卖出日元。

第二种为外汇期权投资方案，即买入美元看跌日元看涨期权，协定价为 109，期权费为

美元的 1%。注意：由于期权杠杆效应，同样为 100 美元，如果全部用来支付期权费，则可约定购买 1 万美元的日元。

12 月 20 日到期时，如果美元兑日元汇率为 104，则

外汇宝盈利：$100 \times (110-104)/104 = 5.77$（美元）

外汇期权盈利：$10\ 000 \times (109-104)/104 = 480.77$（美元）

可见外汇期权盈利是外汇宝盈利的 80 多倍。

不过，由于外汇期权放大了外汇投资比例，提高收益的同时，也带来了巨大的风险。如果到期日汇率超过协定价 109，如 109.5，小张肯定不会执行期权，其总损失为 100 美元（即期权费），而外汇宝方案还将盈利约 0.5%。期权的杠杆效应和风险可见一斑。

11.2.4　三角套汇

套汇是指利用不同的时间、地点汇价或利率的差异牟利的一种外汇交易。套汇可以分为直接套汇和间接套汇。

直接套汇又称两角套汇，指利用两个市场的汇价差，将资金由一个市场调往另一个市场，从中获取利润。间接套汇又称三角套汇或多角套汇，它是指利用三个或多个不同地点的外汇市场中，三种或多种不同货币之间交叉汇率或套算汇率的不一致，同时在这三个或多个外汇市场上进行外汇买卖，以赚取价差的一种套汇交易。

假设在三个市场上存在三种货币（a，b，c）的汇价分别为 a/b，b/c，c/a。则三角套汇的计算方式如下：

如果 $(a/b) \times (b/c) \times (c/a) > 1$，则买 a 卖 c；

如果 $(a/b) \times (b/c) \times (c/a) < 1$，则卖 a 买 c；

如果 $(a/b) \times (b/c) \times (c/a) = 1$，不存在套汇的空间。

【例 11-4】　在纽约、香港和上海市场上分别观察到如下三个汇率报价：

纽约市场：1 美元 = 7.82 港元

香港市场：1 港元 = 0.97 人民币元

上海市场：1 美元 = 6.75 人民币元

在进行计算前，需要将上述汇率的标价方法进行调整，也就是换算成（港元/美元）×（人民币元/港元）×（美元/人民币元）的形式，因此把上海市场的汇价换算为：1 人民币元 = $(1/6.75)$ 美元，利用公式，可以得到：

（港元/美元）×（人民币元/港元）×（美元/人民币元）= $7.82 \times 0.97 \times (1/6.75) = 1.124 > 1$

因此应该买入港币，卖出人民币。而操作的方法就是：在纽约市场 1 美元买入 7.82 港元，香港市场用 7.82 港元买入 7.585 4 人民币元（7.82×0.97），在上海市场上用 7.585 4 人民币元买入 1.124 美元［$7.585\ 4 \times (1/6.75)$］，这样就赚了 0.124 美元。

在这个例子中，也可以用（美元/港元）×（港元/人民币元）×（人民币元/美元）的标价法，这时需要把香港市场和纽约市场的汇率换算一下。

纽约市场：1 港元 = $(1/7.82)$ 美元

香港市场：1 人民币元 = $(1/0.97)$ 港元

计算结果如下：

（美元/港元）×（港元/人民币元）×（人民币元/美元）= $(1/7.82) \times (1/0.97) \times 6.75 =$

0.889 9<1

因此，应该卖出美元，买入人民币。而操作方法就是：在纽约市场 1 美元买入 7.82 港元，香港市场用 7.82 港元买入 7.82×0.97＝7.585 4 人民币元，上海市场上用 7.585 4 人民币元买入 1.124 美元（7.585 4×1/6.75），这样就赚了 0.124 美元。

需要注意的是，跨地套汇操作需要付出一定的套汇成本，只有当毛利大于套汇成本时，套汇交易才有可能进行，并且套汇交易最终会使外汇市场上货币价格趋于一致。

思考与练习

1. 名词解释

黄金　黄金市场　黄金现货交易　即期外汇交易　套汇

2. 单选题

（1）非标准化场内交易产品主要品种包括（　　）。

A. 黄金期货　　　　B. 黄金期权　　　　C. 现货黄金交易　　D. 黄金 ETF

（2）（　　）不以黄金实物为基础，而是依靠发行人的信誉作为担保。

A. 分配账户　　　　B. 非分配账户　　　C. 黄金凭证　　　　D. 黄金账户

（3）经过国家证明，以黄金作为货币的基材，按规定的成色和重量，浇铸成一定规格和形状，并标明其货币面值的铸金币，是指（　　）。

A. 广义的金币　　　B. 狭义的金币　　　C. 金币　　　　　　D. 金锭

（4）国际主要外汇交易市场中，历史最悠久、平均日交易量最大的是（　　）。

A. 纽约外汇交易市场　　　　　　　　B. 伦敦外汇交易市场

C. 新加坡外汇交易市场　　　　　　　D. 东京外汇交易市场

（5）亚洲最大的外汇交易中心是（　　）。

A. 中国香港　　　　B. 新加坡　　　　　C. 上海　　　　　　D. 东京

（6）下列关于远期外汇交易风险、收益评述不正确的是（　　）。

A. 远期外汇合约能够帮助外贸企业锁定汇率，避免汇率波动可能带来的损失

B. 如果汇率向不利方向变动，由于锁定汇率，投资者也可能遭受损失

C. 使用远期合约能够事先将贸易和金融上外汇的成本和收益固定下来，有利于经济核算

D. 远期外汇合约能够帮助投资者锁定汇率，所以投资者能够不承担任何汇率风险

3. 多选题

（1）黄金市场的参与主体包括（　　）。

A. 商业银行　　　　B. 投资基金　　　　C. 中央银行　　　　D. 黄金生产商

（2）按标准化程度不同划分，黄金市场的交易产品分为（　　）。

A. 标准化场内交易产品　　　　　　　B. 场外交易品种

C. 黄金期货　　　　　　　　　　　　D. 黄金期权

（3）标准化场内交易产品主要品种包括（　　）。

A. 黄金期货　　　　B. 黄金期权　　　　C. 现货黄金交易　　D. 黄金 ETF

（4）非标准场外交易产品主要包括（　　）。

A. 现货黄金交易　　　　B. 黄金借贷交易　　　　C. 黄金凭证　　　　D. 黄金投资基金

（5）按照《中华人民共和国外汇管理条例》规定，下列属于外汇范围的是（　　　）。

A. 外国货币　　　　B. 外币债券　　　　C. 外币存款凭证　　　　D. 特别提款权

E. 其他外币资产

（6）影响汇率波动的因素有（　　　）。

A. 日本央行宣布加息　　　　　　　　B. 欧盟区经济增长速度减缓

C. 英国发现北海油田　　　　　　　　D. 人民银行宣布将再贴现率提高 0.5%

E. 布什政府决定对伊拉克开战

4. 简答题

（1）简述黄金的属性。

（2）简述黄金的功能。

（3）简述黄金市场的交易方式。

（4）简述外汇期货交易的主要特点。

（5）简述选择外汇理财产品应该考虑的因素。

（6）简述外汇市场的特点。

第 12 章

房地产投资

学习目标与要求

1. 了解房地产投资的含义及特征。
2. 掌握房地产投资的要素。
3. 了解房地产投资的类型。
4. 掌握房地产投资的主要风险因素和房地产投资风险分析的主要方法。
5. 掌握房地产投资计划的制订程序与技巧。

案例引入

杭州最牛房产投资：10 年前 360 万元今挂牌 1 亿元

"东坡路别墅，产权面积 505 m^2，紧邻西子湖，现业主诚心委托，售价 1 亿元人民币。"任何一个词都足以激发大众的好奇心。这套挂牌"别墅"原来是杭州一处石库门里弄，为私有产权的历史建筑，现房东大约 10 年前以 360 万元左右购入，2017 年年底挂牌 1 亿元，是购入价的近 30 倍。

资料来源：http://slide.news.sina.com.cn.

研究表明：中国民间最大的两个财富储存工具，分别是银行存款和投资性房地产，加起来的规模超过 60%。这里面存在巨大的问题：很多人担心银行存款甚至跑不赢通胀，从实物购买力来说是缩水的。十九大以后，中国投资性房地产未来的发展，有巨大的政策上的不确定性，未来投资性房地产是否仍然能够作为中国民间财富储值最重要的工具，应该说是仁者见仁，智者见智。在尚未开发出其他有效的能够替代投资性房地产财富储值工具的情形下，大众出于风险收益比考虑，投资性房地产仍是主要选择。那么，对于不同的投资主体，如何运用好房地产进行投资是本章研究的内容。

12.1 房地产投资概述

12.1.1 房地产投资的含义

1. 房地产的概念

房地产是为人类的生产、生活提供入住空间和物质载体的一种稀缺性资源，因为不能移动，又被称为不动产，与动产相对应。

一般来说，房地产是指土地、地上建筑物及其衍生的权利的总称，是实物和权益两种形态的结合体。实物形态上的房地产本质上包括土地和建筑物两大部分，主要有土地的区位、形状，建筑物的结构、设备、外观及基础设施情况等，其主体是土地和房屋两大类。权益形态上的房地产是指依附于房地产物质实体而产生的各种权益，既包括占有、使用、收益及处分的权利，也包括租赁权、抵押权、典权等一系列相关权利。拓展来说，房地产还包括水、矿藏、森林等自然资源，与房地产分析相关的知识，以及经营房地产买卖的商业界。本章所要重点研究的是一般意义上的房地产。

由于建筑物固着于土地，并且建筑物落成后，其使用寿命往往可以持续几十年、上百年甚至更长时间，每一建筑又因构成要素和具体环境而不同，因此房地产本身的特点表现为区位固定性、使用长期性和个体异质性。与此同时，房地产因其资源的稀缺性及其集实物和权益于一身，使其具有很强的保值增值特性。

2. 房地产投资的概念

房地产投资是指国家、集体或个人等投资主体为实现某种预定的目标，直接或间接地对房地产的开发、经营、管理、服务和消费等所进行的投资活动。

在房地产投资的概念中，需要掌握的主要内容包括以下方面。

（1）房地产投资的主体包括各级政府、企业、银行和个人，以及外国的投资者。各级政府和企业是主要的投资者，银行主要通过买卖房地产相关金融资产进行间接投资。个人作为投资主体一般只能从事房地产买卖。如果个人要从事房地产开发等投资活动，必须先注册为企业法人才能进行投资。

（2）房地产投资的目的主要是获得更大的经济效益，但同时还要兼顾社会效益和环境效益。政府和一般的投资主体的目标有些差异。政府把保障性住房建设作为自己主要的职责，主要保障广大中低收入家庭的住房需求。而企业投资是以营利为目的的。

（3）房地产投资所涉及的领域主要是房地产开发经营和中介服务等，具体包括土地开发、旧城改造、房屋建设、房地产经营、置业投资等。这里的投资是指预先垫付的资金，没有包括其他资源。

12.1.2 房地产投资的特征

与一般投资相比，房地产投资具有以下特征。

1. 房地产投资对象的固定性和不可移动性

房地产的投资对象是不动产，土地及其地上建筑物都具有固定性和不可移动性。不仅在地球上的位置是固定的，而且土地上的建筑物及其某些附属物一旦形成，也不能移动。这一特点给房地产供给和需求带来重大影响，如果投资失误会给投资者和城市建设造成严重后果，所以投资决策对房地产投资尤为重要。

2. 房地产投资的高投入性和高保值性

房地产业是一个资金高度密集的行业，投资一宗房地产，少则几百万元，多则上亿元。这主要是由房地产本身的特点和经济运行过程决定的。房地产投资的高成本性同时也决定了其高保值性，这主要源于土地开发的高成本性，房屋建筑的高价值性，房地产经济运作中的交易费用较高。

3. 房地产投资的长回收期性和长周期性

整个房地产投资的实际操作，就是房地产的整个开发过程。对每一个房地产投资项目而言，它的开发阶段一直会持续到项目结束，建设开发期是相当漫长的。房地产投资过程中要经过许多环节，从土地所有权或使用权的获得、建筑物的建造，一直到建筑物的投入使用，最终收回全部投资资金需要相当长的时间。

4. 房地产投资的高风险性

由于房地产投资占用资金多，资金周转期又长，而市场是瞬息万变的，因此投资的风险因素也将增多。加上房地产资产的低流动性，不能轻易脱手，一旦投资失误，房屋空置，资金不能按期收回，企业就会陷于被动，甚至债息负担沉重，导致破产倒闭。

5. 房地产投资的强环境约束性

建筑物是一个城市的构成部分，又具有不可移动性。因此，在一个城市中客观上要求有一个统一的规划和布局。城市的功能分区，建筑物的密度和高度，城市的生态环境等都构成外在的制约因素。房地产投资必须服从城市规划、土地规划、生态环境规划的要求，把微观经济效益和宏观经济效益、环境效益统一起来。只有这样，才能取得良好的投资效益。

6. 房地产投资的低流动性

房地产投资成本高，不像一般商品买卖可以在短时间内马上完成或轻易脱手，房地产交易通常要一个月甚至更长的时间才能完成；而且投资者一旦将资金投入房地产买卖中，其资金很难在短期内变现。所以，房地产资金的流动性和灵活性都较低。当然，房地产投资也有既耐久又能保值的优点。房地产商品的产权一旦在房地产管理部门登记入册，获取相应的产权凭证后，即得到了法律上的认可和保护，其耐久保值性能要高于其他投资对象。

📖 *课堂**小讨论***

请结合已有知识讨论房地产投资较其他投资方式有何优势？

12.1.3 房地产投资的要素

房地产投资能带来巨大的社会效益和经济效益。要想更好地运用房地产投资，在掌握房地产投资过程的基础上，还需要掌握房地产投资的三要素：时机、地段和质量。

1. 时机

在房地产投资中，对时机的把握很重要，房地产投资的介入时机是三要素中最关键的要素。房地产市场的发展往往具有周期性，房价也呈周期性波动。房地产除了受国民经济发展波动的影响外，还与当地产业政策导向和城市规划有关，只有认识和把握这些规律，在投资介入时充分考虑和衡量房地产市场上的各种信息，才能避免投资的盲目性。对时机的把握实质上是将房地产市场上供需状况、区位条件、消费者偏好和经济发展趋势作为一个有机整体系统地加以考虑。在分析我国房地产市场形势时，可以利用"中房指数""国房景气指数"等统计指标来协助判断。

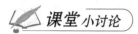 **课堂小讨论**

请结合已有知识讨论房地产税对房地产投资将有何影响？

2. 地段

地段也称区位，不仅仅是指一个自然地理位置的概念，还应包括经济地理状况和交通地理状况，是一切活动及人们居住地的空间布局及其相互关系。由于房地产不可移动，因此地段的选择对于房地产投资来说是非常重要的，只有选择合适地段的房地产，才能使投资获得最大限度的获利。很多成功的房地产商人大多是因为比别人更早认识到某些地段的潜在价值。当然，选择这类地段投资风险也较大，投资成功了，可以获得很大的投资报酬，但是一旦分析、估计错误，很可能血本无归。一个逐渐成熟的地段，为大多数开发商所认同，地价也会逐步升值，具有一定投资价值，也不会有太大的风险，但是收益自然也不会有最初开拓者那么丰厚。

3. 质量

房屋的质量和品质是房地产投资开发成功的关键。房地产投资的利益获得主要靠房屋的出租、出售，而质量的好坏决定了用户是否乐意购买和租赁。因此，无论是高档房地产，还是解决普通住房需求的中低档房地产都必须注重物业的质量。这里所说的质量包括两个方面：房地产物质实体质量和品质水平，如建材质量、施工质量、装修质量等；服务质量，如物业管理服务质量等，这两者都很重要。因此，房地产投资应保证房屋结实、安全，具有适用性，户型安排合理，符合审美、环境要求，能够提供良好的物业服务。

房地产投资的时机、地段、质量这 3 个要素相辅相成，只有协调处理好它们的关系，才能制订出合理有效的房地产投资策略。

12.1.4　房地产价格的影响因素

房地产市场价格水平，既受到成本与费用构成的影响，同时也是其他众多因素相互作用的结果。这些因素概括来讲，可分为一般因素、区域因素、个别因素。一般因素是影响一定区域内所有房地产价格的一般的、普遍的、共同的因素，包括社会因素、政治因素、经济因素、心理因素。区域因素是某一特定区域内的自然条件与区域性特征，即自然因素和区域因素。个别因素分为土地个别因素与建筑物个别因素，是宗地或具体房产的特征对价格产生影响的因素。

1. 社会因素

社会因素包括社会治安状况、人口密度、家庭结构、房地产投机因素、教育科研水平和治安因素、社会福利等。例如，人口密度高的地方对住房需求多，价格也就较高；家庭结构趋于小型化增加了家庭单位数量，从而引起住房需求的增加，也会抬高房地产的价格。

2. 政治因素

政治因素是指会对房地产价格产生影响的国家政策法规，包括房地产价格政策、税收政策、城市发展规划等。例如，目前中国政府正通过制定政策法规致力于减少房地产开发和交易过程中的各种不合理收费，从而降低房地产价格，使之与广大居民的收入相匹配。

3. 经济因素

经济因素包括宏观经济状况、物价状况、居民收入状况、利率、税收等。例如，当经济处于增长期时，社会对房地产的需求强烈，其价格也水涨船高。当经济处于萧条期时，社会对各种房地产的需求减少，价格自然会下降。物价水平和居民收入水平也与房地产价格呈同向变动。利率的升降对价格有一定的影响，利率上升或下降，会增加或降低房地产开发的融资成本，或者说是财务费用、投资利息，从而使房地产开发建设成本上升或下降，进而影响价格。在国际房地产投资中，汇率因素会影响房地产的投资收益，但在三、四、五线城市，基本没有影响。

4. 心理因素

人们的心理因素对房地产价格的影响有时是不可忽视的。影响房地产价格的心理因素主要有下列几个：（1）购买或出售心态；（2）个人欣赏趣味（偏好）；（3）时尚风气；（4）接近名家住宅心理。房地产需求者遍寻适当的房地产，当选定了合意的房地产后，如该房地产的拥有者无出售之意，则房地产需求者必须以高出正常价格为条件才可能改变其惜售的原意，因此，如果达成交易，成交价格自然会高于正常价格。

5. 自然因素

自然因素包括房地产所处地段的地质、地形、地势及气候等。例如，地质和地形条件决定了房地产基础施工的难度，投入的成本越大，开发的房地产价格就越高。气候温和适宜、空气质量优良的地域，其房地产价格也会比气候相对恶劣的地域高。

6. 区域因素

区域因素包括交通状况、公共设施、配套设施、学校、医院、商业网点、环境状况等。例如，地处交通便利城区的房地产价格较高，交通不方便的郊区的房地产则价格偏低。对于商业房地产，区域因素尤其重要。繁荣的商圈区域内的房地产价格高昂，因持有这些区域的房地产而取得的租金收入不菲。

7. 个别因素

个别因素是指影响某个房地产项目的具体因素，包括建筑物造型、风格、色调、朝向、结构、材料、功能设计、施工质量、物业管理水平等。功能设计合理、施工质量优良、通风采光好和良好的朝向等因素都会相应地在房地产价格上体现出来。

12.1.5 房地产投资的类型

房地产投资类型多种多样，按照房地产投资形式、房地产投资用途、房地产投资经营方式的不同，可以将房地产投资划分为不同类型。但最主要的房地产投资分类是按照房地产投资形式的不同，划分为直接投资和间接投资。

1. 直接投资

直接投资也可称为实物投资，是指投资者直接参与房地产开发或购买房地产的活动并参与有关的投资管理工作。其主要有房地产开发投资和房地产置业投资两种形式。

1）房地产开发投资

房地产开发投资是指投资者从购买土地使用权开始，进行进一步的投资活动，经过项目策划、规划设计、施工建设等过程获得房地产产品，通过流通、分配转让给新的投资者或使用者，并通过转让过程收回投资，实现自己的预期收益目标。

房地产开发投资是一种短期投资，周期一般为 1～5 年。开发投资的目的主要是赚取开发利润，风险较大但回报也比较丰厚。近几年，中国内地前 100 名富豪排行榜，有一半左右来自房地产企业。

2）**房地产置业投资**

房地产置业投资是指通过购买开发商新建成的房地产或市场上的二手房，以满足自身生活居住、生产经营或出租经营需要，并在不愿意持有该物业的时候出售并获取转售收益的一种投资活动。

房地产置业投资是一种长期投资，具有保值、增值、收益和消费 4 个方面的作用，广受投资者欢迎。房地产开发投资者将建成后的房地产用于出租或经营时，短期开发投资就转变成了长期置业投资。

3）**房地产直接投资的对象**

各类房地产均可以作为房地产直接投资的对象，涉及写字楼、店铺等多个品种，下面介绍几种典型的房地产直接投资对象。

（1）写字楼。购买写字楼部分或全部股权，以获取较为稳定的经常性收入，是欧美房地产市场最为典型的房地产置业投资方式。

（2）商铺。商铺已经逐渐成为房地产投资的一个新热点。商铺投资是一个长期过程，其投资价值不会因房龄增长而降低。

（3）产权式酒店。产权式酒店一般位于风景区、旅游观光度假区内，是由个人投资者买断酒店客房的产权，即开发商以房地产的销售模式将酒店每间客房的独立产权出售给投资者。

（4）住宅。

（5）车库。

2. 间接投资

间接投资即房地产金融投资，是指投资者投资与房地产相关的证券市场的行为。投资者不必直接参与房地产实物投资活动。间接投资包括购买房地产开发企业或房地产中介服务企业的股票、债券，投资于房地产投资信托基金或购买住房抵押贷款证券等形式。

房地产价值的昂贵使得实物投资需要的资金数量巨大，而且房地产的运营又有很强的专业性，要求具备相当的专业知识和经验，这一切构成普通中小投资者难以克服的障碍。房地产金融投资则为中小投资者进行房地产投资开辟了一条较为畅通的渠道。

1）**房地产股票**

我国股票市场从 20 世纪 90 年代初建立以来，不断规范完善，而房地产和股票的有机结合，可以利用证券市场的有效性增加房地产投资的流动性，不但最大限度地汇集社会闲置资金投入房地产领域，而且大大降低了房地产投资的变现风险。近年来，随着房地产公司上市数量的不断增加，以及越来越多的上市公司参与房地产领域的开发和经营，中小投资者通过购买房地产股票参与房地产投资的机会不断增加，可选择的股票范围也日益扩大。

2）**房地产债券**

房地产债券是为了筹措房地产资金而发行的借款信用凭证，是证明债券持有人有权向发行人取得预期收入和到期收回本金的一种证书。其种类繁多，可按不同的标准进行分类，其中最主要、最常见的一种是按发行主体的不同分为房地产政府债券、房地产金融债券、房地产企业债券。

3）房地产投资信托

房地产投资信托一般以股份公司或托拉斯的形式通过发行受益凭证或基金股份募集社会投资者的资金，委托或聘请专业性机构和人员实施具体的经营管理。目前已成为国外普通个人投资者重要的房地产投资渠道，其相对比重已超过直接投资、持有房地产股票或债券、有限合伙等方式。

房地产投资信托的具体投资运作和管理一般委托专业性机构来实施，这一角色通常由投资银行来担任，并实行多样化投资策略，选择不同地区和不同类型的房地产项目及业务。通过集中专业管理和多元组合投资，有效降低投资风险，取得较高投资回报。中小投资者通过房地产投资信托在承担有限责任的同时，可以间接获得大规模房地产投资的利益。因此，为普通投资者进行房地产投资提供了一条较好的金融渠道。

4）房地产抵押贷款证券化

房地产抵押贷款证券化是指银行等金融机构在信贷资产流动性缺乏的情况下，将其持有的住房抵押贷款债权进行结构性重组，形成抵押贷款资产池，经政府或私人机构担保和信用增级后，在资本市场上发行和销售由抵押贷款组合支持的证券的过程。

12.1.6 房地产投资的收益来源

房地产投资的目的是通过参与开发、经营等活动获取未来收益。房地产投资收益来源可细分为现金流量收益、销售收益、避税收入等。

1. 现金流量收益

现金流量收益一般是房地产拥有者通过经营房地产而获取的经营、租金收入中扣除各种支出后的余额。现金流量收益大小由 3 个主要因素决定，分别是房地产租金收入总额、房地产总营运费用和房地产投资的筹资成本。

2. 销售收益

房地产投资的销售收益是指房地产销售收入减去房地产开发经营成本之后的差额。对于房地产开发投资者来说，通过房屋销售取得销售收入，扣除成本后就是销售利润即销售收益。对于房地产置业投资者而言，投资的目的除了获得租金收入外，在其不愿意继续持有该物业时，可以将其转售给其他置业投资者。转售价格扣除相应的销售税费和交易成本后就是销售收益。在房地产价格涨幅较大的情况下，销售收益往往远远大于租金收益。无论是房地产开发投资者还是置业投资者，都是通过出售房地产而获得销售收益的。要提高房地产销售收益，房地产开发和买卖时机非常重要，同时还要注意房地产的地段和质量。

3. 避税收入

避税收入是指因提取房地产折旧而降低纳税基数，给投资者带来的收益。从会计角度看，通过加速折旧计提增加扣除数额可降低纳税基数，从而取得合理避税的收入。同时，国家的房地产税收政策对房地产投资收益有非常大的影响。在有关政策和法规允许的范围内，加速折旧是获得避税收入的基本途径之一。西方国家特别重视房地产投资的节税效果，这与西方国家的税收制度和折旧制度有关。

12.2 房地产投资风险分析

12.2.1 房地产投资主要风险因素

房地产投资的风险因素有多种分类方法，按风险的性质可分为系统风险和非系统分析；按投资周期可分为投资决策阶段风险、土地获取阶段风险、项目建设阶段风险和经营管理阶段风险；按风险的来源可分为社会风险、经济风险、技术风险、自然风险、经营风险。下面对投资周期的风险分类进行具体阐述。

1. 投资决策阶段风险

在整个房地产开发的整个过程中，投资决策阶段最为关键，这个阶段的风险主要来源于外部，如政策风险、经济体制风险、城市规划风险、区域发展风险等。

1）政策风险

政策风险是指由于政策的潜在变化给房地产市场中商品交换者与经营者带来各种不同形式的经济损失。政府的政策对房地产业的影响是全局性的，房地产政策的变化趋向，直接关系到房地产投资者的成功与否。房地产业由于与国家经济发展紧密相关，因此在很大程度上受到政府的控制，政府对租金、售价的控制、对外资的控制、对土地使用的控制，对环境保护的要求，尤其对投资规模、投资方向、投融资的控制以及新税务政策的制定，都对房地产投资者构成风险。在未实现完全市场经济的条件下，政策风险对房地产市场影响尤为重要，特别是在我国，政府对房地产调控的力度非常大。因此，房地产商都非常关注房地产政策的变化趋势，以便及时处理由此引发的风险。

2）经济体制风险

一个国家的经济体制决定着经济的发展方向和国民经济的结构比例以及经济运行机制。如果政府将房地产业在国民经济中的地位降低，减少投资于房地产业的资金，房地产商品市场的活动将会减少；另一种情况是经济体制改革后房地产业内部结构发生改变，或者说是房地产业发展的模式发生改变，各种房地产市场在整个房地产业中所占的比例发生改变。这种改变会给有些房地产市场带来生机，则对另一些房地产市场带来损失。例如，一些城市工业结构的转型，导致对厂房需求下降，而对写字楼需求增加。

3）城市规划风险

城市规划风险是指由于城市规划的变动对已经建成的、正在建设中的以及将要建设的房地产商品的价值产生影响，给房地产商品经营者带来经济上的损失的风险。

4）区域发展风险

区域发展风险是指由于周围的房地产商品发生变化而影响其他房地产商品的价值和价格，为投资者带来损失的风险。

2. 土地获取阶段风险

房地产发展的最关键的环节就是获得土地，在此阶段，会涉及征地拆迁和安置补偿费等社会问题，风险较大。主要风险来源有土地产权不清风险、土地使用制度变化风险、征地开发风险等。

1）土地产权不清风险

土地产权不清风险是由于土地的产权不清楚给房地产投资者带来损失的风险。土地产权不清，不仅给房地产开发商带来很多手续上的麻烦，而且有很多额外的损失，除了要花费额外人力、物力、财力等，有些还要诉诸法律，承担败诉后的经济风险，如我国经常出现的越权批地和非法出让土地等现象。

2）土地使用制度变化风险

土地使用制度变化风险一方面体现在制度变化使房地产商品的开发成本增加，如使用年限、补偿和收费的规定的变化等；另一方面体现在政府改变使用土地的一些具体技术政策方面所带来的房地产投资风险。

3）征地开发风险

征地开发风险是指由于征地拆迁所带来的风险，一方面我国现行拆迁安置法规条例太笼统，各地情况千差万别，法规可操作性比较差；另一方面地块上原房产所有者基于社会的、心理的、经济的原因，可能不愿意出售。因此，征地拆迁很难顺利进行，最终投资者不得不付出比预期更多的金钱和时间，承受更大的机会成本。

3. 项目建设阶段风险

项目建设阶段的主要目标是保证项目的成本、进度和质量目标的完成，这个阶段的风险因素较多，主要可以分为开发费用变化风险、工程变更风险，项目质量风险和施工安全风险等方面。

1）开发费用变化风险

开发费用变化风险在开发的各个阶段都会存在，其中建设前期对项目成本的影响程度达95%～100%，越到后期影响程度越小。在规划设计中，方案陈旧、深度不够，参数选用不合理以及未进行优化优选设计，会导致生产成本的增加；在建设期间，国家调整产业政策，采用新的要求或更高的技术标准，也会使房地产开发成本增加。

2）工程变更风险

工程一旦发生变更，工期就会延长，一方面房地产市场状况可能会发生较大的变化，错过最佳租售时机，如已预售，会承担逾期交付的违约损失、信誉损失；另一方面会增加投入资金利息支出，增加管理费。所以，房地产开发商都迫切希望自己的项目及早完工，以避免由于工程变更造成工期拖延带来的风险。

3）项目质量风险

质量是建筑项目的生命，开发项目质量主要体现在项目的适用性、可靠性、经济性、美观与环境协调性等方面。如果由于承包商施工技术水平落后、偷工减料，造成建筑结构存有安全隐患，质量不佳，就会严重影响房地产企业的声誉和发展，有时甚至会产生法律纠纷，导致企业形象一落千丈，无法继续发展。

4）施工安全风险

施工安全风险是指施工过程中出现各种事故而造成房地产破坏、人员伤亡、机械设备损坏等损失。这类事故一旦发生，便会发生事故处理费和各种补偿费，同时影响整体工作气氛并延迟工期。这些损失变成开发成本的增加，而且也会转移到商品的成本中而成为商品经营者的损失。

4. 经营管理阶段风险

房地产经营管理阶段是整个房地产投资过程中最后却又非常重要的一个环节。项目开发完毕后，开发商应尽快将商品房租售出去以回收资金并获取利润；相反，如果已建好的商品房因种种原因不能租售出去，则会使房屋滞销、资金积压，影响房地产企业的经营和发展。

这个阶段的主要风险来源有物业管理风险和营销风险。

12.2.2　房地产投资风险分析的步骤和主要方法

1. 房地产投资风险分析的步骤

房地产投资风险分析就是要系统地应用已有信息尽快识别危险，并预测其对人员、财产和环境的风险。其一般分为 3 个步骤：首先是危险识别，其次是频率分析，最后是后果分析。

2. 房地产投资风险分析的主要方法

1）专家调查法

专家调查法主要包括专家个人判断、头脑风暴法和德尔菲法等 10 余种方法，其中，头脑风暴法和德尔菲法是用途较广、具有代表性的两种。

（1）头脑风暴法。头脑风暴法是成立一个 5～10 人的专家小组以会议的方式进行，参加会议的人可以畅所欲言，鼓励不受任何约束发表不同意见。通过专家之间的信息交流和相互启发，从而诱发专家们产生"思维共振"，以达到互相补充并产生"组合效应"，获取更多的未来信息，使预测和识别的结果更准确。

（2）德尔菲法。德尔菲法是由美国著名咨询机构兰德公司于 20 世纪 50 年代初发明，经过多年的使用和理论上的完善已日趋成熟。该方法的主要特点表现在：能够让专家自由地发表个人观点，能够使分析人员与专家意见相互反馈。在进行专家意见调查过程中，可以采用数理统计的方法对专家的意见进行处理，使定性分析与定量分析有机结合起来。一般经过两至三轮问卷调查，即可使专家的意见逐步取得一致，从而得到比较符合实际的结论判断。

该方法具有广泛的代表性和可靠性，其优点是在缺乏足够统计数据和原始资料的情况下，可以进行定量的估计，缺点主要是表现在易受心理因素的影响，主观性强。

2）故障树分析法

故障树分析法也叫风险树分析法、鱼刺图分析法，是分析问题原因时广泛使用的一种方法，其原理是将复杂的事物分解成比较简单的、容易被认识的事物。具体做法是利用图解的形式将大的故障分解成各种小的故障，或对各种引起故障的原因进行分解、细化。该法可以将企业面临的主要风险分解成许多细小的风险，将产生风险的原因一层又一层的分析，排除无关的因素，从而准确地找到对企业真正产生影响的风险因子。

该方法经常用于技术性强、较为复杂、直接经验较少项目的风险识别，其优点是比较全面地分析了所有故障原因，包罗了系统内外所有失效机理，比较形象化，直观性较强；缺点是适用于大系统时，容易产生遗漏和错误。

3）幕景分析法

幕景分析法是一种能识别关键因素及其影响的方法。一个幕景就是一项事业或组织未来某种状态的描述，可以在计算机上计算和显示，也可用图表曲线等简述。它研究当某种因素变化时，整体情况怎样？有什么危险发生？像一幕幕场景一样，供人们比较研究。

幕景分析法的结果大致分两类：一类是对未来某种状态的描述；另一类是描述一个发展过程，以及未来若干年某种情况一系列的变化。它可以向决策者提供未来某种机会带来最好的、最可能发生的和最坏的前景，还可以详细给出三种不同情况下可能发生的事件和风险。

4）筛选-监测-诊断技术法

近年来，国内外学术界都较重视"灾变"新理论，高德曼提出的筛选—监测—诊断技术法是比较实用的。筛选是依据某种程序将潜在危险的影响因素进行分类选择的风险辨识过程；监测是对某种险情及其后果进行监测、记录和分析显示的过程；诊断是根据症状或其后果与可能的起因等关系进行评价和判断，找出可疑的起因进行仔细检查。筛选、监测和诊断是紧密相连的，由于客观事物的复杂性和可变性，往往一次"筛选—监测—诊断"过程不能彻底解决问题，在诊断之后还有可能产生新的风险因素，因此需要重新进行这一过程。在筛选—监测—诊断技术法应用过程中，花费的时间和精力非常多，由于过程很复杂，所以该方法应用的过程本身隐藏着许多主观臆断的可能性。

5）盈亏平衡分析法

未来的不确定性因素会改变投资项目的经济效果，这些因素的变化达到某一临界值时，会影响方案的取舍。盈亏平衡分析法的目的就是要找出这些临界值，就是盈亏平衡点，以判断项目对不确定性因素的承受能力。盈亏平衡分析法，也称量本利分析法，它主要是通过分析产销量、成本和利润之间的关系，以确定保本产销量，即盈亏平衡时的产销量，并预测计划产量可能带来的利润或亏损额，从而为投资决策提供科学依据。

12.3 房地产投资计划的制订与技巧

12.3.1 房地产投资计划的制订

制订房地产投资计划要综合考虑房地产投资的全过程。房地产投资过程实际上就是房地产项目开发经营的全过程。房地产投资周期长、环节多，是一个相当复杂的过程，概括而言，房地产投资过程大体可分为投资分析、土地开发权获得、房地产建设开发和房地产销售经营这四个阶段。因此，制订房地产投资计划也应针对每一阶段进行细致考量。

1. 投资分析

房地产经济活动是个大量资金运动的过程，一旦作出投资决定，资金的投入就是一个难以逆转的持续过程。投资决策准确是确保整个开发项目成功的关键；反之，投资决策失误，就会导致重大损失。因此，慎重地进行投资决策，是房地产开发经营的必要前提。要保证投资决策成功，就必须在投资环境和市场分析、财务分析、投资价值评估的基础上，认真做好可行性分析研究作出投资决策。

1）投资环境和市场分析

在投资前期，充分了解和把握投资环境对于制订正确的房地产投资计划，作出正确的房地产投资决策是非常重要的。房地产投资环境是指影响和制约房地产投资项目的各种外部条件的总和，包括自然、政治、社会和经济因素等。房地产投资项目是通过房地产市场完成增值过程的，因此对房地产市场进行分析也十分必要。市场分析的重点是估计市场对于投资计划中拟开发成为房地产商品的需求强度和竞争环境的分析。对市场进行研究有利于正确估计未来房地产的收益，进而有助于投资者在进行财务分析时，能够正确计算出未来的现金流量。

2）财务分析

财务分析借助基础数据估算的帮助，对项目的盈利能力、清偿能力、资金平衡能力等进行分析。投资者经由市场分析估计未来房地产的收益，进而估计出未来的现金流量，其主要目的是经由现金流量的估计，计算出预期报酬率，并以所得的结果与要求的报酬率加以比较，从而判定这项投资是否可行。此外，财务分析通过对投资的风险进行估计，以判定面临的风险与预期报酬是否在投资者所接受的范围内。

3）投资价值评估

作为理性的房地产投资者，有必要在正式投入资金之前采用一定的估价手段，对拟投资的物业进行价值评估，通过评估价值和市场价格的比较，测算投资的经济可行性。房地产投资价值评估的方法有很多，如收益还原法、市场比较法、成本估价法、假设开发法、路线价法、残余估价法、长期趋势法、购买年法等，每一种评估方法都有特定的适用范围和具体操作程序，有时可以并用。收益还原法、市场比较法、成本估价法是物业估价的三大基本方法，其他方法是在此基础上派生的。

（1）收益还原法。收益还原法的原理是将某一具体物业未来每年的纯收益按适当的还原利率折算的现值之和作为此物业的价值。通俗来说，就是购买一宗一定使用年限的物业，在这个年限内可以每年源源不断地获得纯收益，那么以现有的一个货币额与这将来每年源源不断地获得的纯收益的现值之和等同起来，则这个货币额就是该物业的价格。

由于这种估计方法基于物业即将产生的效用，主要考虑资产的未来收益和货币的时间价值，因此只适用于有收益或有潜在收益的物业。其计算公式为：

$$V = (a/r)\left[1 - 1/(1+r)^n\right]$$

式中：V 为物业评估价值；a 为年纯收益；r 为还原利率；n 为使用年限。

（2）市场比较法。市场比较法的估价原理是将作为评估对象的物业与在近期内进行的类似交易案例比较对照，通过调整已交易的物业价格来确定被评估物业的价值。市场比较法成功运用的关键是尽可能收集较多的交易实例，选择一定数量具有较好可比性的成交实例，在此基础上进行交易情况、交易日期、区域因素、个别因素修正，其计算公式为：

$$\text{评估价值}(V) = \text{交易实例房地产价格} \times \frac{\text{交易实例情况修正系数}}{100} \times \frac{\text{交易实例日期修正系数}}{100} \times$$

$$\frac{\text{交易实例个别修正系数}}{100} \times \frac{\text{交易实例区域修正系数}}{100}$$

（3）成本估价法。成本估价法是指在求取估价对象的价格时，以开发或建造物业所需耗费的各项必要费用之和为基础，再加上正常利润、利息和应缴纳的税金并扣减折旧来确定物业的价格。一般适用于因市场狭小，类似交易实例很少，无法利用收益还原法和市场比较法进行估价的物业价值估算，如学校、图书馆、医院、公益设施等，其计算公式为：

$$\text{新建物业价值}(V) = \text{取得土地费用} + \text{建造建筑物费用} + \text{正常利税}$$

$$\text{旧有物业价值}(V) = \text{土地取得费用} + \text{旧有物业新建完全价值} - \text{建筑物折旧}$$

4）可行性分析与投资决策

可行性分析是一个综合的步骤。投资者除了利用前述市场分析与财务分析的结果研究和判断其可行性外，还要进行相关的建筑与土地使用等法规限制的研究，以了解投资计划在法规限制上是否可行，以及目前的产权形式与产权的取得是否可行。而且对房地产开发的庞大资金来源是否能取得也是一个重要的关键点。

可行性分析的一般步骤可分为筹划阶段、调查研究、分析预测、编制报告4个部分，可行性研究报告中应包含以下内容：（1）总论；（2）市场需求情况和拟建规模；（3）资源、原材料、燃料和公用设施情况；（4）建设地点选择；（5）设计方案；（6）环境保护；（7）项目实施计划和进度要求；（8）投资估算及资金筹措；（9）经济效果评价。

只有在计划阶段中的可行性分析确定后，在通过可行性分析的备选方案中，比选出最佳方案，作出投资决策，整个计划才可能付诸实施，而下一步骤的投资程序才能继续进行。投资者必须了解在计划评估过程中，可能会因为遭受的限制而进行某些修改，因此，投资者在进行可行性分析这一步骤时，并不能将其当作单纯接受或否决的过程，它实际上还包括了重新评估与修正的功能。通常，在一些较大的项目中，为了确保投资决策成功，可行性分析要反复研究，在正式决策之前，可进行可行性研究，以保证投资决策的准确性。

2. 土地开发权获得

在土地开发权获得这一过程中，包括土地使用权或产权的取得与议价程序。当在计划时期确定投资计划可行后，土地使用权以何种形式取得乃是投资者接下来考虑的要点，例如，是完全买断，是合作开发，是部分使用权，还是长期租赁等。

在确定产权形式的同时，要进行的是获得土地的程序及与土地所有者议价的程序，以确定产权的取得成本。在这一过程中，是从一级市场通过批租形式获得土地，还是从二级市场购得土地，其具体法律手续各有差异，必须搞清楚其中的每一个环节，以免产生不必要的纠纷。此外，由于房地产为良好的担保品，而且其取得成本通常非常巨大，因此大多数的投资者皆运用财务杠杆以取得房地产产权，即向金融机构融资以取得资金。不同的金融单位其信用成本与融资条件不同，因此在进行融资活动时，要详细评估投资计划与各种融资机会，以选择最有利的融资方式。

3. 房地产建设开发

在房地产建设开发中，首先要取得政府立项和规划的许可。立项和规划涉及资金运作及水、电、煤、路等各项配套条件，是一个相当繁杂但又十分重要的工作。在整个房地产建设开发过程中，其与投资决策、土地使用权获得一起又称为开发前期工作时期。

在上述前期工作完成之后，方可进入实质性的建设开发阶段。以后的工作为根据规划及开发要求进行设计，然后寻找建筑商进行营造。在整个营造过程中，投资者又必须进行必要的监督或委托监理公司进行建设监理。由于开发所需要的资金相当庞大，因此在大多数的情况下，投资者仍需向金融机构融资以取得资金。此时，融资活动又成为一项重要的工作，如何取得与选择有利的融资机会与融资条件，以保证建设开发进度及按时竣工完成，成为此时融资活动的主要目标。

4. 房地产销售经营

在房地产销售阶段，其主要工作包括以下方面。

（1）必须有完善的营销规划。这包括确定目标市场的购买者，拟订适当的营销策略及营销组织以求顺利销售。

（2）实际的销售活动。这包括根据市场状况及可能条件采取的各种促销手段，以及如签约、收取订金、过户登记等具体手续。

（3）融资活动的进行。由于房地产金额庞大，在促销过程中，常常需要替买者安排有利的融资计划以吸引买者，因此融资特别是购房抵押贷款及各项分期付款的活动也会成为这一阶段的重要工作。

在这一阶段中，某些已开发完成的房地产，如果不以销售为目的，或者因销售状况不理想，也可以把这部分房地产作为物业进行经营，即以经营谋利为目的。经营的形态主要分为以下两大类。一类是将房地产出租给他人，并定期收取租金获取收益。这类租赁的经营形态，投资者负担的管理成本较低，收益固定且风险较小，但是一般而言报酬可能较低。另一类则是由投资者自己经营管理，此时投资者可能获取较高的报酬，但却需要自行负担营运的风险，而且收益也不稳定。已开发完成的房地产，在经营阶段需要依据不同的经营形态，采取不同的管理活动，如维修、更新、保全、各种费用税金的缴纳与各种收入的收取，以及实际从事营业的必要管理活动等。此外，由于房地产是价高耐用的特殊商品，其维修物业管理不仅是房地产商品售后服务的必需，而且物业管理本身也已成为房地产整体开发中不可或缺的组成部分。因此，采取何种物业管理方法及如何真正搞好物业管理，也是房地产整个投资过程中必须认真考虑的。

综上所述，从房地产开发投资的全过程来看，房地产投资计划的编制应在市场调研基础上，从项目构思起，涵盖市场定位的思考，经营方案、投资估算、项目进度规划、投资计划、融资计划、营销计划、收益计划的制订，并进行充分的财务分析与评价，作出最优的房地产投资决策，这是一个动态的过程，期间需要经过不断地调整与平衡，其程序如图 12-1 所示。

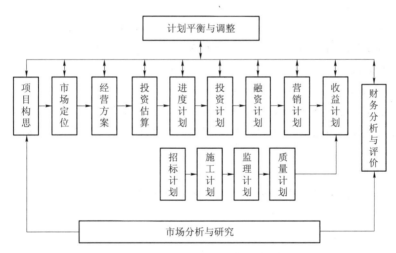

图 12-1　房地产投资计划编制程序

 小资料

英国房产投资常见十大误区

现如今，英国房地产市场对海外投资者在许多方面颇具有吸引力，不单单由于其一直如一的财务业绩，还有对投资者有利的税收制度所产生的时机和引入外国资本的稳定市场需求。了解英国房产投资常见十大误区，制订好地产投资计划才能成为优秀的投资者。

1. 对当地市场缺乏了解

购房前，必须充分对房产所在区域进行详细调查，避免后悔。包括房产周边的环境、治安、交通、居民构成等众多指标。这样可以对您投资的英国房产有个大致的期许。

2. 首次看房便匆忙报价

许多购买者经常在首次匆匆忙忙地看过房子后就给出价格，但等到真付款买下后又后悔。首次看房时，您可能会急着赶去下一场活动，或因为其他事情缠身而无法耐心地查看房子。这时请切记，务必另寻一个合适的时间，到自己倾心的房子多查看一至两次。

3. 最后一刻遭遇资金问题

确保能够从按揭贷款银行或建筑协会申请到足够的按揭贷款。在买房时很容易被冲昏头，在费了很大工夫看房、讨价还价甚至已经支付了律师费用的押金并开始进入购买程序时，才意识到银行无法为您买房提供足够的按揭贷款。因此，在准备购房的初期，请先到贷款银行获得按揭评估，并且最好获得银行的按揭贷款意向书。

4. 决策急慢

购房过程中，在避免匆忙报价的同时，很多情况是需要您及时决策，否则您可能会错失良机，与心仪的房产擦肩而过。因此，明智的做法是，在购房前多做功课，明确您的标准，然后当机立断。

5. 忽视卖家的个人情况

通过中介或直接与卖方打交道时，还需考虑他们卖房的一些隐性信息。例如，卖方是否并不急于出售房产？或者卖家刚刚接到一份海外工作的通知而急于卖房搬家？有的卖家还希望在卖了房子之后继续租住在房子里，是否可以？如果忽视了这些重要信息，您在英国买房的策略可能会出现错误。

6. 忽略与邻居交流

鼓起勇气与未来的邻居交流吧，这样有助于您对该区域有更深入和全面的了解。例如，一些卖房者或中介机构不愿意透露的"内幕消息"，通过与邻居的基本的询问、攀谈就能获得不少有用的信息。

7. 忽视房产调查

一份全面、细致的房产调查能帮您发现房屋存在的任何严重的结构性缺陷。

8. 选错律师

如果您考虑购买新建房产，可以向有经验的朋友咨询。一些时候，如果卖方对买家的房产律师失去了信心，交易也很可能落空。

9. 未确认通勤时间

如果您被告知从该房产到某个火车站需要多长分钟，那么请确认这一时间是准确的。如果有可能，您需要亲自进行测试。

10. 只在早上或者傍晚看房

多选几个时间段去看房，能够帮助您建立一个对该房产的更全面的印象。例如，午饭时间或者晚饭之后，甚至是上班之前路过该房产顺便看看。

以上就是在英国买房的几大误区。对于未来走势，英国皇家测量师学会认为，随着未来英国政治局势的稳定和脱欧前景的明朗，英国房产市场价格将再次迎来快速增长。预计2018年房地产销售将迎来新的高峰期。

资料来源：https://www.toutiao.com/i6525623460192846344.

12. 3. 2　房地产投资技巧

1. 房地产直接投资技巧

1) 写字楼投资技巧

写字楼虽然会有较高的投资回报率，但同时由于写字楼投资总价高、变现期长，对于投资者来说，需要理性分析和谨慎投资。

（1）算好投资回报率。

每个想投资写字楼的人，可能都会问"哪个区域最容易升值"，固然，升值潜力很重要，但投资者在投资写字楼的时候，还是应该先从个人的资金情况进行选择。首先确定自己能买得起什么价位的写字楼，然后再在这个价位区间内选择投资环境相对较好的写字楼，在这个过程中，投资回报率是一定要注意的问题。

计算写字楼的投资回报率，根据现在通用的计算公式：购入再出租的投资回报率=月租金×12（个月）/售价。例如，现有一处写字楼，面积约为 110 m²，售价约为 7 000 元/m²，根据此处写字楼周边的物业分析得知，月租金约为 4 000 元，计算得知，这处写字楼的投资回报率为 6.2%。投资者即可根据投资回报情况，控制自己的资金流。

（2）好地段、好物业。

有 3 类人群投资写字楼：想改善办公环境的公司，中小企业主，纯投资者。投资写字楼时特别要看准其地段价值，尤其要注重该地段的发展潜力，诸如其今后是否会有更多的商业房产出现在周围。

对于纯投资者而言，不仅要考虑写字间是否租得出去，还要想好租给什么人。另外，写字楼所处的交通位置及便利程度也尤为重要，如果地理位置偏远，交通不方便，相对来说就不适宜投资。如果写字楼周边交通线路发达，价位又合适，那就可以投资。即投资者应选择在交通状况比较理想，同时又靠近商业区的地段进行投资。因为，这类地区的写字楼会依赖成熟的配套而迅速被市场接受，同时，又可为日后获得稳定的回报打下良好的基础。

作为投资型物业，写字楼的增值、保值要通过物业管理服务来实现。物业公司管理得好坏，直接决定写字楼的用水、用电是否顺畅，垃圾清运是否及时，以及车位管理的好与坏等方方面面的问题。相信不会有公司喜欢在脏乱差的环境中办公，因为这不仅会影响办公的情绪，也会影响公司的形象。因此，选择投资写字楼时，调查物业公司的管理情况亦不容忽视。除此之外，写字楼所拥有的停车位多少也很重要。

（3）预测投资风险。

写字楼出租情况不好的时候，只能闲置。因此，投资写字楼要承担贬值风险。写字楼的贬值大概由两种原因造成：① 写字楼本身所处的地段，由于市政或其他类似原因对写字楼价格造成冲击；② 写字楼所处的区域，在未来几年里涌现出过多的新楼盘，从而对现有写字楼价格造成冲击。

2) 商铺投资技巧

商铺投资大致分为两类：一类是用以出租或转手出售赚取收益，另一类是作为资金保值并升值的手段。

（1）明确商铺投资的目的。

购买商铺的目的大致分为以下两类。一类是用以出租或转手出售赚取收益。投资者可以一次性付款或按揭贷款的形式支付房款，用按揭形式购买的则可以实现租金供贷款的目的。另一类是作为资金保值并升值的手段。考虑到通货膨胀、货币贬值、利息下调等问题，银行储蓄收益少；而股票、债券、期货市场摇摆不定；纯住宅投资回报低，而商铺投资的魅力就在于它的长期性和稳定性。此外，有相当一部分自营性质的经营商，为店铺的保值和业务的长期发展而选择购买店铺的策略。尤其是在中心商圈的店铺更受青睐，如设立形象店、旗舰店，展示企业实力、提升企业形象，从而进行品牌传播。

（2）明确租用和购买产权的优缺点。

产权商铺可以转让、继承、出租或用于抵押；而以租赁方式取得的商铺相对保障就少得多，尤其是发展前景好的商铺，租金自然水涨船高，经营者额外负担加重，投资收益却日渐减少。

（3）正确选择商铺投资方向。

根据商铺类型和所在区域可将投资方向划分为：纯商业区店铺、办公楼底商、住宅底商。

一般而言，办公楼底商是作为配套使用的，总面积少，价格比较低廉，经营业态以餐饮，各类水吧、酒吧，副食等为主，业态无法覆盖，人气不是很旺，所以转手或转租的前景相对暗淡。

住宅楼底商一般是为居民区服务的，前提是必须有足够的消费人群。从目前很多城市的情况看，几乎每个小区都有底商，规划布局简单、硬件设施不全、保安系统薄弱，所以价格虽然相对较低，但是收益不明显、风险相对更高。

纯商业区店铺租售容易、投资收益明显、回收年限相对较短，所以备受青睐和追捧。但是前期价格高、负担重，使一部分人很犹豫。不过现在国内很多城市纯商业区店铺都为二手或三手店铺，一手店铺非常稀缺，所以一手店铺仍具备足够的升值空间。

（4）找准商铺投资的时机。

一般开发商都会采取预售的形式进行销售。预售也就是期房，此时的价格是相对实惠的，这时购买比较划算。但是，必须综合考察开发商的实力和建设周期，因为签署合同后，购买者就要开始还款，而此时尚无法经营或出租，有一段时间是没有收益的。

随着工程进度逐渐加快，开发商一般都会涨价。尤其是中心商圈内的店铺，因为正式营业后前景广阔，开发商是"皇帝的女儿不愁嫁"，到这个时候再购买，付出会更多。看准项目前景，及时出手，抢先一步往往能占尽先机。

（5）选择商铺投资的类型。

最早的商铺就是一些临街的小作坊和杂货铺，提供一些日常用品。后来出现了单一形式的购物街、专业市场和专卖店，但专卖店品种单一，无法满足消费者更多的选择，于是出现大型百货商场。目前，大型百货商场因为格局简单、购物环境嘈杂，已经落后。shoppingmall（超级购物中心）此时应运而生。mall 的直译为"林荫道"，在 shoppingmall 中是指"步行街"。一般在类似的购物中心中，店铺围绕一条或几条步行街来布置，而且这种室内步行街的宽度主通道以 6 米左右、辅通道以 4 米左右为宜，因为这种距离既能使人群快速到达各个店铺，而且不会过于空旷，整个商场保持旺盛的人气。

shoppingmall 非常注重购物环境的设计，倡导的是"购物、休闲、娱乐"一体化的服务，即"一站购齐"的理念，而这一点，目前很多城市市面上林林总总的各种店铺、商场都没法满足。在 shoppingmall 内的店铺，则充分共享充足的人气，所以商机可以有效保证。

（6）正确选择铺位位置。

目前，很多商铺投资者往往都陷入一个误区——过分讲究商铺的位置。实际上，一个成熟的休闲购物中心，因为有足够优越的购物环境、有效疏导人流的室内步行街，所有的店铺都已经成为一个整体，关键在于自己的经营特色是否能吸引住人。

当然，室内步行街交叉处、主入口处和 shoppingmall 共享空间的店铺由于先天条件好，每一个逛商场的人都会经过，所以更受追捧，但是相对价格会更高，所以选择时也必须全面权衡。

（7）看准合作伙伴。

商铺投资非常讲究"群羊效应"，即看主力店。一般经过多年发展、有成熟商业运作经验的商界巨头进驻，都会带来旺盛的人流。同时，选择邻居要看商场的整体经营业种。shoppingmall 提供的是"一站购齐"的消费模式，最讲究的是业态覆盖，因为只有提供全面的物品，消费者才会长时间停留，而小店铺的业主则可完全分享这些巨头们的成熟经验，更重要的是可以分享人气。

（8）选择有发展前景的商圈。

每一个城市都有自己的商业坐标，如北京的王府井，上海的南京路，南京的新街口，广州的中山路、北京路，深圳的老街。它们都是城市中古老的中心商圈，无论世事如何变迁，商圈如何更替，这里的商铺始终都在乐呵呵地赚钱。

3）产权式酒店投资技巧

产权式酒店也称为酒店式服务公寓，最早源于欧洲，除了提供传统酒店的各项服务外，更重要的是向住客提供家庭式的居住布局、家居式的服务，真正实现宾至如归的感觉。产权式酒店是集住宅、酒店、会所多功能于一体的，具有"自用"和"投资"两大功效的物业，但其本质仍然是公寓。

（1）租金回报率非常重要，只有租金达到一定的水平，才能满足资产的回报。因此，确保未来有足够的租户需求，并且租户对于租金有足够的承受力非常重要。

（2）物业本身的品质，包括能够满足租户的生活便利和工作便利的需求。例如，会所、餐厅、购物、商务功能等，也包括房型、电梯、绿化等配套设施。又如，距机场、火车站近的，就给商务人士带来便利；距大型外资项目近的，就为外籍人士工作带来便利，因为本地人很少会租产权式酒店居住，当然流动人口中，中低端人群也不会租住，都是租普通住宅楼，只有比较高端的商务人士、外籍高管，才有可能租用，但是强调享受的，肯定会租别墅居住。

（3）要物有所值，性价比较高。一方面租价高于住宅，另一方售价又低于住宅，这就是目前大部分产权式酒店"租金与房价悖论"的尴尬现状。对于产权式酒店的房价上涨速度落后于住宅的步伐，业内人士认为，这主要是因为酒店式公寓的客户主要是投资者，而住宅的客户既是自住者，又是投资者。后者的需求显然比前者刚性得多，需求决定价值，更多的需求导致了更高的价格。产权式酒店的核心是服务与运营模式，管理的好坏直接决定了租金的价格和出租率，也最终影响着物业的升值情况。

4）其他投资技巧

除了上述介绍的专门品种房地产投资技巧之外，贯穿于房地产开发投资和置业投资之中，还有以下投资技巧。

（1）炒卖楼花。楼花，即未完工的商品房，也称期楼。炒卖楼花就是选准富有升值潜力的期楼，在楼花抛售之初予以购进，待机转卖，从买卖交易中赚取差价。运用炒卖楼花这种操作手法时应注意：洞悉本地房地产的走势与行情是成功炒卖楼花的前提，选准具有升值潜力的楼宇是成功炒卖楼花的关键。

（2）合建分成。合建分成是寻找旧房，折旧建新，共售分成。这种操作手法要求投资者对房地产整套业务必须相当精通。这种手法如果操作得当，可以玩"空手道"。目前，不少房地产开发公司也都采用这种方式开发房地产，只是规模较大，另外在合建方式上存在多样性。

（3）以旧翻新。即把旧楼买来或租来，然后投入一笔钱进行装修，以提高该楼的附加价值，最后将装修一新的楼宇出售或转租，从中赚取利润。采用这种方式投资商品房时应注意，尽可能选地段好、易租售的旧楼，如在学校、集市附近的一室房极受欢迎。另外，在装修布局之前一定要结合地段经营状况及房屋建筑结构，确定装修之后的楼宇使用性质和目标顾客，切忌盲目。

（4）以租养租。以租养租是长期租赁低价楼宇，然后不断提升租金标准的方式分期转租，从中赚取租金差价。以租养租这种操作手法又称当"二房东"。有些投资人将租来的房产转租，获利相当丰厚。如果投资者刚开始做房地产生意，资金严重不足，这种投资方式比较合适。

（5）以房换房。以房换房是以洞察先机为前提，看准一处极具升值潜力的房产，在别人尚未意识到之前，以优厚条件采取以房换房的方式获取房产，待时机成熟再予以转售或出租，从中获利。一般是换进门面房或即将要动迁的房产，在操作中要注意获取的规划信息一定要准确和保密。

2. 房地产间接投资技巧

房地产是一个资金密集型的行业，它的资金大部分从金融机构获取，土地资源从政府获得，剩下的事情是企业内部的事情。因此，投资者对房地产进行间接投资时，最主要的是应该充分了解房地产开发企业的有关情况，掌握其详细资料。当然，了解政府政策倾向和有关法律规定也是必备要件。对于具体的房地产金融投资品种，无论是房地产股票、房地产债券，还是房地产信托、住房抵押贷款证券化产品，投资者都应先确定自己的项目投资上限，然后作出选择。

房地产金融投资应注意以下内容。

（1）项目情况。应重点考察项目的市场前景，包括政策走势、相关行业发展、当地购买力等因素。

（2）借款人情况。借款公司（房地产企业）的实力及开发经验，在很大程度上决定其项目运作及还款能力。

（3）风险控制手段。应重点关注担保方的财务实力、担保物的抵押率，以及是否容易贬值等因素。

（4）金融机构情况。具有丰富经验和实力较强的银行、证券公司、信托公司，在项目选择、风险控制技术的运用等方面会有较为成熟的运作理念。

当然，房地产金融投资实际所需的知识和技术含量相当高，投资者应该充分掌握房地产投资相关知识，综合运用金融理财能力，适当作出组合投资决策，才能取得预期的效益。

思考与练习

1. 名词解释

房地产投资　房地产抵押贷款证券化　收益还原法　市场比较法　成本估价法

2. 单选题

（1）房地产是指（　　）及固着在其上不可分割的部分，以及附带的各种权益。

A. 房屋财产 　　　　　　　　　　　　B. 土地财产

C. 建筑物、构筑物 　　　　　　　　　D. 土地、建筑物

（2）当房地产开发商将建成后的物业用于出租或（　　）时，短期开发投资就转变成了长期置业投资。

A. 出售 　　　　B. 抵押 　　　　C. 转让 　　　　D. 经营

（3）买卖双方要经过多次搜寻或长时间议价才能完成房地产交易，这个过程反映了房地产的（　　）。

A. 不可移动性 　　B. 适应性 　　C. 弱流动性 　　D. 相互影响性

（4）房地产的不可移动性决定了房地产市场具有（　　）。

A. 地区性 　　　　B. 国内性 　　　　C. 国际性 　　　　D. 城市性

（5）下列影响购房者购买行为的因素中，属于心理因素的是（　　）。

A. 生活方式 　　　B. 受教育程度 　　C. 购买动机 　　D. 自我形象

（6）某写字楼 2016 年潜在毛租金收入为 1 000 万元，空置和收租损失为 5%，经营费用为潜在毛收入的 30%，抵押贷款还本付息为 200 万元，所得税和准备金共计 120 万元，则 2016 年的净经营收入为（　　）万元。

A. 330 　　　　　B. 450 　　　　　C. 650 　　　　　D. 700

（7）基于房地产投资的（　　）特征，房地产投资者特别重视房地产位置的选择。

A. 适应性强 　　　　　　　　　　　B. 受政策影响大

C. 对专业管理依赖强 　　　　　　　D. 不可移动性

（8）房地产间接投资不包括（　　）。

A. 房地产置业投资 　　　　　　　　B. 投资房地产投资信托基金

C. 投资于房地产企业债券 　　　　　D. 购买房地产抵押贷款证券

（9）房地产直接投资不包括（　　）。

A. 房地产置业投资 　　　　　　　　B. 房地产开发投资

C. 投资于房地产企业债券 　　　　　D. 土地开发投资

（10）土地估价的基本方法是（　　）。

A. 成本法 　　　　B. 收益还原法 　　C. 市场比较法 　　D. 假设开发法

3. 多选题

（1）房地产从本质上包括（　　）。

A. 建筑物 　　　B. 电梯 　　　C. 土地 　　　D. 附带的权益

（2）房地产可行性分析的一般步骤包括（　　）。

A. 筹划阶段 　　　B. 调查研究 　　　C. 分析预测 　　　D. 编制报告

（3）房地产投资三要素包括（　　　）。

A. 时机　　　　　　　B. 地段　　　　　　　C. 质量　　　　　　　D. 资金

（4）房地产间接投资渠道包括（　　　）。

A. 房地产股票　　　　　　　　　　B. 房地产债券

C. 房地产投资信托　　　　　　　　D. 房地产抵押贷款证券化

（5）房地产投资的高投入和高保值性源于（　　　）。

A. 土地开发的高成本性　　　　　　B. 房屋建筑的高价值性

C. 房地产经济运作中交易费用高　　D. 房地产市场本身的复杂性

（6）根据资金投向不同，房地产投资信托可分为（　　　）。

A. 产权信托投资　　B. 抵押信托投资　　C. 混合信托投资　　D. 个人信托投资

（7）在房地产销售阶段主要的工作有（　　　）。

A. 制订营销规划　　B. 实施销售活动　　C. 进行融资活动　　D. 设计企划方案

（8）现金流量收益大小主要由（　　　）因素决定。

A. 房地产租金收入总额　　　　　　B. 房地产总营运费用

C. 房地产相关税费　　　　　　　　D. 房地产投资的筹资成本

（9）房地产投资分析包括（　　　）。

A. 投资环境和市场分析　　　　　　B. 财务分析

C. 投资价值评估　　　　　　　　　D. 可行性分析与投资决策

4. 简答题

（1）房地产投资的特点是什么？

（2）房地产投资分为哪两大类？房地产开发投资与置业投资的区别是什么？

（3）房地产投资产品有哪些？

（4）制订房地产投资计划包括哪些内容？其程序如何？

（5）房地产价值评估方法有哪些？

（6）举例说明房地产投资技巧有哪些？

5. 案例分析题

某投资者花费 30 万元购买了一套 120 平方米的住宅，一次性付款，预计 3 年后可以 40 万元的价格出售（假定空置，暂不考虑租金收益及物业管理费等支出，但在实际分析中应当考虑）。

其他条件如下：售房时的交易手续费为售价的 1.5%。印花税、契税分别为售价的 0.05%、售价的 1.5%。城市土地使用税每年每平方米 0.5 元。评估、交易、登记等费用约 2 000 元；所得税率为 20%。

要求：试分析这项投资。

第 13 章

收藏品投资

🔍 **学习目标与要求**

1. 了解收藏品投资的定义和特性。
2. 掌握收藏品市场的交易模式。
3. 了解收藏品（艺术品）基金的定义和发展历程。

案例引入

　　收藏品投资早已出现，只是过去一直是有钱人这个小圈子内的游戏，并且这类投资风险高，透明度低。但是高回报和改善中的透明度，使得收藏品投资在 21 世纪前 10 年获得了空前的发展。收藏品投资崛起的另一个契机是全球泛滥的流动性以及投资者降低的风险意识。过多的资金追逐有限的资产，将债市、股市估值拉高，公共交易平台上的便宜货越来越难以发现，于是资金开始寻找另类投资机会。

　　在书画市场上，徐悲鸿的《九州无事乐耕耘》以 2.668 亿元成交；傅抱石的《毛主席诗意八开册》拍出 2.3 亿元；吴冠中的《长江万里图》拍出 1.3 亿元。

　　在邮票市场上，猴票炒作已经蔓延到龙票、鸡票、猪票，尤其以辛酉鸡、癸亥猪和戊辰龙涨幅最高。钱币市场自然也不甘人后，1980 年第四套人民币大幅升值，现在 1999 年第五套人民币也日渐看涨。

　　在木材市场上，黄花梨、紫檀木、红酸枝、黑酸枝、条纹乌木、白酸木、花梨木、鸡翅木价格突飞猛进，连越南、老挝等地的贵重木材也被搜罗一空。

　　玉石一直是收藏品投资的必争之地。据介绍，中国曾有数十亿元资金进入"赌石"市场，而缅甸 80% 的玉石毛料已经被中国投资者收购。

　　在股市经历 2008 年下跌 70% 的滑铁卢之后，小到烟标、火花、像章等，也同样引来许多投资客。

　　资料来源：罗显良. 理财产品全攻略. 北京：中国宇航出版社，2013.

13.1　收藏品投资的基础知识

　　收藏品投资适合"有钱又有闲"的人参与，是高净值人群投资组合中重要的一部分。作为一名理财师，可能不需要直接参与收藏品投资和具备鉴定收藏品真伪的能力，但是需要了解收藏品的投资市场、投资原则以及投资风险，知道如何收集相关指数，掌握市场动向，这样才能为高净值客户提供全方位的服务。

13.1.1　收藏品投资的定义与收藏品的种类

1. 收藏品投资的定义

以具有历史、科学和观赏价值的人类创造性制作为客体，进行有兴趣的收集研究的行为叫作收藏，而以此进行资本运作和财富配置的行为叫作收藏品投资。因此，收藏通常同时具有怡情养性和投资增值的功能。

2. 收藏品的种类

依据我国及世界的收藏实际情况将收藏品分为以下类型。

（1）文物类，包括历史文物、（古人类、生物）化石、古代建筑物实物资料、雕塑等。

（2）珠宝、名石和观赏石类，包括珠宝翠玉，各种砚石、印石，以及奇石与观赏石，均以自然未经人工雕琢者为主。

（3）钱币类，包括历代古钱币及现代世界各国货币。

（4）邮票类，包括世界各国邮票及与集邮相关的其他收藏品。

（5）文献类，包括书籍、报刊、档案、照片，以及影剧说明书、海报等各种文字资料。

（6）票券类，包括印花税票、奖券、门券、商品票券、交通票证、月票花等。

（7）商标类，包括火花、烟标、酒标、糖纸等。

（8）徽章类，包括纪念章、奖章、证章及其他各种徽章。

（9）标本类，包括动物标本、植物标本和矿物标本等。

（10）陶瓷类，包括陶器、瓷器、紫砂陶等。

（11）玉器类，包括玉礼器、玉兵器、玉器具、玉陈设器等。

（12）绘画类，包括国画、油画、水彩画、水粉画等。

13.1.2　收藏品投资的特性

1. 稀缺性

物以稀为贵，物品没有稀缺性就失去了投资价值。

收藏品的稀缺性取决于两个因素。

（1）收藏品的制作年代：年代越久远的物品，因为时间的流逝，能够保存到现代的同类产品越来越少，越具有稀缺性。

（2）收藏品的生产或发行量：自然类的产品被发现或开采得越少，钱币邮票类的产品发行量越少，越具有稀缺性。

2. 保值增值性

收藏品是实物投资，与房地产、黄金一样具有保值的功能，而其稀缺性可带来长期增值的空间。根据美国的统计，1960—2010 年，艺术品轻松地击败房地产，以 9.3% 的年回报率胜过房地产 5.5% 的年回报率，成为收益率更高的长期投资品。

3. 多样性

收藏品种类繁多，要按照个人兴趣、专业和资金门槛来选择投资标的。有些收藏品，如邮票、徽章、卡片、纪念品等不需要太高的资金门槛。但多数收藏者把它当作一种兴趣爱好而不是以投资为主要目的。名人书画、古玩、珠宝、名表等收藏品投资门槛较高，除了收藏欣赏以外，一些收藏家也会在适当的时机出售来获得资本利得。

4. 流动性

收藏品的多样性和缺乏集中交易市场的状况使其变现能力较差，与同为保值工具的黄金比较，可以总结为："乱世黄金，盛世收藏。"在战乱时代黄金随时可兑现，但收藏品不但容易毁损，也不容易脱手。在经济繁荣时期，会有更多人有财力并且也有闲情逸致涉足收藏品领域，提高了收藏品的流动性。

分组讨论一下，收藏品的流动性和股票、债券等传统投资品比较如何？

13.1.3　收藏品保管的基本原则

1. 避免光线的照射

光线对收藏品造成的危害是渐渐累积且不易察觉的，因此应将光线造成的影响减少到最小。避免将收藏品直接陈列在日光下，即使短时间的陈放也应避免。尽可能使用白炽灯，但不要把收藏品放在靠近白炽灯的地方展示，因为白炽灯能发出热量。大部分对光线损害敏感的收藏品不应长时间陈列，而且应将其定期旋转。

2. 将收藏品置于相对湿度和温度适当的环境中

地下室、阁楼、车库的相对湿度和温度最不稳定，极易出现剧烈的变动，不适合放置收藏品。收藏品应置于稳定的环境中，相对湿度应控制在 50% 左右，在炎热的夏天应保证冷却的空气及良好的通风环境。

3. 尽量减少空气污染的影响

纸制品和纺织品应置于玻璃柜中，以免受到空气中的灰尘、有害气体等的侵蚀。在收藏品周围应限制使用新的木制品、新地毯以及化学药品。

4. 减少有害动物的活动

细心的管理和恰当的储存可使收藏品免受有害动物的损害。收藏品不要陈列储存在潮湿的环境中，不要在其周围存放食物。一年应至少检查一次收藏品，看看是否有昆虫活动的痕迹，如幼虫、粉状堆积物、小洞等，如有这些痕迹应立即将收藏品放入一个密封的塑料袋中，根据收藏品的材制不同采用相应的解决办法。

5. 搬动收藏品应小心谨慎

在搬动收藏品前应先清理出放置收藏品的地方。搬动收藏品时，手应干燥洁净，最好套用干净的棉布手套，因为手上的汗液会腐蚀金属器皿，对漆器和其他如多孔渗水陶器也会造成损害。搬动小或轻的收藏品时，应使用有保护垫的盘子和篮子。举起雕塑品时一定要托着其底部或主体，绝不能抓住其突出部分。抬家具时也应托其底部，不要抓其附属物等。移动垂直的有外框的艺术品时应托住框安全的地方。不要触摸油画的正面和背面，触摸会导致裂缝及其他损害。在移动珠宝和钟表前，应先清理一下周围的物品，确保在移动收藏品时纽扣、带扣和其他附属品没有和所移动的收藏品相连。

6. 陈列收藏品注意安全

应确保油画和其他带框展品悬挂设备的坚固性和安全性，易碎的收藏品应远离易受撞击的地区并放在专用玻璃柜中，不要用黏性物质将不稳定的收藏品粘在架子或其他表面上。

7. 选择适当的材料储存收藏品

精心选择一些材料来储存收藏品，使它们与收藏品和谐一致。木头、木制品和许多源自木头的纸制品含有有害酸会使收藏品表面出现斑点。最好用储藏档案的储藏盒和纸，因为制造这些纸制品的纸浆都经过特殊处理。

13.2　收藏品市场的需求和交易模式

13.2.1　收藏品市场的需求

1. 消费需求

收藏品的功能之一是满足拥有收藏品者的精神需求。一旦成为己物，摩挲于手，乐融于胸，雅萌于心，唯淘者自知。

收藏品的消费需求是收藏品市场得以健康发展最重要的基础。若投资需求占主导地位，消费需求的比重过小，收藏品市值的波动性会加大，隐含的风险极高。

2. 投资需求

传统意义的收藏是以个人兴趣爱好的消费需求为出发点，直到第二次世界大战后才逐步成为资本运作的媒介，成为一项国际性的新兴的投资方式。

当前，收藏品被认为是与股票、房地产投资相提并论的一种理财方式。由于相关性不高，投资收藏品可分散资产集中在股票和房产上的投资风险。

13.2.2　收藏品市场的交易模式

1. 议价交易模式

1）收藏者之间的直接交易市场

对于有同样兴趣的收藏者，如果收藏该类产品的群体不大，大家可能互相认识，有时以换货的方式交易，有时以议价的方式交易，因为双方都是行家，赝品的比重较低，议价的空间不会太大，这种交易的机会相对有限。

2）地摊交易市场

由于卖主的货品来源和成本差异大，买主的眼光也有高低，地摊交易市场的开价可能有天壤之别，最后成交价取决于双方的议价能力，有捡漏的幸运者，更多的是高价买赝品的业余淘宝者。

3）门店交易市场

门店交易市场包括古玩店和画廊等，有固定的经营场所，通常多点聚集成市，与地摊市场相比，赝品率稍低一些，成交价较高。门店店主的专业性较地摊摊主高，捡漏的机会较小，但议价空间还是很大。

2. 竞价交易模式

1）拍卖行交易市场

拍卖行交易市场透明度高，竞争性强，有价格发现的功能，但也有委托人和购买人商定假拍来提高收藏品价格的可能性。拍卖行为了自己的声誉，赝品的比重较低。拍卖的物件通常值较高，参与拍卖的买主购买力也较强，因此成交率多在 60% 以上。因为要付一定比例的佣金，交易成本高。

2）网上拍卖市场

网上交易市场兼有讨价还价和集中竞价的混合功能。随着中国网民人数增多，拍卖网站也日趋兴盛，透过网上交易购买收藏品的比例也超过 5%。网站提供一个虚拟的交易平台，卖家注册登录交易平台提供拍卖品信息；买家要登录交易平台来浏览拍卖品并报价参与拍卖；交易平台确认拍卖结果并通知买卖双方。网上拍卖市场交易费用较拍卖行低，金额门槛也低，通常也具有赝品可退货的品质保证功能，因此日渐受到欢迎。

13.3　收藏品价格评估的基本框架

13.3.1　影响收藏品价格的因素

1. 吸引力

（1）作者：艺术家的知名度越高，其作品的价值越高。

（2）年代：被鉴定年代越久远的收藏品，在同样品相的收藏品中价值越高。

（3）其他：题材、规格、质地、产地、著录情况、展览情况、流转情况等会影响收藏品的价格。

2. 炫耀性

（1）替代性：越稀缺的收藏品越难以被替代，拥有者会视为一种荣誉，可以当作一种炫耀性消费。

（2）真伪的争议性：很容易被判断为赝品的收藏品不具炫耀性，有争议的作品才具有炫耀性。如黄庭坚的《砥柱铭》，拍卖前就有真伪的争议，但 4.3 亿元的成交价还是创造了中国书画界拍卖品价格的新高。因为收藏者本身的影响力，几位权威专家不同的评价以及经由媒体报道或销售机构运作，更能达到炫耀性消费的效果。

3. 投机性

（1）短期可以操作的题材：如圆明园的兽首铜像本来还达不到国家一级文物标准，经媒体评论后，买回铜像被视为爱国心的表现，使得拍卖价格数倍上涨，夸大了兽首铜像的实际价值。

（2）收藏品的投机价值：大投机商经常利用小道消息引起价格波动，来操纵市场获利。

4. 宏观经济

（1）经济增长率：经济增长率高时，整个收藏品市场被看好。

（2）消费物价指数：收藏品有保值功能，消费物价指数高时，整个收藏品市场被看好。

（3）货币供给额：货币供给额高代表资金充裕，对收藏品市场有利。

5. 金融运作

（1）收藏品抵押贷款的难易。收藏品抵押贷款的难易度和抵押贷款成数的提高，可以提高收藏家的购买力，使其可以使用财务杠杆投资收藏品。

（2）收藏品基金。收藏品基金活跃时，可以集众人之力汇聚更高的购买力。

6. 市场发展

（1）同类收藏品的资金投入状况：收藏品的种类多，有可能在某一段期间内，某种收藏品会引起收藏者的特别关注，资金大量投入，就类似股票市场的行业轮动一样。

（2）换手率、流通量、成交额、成交率、流动性、涨跌幅等，都是各收藏品市场发展趋势的重要指标。

7. 买家的状况

买家的偏好、数量、购买力等因素反映了买家的状况。

8. 卖家的状况

收藏品的来源、成本、持有期间等因素反映了卖家的状况。

 **小资料**

并非任何一件艺术品都在市场上看好，也就是说并非每一件艺术品都适合投资。投资者必须从浩如烟海的艺术品世界中挑选出那些有升值潜力的艺术品。

一般而言，适合投资的艺术品应具备以下四个标准：

真

艺术品的真伪是最主要的投资前提。谁都知道，由于代笔、临摹、仿制以及故意的伪造，使艺术品鱼目混珠，在艺术品市场上花大钱买回假货，不但会失去盈利的机会，可能连本也得赔进去。

精

以精为标准选择所要投资的艺术品，并不意味着艺术大家的一般性作品就没有市场。对许多中小投资者而言，甚至根本无能力问鼎艺术大家一件逾百万元的作品，艺术大家的一般性作品也就有了市场。以精为标准选择投资品的原则是，在相同或相似的价位下，应尽量从其中挑选出最优秀的作品。这样，艺术品才具有较大的获利可能。

全

投资艺术品，如八屏条或四屏条的字画缺少某个条幅，这种不全很影响其升值的潜力。对于单件艺术品而言，或有虫蛀孔，或有破损，虽经修补还是露出破绽，或有污渍，画面不干净，均称为不全。此类艺术品卖价会大打折扣，甚至无人问津，不适于投资。

稀

在艺术史上那些独树一帜的艺术品，是艺术品投资的稀罕品。那些具有创新意义、首开先河的艺术品也极有投资价值。如达·芬奇的《蒙娜丽莎》，乃稀世之珍品，根本无法计值，仅是在 1962 年因到美国展出作的估计即已达到 1 亿美元。珍稀作品极有获厚利的可能。

就艺术品投资种类而言，也是"物以稀为贵"。在社会大众还未认识到某一类艺术品的收藏价值之前，抢先进行收藏，不但收购的机会较多，而且收购价格较低。一旦该类收藏价值为社会大众所认同，收藏的难度就要大得多。而此时，抢先入市的投资者就可以高价售出他的藏品，凭借其独到的收藏眼光，而获得巨大的投资回报。

资料来源：https://baike.baidu.com/item/艺术品投资/4673088？fr=aladdin.

13.3.2　影响收藏品价格变动的因素

1. 同类艺术家作品的交易价格加减艺术家的地位高低的价值衡量

收藏者对各位艺术家的地位高低有一定的共识，如张大千画的荷花可卖到 100 万元，比张大千差一两级地位的画家画的荷花可卖到 10 万元，而差好几级的知名度不高的画家画的荷花可能卖不到 1 万元。

2. 同类艺术品的交易价格加减工艺水准高低的价值衡量

同一个艺术家的作品，根据不同时期作品的工艺水准高低，也会有不小的差别。

3. 收藏品流传的经历

经过收藏界名家买卖过的收藏品，价值较高。

4. 质地精良，材质、题材稀有等

例如，翡翠作品，除了雕工以外，还要看原料的水种。再比如齐白石画作中只有一件画的是苍蝇，虽然只有很小的尺寸，在 1997 年就拍得 20 万元人民币的高价。

5. 个人喜爱——占有欲的满足

个别收藏家为了自己的喜好，有时会不惜代价地拍下比起拍价格高数倍的收藏品，来满足其非拥有不可的占有欲。

6. 收藏品市场指数的分析应用

在大众传媒非常发达的今天，收藏品指数的出现，大大增强了收藏品市场价格的放大效应，对收藏品市场行情产生了推波助澜的作用。

13.3.3　收藏品市场价格与宏观经济

收藏品价格上升的前提就是人们生活的富足稳定和资金的充足运转。在社会层面就是社会长期稳定，经济持续发展，即所谓的"盛世收藏"。

收藏品具有保值功能，因此在通货膨胀率高的时期，收藏品的价格上升幅度多超过通胀率。

美国的研究数据发现收藏品的投资收益率和股票投资收益率之间存在高度正相关性，相比之下收藏品投资的波动性更大。

外商私人银行可以为收藏品提供低息抵押贷款，持有人可使用此笔贷款进行金融投资，同时保存收藏品。

13.3.4　收藏品价格指数

1. 梅摩艺术品指数

梅摩艺术品指数是通过跟踪同一件收藏品的重复交易记录而构建的，反映收藏品的市场走势，计算出一段时间的投资回报率。1955—2005 年的 50 年里，美国收藏品年均回报率为 10%，与"标普 500 指数"的年均回报率 10.4% 持平。而 2001—2010 年，中国当代油画、传统艺术的年均回报率分别为 19.4%、14.9%，高于上证指数年均 6.1% 的回报率。

2. 中艺指数和雅昌指数

中艺指数（AMI）涉及内容如下：首先，以主要收藏品市场的行情走势为基准，运用统计学的办法，对某人或某类作品进行市场行情分析，计算出某一时间段内收藏品市场交易的

资金总量、某类作品成交额及其在全部收藏品交易总量中所占的比例，该类收藏品售出的最高价与最低价以及平均值等。其次，以这些数据为依据，结合通货膨胀、市场利率变化等因素对收藏品的市场流通情况进行综合的、合理的、科学的分析，计算出其市场行情图表和运行规律，并以国际互联网和中国收藏品投资交易市场网络为主要载体，配合报纸等传统媒体进行收藏品市场行情图表的实时发布。

雅昌指数（全称雅昌书画拍卖指数），是一种以"中国艺术品拍卖市场行情发布系统"的拍卖数据为基础，反映书画拍卖市场价格走向的数值体系，由分类指数、艺术家个人作品价格指数构成。这个指数类似股指，以内地及香港十家最大的收藏品拍卖公司成交数据作为计算样本，以月为周期在网上发布，客观反映收藏品市场的行情变化，成为收藏品市场走势的"预警系统""晴雨表"。

13.4　收藏品投资的风险

13.4.1　收藏品投资的赝品风险

赝品风险，是最根本的风险，"不怕买贵，就怕不对"。

由于收藏品投资是实物拥有，真伪就成为其最重要的风险。为了谋取高额利润，古今中外都存在大量伪造收藏品的现象。由于收藏品作伪历史久远，新的作伪方法又层出不穷，这使得防伪保真成为收藏品投资的重要门槛。

赝品数量最多的收藏品种类，主要集中在书画、瓷器、家具和玉器上面。根据故宫博物院的专家表示，古玉器和古陶瓷，赝品数量占市场供应总量的90%以上，书画造假作伪，已经发展到专业化运作、流水线生产的程度。

规避赝品风险的方法——做熟不做生，集中心力投资一两种收藏品，提升对该类收藏品真伪的判断力。在收藏品投资上进行多种类的收藏不但不能降低风险，反而会提高买到赝品的风险。没把握的收藏品宁可不买，也不高价买。

13.4.2　品相风险和保管风险

1. 品相风险

对于年代久远的瓷器、陶器或玉器，如果有瑕疵、缺足、崩裂、脱釉等现象，对价格的影响有多大，视该收藏品的供给弹性而定，替代品多的影响甚大。但在钱币或邮票市场，出厂时就印错的因稀缺性而价高。

2. 保管风险

从买入到卖出收藏品的持有期间，因为保管不当产生收藏品的品相风险。例如，温度和湿度的剧烈变化均可能造成收藏品变色或变形的风险，特别是对字画、织物、漆器、木器的影响甚大；此外，还有被盗窃或搬迁时的遗失风险。

3. 规避方法

在收藏时品相就有缺陷的收藏品可以此作为讨价还价的筹码，压低进货成本来降低风险。保管的风险可以设置恒温防潮的保管箱和投保（包括火灾和窃盗险，收藏品综合险）

来规避，即加大一些成本来降低保管风险。

13.4.3 价格及相关风险

1. 价格风险

收藏品类似流通量有限的小型股，容易制造快速拉高的价格走势。同时也容易快高快跌。而收藏品又有变现难的特性，在价格风险来临时，往往无从逃脱。

2. 家乡偏好风险

供给弹性小的收藏品普遍存在家乡偏好。例如当地的经济情况变差，使得收藏品在当地不容易出手，但拿到外地卖的价格可能远不如原来在当地的买价。

3. 偏好转移风险

偏好是决定收藏者选择什么种类收藏品的重要因素，如一时流行的小众收藏不再流行，会影响价格。

4. 收藏品短期内的价格风险

真品的稀缺性可以让长期收藏者避开短期价格波动，获得长期增值利益。

13.4.4 道德风险和政策风险

1. 道德风险

这是一切风险投资的成败关键，在收藏品投资领域更是如此。收藏品的真伪识别主要靠个人经验，收藏品的价值判断主要依靠人的主观感知和资料分析，收藏品的交易过程又无法全程透明。这就给收藏品投资领域的相关人员提出了很高的职业操守要求。

道德风险包括把假货当真货卖的卖方风险、配合卖方做虚假鉴定的专家风险、拍卖行利用假拍拉高成交价的作价风险等。鉴定风险可以找多个专家以无争议原则或以一票否决制来防范单一专家做虚假鉴定的风险。

2. 政策风险

政策上被认定为国家级文物时，可能会限制持有人转让文物或限由官方博物馆收购。此种风险难以预防，因此不容忽视。

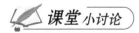 课堂小讨论

比较一下收藏品投资的风险和传统投资品的风险。

13.5 收藏品（艺术品）基金

13.5.1 收藏品（艺术品）基金的定义

收藏品（艺术品）基金一般是由基金管理人负责募集资金，并通过多种收藏品（艺术品）类组合或者单一收藏品（艺术品）类组合的投资方式，以达到最终实现较高收益的目的。为了收购与出售收藏品（艺术品）的价格可以阳光化，收藏品（艺术品）基金通常经由拍卖公司竞价进行交易。

13.5.2 国内外收藏品（艺术品）基金的发展历程

1. 国外的发展经验

作为收藏品基金的重要组成部分，艺术品基金是第二次世界大战后国际艺术品市场中的一个新事物。1974 年，英国不景气的经济前景和严重通货膨胀使得铁路养老基金开始探索新的投资途径。当时，该基金创始人统计学专家列文建议，从每年可支配的总流动资金中，拨出 5%（约 1 亿美元）以投资组合的方式进行艺术品投资。并由曾经参与苏富比年鉴编辑工作的艾德尔斯坦负责打理和保管英国铁路养老基金的艺术品，另一位统计学专家斯通弗罗斯特则负责督导英国铁路养老基金的整个艺术品投资计划。其投资方式很特别：每次拍卖会，购入的都是最贵、最好的拍品。就这样，连续购入了 2 500 幅画。1999 年，也就是在 25 年后，该基金将这些画转手之后，获得了近 3 亿美元的收益，平均年收益率超过了 20%。英国铁路养老基金的破晓之举，引发了一股机构介入艺术品的投资热潮。仅 2000 年一年，全球超过 50 家主流银行提出了建立艺术品投资基金的意向，或者增设为客户提供艺术品投资服务的项目，各种小众型艺术品基金也相继成立。2007 年之后，对冲基金也开始染指艺术品。一般来讲，艺术品基金以私募为主，并相对倾向于长线投资，封闭期最少 5 年。就国外收藏品投资基金的现状来看，大多以 5～10 年为投资周期。其收费方式通常是收取占投资总额 1.5%～5% 的管理费用，如果年收益率超过 6%，再另外从超额利润中收取 20% 的分红。

2. 国内的发展情况

国内金融与艺术携手首次以艺术品基金的形式出现，可以追溯到 2005 年 5 月的中国国际画廊博览会上。那时一家来自西安的名为"蓝玛克"的艺术品基金，一鸣惊人地以 50 万美元的价格收购了当代油画家刘小东的《新十八罗汉像》，让人们看到了艺术与资本结合的力量。

两年后的 2007 年 6 月，中国民生银行从银监会拿到了中国银行业第一个"艺术品基金"牌照，并随即推出了首个银行艺术品理财产品——非凡理财"艺术品投资计划 1 号"，其管理期 24 个月，投资门槛 50 万元，投资标的为中国现代书画和当代艺术品市场，到期后的年化投资收益率为 12.75%。由于管理期限内碰到金融海啸，能取得此收益实属不易。艺术品基金的爆发始于 2009 年，保利文化携手国投信托以及建设银行合作发行了"飞龙艺术品基金·盛世宝藏 1 号保利艺术品投资集合资金信托计划"。该产品计划募集资金规模 4 650 万元，期限为 18 个月，产品一经推出，便得到了投资者的热情踊跃认购，仅 3 个工作日就销售完毕。在此之后，大量艺术品信托开始出现，并成为艺术品基金的主流模式。

从世界规律看，当人均 GDP 达到 4 000 美元以上时，是艺术品市场的流行期，中国 2010 年的人均 GDP 大概处于 4 000 多美元的水平，也就难怪艺术品市场越来越受到重视，艺术品基金也获得越来越快的发展。有数据统计，中国艺术品收藏爱好者和投资者已达 7 000 万人，并且还在以每年 10%～20% 的速度递增，这些巨额资金的拥有者也成为很多金融机构和私募艺术品基金的目标客户。现在中国的收藏品基金发展迅速，包括红酒基金和艺术品基金，以私人银行客户为主要投资者，且短线居多。这是由于当前的中国收藏品市场正处于高速成长期，预计往后会有更多的金融机构推出收藏品基金产品或信托计划。

课堂小讨论

收藏品（艺术品）基金和证券投资基金有什么区别和联系？

思考与练习

1. 名词解释

收藏品投资　　梅摩艺术品指数　　收藏品（艺术品）基金

2. 单选题

（1）基于（　　　），要求收藏品投资的相关人员具有较高的职业操守。

A. 政策风险　　　　　B. 品相风险　　　　　C. 保管风险　　　　　D. 道德风险

（2）下列收藏品中，最适合普通投资者进行投资的是（　　　）。

A. 名家字画　　　　　B. 唐宋古董　　　　　C. 古代玉器　　　　　D. 邮票

（3）下列关于收藏品投资的说法，不正确的是（　　　）。

A. 流通性好　　　　　B. 保管难　　　　　C. 价格波动大　　　　　D. 一般是中长期投资

（4）关于收藏品投资，下列说法错误的是（　　　）。

A. 是另类投资的一种形式

B. 投资价值建立在收藏品作者的声望、收藏品销售记录等条件之上

C. 收藏品市场交易主要以拍卖为主

D. 投资价值的评估较为容易

3. 简答题

（1）收藏品的稀缺性取决于哪些因素？

（2）收藏品市场的交易模式有哪些？

（3）影响收藏品价格的因素有哪些？

（4）收藏品投资的风险是什么？

第 14 章

互联网金融投资

学习目标与要求

1. 了解互联网金融的定义、特点及其与传统金融的联系和区别。
2. 了解虚拟货币的特点和风险。
3. 了解众筹的概念、特点、要素和分类。
4. 了解 P2P 网贷的发展概况、模式，以及对现有金融业务的影响。
5. 了解不同种互联网金融理财产品的特点。

案例引入

作为互联网时代新型发展的产物，互联网金融再次成为两会的焦点，引发了各界关注。2018 年的政府工作报告提出："改革完善金融服务体系，支持金融机构扩展普惠金融业务，规范发展地方性中小金融机构，着力解决小微企业融资难、融资贵问题。"这是自 2014 年起，"互联网金融"连续第五年被写入政府工作报告：2014 年，提到"促进互联网金融健康发展"；2015 年，回顾 2014 年工作时，提到"互联网金融异军突起"；部署 2015 年工作时，提到"促进互联网金融健康发展"；2016 年，提到"规范发展互联网金融"；2017 年，提到"对互联网金融等累积风险要高度警惕"；2018 年，提到"健全互联网金融监管"。

互联网金融五进政府报告，措辞变化体现风控信心和成果。此外，新任央行行长易纲也持续 5 年对互联网金融进行表态。

易纲认为，2018 年，金融乱象仍然存在，金融监管构架还有待进一步完善。面对复杂的内外部环境，我们既要坚定理想信念、不畏艰难险阻，也要心存风险意识、时刻保持警惕。

完善金融监管和合规备案是 2018 年的互联网金融的主旋律。而各平台正在打响的合规备案之路，也意味着政府监管已经起到了积极的促进作用，行业正在往合规、有序、透明的方向发展。在这样的一个大环境下，合规备案的成功将影响每一家平台的生死存亡，只有积极拥抱监管才是当下的发展之路。

资料来源：http://qx.tynews.com.cn.

14.1　互联网金融概述

14.1.1　互联网金融的定义

在以云计算、搜索引擎、社交网络、移动支付为代表的互联网技术的推动下，互联网与其他行业深度融合，传统消费与信息获取的方式已发生改变。近年来，互联网业、金融业与电子商务业之间的划界日趋模糊，使得"互联网金融"这一概念被越来越多的人所耳闻，这一趋势更是随着"互联网金融元年"的提出，被社会各界人士广泛关注。

在互联网金融这一概念刚刚提出之时，不同领域的人士对"互联网金融"的定义界定有所不同。阿里巴巴董事长马云提出："未来的金融有两大机会，一个是金融互联网，金融行业走向互联网；第二个是互联网金融，纯粹的外行领导，其实很多行业的创新都是外行进来才引发的。"马云将互联网金融与金融互联网分立，从主体上划分，认为只有互联网企业开展金融业务才称之为互联网金融，而传统金融企业运用互联网来巩固和完善服务业务只能称为金融互联网。作为最早研究"互联网金融"的学者之一的谢平先生提出不同的观点，他在《互联网金融模式研究》一文中将互联网金融定义为，"在这种金融模式下，支付便捷，市场信息不对称程度非常低；资金供需双方直接交易，银行、券商和交易所等金融中介都不起作用；可以达到与现在直接和间接融资一样的资源配置效率并在促进经济增长的同时，大幅减少交易成本。"在此定义下，互联网金融是一种信息对称、金融脱媒、自由选择的状态。互联网与金融快速融合的发展态势，吸引更多的人研究互联网金融，但其本身并不是纯学术概念，因而至今也没有严格准确的定义。

随着互联网金融的蓬勃发展，人们对于其概念的认识也在逐渐成熟，普遍认为无论是互联网金融还是金融互联网都离不开金融的本质，随着业务的拓展，两者相互竞争与促进最终会达到相互融合的局面。集各方观点，从全面客观的角度给互联网金融下定义，即互联网金融是以互联网技术和移动通信技术等现代信息科学技术为基础，以大数据与云计算为核心，实现资金融通的新型金融服务模式。互联网金融是互联网时代金融业发展的主要路径，互联网凭借其"开放、平等、协作、分享"的精神，逐渐渗透传统金融行业，再以大数据和云计算作为技术支持，实现互联网业对金融业的变革；金融活动依托互联网展开、进行和完成，有效突破传统金融活动在时间、地域上的限制，解决信息不对称问题，使资源配置更加优化。

14.1.2　互联网金融的特点

1. 拓展金融服务边界

传统金融机构以银行、证券交易所、保险公司为主，金融资源供需在结构和总量上存在失衡，大型金融机构多服务于大型客户，中小企业贷款难、直接融资难、民营企业受歧视等问题得不到解决，这使得企业不能平等地参与到金融活动中。而资源开放化的互联网金融使用户获取资源的方式更加自由，拓展了互联网金融受众的有效边界，让中小客户群体的资金融通需求也得到满足，打破了传统金融业的高门槛，从而优化了资源配置。目前，大数据金融、人人贷、众筹等新兴金融模式已在一定程度上解决了小微企业及个体商户的融资需求，以"余额宝"为代表的理财产品更是深获年轻投资者的喜爱。互联网金融以其平民化、大众化的特征，拓展了传统金融市场的边界，小型客户的理财投资需求得到满足，使金融业成为一个开放的市场，互联网金融带来了更加开放的市场、更加便利的服务，大大拓展了金融服务的广度和深度。

2. 低成本与高效性

借助互联网信息技术，互联网金融打破传统金融机构必须通过实体网点提供服务的限制，突破时间和空间的约束，以较低的成本使得因偏远分散、信息太少而难以得到金融服务的小微群体可随时随地根据自己的需求来获得金融服务。同时，在互联网金融模式下，大数据确保信息的全面性，云计算保证海量信息的高速处理能力，二者的有机结合，极大地提高了投资效率和减少了交易成本。并且，资金交易过程都在网络上完成，边际交易成本极低，从而形成了成本低廉的新型融资模式。早在 2000 年时，欧洲银行业测算其单笔业务的成本，营业点为 1.07 美元，电话银行为 0.54 美元，ATM 为 0.27 元，而通过互联网则只需 0.1 美元。如今，阿里金融小额贷款的申贷、支用、还贷等在网上进行，单笔操作成本仅为 2.3 元，远远低于营业点的操作成本。除此之外，由于互联网的开放性和共享性，人们通过社交网络生成和传播金融信息，使得投资者通过自己的方式对该金融产品有了更深入的了解，传统金融市场中的信息不对称问题便得以缓解。

3. 大数据与云计算

金融业务的核心要素是信用、定价、风控，每一要素均对数据的数量、质量及数据的深度挖掘、处理技术有较高要求。互联网金融渗透到社交、商务、生活等方面，积累了海量的数据信息，包括历史交易记录、客户交互行为、违约支付概率等，这些数据信息都成为信用评级的重要资源和资产，形成更加完善的征信体系。互联网金融通过云计算技术，收集、挖掘、整理和加工大数据，可以用较低成本摸清互联网金融的参与者，尤其是经营规模或信用额度低于一定标准的客户的信用状况，从而有效解决小微型客户因信用评级造成的融资困境。同时，运用数据分析量化用户行为，了解用户群的特点，有效进行市场细分，定位用户的需求和偏好，为精准营销和个性化定制服务提供数据支撑。

4. 风险扩大化

互联网金融的本质仍旧是"金融"，而金融的存在必然伴随着风险，尤其是这种基于网络构建而成的金融更伴随着巨大的不确定因素，这就需要风险意识和风险管理水平同步发展。互联网金融的出现使金融行业的进入门槛降低，一定程度上实现了普惠，但也同时加剧了该行业的风险。缺乏金融风险控制经验的非金融企业大量涌入，加之互联网金融行业发展迅速，涉及客户数量众多，一旦出现风险事故，极有可能产生多米诺骨牌效应，使得风险迅速蔓延以至于造成群体性事件，甚至最终给互联网金融行业及关联经济体造成损失。目前，我国互联网金融企业对风险识别的能力还具有很大的局限性，即使在成熟的传统金融市场，金融违约的案例还时常发生，相比而言，快速发展的互联网金融行业将面临识别风险的巨大挑战。此外，由于互联网金融是在互联网基础上建立起来的，相对于传统金融行业，网络的稳定和安全问题更是加大了互联网金融的风险程度。互联网平台一旦出现问题，互联网金融企业便无法运营，这种不稳定性会严重地削弱互联网金融的可信性，更严重的是直接危害个人或企业的财产和隐私安全。

14.1.3　互联网金融与传统金融的联系与区别

1. 互联网金融与传统金融的联系

马云提出"做金融行业的扰局者"，让人们觉得传统金融会被互联网金融所颠覆，但从本质来讲，两者是互补的关系。互联网金融服务对象的特点是海量、小微、低端的 80% 客户，刚好与传统金融服务的 20% 大型客户形成互补，两者服务对象的不同，使得金融服务行业更加完善。就目前来看，互联网金融是对产业的技术演进，而对金融核心不能产生撼动作用，股权、债权、保险等金融契约的内涵不变，金融风险、外部性等内涵不变，这都说明互联网金融只是提升了金融的效率，改变了相关金融产品的质量。互联网金融对金融行业的本质没有影响，而是使金融业回归其服务业的本质，起到金融脱媒作用。以余额宝为例，通过聚集传统银行不在意的个人小额闲散资金，共同买入天弘基金，从而帮助普通百姓理财，其本质也是阶段性、窗口性的制度红利，并没有改变金融业的核心。

形形色色的互联网金融模式，除去其互联网的"包装"，其本质仍然是金融业务。金融业的本质是跨时空的资金、信用和风险的交换，是风险的识别、控制和分配，互联网金融正是围绕这一本质展开的。互联网金融模式与传统金融模式之间并不仅是竞争关系，两者之间更是存在较大的融合空间。金融业可以拓展互联网服务功能的广度与深度，进一步发挥互联网业的技术优势与组织模式，提升自身服务能力与效率、扩大服务领域与受众。互联网业有助于金融业创新产品、服务及低成本扩张。互联网业与金融业的协同作用，优化了资源配置，使得金融资源得到良性运转，有利于社会经济发展。

2. 互联网金融与传统金融的区别

互联网金融与传统金融的本质区别在于实现方式上，包括支付方式、信息处理和资源配置（见表 14-1）。

表 14-1　互联网金融与传统金融的区别

项目	支付方式	信息处理	资源配置
传统金融	商业银行网点分散支付	信息通过人工进行处理，信息不对称，且非标准化、碎片化、静态化	银行、券商等为中介匹配资金借入方和借出方
互联网金融	集中支付系统和个体移动支付	在大数据和云计算的保障下，资金供需双方信息通过社交网络展示和传播，通过搜索引擎组织，最终形成时间连续、动态变化的信息序列	资金供需信息直接在网上发布并匹配，供需双方直接联系和交易

支付作为金融的基础设施，在一定程度上决定了金融活动的形态。传统金融的支付方式是人们通过各商业银行网点分散支付，需要更多的人力、物力以及场地设施等。在互联网金融模式下，个人和机构可以在中央银行的支付中心开设账户，不再完全是现有的二级商业银行账户体系，人们以移动支付为基础，通过移动互联网进行证券、现金等资产的支付和转移，从而有助于实现支付清算电子化，代替时下的现钞流通。

信息是金融的核心，构成金融资源配置的基础。在传统金融模式下，信息以非标准化、碎片化和静态化的形式存在，信息处理的难度非常大，通过人工处理又会降低信息处理的速度及精准度。由于信息的不对称性，使得小微型企业处于资金融通的弱势。而互联网金融中的信息处理通过网络方式进行，搜索引擎对信息进行组织、排序和检索，缓解信息超载问题，有针对性地满足信息需求；大数据的海量数据信息保障信息的准确性；云计算提供高速处理能力，使信息处理更加有效快捷。在互联网金融模式下，资金供需双方通过网络揭示和传播信息，搜索引擎组织信息，再通过大数据和云计算最终形成时间连续、动态变化的信息序列。

在资源配置方面，传统金融机构以银行、券商等为中介匹配资金借入方和借出方，而互联网金融下的资金供需信息直接通过网上发布、匹配，供需双方可以了解更多的资金需求者或投资者，并且直接联系和交易。在供需信息几乎完全对称且交易成本极低的条件下，互联网金融模式解决了中小企业融资、民间借贷、个人投资渠道等问题。这种资源配置方式，信息充分透明，定价完全竞争，从而有助于实现社会福利最大化。

在互联网金融模式下，企业能更好地了解用户需求和偏好，带给用户更加丰富的产品和更好的客户体验。互联网金融加强了信息通信技术对金融发展和经济增长的贡献度，促进了金融与经济更紧密的结合与互动，扩大了金融服务的覆盖面和渗透率，提高了传统金融的包容水平。

14.2 众 筹

14.2.1 概述

1. 众筹的概念

在国内外的历史中，一直以来就不乏集合多人力量完成某一目标的事件。这些事件发生在文化、宗教或经济等不同的领域，有的是参与者主动而为，有些则是被迫参与完成。这些事件构成了传统意义上的众筹活动。

17世纪初，荷兰进行东方航海探险的荷兰东印度公司的成立，就是通过许诺共享探险船队"未来收益"的方式用票据向大量阿姆斯特丹的普通市民筹集资金的方式实现的。1713年，英国诗人亚历山大·蒲柏着手将15693行的古希腊诗歌翻译成英语。在翻译之前，亚历山大·蒲柏通过承诺翻译后提供一本六卷四开本的英文版诗集的方式，取得了575人共计4000多几尼（旧时英国的黄金货币）的资金支持。5年后，被第一部现代英语词典的编纂者塞缪尔·约翰逊博士称为"世界前所未见的高贵的诗译作"的英文版诗集《伊利亚特》得以面世。1784年，莫扎特通过将支持者的名字记录在乐谱手稿上的方式，取得了176名支持者，得以在维也纳音乐大厅演奏他的钢琴协奏曲。1885年，《纽约世界报》的出版商约瑟夫·普利策在他的报纸上发布了筹集自由女神像底座建造资金的广告，他对捐资者承诺，捐助1美元，会得到一个6英寸的自由女神雕像，捐助5美元可以得到一个12英寸的雕像。项目最后得到了民众的热烈支持，保障了自由女神像底座的顺利竣工。

在中国，也有众多类似的例子。中国历代的庙宇等宗教场所的建设和维护费用，有很多就是通过众多信徒共同捐赠顺利完成的。中国民间出现的"商帮""标会"等商业组织形式，通常在亲情、乡情、友情等血缘、地缘关系的基础上，多数人将资金交予少数"能人"进行经营，并得以赚取利息、分红等收入。本质上，这是一种民间信用融资行为，具有筹措资金和赚取利息的双重功能，同时带有合作互助的性质。

2. 众包的概念

随着互联网时代的到来，上述合作得以在全球范围内和完全陌生的众多互联网用户之间完成。2005 年美国《连线》杂志编辑杰夫·豪和马克·罗宾逊在有关商业活动中如何使用互联网将工作外包给个人的讨论中创造了众包一词。杰夫·豪于 2006 年 6 月在《连线》杂志的专题博客文章中首次对众包进行了定义，"众包是一个公司或机构把过去由员工完成的工作任务，以公开征集的形式外包给非特定的（而且通常是大型的）大众网络的做法。众包任务可以由多人同时来完成，也可以由个体单独完成。关键是公开征集的形式和大量网络潜在任务参与者的存在。"

总的来说，众包是基于互联网的技术集合众多个体的各种资源完成某一任务的新的现代商业组织形式，参与合作的资源可以包括资金、知识、专业技能等各种类型。

3. 互联网众筹的概念

互联网众筹，即现在意义上所说的众筹，同样是基于互联网概念发展而来的。这一概念源自于众包，众筹是众包的一种应用。众包中集合众多个体参与者的资源类型是多种多样的，如果集合的资源仅指资金，那么这就是通常所说的众筹。

众筹活动最初起源于国外的乐队在网站上征集支持者发行唱片，后来发展成为初创企业和个人为自己的项目争取资金的一个渠道。众筹平台的兴起源于 2009 年 4 月在美国建立的 Kickstarter 网站，该网站搭建了网络平台面向公众筹资，让有创造力的人可能向几乎完全陌生的人筹集资金，消除了传统投资者和机构融资的许多障碍，网站成立后为几个创意项目进行了成功募资，引起极大的社会关注。2010 年 2 月，《麦克米伦词典》线上版收录了 crowdfunding 一词，定义为："使用网页或其他在线工具获得一群人对某个特定项目的支持。"2011 年 11 月，crowdfunding 被《牛津词典》收录，定义为："通过互联网向众人筹集小额资金为某个项目或企业融资的做法。"

crowdfunding 传入我国后，先后被翻译为"云募资""众筹""密集型筹资"等，此后经过传播，"众筹"以其简单清晰且易于传播的效果得到了大众的认可，成为固定的翻译。此外，crowdfunding 在中国香港译作"群众集资"，在中国台湾译作"群众募资"。

众筹，顾名思义就是利用互联网的特性，让小企业、艺术家或个人对公众展示其创意，争取大家的关注和支持，利用众人的力量，集中大家的资金、能力和渠道，为小企业、艺术家或个人进行某项活动等提供必要的资金援助。

相对于传统的融资方式，众筹更为开放，能否获得资金也不再是由项目的商业价值作为唯一标准。只要是网友喜欢的项目，都可以通过众筹方式获得项目启动的第一笔资金，为更多小本经营或创作的人提供了无限的可能。每一位普通人都可以通过众筹模式获得从事某项创作或活动的资金，使得融资的来源者不再局限于风投等机构，还可以来源于大众。

2011 年 7 月，众筹模式来到中国，国内第一家众筹网站——点名时间正式上线，同年 9 月，追梦网上线。此后，包括淘梦网、乐童音乐、众筹网等在内的众筹平台网站先后成立。众筹活动在中国越来越频繁，各个众筹平台上的项目不断增加，成功众筹的金额不断增长。随着一些明星项目的成功，众筹吸引了越来越多的关注，更有媒体将众筹形容为在中国互联网金融行业继 P2P 之后第二个野蛮生长的领域。

14.2.2 众筹的特点

1. 众筹活动本身具有开放性

众筹从一出现就带有明显的开放性的特征。众筹的这种开放性表现为众筹项目的开放性和众筹参与者（包括项目发起者和支持者）的开放性。众筹项目的发起者并没有特别的年龄、性别、经济或经历等要求，项目发起者的信息只是作为支持者进行支持决定的参考。众筹项目的类别也没有要求，更多强调的是项目的创造性、可操作性等，以便吸引支持者，并能够保证项目的顺利完成。而支持者的个人化、目标的多元化和地理分布的分散化也体现了众筹的开放性。从理论上说，任何个人、企业或者机构都可以发起任何一个众筹项目，与此同时，任何个人都可以成为支持者，而支持者通常又是普通民众，而非公司、企业或专业的风险投资者。这区别于以往的风险投资、机构投资等。这种开放性也激活了普通大众的创业热情和投资热情，使得众筹活动得到了更广泛的关注和支持。2012 年，风险资本家仅仅为美国 2 750 万家公司中的 3 800 家提供了资金。而随着众筹活动的开展，更多的中小企业或项目将有可能筹集到需要的资金，同时，更多的只有少量可用于投资资金的个人也可以对他们看好的企业或项目尝试着进行投资。

2. 众筹具有较强的互联网基因

众筹从一开始就是基于互联网而发展起来的，通过互联网，众多的互联网用户群体得以互联并进一步合作。互联网传播信息具有传播范围广、方便快捷、低成本的特点，且操作交互性强，是高效的信息交换平台。在传统融资环境下，金融中介作为控制交易成本与信息成本的专业化机构，起到了平衡借贷双方信息不对称的作用。而在基于互联网的众筹模式中，借款方与投资者借助互联网可以高效地进行信息交换，有效地建立信任机制，相比之下，融资成本更为低廉。众筹较多地表现为社交网络和社会集资的融合。在国外，众筹发起人可以将那些拥护者、粉丝、Twitter 关注群转变为投资者和资金，而在国内，基于微信朋友圈这样的网络体系的众筹活动已经取得了很多成功的尝试。互联网使得众筹项目的发起人和参与方能够以很低的成本参与交易，利用互联网和 SNS（社会性网络服务）传播的特性，众筹项目也可以争取更多的关注和支持，进而获得所需要的资金援助。基于互联网技术的众筹平台为众筹项目发起者和支持者提供了更简便的操作和更多的对比和选择，而基于互联网的项目发起人和支持者在项目前期宣传预热和后期执行的过程中的充分沟通和交流也为项目的筛选和执行提供了最有效的监督机制。

3. 众筹具有多方面的作用

众筹出现带来的最基本的也是最重要的作用是解决项目发起者的资金问题，通过众多参与者的投资，得以使项目成功进行。而随着众筹活动的开展，不同的众筹模式带来的作用远不止如此。众筹可以通过平台和支持者的筛选对某个项目进行评判；通过支持者的监督对项目进行保障；通过项目发起者和支持者的沟通对项目进行改进；甚至可以通过众筹直接将消费者需求提取，并更便捷地植入生产过程；通过项目对产品或品牌进行口碑传播等。有些众筹项目发起者可以通过众筹进行市场调查，得到支持者（往往也是目标客户）的反馈信息和改进建议。如中国第一家众筹平台点名时间现在就将网站定位为"中国最大的智能产品首发平台"，而网站功能也演变为帮助众筹项目召集"公测"用户、整合产业资源和扩大品牌宣传。有些众筹项目具有"预购"的营销功能，如众筹网发布的"江西赣州脐橙"的众筹项目；有些众筹项目，项目本身其实已经完成，而通过众筹的方式进行产品的推广和宣传，如乐嘉的《本色》一书的众筹项目。当然，一些公益性质的众筹项目，搭建了慈善人士和需要帮助群体之间的爱的桥梁。当下，众筹已然成为小微企业创业的重要动力，继而带来社会经济的发展和相应的就业需求。

14.2.3　众筹的要素

1. 众筹项目和众筹平台

众筹项目是众筹活动的最重要的要素，是众筹活动开展的核心和源头。众筹项目是具有明确目标的、可以完成的且具有具体完成时间的公益或者非公益活动，如救助残疾儿童、制作专辑、出版图书或生产某种电子产品。一个众筹项目通常包含以下信息内容：项目发起者的相关经历等信息、项目情况介绍（含项目概况、市场分析等）、项目所需支持和资助、项目支持者可以获得的回报、项目预期的执行进展、项目发起者与支持者进行交流的方式等。这些项目有关信息能够帮助支持者对项目进行判断和选择。众筹项目的回报形式可以是无任何回报（慈善捐助项目）、实物或产品回报，也可以是股权、债券、分红、利息等资金形式的回报。

早期的众筹活动往往是以项目发起者的个体力量发起完成某个众筹项目。但随着众筹活动的升温，越来越多的众筹项目催生了专业的众筹中介，即众筹平台。众筹平台由专门从事众筹中介的机构和特定的网络平台组成，其中，众筹中介机构是众筹平台的搭建者，又是项目发起者的监督者和辅导者，还是支持者的利益维护者。因此，部分国家的众筹平台的设立需要经过特定的审批程序。众筹平台在众筹活动中起到了非常重要的作用，包括对众多的众筹项目进行细致的实名审核、评估和筛选，以确保项目内容完整、可执行和有价值，确定没有违反相关法律法规；对众筹项目支持者进行风险教育，提高支持者的风险意识；对众筹项目的执行情况进行监督、辅导，督促项目发起方兑现自己对支持者的承诺，最大限度保护支持者的利益；集合更多的众筹项目以供支持者选择；搭建更优质的平台为项目发起者提供宣传和筹资；为成功的项目提供创业所需的如金融功能、孵化功能、营销功能等增值服务，等等。众筹平台的典型运作方式为审核申请人的项目后，发布合格的众筹项目，项目筹资成功后将资金划给项目发起者使用，项目失败则将已筹集资金退还支持者，与此同时，众筹平台提供一定的辅助，并对成功的项目收取一定的服务费。

2. 众筹发起者、众筹支持者以及其他众筹关联方

众筹发起者是提出众筹计划，拟订众筹项目，并向众筹平台提交项目，在项目众筹过程中负责与有意向的支持者或者已经给予了支持的支持者进行交流，在项目众筹成功后，履行项目并按照项目计划为支持者提供项目回报的当事人。众筹项目发起者必须具备一定条件（如年龄、国籍、银行账户、学历、经验、团队等），项目发起者要与中介机构（众筹平台）签订合约，明确双方的权利和义务。项目发起者通常是需要解决资金问题的创意者或小微企业的企业者，但也有个别企业为了加强用户的交流和体验，在实现筹资目标的同时，强化众筹模式的市场调研、产品预售和宣传推广等延伸功能，以项目发起者的身份号召公众（潜在用户）介入产品的研发、试制和推广，以期获得更好的市场响应。

众筹支持者，有的时候又被称为"出资人"，整体上来说，众筹支持者涵盖了数量庞大的互联网用户及"风投"等资金拥有方，他们利用在线支付方式对自己感兴趣的创意项目

进行小额投资。这些潜在的支持者，结合自身的资金实力、投资能力、投资兴趣、投资目标、风险偏好等对众筹平台上的项目进行浏览、分析和选择，并最终决定自己的支持对象，此时，也就成为某一特定众筹项目的支持者。此后，众筹支持者可以对所支持的项目进行跟踪，加强与项目发起者及项目其他支持者的交流，为项目的执行提供合理的建议，或者形成有效的监督，并最终保证自己能够如期获得项目的回报。

除了以上的要素之外，众筹活动一般还涉及其他众筹关联方。

一个是众筹监管方。众筹作为互联网金融的一个重要方向，同样是一个新兴的事物，需要更多的观察以平衡对创新的支持和对风险的控制。众筹，尤其是股权众筹涉及对众筹支持者的保护和对非法集资等问题的监管，同时，如何监管是一个仍待进一步研究，同时又很迫切的问题。国外已有一些经验可以借鉴，但我国仍需要结合实际出台政策。监管方和相关监管政策是影响众筹未来发展的重要当事方。

另一个则是众筹活动的服务机构，即对众筹提供支持的诸多当事方，包括提供法律支持的法务、提供会计支持的会计事务、提供技术支持的网络技术部门、提供管理服务的企业管理部门、提供资本运作的资本管理部门、提供营销服务的营销部门，甚至是提供产品制造的生产部门等，都可能是众筹活动的可能当事人，并起着重要的作用。

3. 众筹取得成功的要素

一个众筹项目的成功需要众筹各参与方的密切配合。众筹取得成功，狭义上来说，可以是指众筹项目发起者通过众筹平台成功地募集到不低于项目设置的目标；广义上来说，众筹的成功还包括筹资成功后该众筹项目的顺利执行，并完成项目承诺回报。对于股权众筹来说，还要给支持者带来合理的投资收益。因此，众筹项目的成功应该包含以下要素。

第一，众筹项目的合理设置是众筹成功的前提。众筹项目是直接面对众筹平台和众筹支持者的要素，能否通过众筹平台的审核并且得到支持者的认同，需要项目发起者从一开始除了有一个创造性的构想之外，对众筹项目的各项内容也要进行详细的、有针对性的、有说服力的规划。对众筹项目发起者的介绍，除了已经具有知名度的发起者之外，一般都要强调发起者的经验和能力，这是众筹项目完成的保障。众筹项目本身的介绍需要强调项目的核心创意、卖点等，当然，出于保护知识产权的目的，有的时候项目介绍可以对关键细节进行回避。众筹项目的目标在一定程度上决定了众筹的成败，很多支持者出于种种考虑对项目的支持都具有试探性，因此项目的众筹目标要合理。尤其是对一些创业项目来说，连创业者自己都难以估计项目潜在的市场情况，面对这种情况，通常项目发起者可以通过分阶段众筹、找专业评估人评估等办法设立筹资目标。

第二，选择合适的众筹平台是众筹成功的保证。随着众筹活动影响力的增强，众筹平台也越来越多，不同的众筹平台有不同的特点，而且随着众筹平台的多样化，选择合适的平台进行众筹也成为一个关键。众筹平台的选择应该综合考虑平台的知名度、平台的众筹政策、平台的众筹领域与项目是否匹配、平台的服务能力等，可以说，选择了一个合适的众筹平台预示着项目已经成功了一半。

第三，众筹的成功有必要对众筹项目进行适当的宣传。互联网时代是一个不缺乏信息的时代，或者说是一个信息泛滥的时代，如何在互联网诸多的信息中获得"关注"，是作为众筹发起者必须面对的问题。虽然众筹在当前已经赚足了"眼球"，但是在众多的众筹项目中，要想获得成功，仍然需要对项目进行宣传。综观当前很多成功的项目，在宣传上都有可以称道之处。需要强调的是，项目的宣传不是对项目的刻意夸大或者虚假的承诺，而是在更大范围上吸引更多的潜在支持者的关注，从而增加项目的成功率。项目的宣传也应该合理适度，大多数项目众筹是因为缺乏资金，因而，倘若项目本身花费大量资金进行宣传，显然是难以让支持者认同的。

第四，项目的信息开放及发起者与支持者的有效沟通是众筹成功不可或缺的条件。众筹本身就属于一种信任经济，众筹当事人之间从一开始就应该秉承这种信任和契约精神。而项目的信息开放既是对支持者的一种负责任的态度，也是对项目发起者和执行者本身的一种激励。众筹发起者与支持者之间的沟通是众筹与传统借贷等其他资金融通方式的重要区别之一，是众筹活动注重参与性的表现。有效的沟通可以集众人之力，让众筹项目执行得更好。

第五，一个成功的众筹必定是多方合作的结果。众筹项目的资金支付和管理需要第三方支付企业和银行等金融机构的配合，项目众筹后的执行需要相应的法律、会计、企业管理、资本运作等专业机构提供合同签订、财务处理、企业生产、产品营销、股权分配甚至是企业上市等服务。这些对大多数众筹项目及参与项目的初创企业来说都是后续发展的需要，也是广义上众筹成功的必要条件。

14.2.4　众筹的分类

众筹根据项目的融资形式、项目支持者的支持形式、对项目支持者的回报形式、项目支持者的支持动机等因素，可以分为四种类型，分别是募捐式众筹、奖励式或预售式众筹、借贷制众筹和股权式众筹。

1. 募捐式众筹（公益性众筹）

募捐式众筹项目的主题一般以公益性主题为主，项目发起者以特定的公益目的为目标，诸如关爱贫困地区老人儿童、关爱流浪群体、关注小动物、保护环境、关注健康等社会、教育、环境、健康方面的主题。项目发起者可以是公益热心人士、群体或者公益性组织。项目支持者是热心公益的个人或组织，支持者支持项目并不是为了有任何物质或金钱回报，而是出于个人内在的慈善动机，得到的是精神上的回报。一般而言，这种形式的众筹筹资金额较小，而且还能以"参与式"的方式进行。通过众筹可以宣传一定的公益主题或者公益理念，带动更多的公益行动。

2. 奖励式或预售式众筹

奖励式或预售式众筹项目的发起者可以是为了完成个人的某一个梦想或者制造某种产品而发起项目，项目的支持者得到的回报是非金融性回报。具体而言，支持者可以得到奖励式的纪念性礼品或实物，或者是得到项目完成后的第一批实物产品。项目支持者的支持动机是被项目打动以帮助发起者完成梦想或者对项目产品感兴趣希望得到最早的尝试和帮助产品落地。奖励式或预售式众筹属于一种销售，但是也具有市场调查、意见反馈或者完善产品等功效。

3. 借贷制众筹

借贷制众筹项目的发起者通过众筹平台发布借款项目，并承诺对支持者进行还款付息，而项目支持者支持的动机仅仅是为了追求资金的利息报酬。此类众筹项目已经越来越少地出现在众筹平台上，而是转换为专门的 P2P 网贷模式。

4. 股权式众筹

股权式众筹项目的发起者往往为创新型的初创企业,项目通常需要较多的资金,发起者无法通过传统的股票市场融资、风险资本投资等方式融资。同时,采用通常的上述众筹模式往往难以获取足够的资金,而通过股权式众筹,投资者可以按照投资额获得对应的股权份额,进而获得项目公司未来获得成功后的收入或者利润分享,项目发起者也可以有机会接触潜在投资人和相关投资者。这是众筹发展的主要方向,也是众筹这种模式带来重要经济影响的主要原因。

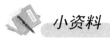 **小资料**

2013 年最瞩目的自媒体事件,也似乎在证明众筹模式在内容生产和社群运营方面的潜力。《罗辑思维》发布了两次"史上最无理"的付费会员制:普通会员,会费 200 元;铁杆会员,会费 1 200 元。买会员不保证任何权益,却筹集到了近千万元会费。爱就供养,不爱就观望,大家愿意众筹养活一个自己喜欢的自媒体节目。

而《罗辑思维》的选题,是专业的内容运营团队和热心罗粉共同确定的,用的是"知识众筹",主讲人罗振宇说过,自己读书再多积累毕竟有限,需要找来自不同领域的牛人一起玩。众筹参与者名曰"知识助理",为《罗辑思维》每周五的视频节目策划选题,由老罗来白活。一位人民大学叫李源的同学因为对历史研究得非常透彻,老罗在节目中多次提及,也小火了一把。要知道,目前《罗辑思维》微信粉丝 150 余万,每期视频点击量均过百万。

罗振宇以前是央视制片人,正是想摆脱传统媒体而离开央视,做起了自媒体。靠粉丝为他众筹来养活自己,并且过得非常不错。这是自媒体人给传统媒体人的一次警示。

资料来源:http://www.cyzone.cn/.

14.3 P2P 网 贷

P2P 网贷起源于英国,随后发展到美国、加拿大、日本等国家。相较于中国而言,美国很早就明确了对 P2P 的政策监管。P2P 平台可以灵活创新,定期披露信息,让欺诈平台无法生存,为 P2P 网贷行业发展创建了健康环境。

我国的 P2P 网贷平台创立于 2007 年,2010 年才被许多创业者认可,2011 年后进入快速发展期。然而,随之发展的是数字惊人的 P2P 跑路平台数量和涉案金额的剧增。由于国家对此尚无明确的法规监管,因此,探索并出台监管法规已成为行业健康发展的当务之急。

14.3.1 P2P 网贷的定义、交易流程及在国外的发展概况

1. P2P 网贷的定义

P2P 网贷,又称 P2P 网络借贷。P2P 网贷源于英文 peer-to-peer lending,即点对点信贷,或称个人对个人信贷。而 P2P 网贷平台,就是从事 P2P 网贷中介服务的网络平台。P2P 网贷,是基于互联网应用的一个创新模式,它典型的模式为:需要借贷的人群可以通过 P2P 网贷平台寻找到有出借能力并且愿意基于一定条件出借的人群;P2P 网贷公司帮助确定借贷

的条款和准备好必需的法律文本；借贷双方在 P2P 网贷平台上撮合成交；出借人获取利息收益，并承担风险；借款人到期偿还本金；P2P 网贷公司收取中介服务费。

2. P2P 网贷的交易流程

P2P 网贷包括三个核心的主体：P2P 网贷平台、借款人和出借人。除此之外，还涉及第三方支付、征信系统等。首先借款人和出借人需要在 P2P 网贷平台上进行注册，并提供身份证、手机号码、电子邮箱等用于核实真实身份，绑定同名的银行账号用于资金划拨。P2P 网贷平台对上述信息审核后，借款人和出借人才有资格进行借贷。

借款人发布自己的借款需求（包括金额、利率、期限、用途等），待 P2P 网贷平台审核后予以发布（即发标）。而出借人可以自行判断，并进行投标（当然，投标前要先通过第三方支付，将款项打入 P2P 网贷平台指定账户）。资金募集完成后，该借款标募集结束。资金从出借人账户转出，转入借款人账户，然后借款人将资金从 P2P 借贷平台提出使用，同时生成电子的借贷合同。之后，借款人按照约定的时间进行还本付息，出借人得到相应的利息、本金从而获得收益。

上述流程是 P2P 网贷交易的基本流程，因为每个 P2P 网贷平台在具体运营时的模式有所不同，P2P 网贷交易的流程也就略有差异。

3. P2P 网贷在国外的发展概况

P2P 网贷模式的雏形，是英国人理查德·杜瓦、詹姆斯·亚历山大、萨拉·马休斯和大卫·尼克尔森四位年轻人共同创造的。2005 年 3 月，他们创办的全球第一家 P2P 网贷平台 Zopa 在伦敦上线运营。

Zopa 是 zone of possible agreement（可达成协议的空间）的缩写。在 Zopa 网站上，投资者可列出金额、利率和想要借出款项的时间，而借者则根据用途、金额搜索适合的贷款产品，Zopa 向借贷双方收取一定的手续费，而非赚取利息。如今 Zopa 的业务已扩展至意大利、美国和日本，平均每天线上的投资额达 200 多万英镑。

P2P 网贷在多国成长迅速。在英国，贷出量每六个月翻倍一次。英国 P2P 网贷的贷出资金已跨过 10 亿英镑（17 亿美元）大关，但是与英国 1.2 万亿英镑的小额存款数量比，这个数量还是很少。在美国，两个最大 P2P 网贷平台是 Lending Club 和 Prosper，它们拥有 98% 的市场份额。它们在 2013 年发出了 24 亿美元的贷款，是从 2012 年的 8.71 亿美元增长起来的。目前，国外比较大的 P2P 网贷平台有 Lending Club，Prosper，Zopa，Kiva 等。

1）Lending Club 模式

Lending club 模式看中的是网民联络平台的高传播特性及朋友之间的互相信任，使用 Facebook 应用平台和其他社区网络及在线社区将出借人和借款人聚合。Facebook 是一个类似于 MSN 的全球网民联络平台，拥有数亿用户。

Lending Club 具有固定的贷款利率及平均三年的贷款年限。借款人在进行贷款交易前必须要经过严格的信用认证和 A-G 分级。出借人可以浏览借款人的资料，并根据自己能够承受的风险等级或是否是自己的朋友来进行借款交易。Lending Club 不采取竞标方式，而是根据不同的借款人的信用等级有不同的固定利率。借款人可以在 Facebook 应用中发出借款请求，因为 Facebook 中多为认识多时的朋友或同学，所以大多数借款人都觉得将借款请求在此公布会增加成功的可能性，同时也不必将自己的信用历史公布，增强了私密性。

Lending Club 的平均贷款额为 5 500 美元，最低 1 000 美元，最高 2.5 万美元。Lending

Club 模式除了划分信用等级外，网站还规定固定利率，并且利用网民交际平台为自己服务，这一点不得不说是一个创举。

随着 2014 年福布斯排名第五的最有潜力公司 Lending Club 的上市，整个世界开始关注"这个新类别的资产"。

2) Prosper 模式

2006 年，网站 Prosper 在美国成立并运营。Prosper 帮助人们更方便地相互借贷，网站帮助借贷双方找到自己的需要，实现自己的愿望，同时网站靠收取手续费盈利。Prosper 模式的出借人是根据借款人的个人经历、朋友评价和社会机构的从属关系来进行判断的。像拍卖一样，出借人开始通过降低利息率进行竞拍，拍卖结束后，Prosper 将利率最低的出借人的资金组合成一个简单的贷款交给借款人。Prosper 负责交易过程中的所有环节，包括贷款支付和收集符合借贷双方要求的借款人和出借人。Prosper 模式是比较单纯的信贷中介模式，出售平台服务并收取服务费。

3) Zopa 模式

Zopa 起源于英国，它提供的是 P2P 社区贷款服务。Zopa 提供的是小额贷款，为 1 000～25 000 美元，运用信用评分的方式来选择借款人。首先将借款人按信用等级分为 A*，A，B 和 C 四个等级，然后出借人可以根据借款人的信用等级、借款金额和借款时限提供贷款，当然，借款人也可以相应地选择能够接受的贷款利率。Zopa 在整个交易中代替银行成为中间人，责任包括借贷双方交易中所有有关借款的事务、完成法律文件、执行借款人的信用认证、雇佣代理机构为出借人追讨欠账等。

Zopa 希望能用各种保护措施来降低出借人的风险，比如强制要求借款人按月分期偿还贷款、借款人必须签署法律合同、允许出借人将一笔钱贷给几位个人借款人。Zopa 的收入来源于收取借款人每笔 0.5% 以及出借人年借款额 0.5% 的服务费。

Zopa 模式的特点在于分散贷款、划分信用等级、强制按月还款，网站担负了更多的工作，较好地控制了风险。

4) Kiva 模式

2005 年成立的 Kiva 是一个非营利性的 P2P 贷款网站，主要面对的借款人是发展中国家收入非常低的企业。出借人根据地域、商业类型、风险水平等选择企业或企业家，每一个贴出的贷款请求会详细提供各企业家的简历、贷款理由和用途、从其他出借人处借贷的总金额、贷款时限（一般为 6～12 个月），以及贷款的潜在风险。Kiva 采取的是"批量出借人+小额借贷"模式，一般每位出借人只要支付 25 美元。一旦一笔贷款的总金额募集完成，Kiva 使用 PayPal 将贷款转账给 Kiva 的当地合伙人。当地合伙人一般是发展中国家当地的小额金融服务机构（MFI），它们负责找寻、跟踪和管理企业，同时负责支付和收集小额贷款，最后将到期的贷款收集齐后返还给 Kiva，Kiva 再通过 PayPal 返还给出借人。

14.3.2 P2P 网贷的模式

1. 纯平台模式

纯平台模式即传统的 P2P 网贷模式，在此模式下，P2P 网贷平台仅为借贷双方提供信息流通交互、信息价值认定和其他促成交易完成的服务，不实质参与到借贷利益链条之中，借贷双方直接发生债权债务关系，P2P 网贷平台则依靠向借贷双方收取一定的手续费维持运营。在我国，由于公民信用体系尚未规范，传统的 P2P 网贷模式很难保护投资者利益，一旦发生逾期等情况，投资者血本无归。

2. 债权转让模式

债权转让模式，是指 P2P 网贷平台为了能够更好地连接借款者的资金需求和出借人的理财需求，主动地批量化开展业务，而不是被动地等待各自匹配，从而实现了规模的快速扩展。它与国内互联网发展尚未普及到小微企业的目标客户群体息息相关，几乎所有 2012 年以来成立的 P2P 网贷平台都是债权转让模式。因为信用链条的拉长，以及机构与专业放贷人的高度关联性，债权转让模式的 P2P 网贷形式亦受到较多质疑，并被诸多传统 P2P 网贷机构认为这并不是真正的 P2P 网贷。

3. 纯线上模式

纯线上模式，也称为全线上模式。这种模式下，借款人和出借人都来自线上，借款人线上提供借款信息和资信证明，P2P 网贷平台通过线上形式审核，发布借款消息，出借人线上选择认证和进行出借投资，P2P 网贷平台只是作为纯线上交易和撮合平台，不负责承担借款方的资质审核。实行这种模式的典型平台是拍拍贷。

4. 线上线下结合模式

线上线下结合模式，是指以线上为主、线下为辅，线上线下相互结合的模式。由于最正宗的 P2P 网贷无抵押、无担保，是纯粹的个人信用贷款，在缺乏信用体系的国内并不适用，所以很多 P2P 网贷平台采用线上加线下的模式。该模式特色为线上获取资金，线下用传统方式获取项目和审批项目；P2P 网贷平台提供担保；P2P 网贷平台线上销售贷款；通过"高收益+本金保障"计划吸引线上出借人。这是国内互联网信贷最主流的方式，估计行业占比 60% 以上。实行该模式的典型平台有人人贷等。

在人人贷模式里，除了撮合具体的散标，P2P 网贷平台还推出了强制分散投资的高级投标工具——优选计划，可以获得 13% 左右的年化收益，并且每个月收到等额本息还款后还可以进行系统再投资。人人贷控制违约风险的逻辑在于，根据大数定律逐步将客户风险进行分散，再在单一借款人风险上进行一定控制，最终使总体风险可控。

5. 纯线下模式

纯线下模式，是指借助网站的宣传，着力线下展开业务。此类模式的代表是宜信。宜信是具有中国特色的线下模式，它将自己的 P2P 网贷模式总结为"固定收益类理财解决方案"。其网站宣称，宜信宝系列预期年化收益在 10% 以上。宜信在全国开设了一批网点，实际上做的是没有执照的银行理财和信贷业务，宜信将获得的平台债券进行拆分组合，打包成类固定收益的产品，然后通过销售队伍将其销售给投资理财客户，它既可以提供高于银行收益的理财产品吸引投资者，又可以进行实际的放贷业务，这种模式实际上就是一个"资金池"。

6. 无担保模式

无担保模式，是指网贷平台不提供任何形式的本金保障承诺。这种模式以拍拍贷为代表。拍拍贷从诞生起一直坚持做平台模式，算是最纯粹的 P2P 网贷模式，在这种模式下，P2P 网贷平台不参与担保，纯粹进行信息匹配，帮助资金借贷双方更好地进行资金匹配。

这种模式体现了直接融资的概念，是金融脱媒的一种表现形式。改变了资金原先都通过银行等中介媒体汇集再给予资金需求方的模式，应该算是一种创新的金融模式。类似拍拍贷这种坚持做平台模式的 P2P 网贷，大概全国仅此一家，在大量带担保的 P2P 网贷的围剿下，生存难度日益加大。

7. 有担保模式

有担保模式，是指 P2P 网贷平台引入担保机制，保证出借人得到本金偿还。担保模式是为了满足市场用户需求而引入的，可以说是具有中国经济社会特色的本土 P2P 网贷模式创新。提供本金甚至利用利息担保的 P2P 网贷模式，现已成为 P2P 网贷的主流模式。其主要目的是避免企业自身的经营风险和道德风险。这种本金担保的 P2P 网贷模式，使得网贷成为以网贷平台作为中介的间接融资，目前主要是通过第三方担保和 P2P 网贷平台自己担保两种方式对投资者的本金提供保障。

在担保模式下，P2P 网贷平台成为一个担保机构，而大量的投资者本来基于自身能力和借款人的公开信息的借款行为，就成为更多依赖于对 P2P 网贷机构信赖基础上的一个借款行为。P2P 网贷机构负责寻找客户，筛选客户，提供担保，然后匹配资金，这一系列的行为使得 P2P 网贷在这个层面上成为所有风险的聚集点，不但成为交易的信息中介、资金中介，也成为风险中介。其本质已经是典型的金融机构所履行的业务职责了，P2P 网贷这个时候异化成为一个金融机构。当前大量的 P2P 网贷注册资本都非常小，一家注册资本 100 万元的 P2P 网贷公司最终能够形成几亿元的业务规模，与此同时，一家注册资本为 1 亿元的小贷公司却只能操作上限为 1.5 亿元的业务。P2P 网贷成为异常强大的、不受金融监管的一个金融机构。这样的 P2P 网贷与传统的金融机构其实本质是一样的，而带有本金担保的 P2P 网贷的本质就是没有牌照的金融机构。

从 P2P 网贷的现实操作来看，在当前大量的 P2P 网贷模式之中，互联网所扮演的角色只是一个吸储的角色，是资金流量入口的概念。而在信贷交易的核心领域——信用风险的控制领域，P2P 网贷采取的又是与传统金融机构几乎是一致的模式，即采取线下审核的模式，并未体现出互联网的优越性。

8. 第三方担保模式

第三方担保模式是通过担保机构对投资者的本金和收益提供全额担保或部分担保的模式。P2P 网贷平台引入第三方担保模式，这种模式更大限度地保证了投资人的资金安全，吸引了更多有投资 P2P 网贷平台意向的客户。而对于 P2P 网贷平台，引入第三方担保公司，虽然收益有所减少，但同时也降低了一定的风险。

9. 平台自己担保模式

一些 P2P 网贷平台通过自建风险保证金的模式来防范企业发展中存在的风险。在运营过程中，风险保证金的建立一般是通过从服务费中提取一部分资金，以保障投资者的本金安全，当出现坏账时，用风险保证金来偿付给投资者。这种方式能够保障投资者的本金安全，降低投资者风险，同时也加大了 P2P 网贷平台的盈利难度。

14.3.3　P2P 网贷对传统金融业务的影响

P2P 网贷火爆的原因主要是网络资源优势，其成本很低，只要把网络嫁接起来，网民自动享受网络资源，就自动利用客户来扩展业务，这是 P2P 网贷的特点，是网络的优势。P2P 网贷发展如此迅速，将对现有金融业务带来诸多影响。

（1）P2P 网贷突破时空的概念，没有边界，没有地域，没有时间限制。所以 P2P 网贷是一种在任何时间、任何地点，可以用任何方式实现的金融服务方式。

（2）P2P 网贷将会加快利率市场化的进程，降低资金使用者的资金成本。P2P 网贷可以显著地降低资金提供者和居间者的以下四个成本：一是物理成本、网点成本；二是人工成本；三是风控成本；四是为排除风险获得信息搜集的成本。

（3）P2P 网贷提高了风险管理能力，拓展了新的金融服务领域。个人和中小微企业融资难、融资贵、融不到钱在一定程度上就是风险控制的问题。P2P 网贷可以利用信息资源优势，过滤掉不安全的客户，把真正优秀的、具有良好思维的客户筛选出来，拓宽金融业的服务理念，进入普惠金融。

（4）P2P 网贷会冲击现有金融格局，加快金融改革。P2P 网贷将来取得了金融牌照，可以和金融机构及大公司进行对接。

（5）P2P 网贷能够使金融与实体经济更紧密地结合，也就是说使金融资本与产业资本更好地黏合在一起。

（6）P2P 网贷给金融业带来经营策略的变化。互联网优势是用户至上、产品营销、私人订制与大众服务的统一，现在的银行都很难做到。实际上，很多的产品是标准化的，是订制化的。但是互联网金融确实可以按照客户的需求来订制产品，提供个性化服务。

（7）P2P 网贷促进金融监管对其进行必要的监管。既然 P2P 网贷没有脱离金融服务的本质，那么对其进行金融监管是非常有必要和迫在眉睫的，这将促进监管当局针对新的环境及时地制订应对措施。

✎ 课堂小讨论

讨论一下，P2P 网贷与传统贷款方式如何共存？

14.3.4　P2P 网贷的风险

如前所述，伴随着我国 P2P 网贷疯狂发展的是数字惊人的 P2P 跑路平台数量和涉案金额，P2P 网贷的核心是对其进行严格的风险控制。

1. 道德风险

截至 2017 年 12 月 31 日，P2P 网贷问题平台共有 643 家，在这些问题平台中，主要以失联跑路为主，共有 196 家，占比为 30.5%；另有 160 家平台突然关停，占比为 24.9%。这些问题平台，首当其冲的是道德风险。目前 P2P 网贷平台的经营者，主要有以下几类：第一类是互联网技术人员出身，这类公司主要是线上平台，公司的管理团队较年轻，从业经历主要在互联网领域。第二类是民间借贷、典当行转型来做互联网金融，这部分公司主要复制原有的业务模式（如熟人圈子、抵押模式）开展业务，少有系统完善的风控体系。第三类是从传统金融行业转型出来做互联网金融，将传统的金融管理技术与互联网的思维模式和技术手段相结合，这一类的从业者对于互联网金融本质的把握和风险控制的理解是最好的。第四类是本身负债累累的企业或者个人。这个群体因为 P2P 网贷平台门槛低，筹集资金快，索性自己开个网贷平台融资后自用。一旦这最后一根稻草也没有解决企业或个人的资金问题，则卷钱跑路。跑路的平台中，第四类平台的比例非常高，其往往一开始就做好诈骗的环环设计，令出借人的资金有去无回，损失惨重。

易于出现道德风险的另外一个环节是恶意的借款人。例如，红岭创投中枪事件，融资企业和仓库管理人员合伙犯罪，将货物重复抵押给银行和红岭创投进行骗贷。等到出借人发现时，货物早已经不在仓库，这是典型的骗贷。有部分借款人借款时就没有打算还。一旦遇到这样的借款人，将使 P2P 网贷平台和投资者面临血本无归的损失。

道德风险是 P2P 网贷平台和出借人面对的性质最恶劣的一种风险，骗子平台或者骗子借款人使用欺诈的方式，诈骗出借人的资金，其手段隐蔽多样，防不胜防。

2. 法律及监管政策风险

抛开道德风险，即使 P2P 网贷平台是希望做成百年网贷，借款人是希望借力网贷解决短期资金周转后即按约归还，P2P 网贷还是会面临法律风险和监管方面的风险。由于 P2P 网贷是最近几年借力互联网而兴起的，是创新的新事物。在其初创阶段，基本处于行政监管的真空之中，监管层既担心过早出台监管政策会限制创新，又担心监管太迟形成社会风险。接连发生的 P2P 网贷平台跑路事件，已经在倒逼监管举措尽快出台，中国的 P2P 网贷市场监管空白，大量的 P2P 网贷平台都以互联网的方式从事金融机构的业务。而且监管政策出台之后，P2P 网贷平台会面临各种不合规，甚至是违法的风险。

例如，某些 P2P 网贷平台将金融机构或者准金融机构的信贷资产通过互联网的方式以极低的门槛对外销售，这个低门槛将金额分拆的比传统金融机构更零散，期限比传统金融机构更灵活。这种做法是否涉嫌非法销售证券呢？另外，2014 年初，中宝投资因其账户巨额资金流动，涉嫌洗钱等，被查封。

3. 技术风险

技术的进步，也会引发新的、更多形式的安全威胁手段与途径。随着 P2P 网贷行业的蓬勃发展，各 P2P 网贷平台多为购买模板，在进行技术改造时不能保证完全成熟和完善，而 P2P 网贷平台的负责人不重视技术，宁可花费几十万元搞营销也不肯重视技术，从而极大地影响计算机系统运行的稳定性。技术漏洞的存在，导致恶意攻击风险不断。例如，电脑黑客入侵，攻击 P2P 网贷平台修改投资者账户资金，虚拟充值真提现等问题开始逐步显现。特别是由于 P2P 网贷属于新兴业务，相关的法律法规条文非常缺乏，黑客大肆攻击，要挟 P2P 网贷平台事件频繁出现，严重影响了平台的平稳运行。

4. 经营风险

除上述几类风险问题，P2P 网贷还会面临经营风险。前文提到 P2P 网贷平台的经营者来源，除第三类来源具有较好的风险管理能力和金融业务经营能力之外，其他来源的 P2P 网贷经营者，普遍缺乏贷款风险管理的知识、经验，很难把握和处理好 P2P 网贷平台经营中出现的各种问题，一旦产生大量的坏账，将面临倒闭。另外，经营 P2P 网贷对资金流管理的要求也很高。金融行业已经具有成熟的制度性安排，金融机构可以以极低的成本来应对期限错配，对抗极高坏账率情况下的资金流动问题。而 P2P 网贷不具有这种制度性安排，为了解决资金流动性的问题，可能要通过虚构借款人的方式来借入资金，用于周转。这增加了资金管理的流动性风险，可能出现技术性财务困境，导致破产。目前 P2P 网贷平台跑路的案例中，主要暴露的问题是道德风险问题严重，而在竞争日益加剧的未来，因经营风险累积后而爆发的问题概率将逐渐增加。

14.4　互联网金融理财产品

14.4.1　互联网金融理财产品的定义

互联网金融理财产品，是相对于传统金融理财产品而言的，由传统的线下实体、基金、证券等公司转到虚拟的互联网平台上，如互联网理财产品行业龙头余额宝，以及腾讯打造的理财通和平安银行推出的平安盈等，其本质仍然是金融理财产品，唯一的不同是交易平台在线上。互联网金融理财产品是互联网企业利用多年来积累的用户资源优势，结合用户以及企业自身的可持续发展需求，打造出的草根民众也能参与的、低门槛高收益的理财产品。

相较国内银行偏低的活期和定期收益率以及动辄上万的理财产品投资门槛，互联网金融理财产品以其便捷的操作方式，时时公布并不断攀升的收益率，自由灵活的投资期限，最低为零存取时间差等明显优势从银行分流存款资金。尽管到目前互联网金融理财产品汇集的份额与传统银行相比还只是小部分，但其如火如荼的势头让传统银行业备感压力，越来越多的传统银行开始由线下转到线上，推出自己的互联网理财产品。

14.4.2　互联网金融理财产品的特点

1. 便民理财，理念先行

首先，各互联网金融理财产品成功打造了一种便捷的、开放式的理财观念。长期以来，我国投资理财渠道匮乏，理财观念较强的普通老百姓也只能选择股市、房市、银行理财等方式，而这些投资方式的门槛往往较高，切断了其他小投资者的理财渠道，手里有一定闲散资金的投资者只能存款于银行被动接受银行所付的低廉利息。而余额宝等互联网理财产品借着电子商务蓬勃发展的契机，以多年来积累的广大用户为基础，主打提升用户体验的形式。以余额宝为例，余额宝将网购用户存放于支付宝的备付金与货币基金结合，使得网民存在支付宝里的资金有了远高于银行定期存款利息的额外收益，实现了闲散资金的增值价值。值得一提的是，余额宝推出伊始主要吸引的是闲散资金规模微不足道的中下阶层——草根群体，这一广大群体恰恰是银行最不重视、基数虽大但个体资金规模几乎可以忽略不计的草根群体，根据"二八法则"，银行一直将更多的注意力集中在高价值客户身上。而互联网金融理财产品从长远角度考虑，意识到年轻群体随着自身发展，财富将逐渐增加，而且长期使用互联网，通过培养这个群体对互联网金融的忠诚度而收获长远的收益，银行能否争取回这一部分客户，其可能性还有待观察。

2. 低门槛，高收益

相较传统银行金融理财产品 5 万元、10 万元起的投资起点，互联网金融理财产品设置的"门槛"低至 1 元甚至 1 分钱，在吸引用户参与投资体验的同时，最大限度打消了风险规避者的投资疑虑。几乎无门槛的理财方式、远高于普通理财产品的收益也是互联网金融理财产品具有强大吸引力的重要原因。除了高于银行定期存款收益外，互联网金融理财产品的收益率也远高于银行理财产品。银行理财产品普遍收益率在 4%～6%，且波动较大，而互联网金融理财产品在 2014 年初以前的收益率基本都保持在 6% 以上，收益较为稳定。

3. 高流动性，理财模式碎片化

相比银行复杂的存取流程，互联网理财产品的流程更便捷，随时随地在电脑或者手机上便可完成。另外，互联网金融理财产品对投资起点几乎没有要求，方便用户将自己的零散资金实时存到互联网金融理财产品平台，实现碎片化的理财模式。互联网金融理财产品的高收益加上实时到账、随存随取的特点，使用户在享受远高于银行 1 年期定期存款利息的同时获得活期存款的灵活性。

4. 新兴模式，安全有保障

以余额宝为代表的新型理财模式，将在线购物活跃的年轻用户群体作为切入点，这个群体的用户有一定的消费能力，同时也是最易于接受新兴事物的群体，以点带面让广大用户从线下走到线上，以低门槛、高收益、便捷操作等优势吸引用户参与互联网理财。同时，面对防不胜防的手机移动支付和互联网支付漏洞，为了给予客户充足的安全保障，除了加强技术保障、强化安全机制外，在资金赔付方面，阿里巴巴的做法是对转入余额宝资金由众安保险承保，被盗 100% 赔付，赔付无上限；财付通通过与中国人保财险合作，确保诸如理财通账户被盗、被骗等情况下用户的资金第一时间全额赔付。

14.4.3　互联网金融理财产品的种类

1. 互联网平台类

1）余额宝

支付宝是由阿里巴巴创办的第三方网上支付平台，而余额宝是支付宝为个人用户推出的通过余额进行基金支付的服务，把资金转入余额宝即为向基金公司等机构购买相应理财产品。本质上看，余额宝是第三方支付业务与货币市场基金产品的组合创新，是一个基金直销平台，通过这个平台用户可以直接购买货币基金。真正的理财产品其实是各类货币基金，用户通过把钱转入余额宝，相当于认购了一定的基金份额，然后享受基金公司的投资收益。在余额宝业务模式下，支付宝不参与基金销售业务，也不介入基金投资运作，仅发挥互联网客户导入的作用。

余额宝的合作基金方天弘增利宝货币基金，是由天弘基金管理有限公司发行的一款货币型基金。其投资范围主要是：现金，通知存款，短期融资券，1 年以内（含 1 年）的银行定期存款、大额存单，期限在 1 年以内（含 1 年）的债券回购，期限在 1 年以内（含 1 年）的中央银行票据，剩余期限在 397 天以内（含 397 天）的债券，剩余期限在 397 天以内（含 397 天）的资产支持证券，剩余期限在 397 天以内（含 397 天）的中期票据，中国证监会认可的其他具有良好流动性的货币市场基金。

余额宝所代表的货币基金学名叫作"T+0"货币基金。传统的货币基金赎回需要"T+1"或"T+2"日，作为现金管理工具不够便捷，为了抢占券商股票保证金的市场，基金公司不断改良，从基金申购头寸中拿出一部分先行垫资给客户，实现了货币基金的"T+0"赎回（申购"T+1"日），利用取现的便利性实现货币基金手机充值、信用卡还款等增值服务，实现了很多消费领域现金管理的功能。

余额宝最大的创新之处，同时也是与银行理财产品最大的不同之处主要体现在以下方面。

第一，银行用户的存款用于基金投资，利用的是用户用于投资和保值的资金，而余额宝盘活的是用户用于消费的中转资金。余额宝通过对传统的货币基金产品进行改良，对申购和赎回流程进行优化，传统货币基金的产品价值得到了充分的挖掘和拓展。一方面，结合了客户的生活需求，通过互联网去覆盖广大的普通用户，使货币基金的产品定位和基本功能回归了货币基金的本质；另一方面，通过与支付通道对接，在淘宝上可以直接将货币基金转化为现金在阿里巴巴的购物平台上使用，使传统货币基金产品自然无缝式融入生活中，便捷了消费者的购物需求。

第二，余额宝的创新还体现在技术创新应用上。表面上，余额宝能够在竞争激烈的金融市场脱颖而出是因为它的低门槛、高收益等优势，以一款理财工具的形式横空出世。而从其本质来看，余额宝更倾向于作为促进消费者消费的一款金融工具，转入余额宝的资金可以随时随地用来在阿里巴巴的购物平台上进行消费。

由此可以说明，余额宝的价值和意义在于降低了理财门槛和理财成本。它操作简单，无门槛式理财，买入和支取灵活方便，可以培养和提高普通百姓尤其是低收入者的理财意识，塑造通过支付宝购买基金的支付宝品牌信誉和积累基础用户群，对今后向这些用户推荐更多元的金融理财产品做好铺垫和过渡，等待政策允许之后开创真正的互联网银行、互联网保险等互联网金融服务生态体系。

2）理财通

2014 年 1 月 22 日，互联网巨头腾讯旗下的货币基金产品微信理财通正式上线，通过与华夏基金等四家基金公司合作，用户可以根据收益率的不同，自主选择购买的基金，当天合作的华夏基金产品 7 日年化收益率为 7.394%。理财通支持民生银行、招商银行、建设银行等共计 12 家商业银行的借记卡。各家银行可支持的限额会有所不同，单日单笔限额为 0.5 万～5 万元。从公测开始，理财通每天有超过 1 亿元的资金流入，根据财付通的数据，从 2014 年 1 月 16 日公开测试至 1 月 28 日，共计 13 个自然日，理财通的规模已经突破百亿元。

理财通的官方合作基金方分别是华夏基金财富宝、汇添富基金全额宝、易方达基金易理财和广发基金天天红，主要投资银行存款和短期债券，收益源于银行存款利息收益和债券投资收益。其中华夏基金财富宝的收益为"每日结转，按日支付"的收益结转方式，其特点在于投资者除了每天可以在账户中看到自己购买份额的变化，还能享有"日日复利"的复利收益。从货币市场基金角度长期来看，货币市场基金的收益率会持续走低，与理财通对接的 4 只基金之间基本上都保持比较接近的收益率；短期来看，同级别的货币市场基金一般不会有太大的收益率差别。对于投资者来说，在各基金之间进行转换有转换成本，所以，虽然理财通同时与 4 家基金公司进行合作，但各基金彼此之间的影响不大。

理财通对接的华夏财富宝货币，以及与余额宝对接的天弘增利宝货币都属于货币基金。但两者的收益率有差别，主要的影响因素除了基金公司的议价能力，还可以从基金规模的差异等方面进行考虑。

第一，流动性方面。与余额宝相比，理财通对购买和赎回仍有一定的金额限制。理财通单笔购买最高额度为 5 万元，每个理财账户资金不超过 100 万元；单次赎回最高额度为 5 万元，每个账户每日可转出 5 次，这基本可以满足理财者对于资金流动性的需求，适合工薪阶层对于工资账户余额的打理。虽然在移动支付领域微信支付有异军突起之势，但是与支付宝成熟的 8 亿元账户相比，仍显得势单力孤。且微信支付未能打通与微信理财的消费场景——用户无法对理财通内的资金进行直接消费，而是需要转入购买时使用的同一储蓄账户后才能进行消费。对于一些缺乏消费自律精神的理财者来说，相对消费理财工具余额宝来说，理财通才是省钱利器。

第二，安全性方面。理财通和余额宝都提供了"资金保障服务"。微信支付最大的问题是安全问题，作为一个信息交流工具，微信支付的硬伤在于由于没有账户，通过绑卡，一旦微信号被盗，资金就存在安全问题。如前所述，为了应对安全问题，财付通与中国人保财险达成战略合作，如果出现微信理财通账户被盗被骗等情况，经核实确为财付通的责任后，将在第一时间进行全额赔付；对于其他原因造成的被盗被骗，财付通将配合警方，积极提供相关的证明和必要的技术支持，帮用户追讨损失。同时，理财通的协议中也规定对于"受到计算机病毒、木马或其他恶意程序、黑客攻击的破坏，用户或财付通公司的电脑软件、系统、硬件和通信线路出现故障"的情况是免责的。余额宝在安全性方面，宣称资金被盗全额补偿，同时也在余额宝协议中明确规定："对非本公司原因造成的账户、密码等信息被冒用、盗用或非法使用，由此引起的一切风险、责任、损失、费用等应由投资者自行承担。"

第三，收益性方面。理财通与余额宝的差异并不大。对于用户，尤其是工薪阶层，资金量不大的用户群体来说，这些差异基本可以忽略，流通性及安全性才是用户真正关心的问题。

第四，用户体验方面。理财通现阶段只能在手机端操作，主打移动客户端市场，而余额宝的操作可以电脑和手机结合，其主场优势相对而言在于 PC 端。理财通和余额宝的操作没有时间限制，随时随地均可操作。

2. 银行类——平安盈

互联网金融在传统金融发展过程中狭处逢生，与传统银行在资产端错位竞争、负债端少量分流、通道端分庭抗争。以基金销售为例，以前的基金销售，70% 以上是银行渠道，20% 是券商渠道，其余是官方渠道。互联网金融的兴起，使传统银行模式面临了不少挑战。例如，第三方销售、支付宝等新型渠道的面世，使得银行渠道优势逐步减少；银行的理财产品更新慢，不能及时推出符合用户需求的理财产品；服务便捷度方面尤其是理财产品的买入、赎回流程等方面不及互联网金融理财产品。

感受到来自互联网金融理财产品的竞争压力，各大银行纷纷开始触网，在原有的理财产品基础上通过与基金公司或者互联网的进一步合作，陆续推出了各自的银行系互联网金融理财产品，如中国银行的活期宝、平安银行的平安盈、工商银行的薪金宝、浦发银行的天添盈等。一时间，银行推出的"宝宝类"产品在市场上大行其道，让各投资者看得眼花缭乱。

平安盈是平安银行通过与金融机构合作（包括但不限于保险公司、银行、基金公司、证券公司等），在互联网上通过财富 e 为投资者提供的系列金融产品服务。目前平安盈（南方）购买的是南方现金增利货币基金，平安盈（大华）购买的是平安大华日增利货币基金，两只基金的净值均保持 1 元不变，收益体现在每日公布的日万份收益。日万份收益 =（当日基金净收益/当日基金发行在外的总份额）×10 000。当用户急需支取现金时，可直接将平安盈内资金实时转账到绑定银行卡，立即支取现金随时使用。

与传统的银行理财产品相比较，平安盈有三大优势。

1. 盈闲钱

客户在网上开立财富 e 电子账户后，可通过财富 e 电子账户购买平安盈。通过平安盈，用户可以将其闲置资金归集起来，赎回资金实时到账，在不影响客户资金流动性的条件下，用户可以享受到高出活期存款利息的收益。

2. 盈方便

平安盈内资金可"$T+0$"实时转出使用，还可直接购买基金或理财产品，操作方便。

3. 盈安全

用户通过登录银行电子账户购买平安盈产品，除了录入网银登录密码，还要录入动态密码，安全性加强。此外，平安盈内资金支持购买基金、理财产品、转账或信用卡还款。

与余额宝金融理财产品相比，平安盈具有以下特点。

第一，平安盈的基金份额，可通过网银直接查询账户余额来掌握，相当于当作准活期来管理，且资金可以实时转入和转出。

第二，平安盈转入和转出相比一些互联网理财产品来说限制更少，其中平安盈（南方），捆绑南方现金增利货币基金，单日转入限制为 1 000 万元，单日转出限制为 100 万元；平安盈（大华），捆绑平安大华日增利货币基金，单日转入限制为 10 万元（总限额为 20 万元），单日转出限额为 20 万元（具体限额规定可能会调整变化，请以官网公布为准）。

尽管与余额宝等其他互联网理财产品相比，平安盈捆绑的货币基金收益每周才结算一次（收益为一周内每天收益之和），历史收益率数据更新也不及时，不方便随时了解当天的收益情况，但通过第三方网站还是可以随时了解当日基金收益或者使用平安银行另一款产品"壹钱包"代替（壹钱包捆绑的也是平安大华日增利货币基金）。

3. 其他类——票据理财

货币基金最大的优势在于期限短，流动性好，信用度高。但所谓风险与收益成正比，鱼与熊掌不可兼得，"宝宝类"产品最大的缺点在于收益相对偏低。其原因一方面来自货币面的宽松，银行协议存款年收益率的下降；另一方面来自传统金融行业的压力，四大国有银行不接受互联网理财产品的协议存款，并呼吁互联网货币基金纳入一般存款管理，征收存款准备金。

在"宝宝类"产品收益回归常态的趋势下，互联网高收益金融理财产品（不限于理财产品）第二波应势出现在投资者的视野里。

票据理财，是融资企业以银行承兑汇票为质押物，依托于银行、信托、基金子公司或互联网平台指定的银行或第三方平台，由其托管，投资者通过对应平台把资金借给融资企业的产品。本质上，票据理财是一个 P2B 投融资平台，即个人对企业贷款平台。票据理财平台主要有新浪、阿里巴巴、苏宁、京东，代表项目有苏宁的财运通和京东的小银票项目。此外，专业票据网站平台如金银猫、投储在线、银票网等也逐个出现。

票据理财大行其道的根源在于其"期限短、门槛低、收益高、风险低"，投资期限基本在半年以下，投资起点在 1 000 元左右，最低低至 1 元，产品预期年化收益率为 5%～10%，甚至高于 10%。每款产品以银行承兑汇票抵押，作为债权实现的担保，票据到期银行将无条件承兑，以保障投资者利益，这些将是票据理财继续引领互联网金融蓬勃发展的优势所在。

票据理财产品具有一定的风险性。一是市场上假票盛行。银行作为最后兑付人，对克隆票的鉴别较为专业，可以防范风险，但一些非专业机构一般不具备这种专业的鉴别能力。二是票据可能出现被止付、被冻结、延期支付等情形，这些均会导致无法承兑或逾期付款。三是部分互联网票据理财产品收益超过 10%，而银行票据贴现的年化利率一般为 6%～8%，对于超过 10% 的收益部分，平台往往会结合线下做其他套利业务或自己进行业务补贴，做套利业务存在不确定性风险，自掏腰包进行补贴模式难以持续。

综上，在筛选此类新型互联网金融理财产品时投资者需注意结合自身需求。票据理财收益高于"宝宝类"产品，风险低于 P2P 网贷，但仍需要辨别票据真伪，着重考察发行主体；P2P 网贷适合风险偏好者，收益超高，但需要对贷款人进行信用甄别；"宝宝类"产品适合具有零散资金的投资者，在购物的同时理财，享受高于银行活期存款数倍的利率和超强的流动性。

互联网金融理财产品以其低门槛、高收益、操作简便等优势，迅速得到众多网民拥趸，大量闲散资金正在通过互联网金融产品涌向基金公司，互联网金融开始席卷全国，银行活期存款开始流失。越来越多的互联网金融平台开始探索定期理财产品，剑指银行定期存款，这将使传统银行业面临釜底抽薪的挑战。

除了对我国商业银行的影响外，互联网金融还对我国的基金行业产生了一定的冲击。最明显的例子便是天弘基金由于和支付宝合作推出余额宝使其实力大增，超过了不少老牌基金公司的排名，使其他基金公司备感竞争压力。同时也开拓了基金行业的广阔前景，为基金公司指明了一个发展方向——与第三方支付平台合作直销其基金产品。

思考与练习

1. 名词解释

互联网金融　P2P 网贷　众包　互联网金融理财产品

2. 简答题

（1）互联网金融的特点有哪些？

（2）众筹的特点是什么？

（3）P2P 网贷的风险有哪些？

（4）余额宝有哪些创新？

3. 论述题

（1）P2P 网贷对传统金融业务产生了哪些影响？

（2）一次成功的众筹活动需要具备哪些要素？

第 15 章

税 务 筹 划

学习目标与要求

1. 了解税务筹划的含义及特点。
2. 掌握税务筹划的基本步骤。
3. 掌握并熟练运用税务筹划策略与技巧。

案例引入

小李是一位名校大学毕业生，毕业后一直"宅"在家中，通过网络为客户提供广告设计。

2017年7月，小李应一家公司要求为其设计广告宣传语和不同主题的现场宣传策划。该公司与小李约定设计费用共计10 000元，其中广告宣传语3 000元，现场宣传策划7 000元。期限为2017年7月1日至7月31日。则小李应该缴纳的个人所得税为：10 000×(1－20%)×20%＝1 600（元）。

因为小李为该公司分别设计广告宣传语、现场宣传策划，所以根据税法中的有关规定，小李可以分别缴纳个人所得税。广告宣传语(3 000－800)×20%＝440（元）；现场宣传策划7 000×(1－20%)×20%＝1 120（元）。两项共计1 560元(440＋1 120)，比两项费用一起缴纳，少缴纳税款40元(1 600－1 560)。

作为"宅人"，还经常会遇到在同一个月内，分别从不同地区取得劳务报酬的情况。假如2010年8月，小李分别从A、B两地各取得22 000元的设计收入。

若按照税法相关规定，分别进行申报缴纳。小李缴纳的个人所得税为：[22 000×(1－20%)×30%－2 000]×2＝6 560（元）。如果小李对此笔收入合并申报，则小李应该缴纳的个人所得税为：22 000×2×(1－20%)×30%－2 000＝8 560（元）。

两者相比，分开申报要节省税款2 000元(8 560－6 560)。

资料来源：http://tax. hexun. com.

15.1 税务筹划概述

依法纳税是每个公民的义务，而纳税人出于自身利益的考虑，往往希望自己的税赋可以合理地减少到最小。因此，如何在合法的前提下尽量减少税赋就成为每个纳税人十分关注的问题。

15.1.1 税务筹划的含义

税务筹划是由 tax planning 意译而来的,从字面理解也可以称之为"税务筹划""税务计划",是指在纳税行为发生之前,在不违反法律法规(税法及其他相关法律法规)的前提下,通过对纳税主体(法人或自然人)的经营活动或投资行为等涉税事项作出事先安排,以达到少缴税或递延纳税目标,尽可能获得"节税"的税收利益的一系列谋划活动。

纳税人在不违反法律、法规的前提下,通过对经营、投资、理财活动的参与和筹划,尽可能减轻税收负担,以获得"节税"利益的行为很早就存在。税务筹划在西方国家的研究与实践起步较早,在 20 世纪 30 年代就引起社会的关注,并得到法律的认可。1935 年,英国上议院议员汤姆林对税务筹划提出:"任何一个人都有权安排自己的事业,如果依据法律所做的某些安排可以少缴税。为了保证从这些安排中谋到利益……不能强迫他多缴税。"在我国,税务筹划自 20 世纪 90 年代初引入以后,其功能和作用不断被人们所认识、接受和重视,已经成为有关中介机构一项特别有前景的业务。税务筹划是纳税人的一项基本权利,纳税人在法律允许或不违反税法的前提下,所取得的收益应属合法收益。

15.1.2 税务筹划的特点

税务筹划具有合法性、筹划性、目的性、风险性和专业性的特点。

1. 合法性

合法性是指税务筹划只能在税收法律许可的范围内进行。这里有两层含义:遵守税法和不违反税法。合法是税务筹划的前提,当存在多种可选择的纳税方案时,纳税人可以利用对税法的熟识、对实践技术的掌握,作出纳税最优化选择,从而降低税负。对于违反税收法律规定,逃避纳税责任,以降低税收负担的行为,属于偷税漏税,要坚决加以反对和制止。

2. 筹划性

筹划性是指在纳税行为发生之前,对经济事项进行规划、设计、安排,达到减轻税收负担的目的。在经济活动中,纳税义务通常具有滞后性。这在客观上提供了对纳税事先作出筹划的可能性。另外,经营、投资和理财活动是多方面的,税收规定也是有针对性的。纳税人和征税对象的性质不同,税收待遇也往往不同,这也为纳税人提供了可选择较低税负决策的机会。如果经营活动已经发生,应纳税额已经确定而偷逃税或欠税,都不能认为是税务筹划。

3. 目的性

税务筹划的直接目的是降低税负,减轻纳税负担。这里有以下两层意思。① 选择低税负。低税负意味着较低的税收成本,较低的税收成本意味着较高的资本回收率。② 拖延纳税时间,获取货币的时间价值。通过一定的技巧,在资金运用方面做到提前收款、延缓支付。这将意味着企业可以得到一笔"无息贷款",避免高边际税率或减少利息支出。

4. 风险性

税务筹划的目的是获得税收收益,但是在实际操作中,往往不能达到预期效果,这与税务筹划的成本和税务筹划的风险有关。税务筹划的成本是指由于采用税务筹划方案而增加的成本,包括显性成本和隐含成本,如聘请专业人员支出的费用,采用一种税务筹划方案而放弃另一种税务筹划方案所导致的机会成本。此外，对税收政策理解不准确或操作不当，而在无意情况下采用了导致企业税负不减反增的方案，或者触犯法律而受到税务机关的处罚都可能使税务筹划的结果背离预期的效果。

5. 专业性

专业性不仅是指税收筹划需要由财务、会计专业人员进行，而且是指面临社会化大生产、全球经济一体化、国际贸易业务日益频繁、经济规模越来越大、各国税制越来越复杂的情况下，仅靠纳税人自身进行税收筹划显得力不从心。因此，税务代理、税务咨询作为第三产业应运而生，使税收筹划向专业化的方向发展。

15.1.3 税务筹划的基本步骤

进行税务筹划首先应理解法律规定的精神，了解税务机关对纳税活动"合法和合理"的界定。只有在筹划前期熟练掌握有关法律、法规，充分理解法律精神，掌握政策尺度的基础上进行税务筹划才能符合法律规定的细节，充分发挥作用。一般税务筹划的基本步骤应包含了解纳税人的情况和要求、签订委托合同、制订税务筹划计划并实施、控制税务筹划计划的运行 4 项内容。

1. 了解纳税人的情况和要求

税务筹划真正开始的第一步，是了解纳税人的情况和纳税人的要求。纳税人有企业纳税人和个人纳税人之分，而不同企业和不同个人的情况及要求又有所不同。

1）对企业纳税人进行税务筹划

对企业纳税人进行税务筹划，需要了解以下几个方面的情况。

（1）企业组织形式。

（2）财务情况。

（3）投资意向。

（4）对风险的态度。

（5）纳税历史情况。

2）对个人纳税人进行税务筹划

对个人纳税人进行税务筹划，需要了解的情况主要包括以下方面。

（1）出生年月。

（2）婚姻状况。

（3）子女及其他赡养人员。

（4）财务情况。

（5）投资意向。

（6）对风险的态度。

（7）纳税历史情况。

此外，还需要了解纳税人的要求，如要求增加短期所得还是长期资本增值，或者既要求增加短期税收所得，又要求资本长期增值。

2. 签订委托合同

税务筹划的一般步骤是受托方在收到委托单位申请之后，进行前期洽谈，然后明确税务筹划的目标，并进行现场调查、搜集资料，再综合考虑自身的业务能力，决定是否接受委托，如果接受，则需要签订委托合同。税务筹划合同没有固定的格式，一般包括以下几项内容：委托人和代理人的一般信息，总则，委托事项，业务内容，酬金及计算方法；税收筹划成果的形式和归属，保护委托人权益的规定，保护筹划人权益的规定，签名盖章，合同签订日期和地点。

3. 制订税务筹划计划并实施

税务筹划的主要任务是根据纳税人的要求及其情况来制订税收计划。筹划人需要制订尽可能详细的、考虑各种因素的税务筹划草案，包括税务筹划的具体步骤、方法、注意事项；税务筹划所依据的税收法律、法规；在税务筹划过程中可能面临的风险等。纳税筹划草案的制订过程实际上就是一个操作的过程，主要包括以下内容。

（1）分析纳税人的业务背景，选择节税方法。

（2）进行法律可行性分析。

（3）应纳税额的计算。

（4）各因素变动分析。

（5）敏感分析。

4. 控制税务筹划计划的运行

税务筹划的时间可能比较长，在计划实施以后，筹划人需要经常、定期地通过一定的信息反馈渠道来了解纳税方案执行的情况，对偏离计划的情况予以纠正，以及根据新的情况修订税务筹划的计划，以最大限度地实现筹划的预期收益。

相关案例

湖北省某市属橡胶集团拥有固定资产 7 亿多元，员工 4 000 多人，主要生产橡胶轮胎，同时也生产各种橡胶管和橡胶汽配件。该集团位于某市 A 村，在生产橡胶制品的过程中，每天产生近 30 t 的废煤渣。为了妥善处理废煤渣，使其不造成污染，该集团尝试过多种办法：与村民协商用于乡村公路的铺设、维护和保养；与有关学校、企业联系用于简易球场、操场的修建等，但效果并不理想。因为废煤渣的排放未能达标，使周边乡村的水质受到不同程度的污染，导致附近许多村民经常堵住厂区大门不让工人上班，工厂生产受到很大影响。此事曾惊动过各级领导，该集团也因污染问题受到环保部门的多次警告和罚款，最高一次达10 万元。

该集团要想维持正常的生产经营，就必须治污。如何治污，成为该集团一个迫在眉睫的大问题。该集团根据有关人士的建设，拟订了以下两个方案。

（1）把废煤渣的排放处理全权委托给 A 村村委会，每年支付该村村委会 40 万元的运输费用，以保证该集团生产经营的正常进行。此举可缓解该集团同当地村民的紧张关系，但每年 40 万元的费用是一笔不小的支出。

（2）将准备支付给 A 村的 40 万元的煤渣运输费用改为投资兴建墙体材料厂，利用该集团每天排放的废煤渣生产"免烧空心砖"，这种砖有较好的销路。此方案的好处有以下 3点。① 符合国家的产业政策，能获得一定的节税利益。《财政部　国家税务总局关于资源综合利用及其他产品增值税政策的通知》规定，生产原料中掺兑废渣比例不低于 30% 的特定建材产品免征增值税。② 解决了长期以来困扰企业发展的废煤渣所造成的工业污染问题。③ 解决了企业的部分就业压力，使一批待岗职工能重新就业。

对两个方案进行比较可以看出，第二种方案既考虑治污，又追求企业收益最大化。因此，该集团最终采纳了第二种方案，并迅速建成投产，全部消化了废煤渣，当年实现销售收入 100 多万元，因免征增值税，该厂获得 10 多万元的增值税节税利益。

在实际操作过程中，为了顺利获得增值税减免，该集团特别注意以下几个问题。① 墙体材料厂实行独立核算，独立计算销售额、进项税额和销项税额。② 当工程项目完工投入生产时及时向当地经贸委提供了书面申报材料。③ 认真填写《湖北省资源综合利用企业项目申报表》，同时提交具体的文字分析材料，具体内容包括工程项目竣工投产情况，以及生产工艺、技术指标、技术标准情况和利用效率等，在文字材料中还附上了不造成二次污染的证明，以及产品销售及效益的分析预测情况等。最后，该厂生产的"免烧空心砖"经过省资源综合利用认定委员会的审定并获得该委员会颁发的认定证书，然后向所在地税务机关提交免缴增值税的申请报告。当地税务机关根据认定证书及其相关材料，办理了有关免税手续。

通过以上程序，该集团兴办的墙体材料厂顺利获得了增值税减免的税收优惠政策。目前，该集团的生产经营得到顺利进行，墙体材料厂还有发展壮大的计划。

资料来源：http://tax.hexun.com.

15.2　税务筹划策略与技巧

虽然纳税是每个公民的法定义务，但纳税人总是希望尽可能地减少税负支出。如何运用税务筹划技巧，在最低税负的条件下取得收入，是每一个理财主体都非常关注的问题，也贯穿于整个理财规划之中。个人税收筹划包括两方面的含义：在合法的前提下整体税负最低，在规范的基础上涉税损失最少。

我国与个人理财相关的主要税种有个人所得税、增值税、消费税、城市维护建设税，以及教育费附加、车船税和遗产税等。在这些税种中，与个人理财关系最为紧密且相对较为复杂、有一定筹划空间的税种主要是个人所得税。下面主要介绍个人所得税的筹划策略。

15.2.1　税务筹划策略

1. 纳税人身份筹划策略

1）利用非居民身份筹划

个人所得税的纳税义务人包括居民纳税义务人和非居民纳税义务人两种。非居民纳税义务人仅就其来源于中国境内的所得，向中国交纳个人所得税，将会承担较轻的税赋。居住在中国境内的外国人、海外侨胞，以及香港、澳门、台湾同胞在一个纳税年度内，如果一次离境超过 30 日或多次离境累计超过 90 日的，简称"90 天规则"，将不被视为全年在中国境内居住，视为非居民，其所得中仅就其来源于中国境内的所得交纳个人所得税。

2）利用享受附加减除费用身份筹划

在一般情况下，工资、薪金所得以每月收入额减除起征额后为应纳税所得额。但对于《中华人民共和国个人所得税法实施条例》第二十八条规定范围的纳税义务人，将享受再减轻 1 300 元的附加减除费用。有条件的纳税义务人即可通过谋求适用附加减除费身份来减轻自身的税负。

3）利用不同性质个人投资企业身份筹划

随着经济的发展，个人实业投资在经济生活中占有越来越重要的地位。个人可选择的投资方式主要有个体工商户生产经营、开展承包承租业务、成立个人独资企业、组建合伙企业、设立私营企业。选择不同的投资方式，将产生不同的税负情况。

按税收政策规定，从 2000 年 1 月 1 日起，个人独资企业及合伙企业投资者的投资所得，比照个体工商户的生产、经营所得征收个人所得税。即上述 5 种个人投资方式中，除私营企业外均属个人所得税的纳税对象。设立私营企业投资者会面临企业所得税和个人股息红利所得税双重税负。其他几种投资方式中，个体工商户的生产、经营所得则是按照规定税率单独纳税；个人投资的所有独资企业和合伙企业的收入是要合并纳税的，不同投资者投资的合伙企业按照各自的投资比例分别纳税。这些规定使个人投资者在投资方式选择上有较大的税务筹划空间。

2. 收入分割筹划策略

我国现行的个人所得税对不少个人收入（如员工福利收入）及个人支出（如投保支出、捐赠支出）都有相关的优惠规定。同时，不少税目计税时都是按次纳税，因此，如何进行分期、分次纳税成为个人所得税筹划的重点。纳税人要善于利用这些筹划点实施收入分割策略，减少税负。具体做法包括收入分期或分次筹划策略、收入福利化筹划策略、收入捐赠化筹划策略等。

1）收入分期或分次筹划策略

收入分期或分次筹划策略的基本做法是将收入均衡摊入各月使适用税率档次降低，或者通过合理分次使费用扣除极大化，达到减轻税负的目的。如果纳税人的收入水平是不均衡的，可以将其收入在一定的时期内进行分配以获取节税利益。此外，个人所得税对纳税义务人取得的劳务报酬所得，稿酬所得，特许权使用费所得，利息、股息、红利所得，财产租赁所得，偶然所得和其他所得等 7 项所得都明确规定按次计算征税。而如何确定分次又有较大弹性，纳税义务人可以利用合理分期或合理分次进行节税筹划。

2）收入福利化筹划策略

收入福利化筹划策略是指通过个人收入的一部分多交纳个人福利基金的做法，或者采取由支付所得的单位提供一定福利服务减少收入总额的方式来实现节税的目的。

3）收入捐赠化筹划策略

按照税法规定，个人将其所得通过中国境内的社会团体、国家机关向教育和其他社会公益事业，以及遭受严重自然灾害地区、贫困地区的捐赠，金额未超过纳税人申报的应税所得额 30% 的部分，可以从其应纳税所得额中扣除。捐赠行为既可以满足个人从事公益事业的愿望，又可以在一定程度上减轻税负。尤其是个人所得适用超额累进税率时，通过捐赠可以降低其适用的最高边际税率，减轻税负。当然，个人在捐赠时必须在捐赠方式、捐赠款投向、捐赠额度上同时符合法规规定，才能使这部分捐赠款免交个人所得税。

3. 收入转化筹划策略

1）劳务报酬所得与工薪所得转化筹划策略

按照我国现行税法规定，工薪与劳务报酬所得分别采用 3%～45%（七级税率）与 20%～40%（三级税率）的超额累进税率，相同数额的工薪所得与劳务报酬所得所适用的税率不同，税负各异。而这两项所得的区别关键在于纳税义务人与提供所得的单位之间是否存在稳定的雇佣关系。这一规定为纳税义务人将收入在两项所得之间进行转化节税提供了较大的空间。

2）个人财产收入与"企业"财产收入转化筹划策略

按照《关于个人独资企业和合伙企业投资者征收个人所得税的规定》，如果个人独资企业将账面的固定资产对外出租或转让，其取得的收益不再按"财产租赁所得"或"财产转让所得"项目征税，而是并入企业的应纳税所得额统一按"生产经营所得"项目征税。但如果投资者将个人拥有的与企业生产经营无关的固定资产用于对外出租或转让，则对其取得的收益，按"财产租赁所得"或"财产转让所得"项目单独征收个人所得税。加上《中华人民共和国个人独资企业法》对企业资金的增减不做特别要求，给纳税人通过增资或减资以影响纳税提供了税务筹划的空间。投资者将可用于经营的财产投入企业（增资），或者将其所有的财产从企业账面中抽出（减资），就可以改变其财产出租、转让收益的应税项目和适用税率，从而达到减轻税负的目的。在实际操作中，如果该财产已作为企业财产，则投资者可通过减资的形式将企业财产变成投资者个人的其他财产。

4. 收入延期筹划策略

收入延期筹划策略的基本原则是：如果不需要现时的收入进行消费，就尽量将这些收入的取得时间向后推延。推迟纳税可以使个人在不减少纳税总量的情况下获得货币的时间价值。按照贴现原理，延迟交纳的税款现值一定小于当期交纳的等额税款。税款越晚交纳，其经济成本就越低，收入延期常用手段有以下几种。

1）积极加入企业养老金计划

企业养老年金计划在国外一般采用所谓的 EET 征税模式（E 代表免税，T 代表课税），即个人在工作期的缴费是免个人所得税的（E），其缴费的投资收益也是免税的（E），但个人退休后每月领取的养老金是需要纳税的（T）。如果个人加入了 EET 模式的养老金计划，就可以推迟工资、薪金个人所得税的纳税义务。目前，我国政府举办的基本养老保险计划在课税模式上属于 EEE，个人在领取基本养老保险计划的养老金时也不需要交纳个人所得税，因此个人参加这种养老金计划可以享受免税待遇。

2）巧用时间规划进行房产投资

现阶段我国二手房转让中有两种情况可享受优惠政策：① 对个人转让自用 5 年以上，并且是家庭唯一生活用房取得的所得免征个人所得税；② 对出售自有住房并拟在现住房出售 1 年内按市场价重新购房的纳税人，其出售住房应交纳的个人所得税，先以纳税保证金形式向主管税务机关交纳，购房金额大于或等于原住房销售额的，全部退还纳税保证金，购房金额小于原住房销售额的，按照购房金额占原住房销售额的比例退还纳税保证金，余额作为个人所得税上交。而除此之外的二手房买卖，均需交纳个人所得税。纳税人可以充分利用此项优惠政策，巧用时间规划来进行房地产投资。

5. 投资避税筹划策略

按现行个人所得税规定，不同的投资所面临的税负不同，如一般储蓄存款要交利息所得税，资本利得暂免征税，国债利息所得免交利息所得税，基金投资不收印花税等，可以利用投资目前免税的金融产品来减少税收开支。

6. 成本费用最大化筹划策略

成本费用最大化筹划策略也称利润最小化策略,是专门针对个人投资企业而言的。个人投资企业可以按照国家税法及财务会计的有关规定,选择合理的成本费用计算方法、计算程序和费用分摊等一系列有利于自身利益的企业内部核算活动,使得费用、成本和利润达到最佳值,以实现少交税款甚至不交税款的目的。

15.2.2 税务筹划技巧

除了个人所得税的税务筹划策略以外,要想运用好前文提到的各种税务筹划方法,还需要掌握一些技巧,下面有针对性地介绍各种税务筹划技巧。

1. 利用税收优惠政策

从税制构成要素的角度探讨,利用税收优惠政策进行税务筹划主要利用以下几个优惠要素。

1) 利用免税筹划

利用免税筹划是指在合法、合理的情况下,使纳税人成为免税人,或者使纳税人从事免税活动,或者使征税对象成为免税对象而免纳税收的税务筹划方法。免税人包括自然人免税、免税公司、免税机构等。各国一般有两类不同目的的免税:一类是属于税收照顾性质的免税,其对纳税人来说只是一种财务利益的补偿;另一类是属于税收奖励性质的免税,其对纳税人来说则是财务利益的取得。照顾性免税往往是在非常情况或非常条件下才取得的,而且一般也只是弥补损失,所以税务筹划不能利用其达到节税目的,只有取得国家奖励性质的免税才能达到节税的目的。利用免税的税务筹划方法能直接免除纳税人的应纳税额,技术简单,但适用范围狭窄,且具有一定的风险性。

利用免税筹划应以尽量争取更多的免税待遇和尽量延长免税期为要点。在合法、合理的情况下,尽量争取免税待遇,争取尽可能多的项目获得免税待遇。与交纳税款相比,免征的税收就是节减的税收,免征的税收越多,节减的税收也越多;许多免税都有期限的规定,免税期越长,节减的税款越多。例如,如果国家对一般企业按普通税率征收所得税,对在 A 地的企业有从开始经营之日起 3 年免税的规定,对在 B 地的企业有从开始经营之日起 5 年免税的规定。那么,如果条件基本相同或利弊基本相抵,一个公司完全可以到 B 地去经营,以获得免税待遇,并使免税期最长化,从而在合法、合理的情况下节减更多的税款。

2) 利用减税筹划

利用减税筹划是指在合法、合理的情况下,使纳税人减少应纳税款而直接节税的税务筹划方法。我国对国家重点扶持的公共基础设施项目,符合条件的环境保护、节能节水项目,循环经济产业,符合规定的高新技术企业、小型微利企业、从事农业项目的企业等给予减税待遇,这是国家为了实现科技、产业和环保等政策所给予企业税收鼓励性质的减税。各国一般有两类不同目的的减税:一类是照顾性质的减税,如国家对遭受自然灾害地区的企业、残疾人企业等减税,是国家对纳税人由于各种不可抗拒原因造成的财务损失进行的财务补偿;另一类是奖励性质的减税,如高科技企业、公共基础设施投资企业等的减税,是对纳税人贯彻国家政策的财务奖励,对纳税人来说则是财务利益的取得。利用减税进行税务筹划主要是合法、合理地利用国家奖励性减税政策而节减税收的方法。这种方法也具有技术简单、适用范围狭窄、具有一定风险性的特点。

利用这种方法筹划是在合法、合理的情况下,尽量争取减税待遇并使减税最大化和使减税期最长化。例如,A、B、C 三个国家,公司所得税的普通税率基本相同,其他条件基本相似或利弊基本相抵。一个企业生产的商品 90% 以上出口到世界各国,A 国对该企业所得按普通税率征税;B 国为鼓励外向型经济发展,对此类企业减征 30% 的所得税,减税期为 5 年;C 国对此类企业减征 40% 所得税,而且没有减税期的限制。打算长期经营此项业务的企业,可以考虑把公司或子公司办到 C 国去,从而在合法的情况下,使节减的税款最大化。

3)利用税率差异筹划

利用税率差异筹划是指在合法、合理的情况下,利用税率的差异而直接节税的税务筹划方法。例如,公司所得税税率 A 国为 30%、B 国为 35%、C 国为 40%。则在其他条件基本相似或利弊基本相抵的条件下,投资者到 A 国开办公司可使节税最大化。税率差异在各国都普遍存在。利用税率差异进行税务筹划适用范围较广,具有相对确定性的特点。

利用税率差异进行税务筹划的技术要点是尽量寻求税率最低化,以及尽量寻求税率差异的稳定性和长期性。在合法、合理的情况下,寻求适用税率的最低化就意味着节税的最大化;寻求税率差异的稳定性和长期性,又会使纳税人获得更多的税收收益。另外,利用税率差异进行税务筹划,还应考虑外部环境的稳定性和长期性对企业的影响。例如,政局稳定国家的税率差异就比政局动荡国家的税率差异更具有稳定性,政策制度稳健国家的税率差异就比政策制度多变国家的税率差异更具有长期性。

4)利用分劈技术筹划

分劈技术是指在合法、合理的情况下,使所得、财产在两个或更多个纳税人之间进行分劈而直接节税的税务筹划技术。出于调节收入等社会政策的考虑,许多国家的所得税和一般财产税通常都会采用累进税率,计税基数越大,适用的最高边际税率也越高。使所得、财产在两个或更多个纳税人之间进行分劈,可以使计税基数降至低税率级次,从而降低最高边际适用税率,节减税收。例如,应税所得额在 30 万元以下的适用税率是 20%,应税所得额超过 30 万元的适用税率为 25%。某企业应税所得额为 50 万元,则要按 25% 的税率纳税,应纳所得税为 12.5 万元(50×25%)。但是,如果企业在不影响生产经营的情况下,一分为二,平均分为两个企业,则应纳所得税为 10 万元(25×20%×2),节减所得税 2.5 万元(12.5-10)。

采用分劈技术节税的要点是使分劈合理化、节税最大化。利用国家的相关政策对企业的所得或财产进行分劈,技术较为复杂,因此,除了要合法,还应特别注意其合理性。

5)利用税收扣除筹划

利用税收扣除筹划是指在合法、合理的情况下,使扣除额增加而实现直接节税,或者调整各个计税期的扣除额而实现相对节税的税务筹划方法。在收入相同的情况下,各项扣除额、宽免额、冲抵额等越大,计税基数就会越小,应纳税额也就越小,从而节税会越多。利用税收扣除进行税务筹划,技术较为复杂、适用范围较大、具有相对确定性。

利用税收扣除进行税务筹划的要点是使扣除项目最多化、扣除金额最大化和扣除最早化。在合法、合理的情况下,尽量使更多的项目能得到扣除。在其他条件相同的情况下,扣除的项目越多、金额越大,计税基数就越小,应纳税额就越小,因而节减的税款就越多;在其他条件相同的情况下,扣除越早,早期纳税越少,早期的现金流量就会越大,可用于扩大流动资本和进行投资的资金会越多,将来的收益也越多,因而相对节税就越多。扣除最早化可以达到节税的最大化。

6）利用税收抵免筹划

利用税收抵免筹划是指在合法、合理的情况下，使税收抵免额增加而节税的税务筹划方法。税收抵免额越大，冲抵应纳税额的数额就越大，应纳税额就越小，从而节减的税额就越大。

利用税收抵免筹划的要点是使抵免项目最多化、抵免金额最大化。在合法、合理的情况下，尽量争取更多的抵免项目，并且使各抵免项目的抵免金额最大化。在其他条件相同的情况下，抵免的项目越多、金额越大，冲抵的应纳税项目与金额就越大，应纳税额就越小，因而节税就越多。

7）利用退税筹划

利用退税筹划是指在合法、合理的情况下，使税务机关退还纳税人已纳税款而直接节税的税务筹划方法。在已缴纳税款的情况下，退税无疑是偿还了交纳的税款，节减了税款，所退税额越大，节减的税款就越多。

税收优惠政策是国家的一项经济政策，纳税人对税收优惠政策的有效利用正是响应国家特定时期的经济政策，因此会得到国家的支持与鼓励。但是不同的纳税人利用优惠政策的方式和层次却不相同。有的纳税人只是被动接受并有限地利用国家的优惠政策，而有的纳税人则积极创造条件，想尽办法充分地利用国家的优惠政策；有的纳税人利用优惠政策用的是合法手段，而有的纳税人则采取非合法的手段。成功的关键是得到税务当局的承认。

总的来说，利用税收优惠政策进行税务筹划时应注意：① 尽量挖掘信息源，多渠道获取税收优惠政策；② 充分利用税收优惠政策；③ 尽量与税务机关保持良好的沟通。

2. 利用纳税期递延

企业实现递延纳税的一个重要途径是采取有利的会计处理方法，对暂时性差异进行处理。通过处理使当期的会计所得大于应纳税所得，出现递延所得税负债，即可实现纳税期的递延，获得税收利益。

延期纳税如果能够使纳税项目最多化、延长期最长化，则可以达到节税的最大化。

1）递延项目最多化

在合理、合法的情况下，尽量争取更多的项目延期纳税。在其他条件（包括一定时期纳税总额）相同的情况下，延期纳税的项目越多，本期交纳的税款就越少，现金流量也越大，可用于扩大流动资本和进行投资的资金也越多，因而相对节减的税款就越多。

2）递延期最长化

在合理、合法的情况下，尽量争取纳税递延期的最长化。在其他条件（包括一定时期的纳税总额）相同的情况下，纳税递延期越长，由延期纳税增加的现金流量所产生的收益也将越多，因而相对节减的税款也越多。

3. 利用转让定价

为了保证利用转让定价进行税务筹划的有效性，筹划时应注意：① 进行成本效益分析；② 考虑价格的波动应在一定的范围内，以防被税务机关调整而增加税负；③ 纳税人可以运用多种方法进行系统的全方位筹划安排。

4. 利用税法漏洞

利用税法漏洞进行税务筹划应注意的问题如下。

（1）需要精通财务与税务的专业化人才。只有专业化人才才能根据实际情况，参照税法而利用其漏洞进行筹划。

（2）操作人员应具有一定的纳税操作经验。只依据税法而不考虑征管方面的具体措施，筹划成功的可能性不会太高。

（3）应有严格的财会纪律和保密措施。没有严格的财会纪律便没有严肃的财会秩序，混乱的财务状况无法作为筹划的实际参考。另外，筹划的隐蔽性保证了漏洞存在的相对稳定性。

（4）要进行风险和效益分析。在获取较大收益的前提下，应尽量降低风险。

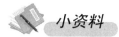 小资料

创业者不可不知的 4 个节税技巧

1. 将个人专利以技术入股的形式投入公司使用

如果企业老板或员工个人拥有专利，并将其提供给公司使用，公司在对待个人的专利时，可以为其合理估价，以有价入股的形式纳入公司使用，并签订正式的合同。

税务筹划师：这样一来，专利就会成为公司的无形资产，会计人员可以采用合理摊销的方式，将其计入成本费用，从而减少利润，达到少交税的目的。

2. 合理提高员工福利，计入成本，摊销利润

中小企业主在生产经营的过程中，可以在不超过计税工资的范畴内适当提高员工工资，例如，为员工办理医疗保险，建立职工基金（如养老基金等），增加企业财产保险和运输保险等。

税务筹划师：如此一来，不仅可以调动员工积极性，而且这些费用都可以列入企业的成本，从而摊销企业利润，减少税负。

3. 混合销售要依法而签，分别计税

一项销售行为如果涉及服务又涉及货物，就是混合销售。这里包含两个要素：一是必须是同一项销售行为，二是必须要涉及服务和货物，二者缺一不可。例如，一家既生产设备又提供设备安装服务的商家，肯定想要做低材料价格、做高安装服务价格，以此降低增值税负担，提高税后收入，但是对于购买方来说则正好相反。所以如何开票是双方博弈的过程，为避免在税务往来中自家多缴税，最明智的做法就是依法而签，分别计税，公平合理。

4. 发票丢失，及时补救，仍能报销和入账

我国实行以票控税，因为涉及税收，如果发票丢失想要重开一张是不太可能的。但是，没有了发票就不能凭票报销和公司入账，该怎么办呢？

丢失发票不用慌张，你可以采取以下两种措施进行补救。

第一种，从外单位取得的原始凭证如有遗失，应当取得原开出单位盖有公章的证明，并注明原来凭证的号码、金额和内容等，由经办单位会计机构负责人、会计主管人员和单位领导人批准后，才能代作原始凭证。

第二种，若确实无法取得证明，如车、船票等，由当事人写出详细情况，由经办单位会计机构负责人、会计主管人员和单位领导人批准后，代作原始凭证。

虽然税务筹划有很多手段，没有哪种手段说是一定"保险"的，但通过利用政府出台的税收优惠政策，节税合理合法。善于运用税收优惠政策为企业实现利润最大化和税负最低化，是企业实现自身强大的创新能力和经济活力的重要方式。作为公司财务或企业经营者都应高度重视。

资料来源：http://www.sohu.com/.

思考与练习

1. 名词解释

税务筹划　分劈技术

2. 单选题

（1）狭义的税务筹划是指（　　）。

A. 节税　　　　　　B. 避税　　　　　　C. 骗税　　　　　　D. 逃税

（2）进行税务筹划时，需要了解的纳税人财务情况不包括（　　）。

A. 收入情况　　　　B. 支出情况　　　　C. 财产情况　　　　D. 纳税情况

（3）个人为单位或他人提供担保获得报酬，应（　　）。

A. 不属于个人所得税的征税范围

B. 按照"劳务报酬所得"项目缴纳个人所得

C. 按照"其他所得"项目缴纳个人所得

D. 按照"对企事业单位承包承租所得"项目缴纳个人所得

3. 多选题

（1）税务筹划的特点有（　　）。

A. 合法性　　　　　B. 筹划性　　　　　C. 专业性　　　　　D. 风险性

（2）延期纳税的好处有（　　）。

A. 利于资金周转　　　　　　　　B. 利于节省利息支出

C. 可降低实际纳税额　　　　　　D. 可以降低利率

（3）一般税务筹划的基本步骤应包含（　　）。

A. 了解纳税人的情况和要求　　　B. 签订委托合同

C. 制订税务筹划计划并实施　　　D. 控制税务筹划计划的运行

（4）下列出口货物的企业，享受增值税出口免税并退税的是（　　）。

A. 农用车生产厂出口一批自产农用车

B. 外贸企业出口一批其收购的藤编用品

C. 小规模生产企业委托外贸企业代理出口的自产货物

D. 商贸企业委托外贸企业出口军用毛毯一批

4. 简答题

（1）简述税务筹划的特点。

（2）简述税务筹划的基本步骤。

（3）简述税务筹划的策略。

5. 案例分析题

王先生于 2003 年 1 月在某市中心购入一高档住房（其还有其他的住房）买价 100 万元，并支付相关税费 6 万元，2007 年 3 月王先生想将该房屋卖出变现，现有以下两种方案。

方案 1：直接以 150 万元的价格卖出。

方案 2：先以作价 150 万元投资入股于朋友开的公司，共担风险，每年可获利润 10 万元，2008 年王先生再以 150 万元转让其股权。

要求：试从节税的角度（不考虑印花税）衡量一下哪个方案更有利。

第 16 章

退休与遗产规划

🔍 **学习目标与要求**

1. 了解退休与遗产规划在个人理财中的重要性。
2. 掌握退休规划的流程，遗产规划的含义。
3. 掌握遗产规划的工具。

案例引入

养老是一个耳熟能详的词，不仅体现了在职时的福利待遇，同时也影响着退休后的生活保障。常见的养老储备方式有 6 种，储蓄、社会保险、商业保险、职业年金和企业年金、股票和基金、房产，运用最多的是储蓄和社会保险。

养老是有一定风险的，虽然很多人每月能拿到高额的工资，也能拿到多项保障性福利，但只要眼光看长一点，难免会有很多人担心退休后的福利待遇和生活状况。现在已经退休了的老人，最关心的是每月能领多少养老金，养老金如何发展；没有退休的年轻人就关心自己存了多少钱，存进去的钱有没有风险。

退休后到底拿多少钱，你真的清楚吗？

事实上，养老金计算办法非常复杂，不同行业企业、不同工龄、不同城市、不同等级，甚至是同一家公司同级别的职工，退休后的养老金也会出现较大的差距。

简单来说，参保人的养老金待遇主要分为以下部分：基础养老金；个人账户养老金；对于一些有视同缴费权益的人来说，符合相关条件的，还可以计发过渡性养老金或地方养老金。此外，单位福利较高的，还会有职业年金和企业年金。

养老金待遇主要跟 4 个因素有关。

1. **缴费年限长短**

缴费 15 年还是缴费 30 年，会直接影响退休后的养老金待遇，缴费满 15 年只是养老金的最低年限要求，只缴纳 15 年也只能享受最低的养老金待遇。

2. **缴费水平高低**

缴费水平的高低也会直接影响到退休以后的养老金待遇，缴费水平按系数计算，最高 3.0，最低 0.6。工资越高，公司职位越高，缴纳的社会保险也会相应增加。

3. **退休时的社会平均工资**

社会平均工资指的是企业、事业、机关单位的职工在一定时期内平均每人所得的货币工资额，经济发展水平高，社会平均工资也会相应提高。

4. 退休年龄

在计算个人账户养老金的时候，退休年龄的不同，所除的计发月数是不同的。退休年龄越大，计发月数越小，个人账户养老金算起来会越高。

再了解一下基本养老保险储备基金体系！

截至 2016 年年底，基本养老保险储备基金大概是 4 万亿元，由国家社保基金理事会专门管理；社会保障的储备基金约为 1 万亿元；企业的补充养老金（企业年金）约为 1 万亿元；保险公司建立的养老年金保险产品约为 2 000 亿元，因此，所有的养老金额度约为 6 万亿元。

城镇就业职工有 2 亿多人，也就是办理了社会保险的人数有 2 亿多人，平均每个人也就是 3 万多元。那么很多人就会产生疑惑，3 万元够养老吗？自己存的钱远远不止 3 万元，剩下的钱去哪了呢？

虽然大家都不愿意被平均，但是很多时候被平均不是自己能说了算的，既然是平均水平，绝大部分人是没有达到平均水平的。

美国有近 20 万亿元的养老金资产，平均到每个城镇职工的养老金有 5 万美元，也就是 32 万元左右。这样稍作对比，就能很明显地看见养老储备的短板。因此，我们需要加大养老金储备，为未来自己的老年生活和整体养老风险做一些准备。加大养老储备的途径，除了缴纳更多的养老保险外，进行多方位的投资和投保也是不错的选择，你每月缴纳的养老保险最多可以增加多少呢？

资料来源：http://www.sohu.com/a/197808204 _ 533056.

16.1　退　休　规　划

16.1.1　退休规划概述

1. 退休的含义

所谓退休，是指根据国家有关规定，劳动者因年老或因工、因病致残，完全丧失劳动能力（或部分丧失劳动能力）而退出工作岗位。

根据我国有关法律规定，国家法定的企业职工退休年龄是男年满 60 周岁，女工人年满 50 周岁，女干部年满 55 周岁。从事井下、高温、高空、特别繁重体力劳动或其他有害身体健康工作的，退休年龄是男年满 55 周岁，女年满 45 周岁；因病或非因工致残，由医院证明并经劳动鉴定委员会确认完全丧失劳动能力的，退休年龄是男年满 50 周岁，女年满 45 周岁。

就目前的人均寿命而言，一般人在退休后还有 20～30 年或更长的退休生活。由于大多数人在退休之后即失去了正常的收入来源——工资，为了使退休后的生活更有保障，未雨绸缪，需要预先进行基于退休目的的财务规划，将老年时各种不确定因素对生活的影响程度降到最低。

2. 退休规划的概念

退休规划是一种以筹集养老金为目标的综合性金融服务，换而言之就是为保证自己在退休以后过上经济独立、财务自主、资金有保障、生活有品质的生活，而从现在起就开始实施的一系列财务筹划活动。

如果单纯靠政府提供的社会养老保险金，只能满足一般意义上的养老生活，即只能保证最基本的退休生活开支。要想退休后生活得舒适、独立，一方面可以在有工作能力时积累一笔退休基金作为补充；另一方面也可以在退休后选择适当的业余性工作为自己谋得补贴性收入。其中最重要的还是在有工作能力时积累一笔退休基金作为补充。

3. 退休规划的意义

随着人均寿命的增加，退休时间占一个人一生的时间将继续增加，这是充分享受人生的最好时期。如果忽略退休计划的重要性和紧迫性，晚年就可能会陷入困境。如果希望晚年活得有尊严，过上高品质的生活，应及早开始进行退休规划。

1）满足人们寿命日益增长的需求

随着生活水平和医疗水平的提高，个人的平均寿命相比以前有了快速的增长，其结果是现代人的退休生活大幅延长。不言而喻，更长的退休生活需要人们在退休之前积攒更多的储蓄，因此，未雨绸缪进行更好的退休规划就变得非常重要。

2）解决就业时间缩短的社会问题

科技进步、经济增长方式的变化，以及高等教育的普及等原因大大推迟了个人就业的年龄。与此同时，人们的退休年龄却没有延伸，甚至有所缩减，其结果就是人们的工作年限减少，这就意味着为未来进行经济积累的时间减少。

3）应对日益严重的人口老龄化

人口老龄化日趋严重已成为中国未来人口发展过程中不可逆转的趋势。因此，要在未来过上一种令人满意的退休生活，就必须进行更好的退休规划。

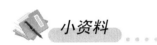 小资料

我国人口老龄化形势超出预测

"十二五"时期我国将出现第一个老年人口增长高峰，60 岁以上老人人口数量将由1.78 亿增加到 2.21 亿，老年人口比例由 13.3% 增加到 16%，这将使我国社会养老和养老服务面临极大挑战。

"我国从今年开始进入人口老龄化快速发展期，未来人口老龄化形势比原来预测的要严重，而且人口快速老龄化与高龄化、空巢化相交织，与经济转型、社会转型和文化转型相伴随，给应对人口老龄化增加了新难度。"全国老龄办副主任吴玉韶表示，人口老龄化问题涉及政治、经济、文化和社会生活各个方面，是关系国计民生和国家长治久安的一个重大社会问题，成为我国改革发展中不容忽视的全局性、战略性问题。

最新预测显示，我国已经进入并长期处于老龄化社会，这是 21 世纪中国的一个重要国情。未来我国人口老龄化大体分为 4 个阶段。2011—2022 年是加速发展阶段，老年人口年均增长 730 万人；2023—2035 年是快速发展阶段，老年人口年均增加 1 100 万人；2036—2054 年是高位发展阶段，老年人口增速放缓，年均增加 336 万人；从 2055 年起，老年人口数量达到 4.72 亿的峰值后开始缓慢减少。

另据全国老龄办最新抽样调查表明，截至 2010 年年末，全国城乡部分失能和完全失能老人约为 3 300 万人，到 2015 年年末，我国部分失能和完全失能老人达 4 000 万人，占老年人的 19.5%，他们不同程度地需要专业化护理。

据了解，我国老龄人口绝对值为世界之冠，约占世界老年人口的 1/5，亚洲的 1/2，到 2055 年前后达到峰值 4.72 亿人。

资料来源：http://roll.sohu.com/20120112/n332033844.shtml.

4）转换传统的家庭养老模式

中国虽然有养儿防老的传统观念，但是这一观念正随着我国社会形态的巨变，以及伦理价值观念的变化逐渐淡化。随着我国工业化、城市化进程的加快和人口结构的变化，"421" 式家庭逐渐增多，劳动人口对非劳动人口的赡养率不断提高，在这种情况下，继续延续代际转移的养老方法将给下一代带来沉重的赡养压力，导致整个社会生活水平下降。因此，在未来退休生活的安排上，"养钱防老" 的观念已取代 "养儿防老" 的传统观念，并成为新趋势。

5）应对通货膨胀的严峻形势

在现代社会通货膨胀始终存在，人们在退休后由于不再工作而失去了稳定的收入来源，仅仅依靠社会保险统筹的养老保险金来度过漫长的晚年生活是非常危险的。历史经验已经向人们发出警告，通货膨胀随着时间的延续对物价水平及日常生活的影响会日益加剧，如果不能很好地保持增值水平，辛苦积累下来的退休金也许就会被通货膨胀吞噬。

6）补充社会养老保障

各国都有自己的退休保障制度，其制度体系各不相同，但都不能保证所有人的退休生活能够获得完善的保障。一般来说，社会保障体系提供的退休金只能维持基本生活水平，要想仅仅通过某项独立的退休保障制度获得足够的退休费用是不现实的，因此建立多渠道、多层次的个人退休保障计划是非常必要的。

16.1.2　退休规划的影响因素

1. 月生活标准

每月退休生活费用越高，退休金筹备压力越大。但降低退休后每月生活支出不是积极的策略，个人理财规划师要在个人能力范围内，尽量在退休前为客户提高资产增值效率来保障退休后的生活品质。

2. 资金收入来源

每月退休生活费用若有固定收入支持，则退休金筹备压力减小。一般每月固定收入来源包括月退休金、年金保险给付、房租收入、资产变卖现金收入等。个人理财规划师在进行退休理财规划服务时，要通过各种渠道来保障客户的固定收入来源。

3. 通货膨胀影响

通货膨胀率越高，退休金筹备压力越大。退休计划的第一条原则就是必须能够战胜通货膨胀，否则将没有任何保障。个人理财规划师进行退休理财规划服务时一定要充分考虑通货膨胀及其他外界因素的影响。

4. 生存期间长短

退休后生活时间越长，所需退休总费用越高，退休金筹备压力越大。虽然寿命的长短不是个人所能预料的，但根据客户的健康状况及家族遗传等各方面因素的判断，再考虑中国人的平均寿命，是可以有一个大概预期的。个人理财规划师在进行退休理财规划服务时，要注意在此基础上加上 5～10 岁作为规划的目标，以防长寿而资金不足。

5. 退休计划期间

离退休日越短，累积工作收入的期间越短，退休金筹备压力越大。个人理财规划师在进行个人财务规划其他业务时，也应该及早提醒客户尽早考虑和规划自己的退休生活。

6. 资产积累

退休前资产累积越多，退休后每月生活费越宽裕。如资产积累富足或退休金优厚，个人理财规划师可建议提早退休，趁年轻力壮，完成人生的其他愿望。

7. 需求标准

退休规划应以自己及配偶的需求为优先考虑，在退休前通过省吃俭用提高储蓄率来增加资产，以保障退休后生活费用的方式是消极的。个人理财规划师是在保证客户生活质量的前提下，通过尽早的科学合理规划来保障退休后的生活费用。

16.1.3　退休规划的流程

一个完整的个人退休规划流程，包括个人职业生涯设计和收入分析、退休后生活设计与养老金需求分析，以及自筹养老金部分的投资设计。通过个人职业生涯设计，可以估算出个人工作时的大体收入水平和在退休时可以领取的退休金水平，即既定养老金；通过退休后生活设计，可以推算出个人退休后消费支出的大体数额，即养老金总需求；根据退休后消费支出额与可以领取的社会退休金的差额，可以估算出需要自筹的退休金数额，即养老金赤字；结合个人工作时的收入水平等指标所反映的个人养老储蓄能力，就可以制订出个人退休规划方案。其中，自筹退休资金来源包括两部分：运用过去的积蓄进行投资所获取的收入；距离退休日的剩余工作期间的收入。在整个退休规划中，通货膨胀率、薪酬增长率、投资报酬率是 3 项最主要的影响因素。退休规划流程如图 16-1 所示。

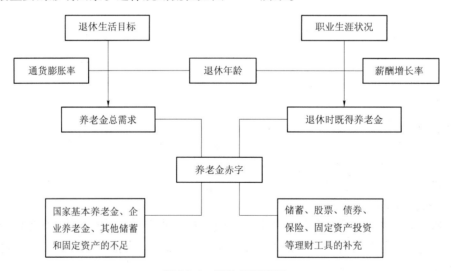

图 16-1　退休规划流程

1. 确定退休目标

退休目标是指人们所追求的退休之后的一种生活状况。具体来说，退休目标可以从以下两个方面进行考察。

1）退休时间

估计客户的退休时间对个人理财规划师来说非常重要，因为确定了退休年龄就意味着确定了客户的剩余工作时间。近几十年来，在许多国家普遍有一种推迟退休年龄的趋势。在某些行业，员工可能工作到 65 岁甚至更久，此外，不同的人群对退休时间的选择度也不同，如一些个体从业人员对退休时间的选择就有更大的自主权。此外，经济的景气状况，以及自身的身体和精神状况也会对客户的退休年龄产生影响。如果客户选择提前退休，其将不可避免地面临用较短的剩余工作时间积累较多退休金的压力。

2）退休生活目标

客户退休的生活目标既取决于其指定的退休计划，也受到客户职业特点和生活方式的约束。客户的生活方式和生活质量应当是建立在对收入和支出进行合理规划的基础上。不切实际的高标准只能让客户的退休生活更加困难。在制订退休计划时，个人理财规划师要特别警惕客户为了短期利益而损害退休生活的行为。

应当指出，客户在退休年龄和退休生活目标两方面的要求并不是孤立的，它们之间相互关联，如客户为了获得更多的时间享受退休生活，可能不得不降低退休生活目标，而客户为了追求更高质量的退休生活，则必须延长工作时间，推迟退休年龄。

2. 确定养老金总需求

确定客户退休后养老金总需求的方法主要有以下两个。

1）以收入为标准的方法

该方法基于客户退休前收入的某一百分数进行计算，大多数理财规划师将客户所需的退休花费设定在退休前收入的 60%～70%，以维持同样的生活水平，这个百分数被称为工资替换率，即养老金替代率。

 **小资料**

养老金替代率下降凸显商业保险重要性

自 2005 年至今，我国已连续 6 年 7 次上调企业退休人员基本养老金。2011 年，国家将企业退休人员月人均基本养老金水平提高 140 元左右。然而，尽管企业职工退休金连年上调，但养老金的替代率却在持续下降。

养老金替代率是指劳动者退休时的养老金领取水平与退休前工资收入水平之间的比率。它是衡量劳动者退休前后生活保障水平差异的基本指标之一。替代率越高，越能保证老年生活的品质。

以国际经验来说，如果退休后的养老金替代率大于 70%，即可维持退休前现有的生活水平；如果达到 60%～70%，即可维持基本生活水平；如果低于 50%，则生活水平较退休前会有大幅下降。1999 年之前，中国企业职工养老金的替代率总体维持在 75% 以上，但之后呈逐年下降趋势，到目前已下降至 50% 以下，而且不同人群养老金替代率的巨大差异，也引起了各方广泛关注。

资料来源：上海金融时报，2011-06-21.

2）以开支为标准的方法

该方法基于客户退休前支出的某一百分数进行计算，利用客户在当前或退休前的消费与开支替换率指标评估其退休消费支出，指标的标准范围是70%～80%。

每个家庭的消费习惯不同，但同一个家庭的消费习惯并不会因退休而有大幅改变。如果从现在开始就有记录家庭收支的习惯，按照目前的支出细目调整来编制退休后的支出预算，计算结果将更接近实际。调整的原则如下。

（1）按照目前家庭人口数与退休后家庭人口数的差异调整衣食费用，一般到退休时父母和子女可不考虑，退休时的生活费用可以夫妻两个人计算。

（2）减去退休前应支付完毕的负担，如子女高等教育费用、房屋贷款每月应摊还的本息、限期缴费的保险费用等都应该在工作期间有固定收入时负担完毕，计算退休费用时可从现有费用中减去。

（3）减去因工作而必须额外支出的费用，如交通及服装费用等。

（4）加上退休后根据生涯规划而增加的休闲费用及因年老而增加的医疗费用。

调整完以后就是以目前物价水平计算退休时所要花的费用，然后再参考过去各项目支出成长情形及物价变化，设定各项目的费用上涨率，再考虑物价增长率后，可查出一定离退休年数和物价增长率下的生活费倍数。以"目前物价退休后年支出×至退休后生活费倍数"就是按照届时物价计算退休后的第一年支出。

张先生现年40岁，预计60岁退休，目前家庭共同生活人数3人（夫妇、孩子），退休后生活人数2人（夫妻）。现在孩子在读大学，张先生退休时房贷已缴清，孩子大学毕业已独立谋生，限期缴费的终身险已不用再缴费。其退休后第一年支出的计算见表16-1。

表 16-1　退休后第一年支出的计算　　　　　　　　单位：元

支出项目	目前年支出	退休后年支出	费用上涨率/%	复利终值系数（$n=20$）	退休后第一年支出
饮食支出	8 000	5 000	3	1.806	9 030
衣着美容	5 000	3 000	1	1.220	3 660
房租支出	0	0	3	1.806	0
房贷本息支出	20 000	0	0	1.000	0
水电气费、电话费	4 000	2 500	3	1.806	4 515
交通费	4 000	3 000	4	2.191	6 573
子女教育支出	30 000	0	6	3.207	0
一般休闲娱乐	3 000	5 000	6	3.207	16 035
国外旅游支出	0	10 000	5	2.653	26 530
医疗保健费用	3 000	10 000	6	3.207	32 070
保险费	5 500	0	0	1.000	0

续表

支出项目	目前 年支出	退休后 年支出	费用上涨率 /%	复利终值 系数（$n=20$）	退休后 第一年支出
其他支出	3 000	3 000	5	2.653	7 959
生活总支出	85 500	41 500	5.10	2.739	113 668.5

由此可见，张先生的家庭年支出目前是 85 500 元，退休生活费现值为 41 500 元，考虑各项费用项目的年增长率后，退休第一年的支出预计为 113 668.5 元，平均复利费用增长率达 5.1%。根据我国各种物价指数的变化表，和全国居民消费价格分类指数表及全国居民零售价格分类指数表，个人理财规划师就可以将客户的第一年退休生活费用支出计算出来。

上一部分算出来的只是退休后第一年的费用，越早退休者其退休后的生活期间越长。年满 60 岁退休的人以平均死亡年龄来看，也还有 20 年左右的生活期。最简单的算法是，不考虑这笔钱的投资报酬率与往后每年的生活费用增长率，或者假设两者互相抵消，则退休时需准备退休总余额应该等于退休后第一年费用乘以退休后预期寿命。将张先生退休第一年的生活费用乘以退休后预期余命，得出退休生活费用总需求。假设张先生退休后的余命是 20 年，其退休生活费用总需求将为：

$$113\ 668.5×20=2\ 273\ 370（元）$$

值得注意的是，该养老金总需求是指张先生在退休后 20 年之内的总需求，退休计划还要面对以下特殊风险，即人们无法准确知道的风险：退休后的实际寿命，医疗费用支出，物价上涨幅度，其他意外事件。

为了预计上述风险，人们必须更详尽地收集信息，建立模型，准确知道未来退休生活费用的总需求。

3. 计算既得养老金

所谓既养老金，是指依法履行劳动合同（付出劳动）后取得的养老金权益（权益记录+养老金支付），实行退休前记录、退休后支付的方法。在我国主要表现为国家基本养老保险和企业年金计划。

1）国家基本养老保险

国家基本养老保险是社会保障制度的重要组成部分，是社会保险五大险种中最重要的险种之一。养老保险是国家通过立法建立养老保险制度，为解决劳动者在达到国家规定的解除劳动义务的劳动年龄界限，或者因年老丧失劳动能力的劳动者退出劳动岗位后提供基本生活保障而建立的一种社会保险制度。

我国的养老保险是由国家立法强制实行，企业单位和个人都必须参加，符合养老条件的人可向社会保险部门领取养老金。

养老保险金是离退休人员基本生活的重要保障，多数国家的养老保险金是由国家、企业、个人三方共同负担的，并以企业和个人为主；我国的养老保险费用也是由国家、企业、个人三方共同负担。① 来源于按职工工资总额的一定比例缴纳的养老保险费（税前列支），企业缴纳基本养老保险费的比例一般不得超过企业工资总额的 20%。② 来源于职工个人按工资收入的一定比例缴纳的养老保险费，个人缴纳基本养老保险费的比例是：1997 年不得低于本人缴费工资的 4%，从 1998 年开始每年提高 1 个百分点，最终达到本人缴费工资的 8%。③ 来源于国家的财政支持。目前，我国国家财政资助方式主要表现为保险费在税前列支，同时中央财政通过转移支付的方式，对养老保险基金支付能力不足的中西部地区和老工业基地，给予一定的支持。

企业职工同时符合以下两个条件的，可以按月领取基本养老保险金。

（1）达到下列退休年龄条件之一的：① 男性年满 60 周岁、女性年满 50 周岁（从事管理和技术工作的年满 55 周岁）；② 从事井下、高空、高温、特别繁重体力劳动，或者其他不利于健康的特殊工种的，男性年满 55 周岁，女性年满 45 周岁的可以退休。

（2）办理离退休手续时，经所在地社会保险机构认定累计缴费年限满 15 年的。

目前，按照国家对养老保险制度的总体思路，未来基本养老保险目标替代率确定为 58.5%。由此可以看出，今后基本养老金主要目的是保障广大退休人员的晚年基本生活。

社会统筹与个人账户相结合的基本养老保险制度是我国在世界上首创的一种新型的基本养老保险制度。这个制度在基本养老保险基金的筹集上采用传统型的基本养老保险费用的筹集模式，由国家、单位和个人共同负担；在基本养老金的计发上采用结构式的计发办法，强调个人账户养老金的激励因素和劳动贡献差别。该制度既吸收了传统型的养老保险制度的优点，又借鉴了个人账户模式的长处；既体现了传统意义上社会保险的社会互济、分散风险、保障性强的特点，又强调了职工的自我保障意识和激励机制。

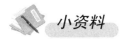

中国明确"十三五"养老体系建设规划

据新华社北京 3 月 6 日电 经李克强总理签批，国务院日前印发《"十三五"国家老龄事业发展和养老体系建设规划》（以下简称《规划》），明确了"十三五"时期促进老龄事业发展和养老体系建设的指导思想、基本原则、发展目标和主要任务。

《规划》指出，"十三五"时期是我国全面建成小康社会决胜阶段，也是我国老龄事业改革发展和养老体系建设的重要战略窗口期。要坚持党委领导、政府主导、社会参与、全民行动，着力加强全社会积极应对人口老龄化的各方面工作，着力完善老龄政策制度，着力加强老年人民生保障和服务供给，着力发挥老年人积极作用，着力改善老龄事业发展和养老体系建设支撑条件，确保全体老年人共享全面建成小康社会新成果。

《规划》指出，到 2020 年，多支柱、全覆盖、更加公平、更可持续的社会保障体系更加完善，居家为基础、社区为依托、机构为补充、医养相结合的养老服务体系更加健全，有利于政府和市场作用充分发挥的制度体系更加完备，支持老龄事业发展和养老体系建设的社会环境更加友好，及时应对、科学应对、综合应对人口老龄化的社会基础更加牢固。城镇职工和城乡居民基本养老保险参保率达到 90%，基本医疗保险参保率稳定在 95% 以上，政府运营的养老床位数占比不超过 50%，护理型床位占比不低于 30%，65 岁以上老年人健康管理率达到 70%，经常性参与教育活动的老年人口比例达到 20% 以上，老年志愿者注册人数占老年人口比例达到 12%，城乡社区基层老年协会覆盖率达 90% 以上。

资料来源：http://politics.people.com.cn/n1/2017/0307/c1001-29127541.html.

2）企业年金计划

企业年金，即企业补充养老保险，是指企业及其雇员在依法参加基本养老保险的基础上，依据国家政策和本企业经济状况建立的、旨在提高雇员退休后生活水平、对国家基本养老保险进行重要补充的一种养老保险形式。企业年金是对国家基本养老保险的重要补充，是我国正在完善的城镇职工养老保险体系（由基本养老保险、企业年金和个人储蓄性养老保险 3 个部分组成）的"第二支柱"。

企业年金的实质是以延期支付方式存在的员工劳动报酬和分享企业权益的一部分。我国于 2004 年颁布了《企业年金试行办法》和《企业年金基金管理试行办法》，规定了建立、运营和监督企业年金计划，以及规范企业年金的一系列法律规范，构建了"资产独立、三方制约、信息披露和监管机制"等确保企业年金资产市场化安全运营的机制，使企业年金成为中国各类企业补充养老保险中的合格计划。

继续以张先生为例，假设其在退休时的月基本养老金是 1 000 元，企业年金补充养老金每年支付 15 000 元，年既定养老金共计 27 000 元。上述两项养老金支付均没有按照通货膨胀率自动进行指数化调整的机制。国家基本养老金每年 7 月 1 日进行调整，额度为 50 元（每年 7 月 1 日增加 50 元），到 20 年后月养老金将增长为：

$$月养老金 = 1\ 000 + 50 \times 20 = 2\ 000 （元）$$
$$年总养老金 = 2\ 000 \times 12 + 15\ 000 = 39\ 000 （元）$$

即张先生的年既定养老金总计为 39 000 元。

4. 计算养老金赤字

1）估算的基本方法

养老金赤字及养老金缺口，是指养老金总需求与既定养老金的差额。估算养老金赤字的基本方法如下。

（1）基于个人（家庭）资产负债状况估算养老金的储备情况，包括既定养老金。

（2）测算养老金总需求。

（3）用退休生活费用总需求减去既定养老金储备，计算公式为：

$$养老金缺口 = 养老金总需求 - 既定养老金$$

继续以接张先生为例：

$$张先生的年养老金赤字 = 113\ 668.5 - 39\ 000 = 74\ 668.5 （元）$$
$$养老金赤字总量 = 74\ 668.5 \times 20 = 1\ 493\ 370 （元）$$

由此可见，张先生年养老金赤字为 74 668.5 元，余命 20 年养老金赤字总量为 1 493 370 元，相对而言压力较大。

2）解决养老金赤字的方法

如果想要解决养老金赤字，可以有以下几种方法。

（1）国家基本养老保险计划加大指数调整力度，否则将产生政策风险。

（2）建立养老金市场的指数调整机制，支持各类企业养老金计划建立指数化调整机制，提供随物价指数而调整的可变年金，否则将使退休计划面临风险。

（3）建立个人退休计划，加强家庭理财效果。

（4）降低退休生活期望值。

但是，从以上几种方法来说，建立个人退休计划是最好的选择。

5. 制订详细的退休计划

在对客户退休的收入、支出和储备金进行预测之后，就要对差额部分进行详细的计划了。客户的养老金赤字的弥补可以通过提高储蓄比例、降低退休后的开销、延长工作年限、提高收益水平、参加额外的退休计划等方式来实现。此外，规划是在制订退休计划之后，还应该注意客户和市场的客观情况进行及时修订和动态管理，以满足客户的实际需求。

16.2 遗 产 规 划

遗产规划是个人财务规划中不可缺少的一部分。在西方发达国家，政府对居民的遗产有严格的管理和税收规定，一般民众对遗产管理服务有一定的需求，遗产管理计划是其财务规划中相当重要的一部分。但就我国目前的情况来看，遗产规划项目在其受重视程度、被了解程度，以及对该规划专业意见的需求程度方面均是所有项目中最低的。

 小资料

遗产规划 你准备好了吗?

来自中国基层法院的统计资料显示，有近70%的遗产继承纠纷是由于被继承人生前未立遗嘱或未制订遗产计划引起的，而在剩下的30%遗产纠纷中又有将近84%的案件是因为遗嘱欠缺法律要件或形式、内容违法。由此可见，当下中国人的遗产规划意识和专业知识还是比较欠缺的。如果全社会拥有财产的潜在被继承人都能够提前在律师、私人理财顾问等专业人士的帮助下，制订遗产计划、拟好遗嘱，那么各种遗产纠纷将会大幅减少。

资料来源：包头晚报，2009-04-21.

随着经济的发展和人们生活水平的提高、人们意识的提高，以及遗产税开征的预期，市场对有效进行遗产规划的需求将会越来越大。

16.2.1 遗产的概念及特征

1. 遗产的概念

所谓遗产，是指被继承人死亡时遗留的个人所有财产和法律规定可以继承的其他财产权益，包括积极遗产和消极遗产。积极遗产是指死者生前个人享有的财物和可以继承的其他合法权益，如债权和著作权中的财产权益等。消极遗产是指死者生前所欠的个人债务。在我国，遗产范围主要是生活资料，也包括法律允许个人所有的生产资料。

世界各国民法确定遗产的范围和价值，都是从继承开始时，即被继承人死亡或宣告死亡这一法律事实发生的时间确定的。在中国，一般在继承开始地点（即死亡人最后的住所或主要财产所在地）的继承人，负责通知不在继承地点的其他继承人和遗赠受赠人与遗嘱执行人关于被继承人死亡的事实；保存遗产的人应当负责保管好遗产，不得擅自处理、隐匿和侵吞。如果在继承人中无人知道被继承人死亡，或者虽有继承人知道但该继承人无行为能力又无法定代理人进行通知和管理的，则应由被继承人生前所在单位或居住地基层组织或公证

机关负责通知和保管遗产。

2. 遗产的特征

1）时间上的时效性

遗产作为一种特殊财产，是财产继承权的客体。自然人死亡之时起至遗产分割完毕前这一特定时间段内，自然人生前遗留的财产才能被称为遗产。

2）性质上的财产性

死者生前享有的民事权利包括财产权和人身权两个方面，而可以被继承的只能是财产权。

3）财产上的可转移性

遗产是可以与人身分离而独立转移给他人所有的财产。一般来说，遗产仅是指能够转移给他人的财产，如所有权、债权等。而与个人身份密切结合，一旦分离便不复存在的财产权利不能作为遗产。

4）财产的生前个人合法所有性

自然人死亡时遗留的财产必须是合法财产才具有遗产的法律地位，法律规定的不得作为遗产进行继承的财产也无遗产的法律地位。

3. 遗产的种类

遗产包括自然人死亡时遗留的一切合法的不动产、动产和其他具有财产价值的权利。遗产不仅包括利益，也包括义务的内容。其主要有以下表现形式。

（1）公民的合法收入。例如，工资、奖金、存款利息、从事合法经营的收入、继承或接受赠予所得的财产。

（2）公民的房屋、储蓄、生活用品。

（3）公民的树木、牲畜和家禽。树木主要是指公民在宅基地上自种的树木和自留山上种的树木。

（4）公民的文物、图书资料。公民的文物一般是指公民自己收藏的书画、古玩、艺术品等。如果上述文物之中有特别珍贵的文物，应按《中华人民共和国文物保护法》的有关规定处理。

（5）法律允许公民个人所有的生产资料。例如，农村承包专业户的汽车、拖拉机、加工机具等；城市个体经营者投资所拥有的各类生产资料。

（6）公民的著作权、专利权中的财产权利。即基于公民的著作被出版而获得的稿费、奖金，或者因发明被利用而取得的专利转让费和专利使用费等。

（7）公民的其他合法财产。例如，公民的国库券、债券、股票等有价证券，复员、转业军人的复员费、转业费，公民的离退休金、养老金等。

4. 遗产分配的原则

按有关法律规定，依法继承中遗产分配应遵守以下原则。

（1）遗嘱优先于法律规定的原则。

（2）法定继承中实行优先顺位继承的原则。

（3）同一顺序继承人原则上平均分配的原则。

（4）照顾分配的原则。

（5）鼓励家庭成员及社会成员间扶助的原则。

 小资料

独生子女不能全部继承父母遗产？

杭州姑娘小丽的父母先后去世，在杭州给她留下了一套127平方米，价值300万元的房子。此房登记在小丽父亲名下，她去过户，在房管局遭拒，在公证处碰壁。

房管局拒绝的理由是要求小丽要么提供公证处出具的继承公证书，要么提供法院判决书；小丽找到公证处，公证处则要求她把父母的亲戚都找到，带到公证处才能办继承公证。

但小丽的亲戚定居全国各地，短时间内恐怕无法齐聚杭州，于是她请教了律师，得出一个更让她崩溃的结论：她并不是这套房屋的唯一继承人。

因为这套房产是小丽父母的婚内共同财产，父亲去世后，1/2房产归母亲，剩余1/2房产属父亲遗产，由母亲、小丽和奶奶（爷爷先于父亲去世）三人平分，母亲因此共分得2/3房产，小丽和奶奶各分得1/6房产。

奶奶过世后，属于奶奶的1/6房产由小丽父亲四兄弟姐妹转继承，每人可分得1/24房产，因小丽大伯和父亲先于奶奶过世，由晚辈直系血亲代位继承，小丽因此再获1/24房产……

小丽母亲现在过世，只有她一个继承人（小丽外公外婆早已去世），母亲的财产全由小丽继承，小丽因此又获2/3房产。

综上，小丽共获得1/6+1/24+2/3＝7/8的房产。

释法

独生子女原本就不是唯一的法定继承人

和市民传统观念不同的是，不管是房产还是存款，法律意义上，独生子女原本就不是父母遗产的唯一法定继承人。

按照我国《中华人民共和国继承法》的规定，遗产继承的顺序是：第一顺序，配偶、子女、父母。第二顺序，兄弟姐妹、祖父母、外祖父母。继承开始时，由第一顺序继承人继承，第二顺序继承人不继承。没有第一顺序继承人继承的，由第二顺序继承人继承。

出现在小丽家的情况其实并不复杂，在每一个家庭都有可能发生。导致独生女小丽继承困难，有2个关键因素：

1. 小丽爸爸去世前，没有留下遗嘱；2. 小丽奶奶的过世在她父亲过世之后，遗产分割之前，即小丽父亲的遗产没有及时分割。第一个因素在法律上发生法定继承的后果，第二个因素在法律上发生转继承的后果。

让大家感到复杂的，正是转继承。转继承，是指继承人在遗产分割前死亡的，其应继承的遗产份额由其法定继承人或者遗嘱继承人承受。

对小丽而言，在第一个因素节点出现时，她原本只需要叫上奶奶、妈妈，一起走一趟公证处即可；但在第二个因素节点出现后，她需要把奶奶的所有第一顺序继承人，都召集到杭州公证处来办手续。外地亲戚如果自愿放弃继承的，也要提供所在地公证处出具的放弃继承权公证书，再寄到杭州。这对小丽来说，费时费力，比较复杂。

建议

生前立份遗嘱省好多事情

继承父母遗产，怎样才能避免小丽的境遇？余姚法院民一庭副庭长丁金琴说，这则消息她早就关注过。乍一看好像法律规定让人难以接受，"但法律要保护的，不是某一个人的利益，而是每一个人的利益"，当然包括被继承人父母的继承权。

丁金琴说，这样的情况并非只发生在独生子女身上，在余姚法院以往审理的继承案件中，很多也涉及转继承和代位继承，当事人遍布全国各地，并不少见。

想要不这么麻烦，最省事的办法是生前立个遗嘱，声明夫妻百年后把房产全部留给子女，然后对遗嘱进行公证，小丽类似的麻烦一件都没有了。但在中国人的观念里，可能好多人都觉得活得好好的，就立份遗嘱，好像是在给自己找晦气，这种观念应该转变。

如果真的没立遗嘱，亲人去世后，最好及时完成继承手续，不能拖，以免日后造成麻烦。

资料来源：http://news.hexun.com/2016-03-25/182967162.html.

16.2.2　遗产规划的含义

遗产规划是指当事人在其健在时通过选择遗产管理工具和制订遗产计划，将拥有或控制的各种资产或负债进行安排，确保在自己去世或丧失行为能力时能够实现一定的目标。在西方国家，政府对居民的遗产有严格的管理和税收规定，所以一般民众对遗产管理服务有着相当的需求，遗产规划是其财务策划中相当重要的一部分。但是对于一些发展中国家来说，遗产数额不大，政府对遗产的征税也较为单一，甚至暂时不征税，加上人们的心理忌讳等因素的影响，对遗产规划的需求相对较低。

16.2.3　遗产规划的工具

1. 遗嘱

所谓遗嘱，是指遗嘱人生前在法律允许的范围内，按照法律规定的方式对其遗产或其他事务所作的个人处分，并于遗嘱人死亡时发生效力的法律行为。遗嘱是遗产管理中最重要的工具，但也常常被客户忽视，许多客户就由于没有制订或及时更新遗嘱而无法实现其目标。尽管理财规划师不能直接协助客户订立遗嘱，但他们有义务为客户提供有关的信息。个人理财规划师需要提醒客户在遗嘱中列出必要的补遗条款，以便客户在希望改变其遗嘱内容时不需要制定新的遗嘱文件。在遗嘱的最后，客户还需要签署剩余财产条款声明，否则该遗嘱文件将不具有法律效力。

1）遗嘱的特征

遗嘱是单方法律行为，即遗嘱是基于遗嘱人单方面的意思表示即可发生预期法律后果的法律行为。

遗嘱人必须具备完全民事行为能力，限制行为能力人和无民事行为能力人不具有遗嘱能力，不能设立遗嘱。

设立遗嘱不能进行代理。遗嘱的内容必须是遗嘱人的真实意思表示，应由遗嘱人本人亲自作出，不能由他人代理。如是代书遗嘱，也必须由本人在遗嘱上签名，并要有两个以上见证人在场见证。

危急情况下，才能采用口头形式，而且要求有两个以上的见证人在场见证，危急情况解除后，遗嘱人能够以书面形式或录音形式立遗嘱的，所立口头遗嘱因此失效。

遗嘱是遗嘱人死亡时才发生法律效力的行为。因为，遗嘱是遗嘱人生前以遗嘱方式对其死亡后的财产归属问题所作的处分，死亡前还可以加以变更、撤销，所以，遗嘱必须以遗嘱人的死亡作为生效的条件。

如果遗嘱人没有事实死亡，而是在具备相关的法律条件下，经有关利害关系人的申请，由人民法院宣告死亡后，遗嘱也发生法律效力，利害关系人可以处分遗嘱当事人的财产。如果在短期内遗嘱人重新出现，那相应的财产可以退还遗嘱人；如果时间较长，如超过两年以上，以及财产出现了无法退还的情况，则受益人应当对遗嘱人的基本生活在其受益的范围内提供帮助，但法定义务人不受此限。

2）遗嘱的订立条件

在设立遗嘱时，遗嘱人必须具有遗嘱能力。在国外，遗嘱能力并不等于行为能力，可以是达到一定年龄的未成年人。在中国，是指民事行为能力。

遗嘱人的意思表示必须真实。因受胁迫、欺骗所立的遗嘱，或者伪造、篡改的遗嘱无效。

遗嘱的内容必须符合法律和社会道德。在中国，遗嘱中凡违背法律规定剥夺未成年人和无劳动能力继承人的继承权的部分，归于无效。

遗嘱须具有一定的形式。各国对遗嘱形式都有具体规定，如大陆法系各国规定了 4 种形式，包括自书遗嘱、公证遗嘱、密封遗嘱和经合法证明属实的代笔遗嘱。

3）遗嘱的形式

根据《中华人民共和国继承法》（以下简称《继承法》）第十七条的规定，遗嘱的形式有以下 5 种。

（1）公证遗嘱。公证遗嘱由遗嘱人经公证机关办理。办理遗嘱公证需要立遗嘱人亲自到其户籍所在地的公证机关申请办理，不能委托他人代理。如果遗嘱人因病或其他特殊原因不能亲自到公证机关办理遗嘱公证时，可要求公证机关派公证员前往遗嘱人所在地办理。值得注意的是，立遗嘱人如果要变更或撤销原公证遗嘱，也必须由原公证机关办理。

（2）自书遗嘱。自书遗嘱必须由立遗嘱人全文亲笔书写、签名，注明制作的年、月、日。自书遗嘱不需要见证人在场见证即具有法律效力。

（3）代书遗嘱。代书遗嘱是指因遗嘱人不能书写而委托他人代为书写的遗嘱。我国《继承法》第十七条第三款规定："代书遗嘱应当有两个以上见证人在场见证，由其中一人代书，注明年、月、日，并由代书人、其他见证人和遗嘱人签名。"

（4）录音遗嘱。录音遗嘱是指遗嘱人用录音的形式制作的自己口述遗嘱。为防止录音遗嘱被人篡改或录制假遗嘱弊端的发生，《继承法》第十七条规定："以录音形式立的遗嘱，应当有两个以上见证人在场见证。"见证的方法可以采取书面或录音的形式，录音遗嘱制作完毕后，应当场将录音遗嘱封存，并由见证人签名，注明年、月、日。

（5）口头遗嘱。《继承法》第十七条规定："遗嘱人在危急情况下，可以立口头遗嘱。口头遗嘱应当有两个以上见证人在场见证。危急情况解除后，遗嘱人能够用书面或者录音形式立遗嘱的，所立的口头遗嘱无效。"由于口头遗嘱易于被篡改和伪造，以及在遗嘱人死后无法查证的缺点，所以《继承法》对口头遗嘱作了以上限制性规定。

4）遗嘱的效力

《继承法》第二十条规定："立有数份遗嘱，内容相抵触的，以最后的遗嘱为准。"

《最高人民法院关于贯彻执行〈中华人民共和国继承法〉若干问题的意见》第四十二条规定："遗嘱人以不同形式立有数份内容相抵触的遗嘱，其中有公证遗嘱的，以最后所立公证遗嘱为准；没有公证遗嘱的，以最后所立的遗嘱为准。"

《继承法》第二十条："自书、代书、录音、口头遗嘱，不得撤销、变更公证遗嘱。"

遗嘱人在订立新的遗嘱中，无论是否明确撤销、变更原遗嘱，只要前后两个遗嘱的内容相抵触，即意味着前遗嘱被推定为变更或撤销。全部抵触，全部撤销；部分抵触，部分撤销。但是，如果遗嘱人原来所立的遗嘱是公证遗嘱，在变更或撤销原遗嘱时，仍需经原公证机关办理。

遗嘱人的行为与遗嘱相抵触时，其抵触行为则被视为对原遗嘱的部分或全部撤销。

2. 遗嘱信托

遗嘱信托是指通过遗嘱这种法律行为而设立的信托，也称死后信托。当委托人以立遗嘱的方式，把财产交付信托时，就是所谓的遗嘱信托，也就是委托人预先以立遗嘱方式，将财产的规划内容，包括交付信托后遗产的管理、分配、运用和给付等，详订于遗嘱中。等到遗嘱生效时，再将信托财产转移给受托人，由受托人依据信托的内容，即委托人遗嘱所交办的事项，管理处分信托财产。与金钱、不动产或有价证券等个人信托业务比较，遗嘱信托最大的不同点是在委托人死亡后契约才生效。

遗嘱信托具有延伸个人意志，妥善规划财产，以专业知识及技术规划遗产配置，避免继承人争产、兴讼，结合信托，避免传统继承事务处理的缺点等特点。

1）遗嘱信托的功能

通过遗嘱信托，由受托人确实依照遗嘱人的意愿分配遗产，并为照顾特定人而作财产规划，不但有立遗嘱防止纷争的优点，并因结合了信托的规划方式，而使该遗产及继承人更有保障。因此，遗嘱信托具有以下功能：可以很好地解决财产传承，使家族永葆富有和荣耀。通过遗嘱信托，可以使财产顺利地传给后代，同时，也可以通过遗嘱执行人的理财能力弥补继承人无力理财的缺陷；可以减少因遗产产生的纷争。因为，遗嘱信托具有法律约束力，特别是中立的遗嘱继承人介入，使遗产的清算和分配更公平；可以避免巨额的遗产税。遗产税开征后，一旦发生继承，就会产生巨额的遗产税，但是如果设定遗嘱信托，因信托财产的独立性，就可以合法规避该税款。

2）遗嘱信托的种类

遗嘱信托分为执行遗嘱和管理遗产两种业务。

（1）执行遗嘱信托。执行遗嘱信托是信托机构在受托之后，根据遗嘱或有关的法院裁决，在遗嘱人死亡后，代遗嘱人办理债权与债务的收取和清偿，遗嘱物品交付及遗产的处理和分割等有关遗嘱的执行事宜。执行遗嘱信托大多是因为遗嘱人财产较多，遗产的分割处理关系比较复杂，且缺少可靠执行人等原因而设立的。

（2）管理遗产信托。管理遗产信托是信托机构受遗嘱人或法院委托，在某一时期内代为管理遗产的一种信托业务。这种业务又分为"继承未定"和"继承已定"两种情况。

3. 人寿保险

人寿保险产品在遗产规划中受到个人理财规划师和客户的重视，因为购买人寿保险的客户在去世时可以获得一大笔保险赔偿金，且以现金形式支付，能够增加遗产的流动性。但和其他遗产不一样，人寿保险赔偿金不需要支付税金。

4. 遗产委任书

遗产委任书授权当事人指定一方在一定条件下代表当事人指定其遗嘱的订立人，或者直接对当事人遗产进行分配。当事人一般要明确代理人的权利范围，后者只能在此范围内行使其权利。

理财策划涉及的遗产委任书有两种：普通遗产委任书和永久遗产委任书。如果当事人本身去世或丧失了行为能力，普通遗产委任书就不再有效。所以必要时，当事人可以拟订永久遗产委任书，以防范突发意外事件对遗产委任书有效性的影响。所以，永久遗产委任书的法律效力要高于普通遗产委任书。

5. 捐赠

捐赠是指当事人为了实现某种目标将某项财产作为礼物赠送给受益人，而使该项财产不再出现在遗嘱条款中。在许多国家，对赠与财产的征税要远远低于对遗产的征税，所以客户往往采取这种方式来减少税收支出，而且它有可能还会带来家庭所得税支出的下降。但财产一旦赠与给他人，当事人就失去对该财产的控制，将来也无法将其收回。

思考与练习

1. 单选题

（1）养老保险实行社会统筹与（　　　）相结合的运行方式。

A. 基础养老金　　　　　　　　　B. 个人账户养老金

C. 企业账户养老金　　　　　　　D. 财政账户养老金

（2）很多职工退休后最重要的收入来源将是（　　　）。

A. 基本养老保险　　　　　　　　B. 企业年金

C. 个人储蓄性养老保险　　　　　D. 国家补助

（3）甲有一女乙和一子丙。甲死后留下房屋一套（价值30万元）、存款60万元。但甲在遗嘱中只说明房屋由丙继承，没有涉及存款的分配，下列说法中正确的是（　　　）。

A. 丙继承商品房后无权再继承其他遗产

B. 丙继承商品房后有权再继承其他遗产

C. 丙是否有权继承其他的遗产取决于人民法院判决

D. 丙是否有权继承其他遗产取决于丙与乙的协议

（4）下列财产或财产权利中，不在遗产范围的是（　　　）。

A. 公民的房屋、储蓄和生活用品

B. 公民的著作权、专利权中的财产权利

C. 公民的文物、图书资料

D. 被继承人生前承包经营的土地

（5）王某生前有多份遗嘱，按时间先后顺序为自书、公证、代书和口头遗嘱，则王某死后，应按何种遗嘱执行？（　　　）

A. 自书遗嘱　　　B. 代书遗嘱　　　C. 公证遗嘱　　　D. 口头遗嘱

（6）高某15岁时出于好奇，写下一份遗嘱，放在抽屉内，以后便将遗嘱忘得一干二净。19岁时高某由于车祸去世，家人在整理其遗物时发现了这份遗嘱。这份遗嘱的效力如

何？（   ）

　　A. 有效　　　　　　　B. 无效　　　　　　　C. 部分有效　　　　D. 部分无效

2. 多选题

（1）一些常用的遗产规划工具是（   ）。

　　A. 遗嘱　　　　　　　B. 遗产委任书　　　　C. 遗产信托　　　　D. 人寿保险

（2）客户的退休生活最终都要是以一定的收入来源为基础。一般而言，客户的退休收入包括（   ）。

　　A. 社会保障　　　　　B. 企业年金　　　　　C. 商业保险　　　　D. 投资收益

　　E. 兼职工作收入

（3）为了保证退休规划的准确性和有效性，建立退休规划需要遵循一定的程序。一般来说，一个合理的退休规划离不开（   ）。

　　A. 确定退休目标　　　　　　　　　　　　B. 确定保险金额需求

　　C. 预测退休资金需求　　　　　　　　　　D. 预测退休收入

　　E. 找到差距并制订详细的退休计划

（4）参加基本养老保险人员达到法定退休年龄时缴费年限不足 15 年的（   ）。

　　A. 一次性支付给本人　　　　　　　　　　B. 一次性支付缴费部分本息

　　C. 不退回本人　　　　　　　　　　　　　D. 可延续缴费至满 15 年止

（5）下列遗嘱形式中，属于我国继承法所规定的有（   ）。

　　A. 公证遗嘱　　　　　B. 口头遗嘱　　　　　C. 代书遗嘱　　　　D. 自书遗嘱

（6）钟某的父亲刚刚去世，留有不动产、现金、汽车和股票等财产，并立有公证遗嘱一份。钟某有兄弟姐妹共 5 人，为此钟某特地向某律师咨询继承一事，下列解答中正确的有（   ）。

　　A. 公证遗嘱在我国法律规定的各种遗嘱形式中效力最高

　　B. 我国的遗嘱继承人须在法定继承人中选择

　　C. 若钟某不是遗嘱中指定的继承人，他只能和其他兄弟姐妹共同继承遗嘱中没有处分的财产

　　D. 遗嘱不得取消缺乏劳动能力又没有生活来源的继承人的继承权

（7）宋某生前立有一份遗嘱，在遗嘱中写有以下内容，其中哪些符合法律规定？（   ）

　　A. 将自己的一幅古画赠给好友李某　　　B. 自己所有的房屋由妻子继承

　　C. 将自己 50% 的存款捐赠给希望工程　　D. 将他人寄存的钢琴由女儿继承

（8）陈某想立一份遗嘱，不知立了遗嘱之后能否更改和撤销，如果你是律师，下列说法中错误的有（   ）。

　　A. 遗嘱的变更与撤销须依法定方式由遗嘱人亲自为之

　　B. 陈某生前不能将遗嘱中涉及的财产送给别人

　　C. 公证遗嘱的变更或撤销只能采用公证的方式为之

　　D. 陈某不能撕毁该遗嘱

3. 案例分析题

　　刘先生年满 60 岁从某外资公司退休，具有工龄 38 年，退休前月当期薪酬 6 200 元，退休时国家基本养老金个人账户累计总额 48 000 元，过渡性养老金政策即工龄×5。刘先生所

在公司为其提供企业养老金计划，个人供款是个人当期薪酬的 5%，企业供款是个人供款的 50%，理财投资回报率 4%，供款期 15 年。假设刘先生退休后预期余命 20 年。（1.04^{20} = 2.191 1）

要求：试计算刘先生的既定养老金总额。

第 17 章

综合投资理财的设计与规划

🔍 **学习目标与要求**
1. 掌握如何确定客户的投资理财目标。
2. 掌握如何完成分项投资理财规划。
3. 掌握如何执行与调整投资理财规划方案。

案例引入

李某今年30岁，在一所学校任总务科长，妻子28岁，在一家国有贸易公司工作，两人都有社会保险。夫妻俩3年前购买了一套价值45万元的住房，月供2000元。他们前不久喜添贵子。李某家庭月收入6000元左右，夫妻俩在年终时会有1万元左右的年终奖金，每月基本生活费2800元。他们现在银行账户中已经有3万元的存款，希望孩子将来上学用。因此，希望进行投资理财规划。

资料来源：田文锦. 金融理财. 北京：机械工业出版社，2006.

17.1 确定客户的投资理财目标

由于投资理财规划可以分为全面投资理财规划和专项投资理财规划两种，因此不同品种的投资理财规划其目标也有所不同。在撰写投资理财规划建议书的过程中，应根据不同类型的投资理财规划制订不同的理财目标。

1. 全面投资理财规划目标

在全面投资理财规划中，由于客户关心的是家庭整体财务状况达到最优水平，因此制订的投资理财目标要包含诸如养老、保险、子女教育、投资、遗产等多方面因素。在这些规划中，投资理财目标可以分为几个阶段性目标，通过与客户的充分沟通，得出其合理的各阶段分期目标。首先是短期目标，如5年内的目标，写明5年内希望实现的财务任务，如购买新房、新车、出国旅游等。接下来是中期目标，10年或20年内希望实现的财务任务，如子女教育计划、双方父母的养老安排、双方自身后续教育计划、旅游安排、家庭固定资产置换计划等。长期目标为20~30年内希望实现的财务任务，如夫妻双方的养老计划、对金融资产及实物资产的投资和出国旅游等。

2. 专项投资理财规划目标

对于专项投资理财规划，由于客户只关心在某一特定方面实现最优，因此只要考虑与该专项投资理财规划相关的因素即可，不要求全面分析。专项投资理财目标应从两方面来制定。首先，应制定规划目标，通过与客户的充分交流，总结出客户通过专项理财规划，所希望实现的规划目标。这些目标应包括足够的意外现金储备、充足的保险保障、双方父母的养老储备基金、双方亲友特殊大项开支的支援储备基金、夫妻双方的未来养老储备基金、子女的教育储备基金等。其次，应制定具体目标，包括家庭储蓄率应达到的比重、各金融产品应达到的比重、保险保障覆盖程度、家庭现金流数量、非工资性收入比重和家庭净资产值等。

另外，专项投资理财规划只是独立地进行规划，并没有从整体的角度去考察。因此，很可能出现看似每个计划都能实现，都不需要花很多的钱，但将全部专项规划所需费用加总就发现，现有资金有可能不够用。因此，必须有所取舍，先实施最重要的，不是必须要实现的规划就可以放弃。

17.2　完成分项投资理财规划

当假设前提、预期目标、优先次序 3 个条件都设计完成后，就可以开始设计分项投资理财规划方案。

1. 现金规划

现金规划是为满足个人或家庭短期需求而进行的管理日常现金及现金等价物和短期融资的活动。这里所指的现金及现金等价物是流动性比较强的现金、各类银行存款和货币市场基金等金融资产。由于现金及现金等价物的高流动性，是以牺牲相应的收益而获得的，过多的资产沉淀在其中，中长期收益很难让人满意，因此一般预留 3～6 个月的月开销即可，包括日常生活开销和固定需要偿还的贷款本息。

在投资理财规划中，现金规划既要使所拥有的资产保持一定的流动性，满足个人或家庭支付日常家庭费用和意外事件开销，又要使流动性较强的资产保持一定的收益。因此，在考虑现金规划工具时，应以流动性为主要考察因素，在此基础上保证一定的收益性，常用的现金规划工具如下。

（1）现金。现金是现金规划的重要工具，与其他现金规划工具相比，它是流动性最强的。

（2）相关储蓄品种。例如，活期存款、通知存款、定活两便存款等。

（3）货币市场基金。货币市场基金具有本金安全、资金流动性强、投资成本低、分红免税等优势，是目前较为理想的现金规划工具。

2. 消费支出规划

消费支出规划的内容包括购房规划、购车规划、信用卡与个人信贷消费规划三大块。

在购房规划部分，应首先分析购买一套新房所需的费用，并需注明如面积、地域、每平方米价格、装修费用等因素，接下来考虑申请何种类型的银行贷款，需写明贷款总额、贷款期限、贷款利率、月供金额等，可以写明向某家银行贷款，并给出适当的理由。如客户在搬进新房后，将旧房出租，则需列示旧房的月租金、租金回报率、空租期等因素，还可根据现行的楼盘状况，并综合考虑环境、交通等多方面因素，购买某处及适当大小的住房。家庭选择住宅的目的主要有 3 个：自己居住、对外出租获取租金收益、投机获得资本利得。从理论上，满足居住需要不一定要通过购置住宅来实现，因此，购置住宅必然会混杂一定的投资或其他动机。例如，国外许多国家税法规定购买房地产的支出可以在一定范围内作为应税所得的合法扣除项目，因此，国外一些家庭购买房地产主要出于合理避税的考虑。显然，不同的购买动机需要进行不同的居住规划。针对自用住宅的规划，主要包括租房、购房、换房和房贷规划几大方面，规划是否合理会直接影响家庭的资产负债与现金流量状况。首先要决策的是以租房还是购房来满足居住需求，如果决定要购房，则需要综合考虑家庭的未来收入水平、工作的稳定性，以及计划购房的时点、面积和区位，选择合适的住房。

购车规划部分和购房规划部分有类似的地方，即首先分析购车所需的费用，及其车型、牌照费、车辆购置税、耗油量、养路费、车位费、配件价格、保养维修费等。然后考虑申请的贷款类型，注明贷款总额、贷款期限、贷款利率、月供金额等，同样，可以向某家银行贷款并说明理由。可根据目前的汽车市场状况，并综合考虑各方面因素，购买某一特定的车型。

3. 风险管理和保险规划

人的一生可能会面对一些不期而至的风险。为了规避、管理这些风险，人们可以通过购买保险来满足自身的安全需要。除了专业保险公司提供的商业保险之外，由政府的社会保障部门提供的包括社会养老保险、医疗保险、失业保险在内的社会保险，以及雇主提供的团体保险也都是家庭管理非投资风险的工具。随着保险市场的竞争加剧，保险产品除了具有基本的转移风险、减少损失的功能之外，还具有一部分投资、融资作用。在进行保险规划时，需要遵循固定的流程：首先，确定保险标的；其次，选定具体的保险产品，并根据家庭的实际情况合理搭配不同的品种；再次，根据保险财产的实际价值和人身的评估价值确定保险金额；最后，确定保险期限。

4. 教育投资规划

教育投资是一种人力资源投资，它不仅可以提高个人的文化水平和生活品位，更重要的是，可以使受教育者在未来的就业中占据竞争优势。当前，社会就业市场的竞争日趋激烈，教育成本呈现出加速增长的趋势，为了有足够的资金进行教育投资，有必要对家庭的教育支出作出及早的财务规划。

教育投资主要可以分为自身的教育投资和子女的教育投资。因此，个人教育规划首先需要对个人的所有教育需求情况进行了解和分析，尤其是子女的高等教育投资部分，以确定当前和未来的教育投资资金需求；其次要根据当前和未来预期的收入状况分析教育投资资金供给和需求之间的差距；最后在分析的基础上，通过运用各种投资工具来弥补资金供求缺口。由于教育投资本身的特殊性，需更加注重投资的安全性，因此要侧重于选择风险较低的保值工具。

5. 退休养老规划

退休养老规划可谓人生最重要的财务规划之一。在人口老龄化日趋严重的大前提下，没有一个国家的政府可以完全、无限度地支持退休民众的生活，也没有一家企业可以向退休员工提供终身确定给付的员工福利，随着社会进步和计划生育政策，以及子女负担的不断加重，养儿防老也越来越不现实。因此，退休养老计划的安排就显得十分迫切而且重要。退休养老计划是一个长期的过程，需要在退休前几十年就确定目标，进行详细规划，否则不可避免地要面对退休后生活水平急剧下降的尴尬局面。

　　一个完整的退休养老规划包括退休生活设计、工作生涯设计和自筹退休资金的投资增值设计 3 个部分。由退休生活设计测算出退休后所需要花费的资金，由工作生涯设计估算出可以从社会和企业领取的退休金，最后，根据两者之间的差距推算出所需要自筹的退休资金。自筹退休资金的来源，一方面来自过去储蓄的投资，另一方面则是运用开始养老规划到理财主体退休前剩余工作生涯的增量资金。而影响退休养老规划执行有效性的因素主要是通货膨胀率、工资薪金收入成长率和理财主体的投资报酬率。

6. 投资规划

　　投资规划一般需要构建投资组合达到风险和收益的完美组合，而投资组合的构建依赖不同的投资工具。这些投资工具根据期限长短、风险收益的特征与功能不同，大致可以分为货币市场工具、固定收益的资本市场工具、权益证券工具和金融衍生工具。对于具体的家庭来说，单一品种的投资产品很难满足其对资产流动性、回报率及风险等方面的特定要求，而且往往也不具备从事证券投资的专业知识和信息优势。因此，投资规划要求在充分了解客户风险偏好与投资回报需求的基础上，通过合理的资产分配，使投资组合既能满足客户的流动性要求与风险承受能力，同时又能获得充足的回报。

7. 税收筹划

　　依法纳税是每一个公民的义务，而纳税人出于自身利益考虑，往往希望自己的赋税合理地减小到最少。因此，如何在合法的前提下尽量减少税负就成为每一个纳税人十分关注的问题。目前，我国的个人税法结构相对简单，可以利用的个人税务筹划策略主要有充分利用各种税收优惠政策、递延纳税时间、缩小计税依据和利用避税降低税负等。与前几项规划相比，税务筹划要面对更多的风险，尤其是法律风险。

　　可先说明税收筹划的作用，如"在日常生活中能涉及各种税收，进行合理的税收规划能够有效降低成本，实现收益最大化"。然后分析客户在日常生活、投资活动等行为中涉及的税种，如个人所得税、消费税、关税、印花税、房产税及车辆购置税等。可用表格的形式按各税种的税率、征税范围、计算方法、税收优惠等列示。接下来可分别从金融投资、实物投资、退休养老计划、其他投资等方面说明不同活动中涉及的税种，并分析在此类活动中的合理避税空间及方法。

8. 财产分配与传承规划

　　财产分配规划是指为了家庭财产在家庭成员之间进行合理分配而制订的财务规划。财产传承规划是指当事人在其健在时通过选择遗产管理工具和制订遗产分配方案，将拥有或控制的各种资产或负债进行安排，确保在自己去世或丧失行为能力时能够实现家庭财产的代际相传或安全让渡等特定的目标。在进行财产传承规划时，主要是设计遗产传承的方式，以及在必要时管理遗产，并将遗产顺利地传承到受益人的手中。

17.3　分析投资理财方案的预期效果

　　将按照调整后的财务状况编制的资产负债表、收入支出表列示于该部分，在此表中可同时列示调整前的数字，使客户能够直观地看到理财规划给其财务状况带来的巨大改进。

　　在此部分中，还应给出调整后的财务比率数值，如资产负债率、负债收入比率、储蓄比率、流动性比率等，并同时列出国际通用的这些比率的合理数值范围及调整前的比率，使客户得知通过调整，自身财务状况将达到怎样的水平。

17.4　执行与调整投资理财规划方案

方案的执行与调整是投资理财规划活动中重要的一部分。在此，应对具体执行工作按照轻重缓急进行排序，即编制一个具体执行的时间计划，明确各项工作的前后顺序，以提高方案实施的效率，节约客户的实施成本，并应一一列明参加方案实施的人员，如对于一个积极成长型方案，应当配备证券、信托、不动产等方面的投资专家；对于一个退休客户的方案，则可能需要配备保险专家或税收专家。对于某些外部事务，可能还需要客户律师与会计师的参与配合。

在投资理财规划建议书中还需向客户说明：公司将如何对执行人员进行分工和协作；如何依照设计好的理财规划方案，协助其购买合适的理财产品；当出现新产品时应承诺将主动提醒客户关注；投资理财规划人员具有监督客户执行理财规划的义务；如果客户的家庭及财务状况出现变动，影响投资理财规划方案的执行性，则应按怎样的程序进行方案调整；方案调整的注意事项；在投资理财规划方案的具体实施过程中所产生文件的存档管理；投资理财规划实施中的争端处理，如协商、调解、诉讼或仲裁等。

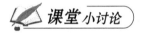 **课堂**小讨论

讨论一下，什么情况发生时会涉及投资理财规划方案的调整？

17.5　完备附件及相关资料

（1）此处应附上公司自行设计、经客户填写的调查问卷。

（2）配套理财产品的详细介绍。此处可附上各大银行、基金公司、保险公司、证券公司等金融机构推出的适合本投资理财规划方案的理财产品目录及详细介绍。

相关案例

马先生与董女士均为外企职员，家中有一个 8 岁男孩，夫妇俩的税后家庭年收入约为 40 万元。2011 年夫妇俩购买了一套总价为 90 万元的复式住宅，该房产还剩 10 万元左右的贷款未还，因当初买房时采用等额本息还款法，马先生没有提前还贷的打算。夫妇俩在股市的投资约为 70 万元（现值）。银行存款 25 万元左右；每月用于补贴双方父母的钱约为 2 000 元；每月房屋按揭还贷 2 000 元，家庭日常开销在 3 000 元左右，孩子教育费用每年约 1 万元。为提高生活情趣，马先生有每年举家外出旅行的习惯，约 12 000 元。

夫妇俩对保险不了解，希望得到专家帮助。董女士有在未来 5 年（2020 年）购买第二套住宅的家庭计划（总价格预计为 80 万元）。此外，为接送孩子读书与自己出行方便，夫

妇俩有购车的想法，目前看好的车总价约为 30 万元。夫妇俩想在 10 年后（2025 年）送孩子出国念书，综合考虑各种因素后每年各种支出需要 10 万元，共 6 年（本科加硕士）。

请为马先生家庭设计理财规划综合方案。

1. 客户财务状况分析

1）编制客户资产负债表

客户资产负债表见表 17-1。

表 17-1 客户资产负债表

资 产	金额/元	负 债	金额/元
现金		住房贷款	100 000
银行存款	250 000	其他负债	0
现金及现金等价物小计	250 000	负债总计	100 000
其他金融资产	700 000		
个人资产	900 000	净资产	1 750 000
资产总计	1 850 000	负债与净资产总计	1 850 000

2）编制客户现金流量表

客户现金流量表见表 17-2。

表 17-2 客户现金流量表

收入	金额/元	百分比/%	支出	金额/元	百分比/%
工资+资金	400 000	100	按揭还贷	24 000	23
投资收入			日常支出	36 000	34
收入总计（+）	400 000	100	其他支出	46 000	43
支出总计（-）	106 000	26.5	支出总计	106 000	100
结余	294 000	73.5			

3）客户财务状况比率分析

（1）客户财务比率表。客户财务比率表见表 17-3。

表 17-3 客户财务比率表

结余比率	0.735
投资与净资产比率	0.4
清偿比率	0.95
负债比率	0.05
即付比率	2.5
负债收入比率	0.06
流动性比率	28

（2）客户财务比率分析。从以上的比率分析中可以看出以下问题。

结余比率高达 0.735，说明客户有很强的储蓄和投资能力。

投资与净资产比率一般在 0.5 左右，这位客户的投资略显不足。

清偿比率高达 0.95，这说明客户的资产负债情况极其安全，同时也说明客户还可以更好地利用杠杆效应以提高资产的整体收益率。

负债收入比率为 0.06，低于参考值 0.4，说明客户的短期偿债能力可以得到保证；即付比率为 2.5，高于参考值 0.7，客户随时变现资产偿还债务的能力很强，但过高的数值显示该客户过于注重流动资产，财务结构仍不尽合理，流动性比率也同样说明了这个问题。

4）客户财务状况预测

客户现在处于事业的黄金阶段，预期收入会有稳定的增长，投资收入的比例会逐渐加大。同时，现有的支出也会增加，随着年龄的增长，保险医疗的费用会有所增加。另外，购车后，每年会有一笔较大的开销。目前，按揭贷款是客户唯一的负债，随着时间的推移，这笔负债会越来越小。

5）客户财务状况总体评价

总体来看，客户偿债能力较强，结余比例较高，财务状况较好。其缺陷是活期存款占总资产的比例过高，投资结构不太合理。该客户的资产投资和消费结构可进一步提高。

2. 确定客户理财目标

（1）现金规划：保持家庭资产适当的流动性。

（2）保险规划：增加适当的保险投入进行风险管理。（短期）

（3）消费支出规划——购车：近期内购买一辆总价约为 30 万元的车。（短期）

（4）消费支出规划——购房：在未来 5 年（2020 年）购买第二套住房的家庭计划（总价格预计为 80 万元）。（中期）

（5）子女教育规划：10 年后（2025 年）送孩子出国念书，每年各种支出需要 10 万元，大约 6 年（本科加硕士研究生），共需 60 万元。（长期）

（6）马先生和董女士夫妇的退休养老规划。（长期）

3. 制订理财规划方案

1）现金规划

客户现有资产配置中，现金/活期存款额度偏高，对于马先生、董女士夫妇这样收入比较稳定的家庭来说，保持 3 个月的消费支出额度即可，建议保留 30 000 元的家庭备用金，以保障家庭资产适当的流动性。这 30 000 元的家庭备用金从现有活期存款中提取，其中 10 000 元可续存活期，另外 20 000 元购买货币市场基金。货币市场基金本身流动性很强，同时收益高于活期存款，免征利息税，是理想的现金规划工具。

2）保险规划

建议客户每年购买不超过 45 000 万元的保险费用，具体如下。

（1）寿险。寿险保障约为 500 万元，预计年保费支出为 3 000 元。

（2）意外保障保险。保障额约为 250 万元（意外保障额度等于未来支出的总额），预计年保费支出 5 000 元。

（3）医疗保障保险（主要是重大疾病保险，额度为夫妇每人约 40 万元，孩子约 20 万元，采用年交型，购买消费型保险）。预计年保费支出 4 000 元。

（4）住院医疗和手术费用保障（作为重大疾病的补充保险，额度按住院每天 80 元的标准，收入按照每人每次 10 000 元，其他费用保障依据具体需求分析）。预计年保费支出

4 000 元。

3）消费支出规划——购车

根据客户目前的经济状况，建议客户在半年内买车，可以从存款中支取 220 000 元，另外 80 000 元从半年的收入结余中支取。购车后，预计每年的汽车花费为 30 000 元。

4）子女教育规划

孩子接受高等教育共需要 600 000 元的资金，假定投资回报率为 6%，则每年投入 50 000 元即可。

5）消费支出规划——购房

由于客户每年结余较多，建议 5 年半后一次性付清第二套房的房款 80 万元，假定投资收益率为 3%，半年后开始 5 年内每年投入 150 000 元用于短期债券市场基金。

6）退休养老规划

在接下来的 5 年半里，除最初的半年付购车款外，每年会有 19 000 元的现金结余，可用于选择偏股型基金进行长期投资。期初的 700 000 元金融资产及每年的 19 000 元持续投入在 10 年之后会有 1 640 000 元的资金（预期未来 10 年股票类资产的收益率为 7%），五年半之后房贷还完，会有 150 000 元的闲置资金，可以将它再投资于平衡型基金（预期收益率为 5%），在 5 年后会有 830 000 元的资金。那么，客户在 10 年之后会有 2 470 000 元的资金，可以用于养老。

4. 理财方案的预期效果分析

1）现金流量预测

客户现金流量预测见表 17-4 和表 17-5。

表 17-4　客户现金流量预测表（一）　　2016-01-01—2016-12-31

收入	金额/元	百分比/%	支出	金额/元		百分比/%
工资+资金	400 000		按揭还贷	24 000		
投资收入			日常支出	36 000		
收入总计（+）	400 000		其他支出	46 000+45 000+15 000+ 80 000+50 000+75 000=311 000		
支出总计（−）	106 000		支出总计	311 000+24 000+36 000=371 000		
结余	29 000					

表 17-5　客户现金流量预测表（二）　　2017-01-01—2020-12-31

收入	金额/元	百分比/%	支出	金额/元	百分比/%
工资+资金	400 000		按揭还贷	24 000	
投资收入			日常支出	36 000	
收入总计（+）	400 000		其他支出	46 000	
			支出总计	106 000+45 000+30 000+ 50 000+150 000=381 000	
结余	19 000				

2）资产负债情况预测

客户资产负债情况预测见表 17-6。

表 17-6　客户资产负债情况预测表

资　　产	金额/元	负　　债	金额/元
现金		住房贷款	60 000
活期存款	10 000	其他负债	0
货币市场	20 000		
现金及现金等价物小计	30 000	负债总计	60 000
短债基金	75 000		
偏股型基金	79 000		
股票	700 000		
其他金融资产小计	854 000		
房产	900 000	净资产	2 024 000
车产	300 000		
实物资产小计	1 200 000		
资产总计	2 084 000	负债与净资产总计	2 084 000

3）财务状况变动的综合评价

通过以上规划的执行，客户的投资理财目标基本可以实现，财务安全得到保障的同时，整体资产的收益率在客户的风险承受范围内也比较理想。如果客户财务状况稳定，可于一年后对本理财规划建议进行调整。

思考与练习

案例分析题

张先生 46 岁，为某公司主管，月薪 3 万元，年终奖金 10 万元；妻子吴某现年 42 岁是某公司财务主管，月薪 8 000 元。该家庭 2017 年 12 月 31 日对资产负债状况进行清理的结果为：价值 100 万元的住房一套和 80 万元的郊区度假别墅一幢，一辆别克轿车，银行定期存款 15 万元、活期存款 5 万元，现金 2 万元。家庭房产均为 5 年前购买，买价分别为 50 万元和 30 万元，首付二成，其余进行 10 年期按揭，每月还款 5 800 元；轿车为 2 年前购买，使用年限为 10 年，买价为 45 万元，每年花费 1 万元购买汽车保险，当前该车型市场价格降为 40 万元。该家庭 3 年前投入 20 万元资金进行股票投资，目前账户中的价值为 15 万元；一年前购入 10 万元的 3 年期记账式国债，目前价值 12 万元。张先生爱好字画收藏，陆续花费 40 万元购买的名家字画当前市价已达到 100 万元，妻子吴某的翡翠及钻石首饰的市价达到了 30 万元。张先生夫妇从 2007 年开始还每年购买中国人寿保险公司的意外伤害医疗保险，每年缴保费 500 元。

要求：根据所掌握的专业投资理财知识对张先生的家庭资产与负债状况进行分析，尝试编制资产负债表、收入支出表。

参 考 文 献

[1] 刘钧 . 风险管理概论 . 北京：清华大学出版社，2013.

[2] 桂詠评 . 个人理财 . 上海：格致出版社，2010.

[3] 廖旗平 . 个人理财 . 北京：高等教育出版社，2009 .

[4] 周伏平 . 个人风险管理与保险规划 . 北京：中信出版社，2004.

[5] 杜树楷 . 人身保险 . 2 版 . 北京：高等教育出版社，2008.

[6] 中国就业培训技术指导中心 . 理财规划师基础知识 . 5 版 . 北京：中国财政经济出版社，2013.

[7] 王静 . 个人理财 . 北京：科学出版社，2008.

[8] 张炳达，黄侃梅 . 投资与理财 . 上海：上海财经大学出版社，2010.

[9] 付荣辉，李丞北 . 保险原理与实务 . 2 版 . 北京：清华大学出版社，2014.

[10] 刘永刚 . 个人风险管理与保险规划 . 北京：清华大学出版社，2011.

[11] 田文锦 . 金融理财 . 北京：机械工业出版社，2006.

[12] 中国证券投资基金业协会 . 证券投资基金：上册 . 北京：高等教育出版社，2015.

[13] 叶伟春 . 信托与租赁 . 2 版 . 上海：上海财经大学出版社，2011.

[14] 殷世波 . 房地产投融资实务 . 北京：北京大学出版社，2011.

[15] 毛夏鸾 . 税收筹划教程 . 2 版 . 北京：首都经济贸易大学出版社，2008.

[16] 盖地 . 税务筹划 . 3 版 . 北京：高等教育出版社，2009.

[17] 韩海燕，张旭升 . 个人理财 . 北京：清华大学出版社，2010.

[18] 刘伟 . 个人理财 . 2 版 . 上海：上海财经大学出版社，2009.

[19] 郗修方 . 证券投资理论与实务 . 北京：清华大学出版社，2010.

[20] 赵文君，赵学增 . 证券投资基础与实务 . 北京：清华大学出版社，2010.

[21] 中国就业培训技术指导中心 . 理财规划师专业能力 . 5 版 . 中国财政经济出版社，2013.

[22] 陈琳，谭建辉 . 房地产项目投资分析 . 北京：清华大学出版社，2015.

[23] 蔡昌 . 税收筹划：理论、实务与案例 . 北京：中国人民大学出版社，2016.

[24] 王淑敏，齐佩金 . 金融信托与租赁 . 4 版 . 北京：中国金融出版社，2016.

[25] 董雪梅 . 个人理财 . 北京：中国金融出版社，2011.

[26] 北京当代金融培训有限公司 . 投资规划 . 北京：中信出版社，2014.

[27] 陈勇 . 中国互联网金融研究报告（2015）. 北京：中国经济出版社，2015.